四川大学哲学社会科学出版基金资助
符号学译丛 ◎ 丛书主编 赵毅衡 唐小林

体育，历来是符号与传媒关注的重要场域
名流问题，是体育符号研究的中心主题之一
体育名流的坠落涉及符号意义的生成与嬗变
全球顶尖学者深度批判解读
直击当代大众文化中"骄子"的裂变

坠落的体育英雄、传媒与名流文化

Fallen Sports Heroes, Media, and Celebrity Culture

〔美〕劳伦斯·A.文内尔／主编
魏伟 梅林／译

四川大学出版社

责任编辑：徐　燕
责任校对：陈　蓉
封面设计：米迦设计工作室
责任印制：王　炜

图书在版编目(CIP)数据

坠落的体育英雄、传媒与名流文化／（美）文内尔（Wenner，L.）主编；魏伟，梅林译．—成都：四川大学出版社，2015.7
（符号学译丛／赵毅衡，唐小林主编）
书名原文：Fallen Sports Heroes，Media，and Celebrity Culture
ISBN 978－7－5614－8818－8

Ⅰ.①坠…　Ⅱ.①文…　②魏…　③梅…　Ⅲ.①符号学－研究　Ⅳ.①H0

中国版本图书馆 CIP 数据核字（2015）第 175343 号

Fallen Sports Heroes，Media，and Celebrity Culture by Lawrence A. Wenner
© Published by arrangement with Peter Lang Publishing，Inc.
四川省版权局著作权合同登记图进字 21－2015－162 号

书名　**坠落的体育英雄、传媒与名流文化**
ZHUILUO DE TIYU YINGXIONG，CHUANMEI YU MINGLIU WENHUA

主　　编　〔美〕劳伦斯・A. 文内尔
译　　者　魏　伟　梅　林
出　　版　四川大学出版社
地　　址　成都市一环路南一段 24 号（610065）
发　　行　四川大学出版社
书　　号　ISBN 978－7－5614－8818－8
印　　刷　郫县犀浦印刷厂
成品尺寸　170 mm×235 mm
印　　张　25
字　　数　447 千字
版　　次　2015 年 9 月第 1 版
印　　次　2015 年 9 月第 1 次印刷
定　　价　58.00 元

◆读者邮购本书，请与本社发行科联系。
电话：(028)85408408/(028)85401670/
(028)85408023　邮政编码：610065
◆本社图书如有印装质量问题，请寄回出版社调换。
◆网址：http://www.scup.cn

序　言

劳伦斯·A. 文内尔

表面上这本书是关于坠落的体育英雄的，但事实上它意味着更多。这也是关于我们自己的书。作为一种文化现象，坠落的体育英雄已经无处不在、无法回避，同时也持续让我们吃惊、失望。从某种意义上来说，坠落的体育英雄们看上去无足挂齿。毕竟，与媒体报道的这个时代里其他更为重要的重大事件相比，体育英雄的“大屠杀”和附属毁灭显得无足轻重，但我们仍然被吸引到了坠落的体育英雄的传奇中。正如我们被迫回过头来凝视车祸的发生时，它以一种我们无法完全解释的方式来获取我们的注意力。我们想知道受害者，我们想了解这一切是怎么发生的以及造成了多严重的后果，而这大抵是不太可能得到确切解释的。我们一方面不过是偷窥者，另一方面也要探寻怎样避免发生类似的故事。

当我们邂逅坠落的体育英雄们时，并发症已经开始发作。我们在这里不得不直面在一个独特的传媒化时代中“现实”给我们带来的情感。因为传媒的市场化为我们建构的故事点缀着我们的现实，我们永远都在挑战中探寻如何辨别真伪。当代体育英雄就存在于这裂缝中。正如克里斯·克里斯托弗森的一首歌中的人物，体育英雄“部分真实”“部分虚构”。他们在这种矛盾中成熟，而这种建构呈现出的是一道迷人的难题。在英雄们谢幕的奇迹之后，总有在准备着的后继体育英雄马上填补空白。我们知道，在从普通运动员的行为延伸到真正的英雄行为的过程中，有大量的冒险行为。传媒机器有无数个理由通过从运动员到明星和名流的转型来实现精英体育的社会化，这其中混杂了文化特权。不过，如果我们不承认我们对英雄叙事的渴望满足了媒体“怪兽”的需求的话，那是很不恰当的。

因此，通过造星和制造名流，这个“怪兽”得以成长。体育英雄总在定义上处于英雄真实性的悬崖边摇摇欲坠。我们认识到这一点不仅仅是直观理解的结果，而且在理性上是我们认识到媒体使“自成”的运动员英雄转化为现实英雄，并被我们认知为同谋的关键。我们认知到的这种巨大作用在运动员从普通人到英雄的升华过程中巧妙地发挥着作用，这也部分地解释了为什么当体育英雄坠落时总会有幸灾乐祸之声。然而对于很多人来说，将其作为诡计来认知这一切甚至被牵涉其中实际上是痛苦的。因此，当一个体育英雄坠落时，它可以被理解为一种个人遭受的侮辱，一种个人失败的隐喻。体育英雄坠落的二元反应现象是值得人们进行研究的。

不过，我们研究体育英雄沉浮的叙事弧还有更重要的原因。通过这些故事，我们可以了解我们的文化道德轮廓。一方面，我们可以了解一个人的伟大之处和其令人敬佩的特质；另一方面，我们也可以了解当代道德的底线究竟在哪里以及人们在感性上是如何妥协的；此外，我们可以了解我们自己和我们给予那些我们判断为可以救赎的人以第二次机会的能力。因此，这些故事讲述了英雄们的起起落落以及他们救赎的前景，它们总是超过对任何一个案情的细致描述。尽管如此，我们在体育英雄现象中可以看到的变异数量仍然是惊人的。仅仅在有限的篇幅中，我们可以看到的几乎就是“体育犯罪”的全域。这其中包括药品滥用（从产生兴奋感的到娱乐药品再到酒精）和性的“不当行为”（从糟糕的性行为到性侵犯到性瘾到同性恋恐惧再到有关性的其他问题），还包括了常规的谋财害命（不仅仅表现为伤害对手，也有赛场外的枪击和混战）以及可疑的政治问题（表现为对各种“好”的或“坏”的民族主义的忠诚）。

在每一个案例中，我们都可以看到很多真正起作用的细节。我们能够同时理解运动员的生活史和坠落的本质。我们可以看到种族和性别两个要素会对运动员的能力程度产生影响。这些在不同层次上与道德层面罪行的严重性和救赎的接受度产生互动。我们也能够了解顶级体育和顶级媒体，以及他们如何演变成一个环环相扣的生态系统。通过这些故事，我们能够了解传媒体育生产综合体是一艘有着各种利益的内在矛盾伴随而行的“自纠”船只。他们有时宁愿抛弃几个任性的乘客和船员落水以净化自身，他们同时也会少量颁布一些值得救援的船员“自产自销”的行为准则。

这本论文集里的故事来源于全球范围内一批杰出的传媒、体育与文化研究学者们的辛勤付出。在这本充满爱的书中他们慷慨地同大家分享他们的专业知识。我十分感谢他们所做出的贡献。

总而言之，他们的成果在理解“坠落的体育英雄、传媒与名流文化”在更大层面上的现象方面取得了突破性的进展。编者编撰这本书的目的在于帮助读者与这一领域的研究展开"协商"。开篇部分"框架建构坠落的体育名流"探寻由传媒名流设置标准的时代体育英雄的意义。在这里有很多有关现实和竞技英雄行为的争议，以及分析媒体在厘清和决定运动员如何坠落与谁能获得二次机会等议题上如何扮演越来越重要的作用。第二部分在"个体体育名流"语境下，探讨运动员在没有团队利益组织安全网、没有团队的忠诚时经常会孤独地坠落的各种不同的案例。第三部分聚焦"坠落的团队体育名流"，审视传媒话语是如何在对团队成员进行规范和"保护"的限制上产生影响的。第四部分的一系列案例聚焦在此前远未被开垦的"坠落的边线体育名流"现象上。在这里我们能够了解体育"领袖"——为评判运动员的表现制定标准的教练们身上发生了什么，以及提供体育背景材料的体育解说员们是如何坠入道德之穴的。最后，"坠落的体育英雄"以前铁人三项冠军斯科特·廷利的结语来收尾，他会告诉我们为什么"坠落的体育英雄"内涵如此之广，触动我们如此之深。

我也加入了本论文集卷本的创作，希望这部作品能够让过于频繁发生的现象——体育英雄的坠落现象激发人们新的思考。如果你细细品味而不是匆匆一瞥，会发现我们的这个作品在文化上有更加重要的意义。我要特别感谢皮特·朗出版社和一位非常高效的编辑——玛利·萨维加尔。她为这本论文集的出版之前的各项准备工作提供了大量帮助，和她一道工作是一种享受。如果没有洛约拉·玛利蒙特大学和他们给予我的传播与优艺学院以及电影电视学院的范·德·阿赫主席的职务，我是不可能完成这一作品的。最后，我要感谢我的妻子苏珊·莱斯，她为优化这部您看到的论文集中的作品提供了各种帮助和支持。她的优雅和对这一项目的鼓励十分值得赞赏。她和我将持续分享体育激情和其他层面的东西。苏珊是我最忠实的粉丝，我也是她最忠实的拥趸。

中文版序：窥探坠落的中国体育英雄

劳伦斯·A. 文内尔

“坠落的体育英雄、传媒与名流文化”在世界范围内已经成为一种越来越独特且不可避免的文化现象。在人类社会中，对于多数体育迷和观察者而言，这种运动员崛起随之迅速坠落的现象已经突破界限，成为普世之景观。正因如此，我对四川大学出版社能够给予这本西方世界一流学者有关体育、传媒和文化的著作以中国语境的考察感到特别开心。近年来，在世界舞台上，已经有越来越多人认识到体育的重要性，尤其是在北京奥运会取得成功之后。

在西方世界，黄金时代的体育事业已经成功地为人们带来了大量资本和金钱。这既体现在我们的国家认同，同时也呈现为最高水准的职业表现。我们让运动员们成了我们的英雄，全然不顾更大的问题，即不管其中有些人的表现是否出色，他们是否应当被指派为运动员的代表。事实上，我们对这些运动员的崇拜以及他们表现出的成就都令人感到困惑。

在对于运动员获胜的事实及其表现的认同中，我们总是认可我们自身对于这种成功的感受。在体育迷群的心理学文献中，我们总是“沐浴在荣耀中”。这是一个有意义的、充满活力的和普世的现象。与此同时，当我们怀有身份认同感并为其加油助威的运动员和运动队没有获得成功时，我们总是与之保持距离。在此，我们又一次用到体育迷群心理学的语言——我们也许是在寻找“切断反映故障”。运动员表现出的失败不过只是其运动生涯中的一件事。毕竟，即便是一个人在短时间内坠落，大多数人也可以看到他们曾经倾尽全力获得荣誉。事实上，这里的失败只是一个相对的概念，因为在努力和竞争中总有许多道德价值。

然而，这本书所研究的是关于体育中的另一种“道德瞬间”。本书的基本假设和许多探讨包含了运动员、教练员和体育记者、解说员从伟大走向堕落的案例。“体育的故事”通常会告诉我们一个有关“性格的故事”，这也必然是有关品德的，通常还不断滋长，道德怎么能够走向妥协？事实上，西方世界有一句格言“体育塑造性格”。通过体育赛场上日益增加的价值预测，我们可以学到很多东西。譬如评价艰苦训练、团队合作、公平竞赛和尊重一个公平的竞争环境等。这个基本假设就是体育塑造“优质”性格。

然而，有一种认知正在逐渐明晰，即在体育精英系统中至少有两件事是与“塑造优质性格”的目标背道而驰的。首先，成功的压力对运动员的影响越来越显著，运动员和体育机构组织为了提高成绩、谋求发展，总是通过刻苦训练以求获得有竞争力的优势，以至试图跨越道德，有时甚至是法律界限来获取竞争环境中的不公平优势。其次，在“培养”精英运动员的过程中，我们经常纵容、庇护、给予他们特权，这样其实阻碍了他们的道德成长，并促使他们产生了一种感觉，即他们是特殊的，不需要在同等规则下与普通人竞争。在后面这一点上，体育社会化系统中，从体育组织到教练和管理者均成为最大的同谋，他们总是让运动员的生活变得更简单，因此他或她总是只需聚焦赛场表现。不过我们——运动成绩的粉丝和支持者，也是如此。我们对英雄和对运动胜利狂热的文化接触的需求，部分导致了某些运动员性格发展中失调性的方面。因此，运动员的“坠落”普遍表现为打破纪录后的暴力行为，滥用提升成绩的药物，表现出不羁、粗野和非法的公共行为。在体育社会学领域中一个普通的有关“体育塑造性格”的观念变成了“我们知道体育塑造性格，我们只是不确定是哪一种而已”。

事实上，我们认识到我们对于英雄叙事的渴望部分满足了媒体“怪兽”和归结于体育文化特权的英雄崇拜心理。这一点在中国和其他地方都同样重要。在某种程度上，无论是在赛场内还是在赛场外，我们堕落的体育英雄成为攻击别人的犯罪嫌疑人的可能性正在增大。本书探讨了研究体育英雄沉浮叙事弧的许多重要原因。通过探讨这样的故事，我们不仅了解了运动和体育文化中失调性的一面，还认识到我们自身的道德情感。与之相关联的是，在这些故事中，我们也了解了自身的能力，这是一种给予在体育公众的眼中被评判为值得救赎的某些人二次机会的能力。

我们在本书中探讨的某些案例在一个宽广的全域中被视为“体育暴力”。这些暴力不仅仅包括物质滥用（从用于提升运动成绩到用于娱乐的药物以及酒精）、性“不当”（从糟糕的验证性问题的性行为到性侵犯到性瘾再到对同性恋的恐惧等问题），也包括常规的暗杀（不仅仅表现为伤害对手，还有在场外滥用枪械和斗殴等）和存疑的政治问题（从“好”到

“坏”的民族主义展示出的忠诚)。在每一个案例中，我们都同时认识到运动员的生活史和其暴力的本质。每一个案例都对人们攻击的严重程度和人们从认同到救赎的表现展开了道德盘点式的互动。

我们很高兴与中国读者一道来分享世界范围内一群卓越的传媒、体育和文化研究学者的研究成果。总而言之，我认为你会认同一点，即他们的工作让你产生在中国语境下思考体育英雄的动力。我很乐观地认为，这一著述将会激发中国学者来思考中国和西方媒体是如何塑造体育英雄，并在他们失宠时又是如何提供解释的相同点和不同点。

我要感谢这群负责将《坠落的体育英雄、传媒与名流文化》推介到中国的人。首先，我感谢对我予以持续支持的洛约拉·马利蒙特大学，是他们为我提供了传播和优艺学院以及电影电视学院的范·德·阿赫主席的职务。更重要的是，我要感谢成都体育学院新闻系魏伟博士为这个项目做出的重要贡献。魏博士从 2011 年就开始勤奋工作，与我的编辑、皮特·朗出版社的玛丽·萨维加尔就翻译本书一事开始合作，最终由四川大学出版社出版。我为魏博士所做的能够让这个项目在中国有一个全新的读者群的一切感到欢欣鼓舞。中国的同僚和学者们，我希望你们能够找到这本《坠落的体育英雄、传媒与名流文化》的中译本，我期待着将来与你们展开对话。

目 录

第三部分　坠落的团队体育名流

第四部分　坠落的边线体育名流

第五部分 后 记

第一部分
框架建构坠落的体育名流

第1章 传媒名流时代中坠落的体育英雄

劳伦斯·A. 文内尔[1]

Hero | 'hi (ə) rō | ，名词（复数形式：Heroes），一个人，尤指一个因为勇气、杰出、成就或者贵族气质而受人尊敬或具有偶像气质的人（*New Oxford American Dictionary*, 2009）。

"英雄"行为，运动员所为（Drucker, 2008, p. 420）。

运动员不再像以往那般绅士了。我不喜欢这样的变化。我还是喜欢运动员应作为一个楷模角色的观点。这是一种荣誉（Tiger Woods in G. Smith, 1996, p. 44）。

今天的"英雄"越来越像饼干盒里的奖品了——我们全都鼓劲儿预想奖品之"豪气"，但当奖品远远低于我们的预期时就只剩下无尽的失望了（Watson, 2008, p. 43）。

迈克尔·菲尔普斯（Michael Phelps）吸食大麻了，安迪·罗迪克（A-Rod）服用类固醇了。下一个是谁？美国航空的机长切斯利·"萨利"·苏伦博格（Chesley "Sully" Sullenberger）也会被捕吗？（Rodriguez, 2009, p. A21）

我们都清楚，能够上去的都得下来。这一点我们理解起来既直观又符合万有引力定律。然而，当这一切发生在我们的生活中，发生在我们或是我们在意的人身上时，还是会让我们吃惊不小。不管我们是以错愕、敬畏还是恐

---

① 劳伦斯·A. 文内尔（爱荷华大学博士），洛杉矶洛约拉·马利蒙特大学范·德·阿赫传播与伦理学教授。他曾是SSCI期刊《国际体育社会学评论》和《体育与社会事务学刊》的前任主编，现任国际传播与体育协会会刊《传播与体育》创刊主编。他曾主编过《传媒、体育与社会》和《传媒体育》两本在西方影响深远的体育传播著作，被视为世界范围内国际体育传播研究领域的领军人物。他的研究领域主要为体育的性别、种族叙事与伦理研究。E-mail：lawrence. wenner@gmail. com。

惧的眼光来看待，这种经验在本质上都不是一成不变的。这通常直击人心。我们认为应当是真实的却根本不是那么回事儿。一个看上去坚固无比的建筑顷刻间成为纸牌屋总会令人感到不寒而栗。正如洛弗（Rowe，1997，p. 204）所言，当这一切发生在我们的英雄身上时，我们必须面对“丑闻的‘事实’”。

在体育英雄主义、明星化和名流领域，我们要直面的这种事实越来越多。体育的历史总是被丑闻搞得混乱不堪。20 世纪初，人们的视线总被棒球界的贿赂和补救所占据，比如“黑袜事件”（Black Sox）中的“说不是这样的”；乔·杰克逊[①]（Joe Jackson）和后来的名人堂成员泰·科布（Ty Cobb）和特里斯·斯皮克[②]（Tris Speaker）；拳击冠军杰克·邓普西（Jack Dempsey）的“加载手套”[③]（loaded glove）；存疑的女性田赛明星，例如德国跳高运动员多拉·拉特杨[④]（Dora Ratjen）和波兰裔美国短跑运动员斯特拉·沃尔什[⑤]（Stella Walsh），原来都是男性。20 世纪快要终结时，坠落的体育英雄叙事开始成为寻常的小报谈资。职业生涯急转直下的故事包括拳王穆罕默德·阿里（Muhammad Ali）逃兵役，纽约洋基队的投手弗里兹·彼得森（Fritz Peterson）和麦克·克基奇（Mike Kekich）的“换妻门”，“棒球先生”彼得·罗斯（Pete Rose）赌博上瘾；短跑名将本·约翰逊（Ben Johnson）在奥运会药检中东窗事发，美式橄榄球巨星 O. J. 辛普森（O. J. Simpson）令人瞠目的谋杀案，拳击冠军麦克·泰森（Mike Tyson）的强奸案和咬耳朵事件，花样滑冰选手汤娅·哈丁（Tonya Harding）在袭击奥运对手案中犯下的同谋罪行，NBA 球星拉特威尔·斯普雷威尔（Latrell

---

① 译者注：1919 年北美职业棒球大联盟世界系列赛在芝加哥白袜队与辛辛那提红人队之间展开。白袜队输掉了比赛，赛后有 8 名白袜队队员被指控参与了赌博。但在法庭上他们居然被无罪释放，不过他们依然被终身禁赛。这一事件被称为“黑袜事件”。

② 译者注：泰·科布和特里斯·斯皮克都是北美职业棒球大联盟历史上伟大的运动员，但都因为种族主义为人诟病。

③ 译者注：1919 年，24 岁的杰克·邓普西在与 37 岁的拳王杰斯·威拉德争夺重量级拳王称号的比赛中，面对比自己高出 5 英寸和 50 磅的老拳王，邓普西打得对手没有还手之力，以绝对优势取胜，震惊了所有记者。1964 年，邓普西当时的教练在《体育画报》上承认了手套中有坚硬的金属物质，大大提高了邓普西出拳的力度。

④ 译者注：海恩里希·拉特杨（多拉·拉特杨）曾代表德国参加 1936 年柏林奥运会女子跳高比赛并获得第 4 名，后来被证实是男性。

⑤ 译者注：斯特拉·沃尔什是波兰田径史上最著名的女运动员之一，后加入美国国籍。她曾获得 1932 年洛杉矶奥运会女子百米冠军和 1936 年柏林奥运会亚军。1980 年在她遭到抢劫被枪杀后，尸检发现她具有男性生殖器。事实上她同时拥有两性染色体。

Sprewell）掐自己教练的脖子。澳大利亚板球运动员沙尼·沃尔内（Shane Warne）从收受赌注到药检失败再到性恶作剧，以情节丰富、高潮迭起的叙事内容领跑这个小报榜单。

从过去十年的相关现象我们可以看到，体育英雄坠落的步伐在加快，事件的类型也日益多样化。我们已经习惯于自行车运动中最伟大的运动员一直被兴奋剂和类固醇所困扰；有关田径比赛中不断被打破的纪录让人疑窦丛生；已经存在了十多年的职业棒球的顶级表现，包括本垒打纪录这片圣地，也岌岌可危。但在这些“常规”传奇之上的服药、袭击和粗野行为还有这般的混搭，实在是真正奇怪而令人费解的事情。最近的新闻头条还带给我们高尔夫球界的偶像泰戈尔·伍兹（Tiger Woods）在系列事件云团下生活完全破裂的故事，巴西足球明星罗纳尔多（Ronaldo）与异装癖的妓女嬉戏，美式橄榄球明星四分卫迈克尔·维克（Michael Vick）无知的打斗，英式橄榄球联盟“吐血门”事件中迪恩·理查兹（Dean Richards）假装受伤的伎俩以及放肆的枪战系列等。

这些故事都涉及道德范畴。每个故事都表明了道德底线被跨越，道德越界者是如何回应的，他们应当做什么，是否应当被给予二次机会。这样的故事，伴随着公共领域内的其他章节，标志着当代文化中重要的起伏更迭。作为媒体选择的个体，他们的潮汐涨落能够提升他们的知名度并使其自然化，这是个常识。在体育市场上，大媒体和大体育也有为明星运动员们保证其权力和无敌的一种状态，因此已经成为明星运动员长期的合作伙伴。但是，当体育英雄坠落时，当初在他们上升时发挥了重要作用的媒体的推动功能很大程度被清扫在地毯上。媒体开始构建个体失败和责备的全新叙事模式。这本书正是要考察体育英雄、明星和名流在身份认同之下如何共谋繁荣，同气连枝。我们在这里会认识到他们是如何在道德层面的戏码中展示“真理”的。我们将会探讨体育英雄崛起的事实，激发名流化的事实，并解释他们坠落的事实。

英雄之谜

我们生活在自己制造的后现代拼接的仿像中，因此询问一下究竟发生了什么样的事是合理的。对很多人来说，相信“找到了真相”已经变得越来越困难。在思索失败的原因时，很多人都困惑“英雄们都到哪里去了?”

（参见 Allison & Goethals，2011；Watson，2008）事实上，思考当代英雄是什么就是一个难题。由此衍生出的各种问题更是困难的、令人费解而感到困惑的。

即使是寻找英雄，可能也没有我们正在寻找的更明确。媒体乐此不疲地制造英雄对于升级的叙事而言也只是让事情更复杂化。因此，我们找到的可能并不是我们要寻找的。此外，有关英雄的观念是易变的——下面是这类事件之一——波特·斯图尔特（Potter Stewart），美国最高法院大法官，有关色情的一个著名的段子——虽然共识的定义是难以捉摸的，当我们看到时我们就知道了。因此，尽管我们都认为自己看到了英雄，但他们并非真正的英雄，因为在他们配得上这种荣誉之前人们对他们的确有不同意见。科比·布莱恩特（Kobe Bryant）、大卫·贝克汉姆（David Beckham）或者卡斯特·塞门娅（Caster Semenya）配得上英雄的称号吗？也许可以，也许不能。本书认为，是否理解这种领域的争论在文化评价上比追求理解英雄行为是由什么组成的坚定决心更为重要。

尽管如此，不少经过深思熟虑的作品仍然带给我们大量有关英雄和英雄行为的经典阐释。从荷马史诗《伊利亚德》（*Iliad*）中首次出现的词汇“英雄”（Curtius，1963），到汉娜·阿伦特（Hanna Arendt，1958）在《人类生存条件》（*The Human Condition*）中关于一组原型的理解，在这一章的定义框架中，这些“英雄”通常被默认为男性（Vande Berg，1998 引用）。这里，“复合材料理想体现”的实施人（McGinniss，1990，p. 16）具有高超的能力、性格和勇气，其标志正好是其刚毅、机智和高尚的行为。正如坎贝尔（Cambell，1968）指出的，随着时间的流逝和文化的变迁，这些原型已经具有柔韧的持久力，经历了被公认为英雄从而其事迹被叙述化的一段旅程：

> 一个英雄从寻常世界到具有超自然奇迹领域的冒险：他在那里获得了神奇的力量，并在那里赢得了决定性的胜利。英雄将通过神奇旅行而拥有的力量赠予跟他同行的人（p. 30）。

最近有大量关于这种经典概念是否应当退出舞台的争论。评价的中心是坎贝尔概述的阶段已经没有多少神话存在的现实，但更能说明问题的也许是特定叙事的结构性倾向在公共领域越来越被常规化。有鉴于此，阿里森和哥埃塔尔斯（Allison & Goethals，2011）在他们里程碑式的研究《英雄：他们做了什么以及我们为什么需要他们》（*Heroes: What They Do and Why We*

Need Them）中进行了反驳，回答那些提出如“英雄们都去哪里了”等问题的人，这些人断言当代是一个英雄匮乏的年代。阿里森和哥埃塔尔斯的回答是英雄们哪儿都没去。事实上，他们发现大约有一半的时间里，被命名的占据压倒性地位的非虚构英雄都已经成家立室，也包括人道主义者、普通人和弱者。可以说，当代英雄的图景是与麦金尼斯（McGinniss）的“复合理想”（composite ideals）很好地结合起来的，它也是与传媒中没有被反复叙事化的人群结合起来的。因此，阿里森和哥埃塔尔斯（Allison & Goethals，2011，p. 26）提出，非虚构的英雄在被叙述的过程中看上去正在取得稳步的提升。在这群人当中，体育明星以超过10%的比例领衔群雄。这个比例大约是被命名为英雄的娱乐工作者和国家元首的一倍。

在超商品时代中，传媒在将公众人物定义为英雄时有不少私心，从而使他们成为明星（或者至少是类星体）和名流。布尔斯廷（Boorstin，1973，pp. 57，61）曾经尝试用二分法来定义英雄，在他那里英雄的“区别在于其成就大小”，而名流则是由于“他的知名度而为人所知”的“伪事件人群”。这种说法早已过时，只留下双向行驶的街道上灰色地带中的隔离带仍在发挥效用。在这种背景下，传媒的内在需求就是把英雄转化为名流，把名流转化为英雄。当今世界，英雄已经不再是一个需要经历“大树倒下却没有被人听到”的“传媒化”历险的人了。人们对此产生了争论，而正如斯特拉特（Strate，1994，p. 16）所说，“如果没有传播，根本就没有英雄”，这一切让“未被赞颂的英雄”变得越发不可能出现。

对于传媒而言，英雄的名流化需要大量的叙事并存在顺理成章的经济价值；与此相伴的是，成为一个名流在某种意义上是远远不够的。对于塑造一个真正的名流而言，传媒机器中名流“成分”的“添加值”是有帮助的，它能够提升明星在文化和经济方面的持久竞争力，也能够帮助明星避免迅速沦为黯淡的类星体。当然，矛盾在于具有英雄添加值的名流同时也不可避免地玷污这个荣誉（参见 Wenner，2007）。这让这一切于一定程度看上去比现实更加虚伪。这样的矛盾和内在的不稳定，很可能将当代英雄是什么或意味着什么这一问题的答案，导向吉尔茨（Geertz，1973）得出的结论，即英雄类型已经变得“模糊”。

体育英雄之谜

迷雾深藏在我们寻找英雄的过程中，只能在我们的英雄空间被体育名流的上升和统治充盈之后彰显。事实上，在文化领域中没有比体育更需要英雄的了。正如阿里森和哥埃塔尔斯（Allison & Goethals, 2011, p. 36）所说的，“在体育世界里，英雄比比皆是，更重要的是要保证每天都能在场”。英雄们撑起了体育的基本业务。这与娱乐工业是截然不同的。举个例子，娱乐工业无法避免用英雄来丰富和巩固他们的名流阶层和明星地位，其根本原因是他们的明星未必是英雄，即使他们能够在虚构角色中发挥作用。其他公共领域如军事和政治等则在为英雄主义结构性条件的出现提供传导功能，而且不会分享英雄叙事日常相同的嗜好。如果不是在这样的情况下，也很难想象拥有比传媒体育生产结合体更高效率的英雄生产机器。德拉克（Drucker, 2008, p. 418）提出，由于其独特的传播需求，“当代体育给大家造成了一种错觉，即英雄都是出自职业体育运动。然而，这些所谓的‘体育英雄’实际上就是职业运动员名流化的产物，而不是制造英雄的结果”。

如果不解决名流和英雄之间类似于鸡和鸡蛋哪个先出现的问题，那么体育英雄就会呈现出名流属英雄种内一种独特的、被阉割的变种现象（参见Andrews & Jackson, 2001; Smart, 2005; Whannel, 2002）。典型的英雄总是在他们毫无准备的情况下被匆匆推向台前。然而，对于体育英雄来说，这在一个很基本的层面上就是不可能实现的。体育竞赛——“一个规则的约束自成或自给式的活动”（Drucker, p. 422）——不具有比生活提供更多剧本的可能性。生活不是一场游戏。生活在更大范围内发挥作用。即使对很多人来说，在体育比赛中谁胜谁负是很重要的，但说到底体育比赛就如同休闲欣赏活动中的一次表演，并在市场环境中被日益职业化而具有观赏性。因此，把体育英雄指定为真正的英雄可能是一种结果未知的努力。

有关体育英雄是根植于神话和浪漫主义（Crepeau, 1981）的观念是存疑的。美国文学史认为，奥利亚德（Oriard, 1982, p. 26）发现了运动员英雄的创造是更大规模和流行的“英雄制造冲动”中的一部分。奥利亚德（Oriard, 1982, p. 30）认为，体育英雄很大程度上是“英勇的英雄”而非“道德的英雄”。这与阿里森和哥埃塔尔斯（Allison & Goethals, 2011, p. 200）的观点不谋而合，“尽管英雄主义能够建立在道德和能力的双重基础之上，但也可以单纯是能力，绝大多数的例子……包含了这两种品质”。事实上，洛弗（Rowe，1997，p. 207）总结的“体育的英雄神话总是出现在一场胶着比赛的紧急关头运动员超常的身体表现和演出者的伟大表现”，暗示着把这种特质和以这种特质指代的另一种特质结合在一起的核心趋势。这种趋势就是哈里斯（Harris，1994，p. 13）所谓的“运动员—英雄窘况”的核心。其中，她认为从能力到道德的推论几乎总是被三个条件所制约——“肤浅、有缺陷的复杂性和划分”，阻碍着当代运动员的发展和道德尺度。

最后，对我们来说，期待运动员，甚至是运动员英雄不仅仅是一名运动员，还要在有关能力和道德的英雄行为中取得平衡的想法也许是不合理的。我们总是在对意义的追求中期望得到更多。媒体提供的观念是：非凡的运动能力通常是以性格和毅力作为支撑的。尽管如此，NBA 篮球明星查尔斯·巴克利（Charles Barkley）评价自己的名言——“没有角色模式”，与之也没有什么内在联系。体育明星在英雄主义的意识和道德层面上的缺点已经导致如威廉姆斯（Williams，2009，p. 13）等人提出的各类批评，提醒大家注意“运动员崇拜的荒谬”，因为“众所周知的事实是运动员不足以变身为道德的旗手”。

因此，大量有关体育英雄的大众文化和学术著作都在持续质疑一些基本问题，如当代的名流群体能否经得住英雄类型的真实性测试。不幸的是，如此坚定的质疑的决心却一定要与一个可能是无法解决的哲学命题的模糊区隔混杂在一起：运动英雄主义是基于表现或行为吗？无论如何，探寻有运动英雄行为限制的体育英雄之谜而产生的焦虑是显而易见的。与之相关联的是传媒舞台上当代体育所扮演的角色语境下的性格塑造的基本问题。正如工业化向我们揭示的那样，内部环境迫使体育不得不具有塑造性格的功能，提倡将体育作为一种重要的工具，使这个日益女性化的社会中的男孩子在社会化过程中更加坚毅。实质上，人们争论的焦点就在于体育能否帮助男孩儿蜕变成男人。随着时间的流逝，这种逻辑残留的缺点已经在自身上展露无遗。因此，在今天这种环境下，我们更有可能听到有深度的笑话：我们知道体育塑造性格，但我们不确定是哪一类的性格。有鉴于此，如果不考虑性格问题，那么对当代体育英雄的研究就是不完整的。体育不仅仅塑造性格，还展示性格。我们看到的也许是好的、坏的或是丑陋的。因此，如果我们不考虑体育英雄为什么会坠落，那么有关体育和性格的研究也难说是完整的。

为什么坠落的体育英雄是重要的

传媒重视坠落的体育英雄有很多原因。这些有关坠落的故事是多样的、有争议的和引人注目的。正如洛弗（Rowe，1997，p. 203）提到的，每个事件的情节都在“一个熟悉的、充满敬意的和愤怒的、庆贺的和中伤的、道德主义和虚无主义之间的小报线路径之中”。这些故事可能是很复杂的，存在可商榷的潜在心理问题，对那些视体育英雄高高在上、为自己角色模板的小朋友来说尤其如此。这已经引起了美国心理学会（APA）的重视，他们会在一个体育英雄坠落时为家长、教师和教练提供策略咨询（“Fallen sports heroes”，日期不详）。他们的关注点集中在将体育英雄的坠落作为“教学机会”，来指出来自同行的压力是如何让人犯错的，为什么因在竞赛中的尝试（比如促进发挥的药物）带来不公正是错误的，为什么承认错误并道歉是重要的，运动员在充分构建英雄行为之后是有出现问题的可能性的，为什么需要给予他们第二次机会，人生中有更多的其他英雄角色模式而不是只有运动员而已。美国心理学会提供这样的策略是要提醒我们，体育英雄会有多么不稳定而可能坠落的，进而指出人们在体育的语境中理解英雄时在道德情感上的态度是捉摸不定的。

对坠落的体育英雄状况的考察对孩子们来说是一次学习的机会，对成年人来说也是如此。这一事件中的“老师”在很大程度上是媒体，他们对这些现象进行“事无巨细”的曝光，分析什么倒下了，这意味着什么。具有讽刺意味的是，体育媒体因此被推到了新闻前沿和“玩具店”的核心角色，进一步塑造道德教育的不良角色。体育媒体就像娱乐和财经（当我们“震惊地”了解到近期世界经济崩溃以后越来越是如此）媒体一样，他们都更倾向于成为他们领域和明星的啦啦队员。即使认识到了媒体作为道德的仲裁者能力的局限性，每一个坠落的体育英雄的案例都提供了机会，将意义搁置在孕育着各种可能性的文化系统中。

不幸的是，即使体育媒体能够克服其在道德观点和喝彩倾向性上的不足，它还是时常保留来自体育社会化和异化的情境复杂性带来的曲解挑战。事实上，要覆盖这种“节拍”——以及有资格谈及坠落的体育英雄的规律性——是需要对青年的体育亚文化、制度化特权和对精英运动员的庇护，以及对在发展过程中可能出现的局限性加以更多细致的理解的。因此，大量有关刚愎自用的体育英雄的报道倾向于将对坠落的英雄个人进行不恰当的指责作为手段。对于媒体而言，鼓励体育系统丢掉一个烂苹果，转而返回啦啦队员角色，时常比注重审查体育文化和稳定其角色要容易得多。

大量有关体育社会化和异化（参见 Atkinson & Young, 2008）的文献都意识到媒体在建构精英运动员特权过程中起到的作用，以及许多坠落的大时代运动员抱怨社会化和组织亚文化的某些方面而产生的突出效果。这在杰夫·本尼迪克特（Benedict, 1997, 2004; Benedict & Yeager, 1998）的三次对有关犯罪的运动文化的描绘中看到，这普遍存在于大学体育运动、国家美式橄榄球大联盟（NFL）和 NBA 比赛中。基于犯罪报告和有关逸闻趣事的证据，本尼迪克特推导出了一个处于弱势群体的人被培养成具有大男子主义价值观的享受特权生活的人时会出现的问题，且指出当上升到机构层面时，机构就会暗中纵容甚至经常明确包庇嫌疑人。本尼迪克特的描绘揭示了一种产生和纵容犯罪行为及性侵害的环境，这种环境被贝弗利·史密斯（Beverly Smith, 1996, p. A11）称为"'暴力的圆顶体育场'，这里允许在正常社会中不被允许的暴力发生，同时也让想要挑战它的任何人失声"。然而，如同本尼迪克特（Benedict, 1997, p. xi）提到的他的工作，很多人看到了在报道结果时打种族牌的危险，那就是"不适于长期形成的刻板印象——包括那些有关民族和种族群体的报道"。

与此同时，其他有关坠落的体育明星的分析，例如泰特鲍姆（Teitelbaum, 2005, 2010）对于体育社会化、种族融合、民族和大男子主义语境下运动员的心理有更加清晰的审视，在揭秘坠落的体育英雄的文化意义时很有可能保持持续的敏感。如同奥登和罗森（Oden & Rosen, 2010）在其著作《从荣誉到耻辱：种族、体育与坠落》（*Fame to Infamy: Race, Sport, and the Fall from Grace*）中提到的，当道德、性和暴力等问题占据舞台中央时这一点体现得尤其准确。为什么黑人男性运动员会坠落？没有比这更明确的文化阐释了。在此，如同格兰杰、纽曼和安德鲁（Grainger, Newman & Andrews 2006）以及莱昂纳德（Leonard, 2009, 2010）所指出的，黑人男性运动身体的意义几乎总是与犯罪、吸毒和性异化等倾向配对，通过嘻哈文化等标识形成刻板印象。

显然，对于《坠落的体育英雄、传媒和名流文化》（*Fallen Sports Heroes, Media, and Celebrity Culture*）这本书更大的主题的探讨，意味着不得不与种族和性别议题相伴的"传媒牌"。近年来有大量传媒敏感工作的优秀作品（参见 Denham，2004；Foote，2003；Kennedy，2000；Markovitz，2006；Wachs & Dworkin，1997），在深度和广度上最具有代表性的也许就是洛弗（Rowe，1997）的《未竟的阿波罗》（Apollo Undone），一篇基于他之前作品（Rowe，1994）中有关“倒霉的魔术师”约翰逊（Magic Johnson）因艾滋病而坠落的事例的作品。洛弗的作品特别重要，因为它将一系列体育丑闻放置在后现代时代传媒更广阔的作用中。洛弗（1997，pp. 204 - 206）在研究成果中谈到了体育媒体独特的模糊线条，这些线条经常与幸灾乐祸的有罪欢愉联系在一起，还离不开对“后现代的道德相对主义和讽刺离散（ironic detachment）”的叙事化，这种叙事化将“硬新闻”同“软新闻”和“日常八卦”交织在一起。

传媒在如此湿滑的草坪上卷入道德意义，时常与骑士精神相联系，意味着类似本书中尝试在英雄 - 恶棍弧（hero-to-villain）上丰满起来。开辟全新的研究领域将会面临很多挑战。迎接这一挑战能够帮助我们更好地理解在我们这片文化沙漠中，公众人物是如何划下自己的道德底线的。在此基础上，讲述坠落的体育英雄、传媒如何对待他们以及我们如何在微观层面理解名流文化等，就有了很多引人注目的理由。正如洛弗（Rowe，1997）提到的，这些通过广阔的隐含义卷入了重量级的问题：

> 体育为什么和通过什么渠道与这些丑闻相联系？什么类型的名流与丑闻相关？名流的体育丑闻如何提供政治 - 文化讨论和话语？这些绝不是临时伪事件的轻量级问题，因为他们直指流行文化中难以捉摸的政治核心。每一个丑闻都成了一次解构和审问社会意识形态和结构的机会，其中所有形式的流行文化都被束缚并寻求解脱。（p. 204）

在我们的生活经验中，这些机会都是不相关联的。因此，我们关注到一个个丑闻反复呈现，并看清其作为个体独特的失败故事的叙述方式。于是，当运动员的行为出错——无论在赛场内还是赛场外——我们都倾向于指责主角，而不是体育的结构和社会化。体育的结构和社会化才可能是引发问题或者迫使媒体鼓励某种明星“出世”的根本原因。本书提供了一个持续关注坠落的体育英雄现象，并理解体育和传媒二者在英雄 - 恶棍弧上成为一种当代名流注入文化中不可避免的特色的机会。本研究在广阔的文化场域中展开，不仅能够帮助我们理解特定体育英雄为什么坠落和停滞，而且让我们明白某一天明星能够在他人的帮助下重新闪耀的原因。

坠落体育英雄的形势

本书通过分析坠落体育英雄的形势带给我们一趟独特之旅。本论文集的特色是网罗了全球范围内有关体育、传媒与文化研究重要的学者团队。每个案例都带来一个理解体育明星、英雄和名流起起伏伏的独特的观测点。我们从开篇的“框架篇章”就深入研究一些著名体育人物沉沦时的肮脏细节，是要提醒大家这些道德传奇显著的多样性和他们对公众意识的影响。在这些章节中，我们可以看到所叙述的不仅仅是关于体育，还包括更广阔领域内的性格、责难的归因，引导我们进行判断的道德标准，我们可能得到第二次机会并试图救赎的条件等。这些事件引起我们思考的，不仅仅是体育英雄们在个人与团队运动的对决中如何书写其独特之处，还有他们是如何像教练和解说员一样运用他们独特的置身于道德领域的方式，来引导和阐释我们的体育经验。这些体育人物面临的道德危机远远超出诸如吸毒、服用违禁药物和在赛场上使用“非等级”手段进行欺骗等恶行的影响。他们揭示了一种源于授权和自吸的感觉，并提供深入的“发展掣肘”。我们学习到的是很多在体育世界里无法理解的“什么是关于不”的东西。

在这一章介绍的基础上，是以名流、运动员和传媒主题以及作为坠落主角的体育英雄为框架的三个章节。在《揭示名流体育》中，文化研究理论家托比·米勒通过对早前一位体育英雄被自己的商品化所伤害的事例的考察，启发式地阐释了文化名流的崛起和体育明星的道德复杂性问题。哲学家和伦理学家威廉·J. 摩根的《运动英雄行为及道德边缘生存》通过对真正的英雄行为和运动员行为进行比较，指出了媒体固有的局限性，有意义地辨识了两者之间的差异。该部分的最后一章是体育传播学者布莱恩·邓汉姆把传媒对坠落的体育英雄的报道置于新闻价值和议程设置理论语境中的介绍性篇章。在《从报道到恢复：坠落体育名流的传媒化》一章中，邓汉姆概述了媒体使用认知框架的历程，举例说明了不良行为并允许其救赎的过程。

第二部分的案例研究从一个广泛的维度考察了个人体育项目中英雄的坠落以及团队体育项目中当个人成为焦点而团队被忽略的情形。安德鲁·比林斯考察了高尔夫巨星泰戈尔·伍兹在他的婚姻和性关系中是如何“粗鲁着地”，并且由于辩解书策略的错误行为导致问题复杂化的概要。李·哈林顿和金·施梅尔通过安德鲁·阿加西对形象、重构与忏悔的协商来图解“网球名流的潮涨潮落”。林茜·米恩对径赛明星玛丽安·琼斯的研究展示了传媒对于人们理解她首先作为“黄金女孩”，然后通过个人关系中的欺骗行为和服用有助于提高成绩的药物的框架演变史中性别和种族等问题所起到的作用。贝基·比尔讲述的故事描绘了一张截然不同的运动药物处方，讲述一个在“滑板运动的兴衰”中与冰毒和基督徒碰撞的职业滑板运动员孤独的克里斯蒂安·细井的故事。詹姆斯·切尔尼和库尔特·林德曼通过解析职业摔角偶像克里斯·贝诺伊特生命中的谋杀和自杀惨剧，来展示传媒如何理解可促进成绩提高的药物对脑震荡带来的外伤效应可能产生的疑云。皮尔科·马库拉和佐埃·阿芙内尔从禁药谈到酒精，他们考察了芬兰跳台滑雪名将马蒂·尼卡宁转型为流行歌手的永久性公众肥皂剧。阿里斯泰尔·约翰、托尼·布鲁斯和史蒂芬·杰克逊探讨了一个不同的公众侮辱事件，新西兰帆船运动员罗素·库茨在媒体中是如何在国家忠诚和国际市场中取得平衡，这涉及人的伦理机会主义问题。这个部分的最后一章是由切里·库基和莎莉·德沃尔金来完成的，他们以南非短跑运动员卡斯特·塞门娅的明星形象被损害事件为例，探讨媒体和国家认同在关于性别鉴定和维持女性体育运动的公平竞争中是如何相互作用的。

本书的第三部分展示了如何在团队体育运动的语境下，将坠落的英雄传奇叙事复杂化。当教练员经常发现“这支球队中没有‘我’”的时候，媒体叙事就会清晰地提醒大家球队中有一个自私的名流。迈克尔·加尔迪纳和马尔·马格努森探讨了因有犯罪嫌疑的斗犬行为而使明星四分卫迈克尔·维克蒙羞的事件，以及他恢复名誉的过程中传媒作用的复杂性，从而考察出文化综合体的传媒敏感度。凯瑟琳·拉维尔提醒我们“枪不是笑话”，她通过对两个互补的案例——NFL 球星普拉西科·布雷斯和 NBA 球星吉尔伯特·阿里纳斯的坠落——展开框架分析，对使用枪械、黑人男性气概和城镇文化进行了探讨。玛丽·麦当劳和切里·库基展示了种族、“位置感”、男性标准中恶劣的性行为，以此来投射出媒体理解的阴影，如一些 WNBA“坏女孩”们“令人震惊的举止”。奥利弗·里克、迈克尔·西尔克和大卫·安德鲁斯揭示了运动员与媒体的关系是如何紧张的——国际足球传奇名流大卫·贝克汉姆对大市场传播中媒体的不满情绪——协调超商品环境下公共情绪的变化。比尔·格兰萨姆通过约翰·特里图解了英格兰和切尔西足球队精英中后卫约翰·特里小报生涯的法律和道德关系，从庆祝获得“当年最佳父亲”

的荣誉到与队友的妻子搞婚外情。吉姆·马凯和卡伦·布鲁克斯展示了关于“澳大利亚式”足球“皇帝”韦恩·卡雷的传媒叙事手法，这种手法适用于有倾向猥亵、暴力和滥用药物的惯犯在一定程度上进行救赎的规范化叙述。大卫·洛弗的有关后殖民阴影下的印度明星板球投手哈巴杨·辛格在种族和国家的复杂性上的跌宕起伏在传媒呈现上的二元性一章颇为有趣。

第四部分是开疆辟土的新篇章，其中的案例是为了检验一些越来越英雄化和名流化的教练员和体育解说员等体育领袖坠落时会发生什么。玛丽·哈丁和尼寇·拉沃依考察了刚愎自用的女子篮球教练员雷内·波特兰和波姬·查特曼是如何在女子校际篮球界中因不同寻常的违规的“女子同性恋问题”而遭到媒体对“新同性恋恐惧症”的细致审查的。迈克尔·巴特沃斯分析了三位领袖级大学橄榄球“教练走向狂野”的实例，揭示了在男性霸权主义的道德环境下传媒在报道球员时是如何表现出倾向性的。凯文·杨和迈克尔·阿特金森在这样的环境下理解得更深入，他们图解了英式橄榄球联盟是如何允许伦敦哈勒奎因队教练员迪恩·理查兹演绎离经叛道的规范性，以软化在臭名昭著的吐血门事件中，他的一名占优势地位的球员因诈伤而带来的传媒化的坠落。希瑟尔·杭德利将关注的焦点从坠落的教练员转移到了解说员，他图解了这群依靠声音之“剑”过活的体育明星如何承惠于有关种族主义、性别歧视和同性恋方面的违规，又是如何“死”在这把剑手里。杰伊·谢雷尔和丽莎·麦克德蒙特通过思考唐·切里的案例继续讨论这个话题，这个时常得到两极化评论的“加拿大冰球之夜”声音的“洛肯·索肯民族主义”，向人们展示了英雄－恶棍二元对立会有多么复杂。

最后，这本书的结束部分是以对前铁人三项冠军斯科特·廷利“泡沫内部”的反思来完成的，他的表演让这项运动充满魅力。廷利关于我们的体育身份认同的坦诚观察本质上是与我们的英雄们“胜利的喜悦”和“失败的痛苦”息息相关的，这也提醒我们，就整体而言我们也是问题的一部分。我们都享受我们搭上的名流体育英雄之旅，我们看上去无法把我们的眼睛（媒体对我们道德评估的转变）从他们的坠落上移开。在这条旅途上，我们都希望我们是那个英雄，想到这一点的同时又不寒而栗。

参考文献

Allison, S. T., Goethals, G. R. (2011). *Heroes: What They do and Why We Need Them.* New York, NY: Oxford University Press.

Andrews, D. L., Jackson, S. J. (Eds.). (2001). *Sport Stars: The Cultural Politics of Sporting Celebrity*. London, UK: Routledge.

Arendt, H. (1958). *The Human Condition*. Chicago, IL: University of Chicago Press.

Atkinson, M., Young, K. (2008). *Deviance and Social Control in Sport*. Champaign, IL: Human Kinetics.

Benedict, J. (1997). *Public Heroes, Private Felons: Athletes and Crimes Against Women*. Boston, MA: Northeastern University Press.

Benedict, J. (2004). *Out of Bounds: Inside the NBA's Culture of Rape, Violence, and Crime*. New York, NY: HarperCollins.

Benedict, J., Yaeger, D. (1998). *Pros and Cons: The Criminals Who Play in the NFL*. New York, NY: Warner Books.

Boorstin, D. J. (1973). *The Image: A Guide to Pseudo-Events in America*. New York, NY: Harper & Row.

Campbell, J. (1968). *The Hero With a Thousand Faces* (2nd ed.). Princeton, NJ: Princeton University Press.

Crepeau, R. C. (1981). Sport, heroes and myth. *Journal of Sport and Social Issues*, 5 (1), 23-31.

Curtius, E. R. (1963). *European Literature and the Latin Middle Ages*. New York, NY: Harper & Row.

Denham, B. E. (2004). Hero or hypocrite?: United States and international media portrayals of Carl Lewis amid revelations of a positive drug test. *International Review for the Sociology of Sport*, 39 (2), 167-185.

Drucker, S. J. (2008). The mediated sports hero. In S. J. Drucker & G. Gumpert (Eds.), *Heroes in a Global World* (pp. 415-432). Cresskill, NJ: Hampton Press.

Fallen sports heroes. (n. d.). American Psychiatric Association. Retrieved from http://www.healthyminds.org/More-Info-For/Athletes/Fallen-sports-heroes.aspx.

Foote, S. (2003). Making sport of Tonya: Class performance and social punishment. *Journal of Sport and Social Issues*, 27 (1), 3-17.

Geertz, C. (1973). *The Interpretation of Cultures: Selected Essays*. New York, NY: Basic Books.

Grainger, A., Newman, J. I., Andrews, D. L. (2006). Sport, the media, and the construction of race. In A. A. Raney & J. Bryant (Eds.), *Handbook of sports and media* (pp. 482-505). Mahwah, NJ: Lawrence Erlbaum.

Harris, J. (1994). *Athletes and The American Hero Dilemma*. Champaign, IL: Human

Kinetics.

Kennedy, E. (2000). Bad boys and gentlemen: Gendered narrative in televised sport. *International Review for the Sociology of Sport*, 35 (1), 59 – 73.

Leonard, D. J. (2009). It's gotta be the body: Race, commodity, and surveillance of contemporary Black athletes. *Studies in Symbolic Interaction*, 33, 165 – 190.

Leonard, D. J. (2010). Jumping the gun: Sporting cultures and the criminalization of Black masculinity. *Journal of Sport and Social Issues*, 34 (2), 252 – 262.

Markovitz, J. (2006). Anatomy of a spectacle: Race, gender, and memory in the Kobe Bryant rape case. *Sociology of Sport Journal*, 23 (4), 396 – 418.

McGinniss, J. (1990). *Heroes*. New York, NY: Simon & Schuster. *New Oxford American Dictionary* [Version 2. 1. 3 (80. 4)]. (2009). Cupertino, CA: Apple.

Ogden, D. C., & Rosen, J. N. (Eds.). (2010). *Fame to Infamy: Race, Sport, and the Fall from Grace*. Jackson, MS: University Press of Mississippi.

Oriard, M. (1982). *Dreaming of Heroes: American Sports Fiction*, 1868 – 1980. Chicago, IL: Nelson-Hall.

Rodriguez, G. (2009, February 16). Our need for heroes, flaws and all. *Los Angeles Times*, p. A21.

Rowe, D. (1994). Accommodating bodies: Celebrity, sexuality, and "tragic Magic". *Journal of Sport and Social Issues*, 18 (1), 6 – 26.

Rowe, D. (1997). Apollo undone: The sports scandal. In J. Lull & S. Hinerman (Eds.), *Media Scandals: Morality and Desire in the Popular Culture Marketplace* (pp. 203 – 221). New York, NY: Columbia University Press.

Smart, B. (2005). *The Sport Star: Modern Sport and the Cultural Economy of Sporting Celebrity*. London, UK: Sage.

Smith, B. (1996, July 17). Abuse prevalent in sport, survey indicates. *The Globe and Mail*, pp. A11 – A12.

Smith, G. (1996, December 23). The chosen one. *Sports Illustrated*, 28 – 52.

Strate, L. (1994). Heroes: A communication perspective. In S. J. Drucker & R. S. Cathcart (Eds.), *American Heroes in a Media Age* (pp. 15 – 23). Cresskill, NJ: Hampton Press.

Teitelbaum, S. H. (2005). *Sports Heroes, Fallen Idols*. Lincoln, NE: University of Nebraska Press.

Teitelbaum, S. H. (2010). *Athletes Who Indulge Their Dark Side: Sex, Drugs, and Cover – ups*. Santa Barbara, CA: Praeger.

Vande Berg, L. (1998). The sports hero meets mediated celebrityhood. In L. A. Wenner

(*Ed.*), *MediaSport* (pp. 134 - 153). London, UK: Routledge.

Wachs, F. L., Dworkin, S. L. (1997). "There's no such thing as a gay hero": Sexual identity and media framing of HIV-positive athletes. *Journal of Sport and Social Issues*, 21 (4), 327 - 347.

Watson, D. R. (2008, January/February). Where have all the heroes gone? *Debt* 3, 23 (1), 42 - 43.

Wenner, L. A. (2007). Towards a dirty theory of narrative ethics: Prolegomenon on media, sport and commodity value. *International Journal of Media and Cultural Politics*, 3 (2), 111 - 129.

Whannel, G. (2002). *Media Sport Stars: Masculinities and Moralities*. London, UK: Routledge.

Williams, A. (2009, December 17 - 23). The absurdity of athlete worship. *New York Amsterdam News*, p. 13.

第2章　揭示名流体育

托比·米勒[①]

“减重，火起来，快点儿开始，持续久一点儿，看上去酷一点儿，投入爱。现在是夏天，所以脱掉衣服！”对监控身体状态的鼓动比比皆是，通过体育英雄的影响力使其成为欲望的模板。体育与名流掺杂在一起。他们不可能被截然分开，因为他们脸颊对着脸颊，躯干对着躯干，靴子对着靴子般地生活在一起。

体育具备的超越与禁锢这一个核心悖论以及它所具有的惊人的寓意化能力，是名流文化场中最显著的，而且也许是最具有变革性的。随着消费资本主义和后现代文化的来临，身体已经越来越表现出可见的欲望轨迹。对外表的控制通过时尚符码、身体装饰、营养计算和身体条件等来改变我们的衣着、我们感受到的欲望、我们从事的锻炼和我们消费的图像。

运动身体是强大的符号，因为他们由自由意愿、自控、健康、生产力和超越等符码装饰而成。因此，运动员好与坏的行为几乎都是不可避免的符号转换：高性能的膳食补充剂与非法药品，广告中的性感展示与私人婚外情的对应，对俱乐部的忠诚和不忠，或者在区分好与坏的成文和不成文的规则之间及其内部的其他波动。身体是体育的货币，是体育的激情和它的不可靠性标识出来的尽可能满足和取得成功的失望和多余。本书关注的本体论涉及更为广泛的名流事件。

文化名流

文化名流的概念开始与我们相伴是从12世纪欧洲作家和画家的第一幅

---

① 托比·米勒（默多克大学博士），加州大学河滨分校传媒与文化研究教授。他的研究领域覆盖传媒、体育、劳动力、性别、种族、公民权、政治和文化政策等。他已经出版了超过30本著作（编著），并发表了100多篇论文。E-mail：tobym@ ucr. edu。

肖像开始的。肖像后来被销售给他们潜在的赞助商——这就是前资本主义社会中作者的商品化。到了 17 世纪，肖像成为教学方法。大臣们开始描写皇室礼仪的蓝本。后来（这是我对欧洲艺术和社会史的超缩编）由民主政治和资本主义创造的公众的理念，将人们的敬意和其合法性从法庭和宗教转移到社会地位有上升趋势的商人。他们的合法性并非源自他们的家庭背景或是迷信（参见 Briggs & Burke，2003，pp. 11，41；Elias，1994；Gamson，1994；Marshall，1997）。

此后，当代有关名流和真实性的争论：他们的与短暂的价值相对的永久的历史地位，与营造的品质相对的真实的素质，以及他们的公共和私人生活——换句话说，一个“暴发户”的全部不幸（和快乐）都提升了其知名度并引导他人。体育明星是名流万神庙中的一部分，他们形成了竞争模式，取代了皇家主权的传统地位，成为高端的行为符号。他们形成了劳动贵族。

体育名流

主流体育明星其实是一个陌生人，他是日常生活的矛盾体，一个关于性别、种族、幸福、具体化的资本主义、性和文化进程的主要神话和符号，他在这里制造着成为商品、艺术和幻想的个人品质和社会符码源。运动员是完美的名流。我们几乎了解他们的全部，尤其是他们在极端情况下——肮脏、流汗、流泪、士气低落、裸身、愤怒、快乐、毫无防备、毫无意识时，又或者受伤时——是什么样子，就像我们自己呕吐或者出现时一样。这种我们无所不知的假设源于他们的知名度、“活跃性”、自食其果和话语。随着每一次的重放和分析，运动员的弱点和胜利都被放大而变得过于明显。

实际上，我们对于明星的认知比想象中要少。真正的韦恩·鲁尼（Wayne Rooney）是谁？他是那个已经衰落的足球运动员吗？那个召妓，花一百英镑买一包烟，看着他的头发飘落到下水口一去不复返，而性工作者在背后管他叫怪物史莱克的主儿？或者他是主力球员和科琳（Coleen）的御用打理移植后头发的丈夫？谁是迈克尔·维克（Michael Vick）？他是那个需要通过在公众面前粗暴地对待动物来获得欢愉的笨头笨脑的赌徒，还是他被误解了？东南弗吉尼亚艺术协会主席说，“人们都在谈论迈克尔·维克是一个被判了重罪的犯罪分子，但耶稣基督也是如此……今天我们都把他视作上帝和救世主”（dEstries，2011，第 1 段）。

体育名流的价值

尽管存在一些矛盾，但由于名流们毕竟生存在公众的眼皮底下，人们还是天真地假设自己知道他们究竟是谁。这种趋势是补贴的和商品化的——甚至是掌控——由看似能够带来同等快乐的庆典和谴责的小报媒体承担，盛大婚礼的照片是由大腰围的狗仔队拍摄的。它是赞助商愿意支付庞大的款项，使他们的产品与体育明星发生联系的原因之一，这基于一个关于契约性地规定可靠性和体面的生活方式的交易，但同时也发现这些品质很难从标题和多余的欲望系数中脱离开来。截至 2005 年，美国企业支出的名流代言费据说已经突破 10 亿美元大关，这都建立在一个假设的基础之上，即受众希望通过购买商品把明星的品质转移到自己身上。营销学专家用对企业目的在心理功能上的陈词滥调将其称为“联想式学习”（Thrall, et al., 2008；Till, et al., 2008）。

这又是一个具有典型意义的历史先例。思考一下男性运动员与古代希腊领袖之间的关联。色诺芬（Xenophon）、苏格拉底（Socrates）和第欧根尼（Diogenes）认为，除非有对一个人意识和身体训练的常规检查，否则运动员比赛前的性生活会导致其比赛失败。在这两个领域精心调配的欲望便成为执政能力的符号，因此亚里士多德（Aristotle）和柏拉图（Plato）钟情于过度的常规调情，这种调情经过测试也能带来欢愉。年轻人进入社会责任地位的能力是由驾驭能力和人事管理能力来判断的，因为他们赢得体育游戏的能力类似于掠夺老年男性的性能力。每一个成功的例子都表明健身不仅是身体上的，更是管理上的（Miller, 2001）。

揭示名流运动员

基于欲望、调情、拒绝和肉体性测试的事情总是不可避免地发生一系列错误。人总是如此，机构也不例外。1936 年关于美国的博尔顿与克劳维尔公司（Burton v. Crowell Pub. Co.）的事件，也许可以作为近代史上能够阐释这一不可避免的事实的主要案例。纽约南部地区的第二巡回法院听取了之前被驳回的诉讼。原告克劳福德·博尔顿（Crawford Burton）抱怨被告发布的形象让他看上去“身体变形、精神变态”，同时还有“不雅暴露之罪”。

法庭宣判被告犯有诽谤和造谣等罪行，因为即使是“细微的嘲笑”只出现在博尔顿原本答应出演的广告中的一部分，也有可能让观众对博尔顿的形象产生“明显的错觉”，因此罚款500美元。这是由一家非正式的哈佛克里姆森学生报纸提供的消息（Poo，1937）。

这个影像有问题？博尔顿为骆驼牌香烟拍摄的广告图片（可以在http://www.periodpaper.com/media/catalog/product/cache/1/image/8022f01105bea4edf676ba39d5976c14/S/E/SEP4_733_1.JPG 上看到）出现在类似《星期日晚邮报》（*Saturday Evening Post*）、《大众机械》（*Popular Mechanics*）、《自由杂志》（*Liberty Magazine*）、《矿工》（*Collier's*）和《科普》（*Popular Science*）这样的刊物上。博尔顿，一个著名的骑师和股票经纪人，在广告中被表述为是骆驼香烟让他在经历了“繁忙不堪的工作日”以后恢复体力，镇静下来。这个注解伴随着两个图像。第一张图片，以“搭着一头骆驼”作为标题，没有引发法律行为，它描绘了博尔顿在赛后身着骑师装，叼着香烟，拿着马鞭和帽子的形象。这标志着激烈赛事带来的“小死”之后的他，所有的好骑师和马匹在比赛结束后都要深呼吸。问题出现在另一张图片上（标题是“当你感觉‘一切尽在其中’”）。在这张图片上，博尔顿在规范的称重仪式上，被呈现得并不庄重。他背着马鞍，一只手放在鞍尾下，另一只手在马鞍下面。坐骑约莫低于他的腰部一英尺左右，似乎由一根松散的线连接着。问题就在于此：这看上去像是一个暴露完好的阴茎。

《时代周刊》（*Time*，Press：Camel Jockey，1937）是这样描述这一事件的背景的：

> 1934年的这个广告是一张彩色照片，绅士骑师克劳福德·博尔顿，是危险的马里兰亨特杯赛马大赛（Maryland Hunt Cup）的两届冠军得主。他将它的赛马绸布作为骆驼香烟的转让人（原文如此）恢复能力，但这张照片却成了一场可怕的灾难。它表现出博尔顿拿着他的鞍和肚带，制造出了一种淫秽的，或者说将其只有在独处时能表现出来的行为曝光的场景。

当克劳福德·博尔顿不再是骑师而是以股票经纪人的身份出现在第二天的纽约证券交易所时，他发现臭名昭著的好色之徒有选择性地在阐释这张图片。当博尔顿先生步入证券交易所的吸烟室时，他说有不少经纪人开始挥舞《矿工》杂志（最早接收并印刷这则广告的出版物之一）并胡言乱语。博尔顿没有完成任何订单，只好回家躲了几天。

在巡回法庭法官里姆德·汉德（Learned Hand）看来，“照片是怪诞、畸形、具有威胁性的；没有过分的暴力来匹配的故事加强了下流的阐释。这就是诽谤”。他为图片的“淫荡畸形”深感震惊。

博尔顿专门为拍照摆的姿势却没有得到想要的结果。他的律师声称这张图片意味着他可能被认为“犯有不雅暴露的罪行，成为一个身体变形和精神变态的人”（Burton v. Crowell, 1936, p. 154）。这个案例至今仍然被人们讨论，公众关于它对骑师失去合法性的探讨依然能产生共鸣。在一起公平机会委员会案例中（Equal Opportunities Commission Case）中（Oates v. Discovery Zone, 1996, p. 1205），令人遗憾的是委员会坚信这个案子的决定使上诉人博尔顿就像一只“大猩猩”。

不过这个案件也有另外一面。即使在案件判决之前，全国越野障碍赛马和狩猎协会宣布对在赛马场上吸烟者课以10美元的罚金，但并不是因为骆驼牌香烟和男性生殖器的联系。正如詹姆斯·瑟伯（James Thurber）在《纽约客》（*The New Yorker*）中谈到的，博尔顿的广告一出现，就有关于吸烟行为需要在广告中被禁止的决定出台（Kinkead, Smith & Thurber, 1934）。

结论：名流体育的复杂性

按照这种情况，名流体育明星是一个复杂的结合体，它包含了市场策略、社会符码、国家象征、资本主义和个人主义，同时也是个人和集体消费的对象，这都处于欲望和控制的必要但不稳定的关系之中。每一种趋势都使公众与私人亲密关系的宣传重叠。错误的空间在字面上是无限的，这种距离之大，就像在障碍赛马比赛中的胜利者与未参赛者之间的差距。

当运动员成为名流时，他们的社会生活和私人生活就变得比其专业素质更加重要。名流在普遍的意义上代表了这个时代，因为他们提供了成功、能力和美的刻板印象。作为消费和拟仿的对象，他们成为戏剧角色和时尚的化身。此外，他们向我们展示了这个时代的局限性和希望。首先，每一个名流都是一个图像，但又不是一个自然的图像（es una imagen; pero no una imagen natural）。真正重要的是：“一个表意的图标转变为规范性的图标。”（la transformación del icono ideográfico en icono normative）在这样一个过程中，照片和其他复制品成了有关成功和悲剧的公共历史文献（Bueno, 2002,

p. 2）。

对名流文化的迷恋是很容易被嘲笑的。抛开体育不谈，让我们来想想不久前困扰美国小名流的问题：我们应该介意“八胞胎妈妈”娜迪亚·苏莱曼（Nadya Suleman）给那么多孩子带来生命或者是米老鼠（小甜甜布莱尼，Britney Spears）剪了一个恶心的发型吗？我们可以用这种嘲讽的语气来谈论如何更好地学习与伊朗核弹头的威力和以色列政教合一的种族状态相关的问题；或者我们可以罗列出这样一些小报故事反映的生活，单亲家庭的生活，生育治疗的伦理和经验，进食障碍和对浪漫的失望。这些问题都那么不重要吗？让我们再回到对鲁尼和维克的思考，这些可以提升故事的要素——关于阳刚，关于性产业，关于虐待动物——绝对不是小事。

把公众兴趣放置在体育人物的过失上，将他们解读为不能解决日常重大问题的文化细节表症状，或者实际上把他们自身的丑闻作为表症状都是容易的。历史比这些浅显的分析要疑云重重且复杂得多，使关于作为社会符码的人类生活的调查价值无比珍贵。这就是您手头这本书的重要性所在了。

参考文献

Briggs, A., Burke, P. (2003). *A Social History of the Media: From Gutenberg to the Internet*. Cambridge, UK: Polity Press.

Bueno, G. (2002). La canonización de Marilyn Monroe. *El Catoblepas*, 9, 2.

Burton v. Crowell Pub. Co., 82 F. 2D 154 (2nd Cir. 1936).

dEstries, M. (2011, March 1). Michael Vick now being compared to Jesus Christ. *Ecorazzi*. Retrieved from http://www.ecorazzi.com/2011/03/01/michael-vick-now-being-compared-to-jesus-christ.

Elias, N. (1994). *The Civilizing Process: the History of Manners and State Formation and Civilization* (E. Jephcott, Trans.). Oxford, UK: Blackwell.

Gamson, J. (1994). *Claims to Fame: Celebrity in Contemporary America*. Berkeley, CA: University of California Press.

Kinkead, E., Smith, G. B., Thurber, J. (1934, August 25). Comment. *The New Yorker*. Retrieved from http://archives.newyorker.com/?i=1934-08-25#folio=011.

Marshall, P. D. (1997). *Celebrity and Power: Fame in Contemporary Culture*. Minneapolis, MN: University of Minnesota Press.

Miller, T. (2001). *Sportsex*. Philadelphia, PA: Temple University Press.

Oates v. Discovery Zone 96 F. 7D 1205 (7th Cir. 1996).

Poo, W. (1937, January 13). Off key. *The Harvard Crimson*. Retrieved from http://www.thecrimson.com/article/1937/1/13/off-key-pcrawford-burton-the-so-called/?print = 1.

Press: Camel jockey. (1937, January 18). *Time*. Retrieved from http://www.time.com/time/magazine/article/0,9171,770495,00.html.

Thrall, A. T., Lollio-Fakhreddine, J., Berent, J., Donnelly, L., Herrin, W., Paquette, Z.,... Wyatt, A. (2008). Star power: Celebrity advocacy and the evolution of the public sphere. *International Journal of Press/Politics*, 13 (4), 362 - 363.

第3章　运动英雄行为及道德边缘生存

威廉·J. 摩根①

运动英雄主义是一种果断的、不受约束的行为，这种行为与现代人的谨慎、安全以及似乎是被设计好了的生活形成了鲜明的对比。一方面，在日常生活中，我们倾向于谨慎行事以确保我们能满足自我的需求和乐趣；同时，我们会避免卷入超越这些需求和乐趣的更大的冒险。这就解释了为什么许多社会批评家认为我们这个时代是一个非英雄决定论的年代，缺乏激情和更高的使命感。另一方面，如果英雄做了一些引人注目的事情，我们对英雄们的无论是在场上还是场外的崇高敬意，表明了我们其实并没有像社会批评家们说的那样（缺乏激情和使命感）。但近来，我们却时常因为那些坠落的英雄而陷入一种道德困境。本章将探寻我们在运动英雄和他们选择的道德边缘生存之间的一种矛盾心理的相互作用。

什么是英雄行为？

为了厘清到底什么能算作英雄行为，我讲述一个在2007年1月被很多媒体报道的典型事例，其中主人公行为的英雄地位毋庸置疑。这件事情的主要特征能帮助我们理解它为何有如此的地位。在曼哈顿的地铁里，一个年轻的电影系的学生，卡梅伦·霍洛皮特（Cameron Hollopeter）突发痉挛因而从月台向后跌落到了下面的铁轨上。韦斯利·奥特雷（Wesley Autrey），一位中年建筑工人，在远处的月台上目睹了这一跌落事件。没有丝毫的犹豫，他跳下了轨道，此时一辆南行列车的车灯出现了；他趴在霍洛皮特身上，随

---

① 威廉·J. 摩根（明尼苏达大学博士），南加州大学职业科学与职业治疗教授，已经出版过数十本著作（编著），曾担任SSCI期刊《体育哲学学刊》的主编。他的研究涉及体育研究的大部分领域，尤其是哲学和职业治疗方面。E-mail：wjmorgan@ usc. edu。

后将他推到轨道之间的仅有一英尺宽的沟槽。列车长立即拉了刹车，但是列车直到有5节车厢经过这两人上方时才完全停住，列车距他们仅有咫尺之遥。围观人群惊慌的哭喊声震天，奥特雷大喊着他们两人都没事，并找人告诉在月台的他的两个女儿，她们的父亲没事。围观的人群自发地给予他雷鸣般的掌声，并互相大声谈论着刚刚目睹的不可思议的事情。

毫无争议，奥特雷的行为已经上升到了英雄行为的高度。这种行为足够典型，属于特别的英雄行为，因为行动已经危及他的生命。相较而言，关于运动员英雄主义事例的行为很少到达这样的高度（少数“极限”运动除外），因为运动员不需要有这样极端的利他主义或者如此冒险的行为。作为一个英雄行为的典型事例，奥特雷的例子中有一些与其他例子暗合的特性，这些特性能揭示什么样的行为——不管是体育或是其他领域——配得上被叫作真正的英雄行为。

首先需要注意的是奥特雷行为的果断性——他没有表现出一丝的犹豫或者矛盾。他的行为是果断的，一方面因为他能够审时度势，并在一瞬间决定他的行动。他能做出反应的时间特别短，这样短的时间促成了他行为的果断，而且他做出反应的时间性也是其英雄品质的关键所在；另一方面是这种行为的确有效，决定了被救的人是生存下来而没有死亡。奥特雷的行为使结果有了很大的不同，进一步展示了其令人印象深刻的果断，也因此赋予了事件以英雄性质。相较而言，我们普通人采取的行动（是否投票支持政治候选人，为了他人的福祉工作，或者只是单纯地想成为一个更好的人）似乎很少对别人的生活产生影响，甚至对我们自己的生活都不能有所影响。

奥特雷行为的第二个显著的特点是，尽管它具有果断性和显著的效果，奥特雷对于事件的反应不完全受他自身控制，但他的所作所为并不是“失控”（在这里“失控”是用来形容冲动行事或者是一种易让人沉溺的方式，例如无意的和非指向性的）。他的行为是自主的且是有目的的，但是这些行为同时也回应了他当时遇到的情况。作为一名英雄，他能够做到这些令人瞩目的、自我指向的事情，只是因为来自自身之外的力量的刺激（Dreyfus & Kelly，2011）。

那么，使这些行为英雄化的不是因为奥特雷独有的有求必应，而是因为他既没有受控制也没有由于受外力刺激使得自身行为无力——那些瘾君子和强迫性食客通常都呈现为无力；相反，他能够从容应对，直面这些问题。对于他的行为所表现出的坚定性和有效性来说，影响它们的因素超越了他自身所能控制的范畴。因此，没有人能简单地决定（就目标和计划而言）成为一个英雄。相反，各种事件必须协力才能创造一个刚刚好的环境，使得英雄行为成为一种可能；就像奥特雷那样，只有一个事件被激发了，挑战才会得以呈现。

奥特雷的行为的第三个重要特征是实践的智慧。像这次事件一样的英雄行为的思虑——考虑了很多而且使这个行为如此有效——往往被人们忘记，因为它们不是刻意的行为。只有当我们错误地考虑到这些并且做出有意识的反应时才会如此。但是，我们将因此被错误地引导，从而将英雄行为归纳为“业已从思考的范畴抽离的行为”（Dreyfus & Kelly，2011，p. 9）。那些英雄行为不是也不能是刻意的产物而是被赋予的。当一个人被迫在一个不间断的、动态的环境下做出反应，他是没有时间先仔细思考的。在千钧一发之际，我们没有时间也没有必要决定先做什么。这就是为什么像奥特雷一样的英雄对周围的环境具备敏锐的洞察力，包括在那一瞬间知道怎么样去做才能解决这个问题。英雄们不会为不知道做什么而感到恼怒，所以深思熟虑对于他们来说是完全没必要的事情。他们与那些需要思虑周全的人仅仅是在思考程度方面有所区别，尽管那些人没办法实施英雄行为，但是他们与英雄们有着类似的可能稍弱一点的对周围环境的洞察力，能做出相应的反应，比如路人突然看到一对老年夫妇很吃力地抬起沉重的行李上楼，此时他会毫不犹豫地上前提供帮助（Watson，2004）。

在奥特雷事件以及上述这个例子中，深思熟虑是多余的，因为两个人都立刻意识到在这样的情况下需要一个怎样的适当行为去应对。但尽管如此，他们都没有盲目地、冲动地或者鲁莽地做出反应，因为这样的话只会让情况变得更糟。相反，他们都以一种经过思考的方式做出了反应，这使得情况变得更好。这就是工作中实践的智慧，它不涉及“决定”需要做什么，同时，它也不涉及当我们考虑是否要承担一些风险时，自动权衡收益和成本。然而，坚持“决定”以及工具理性使我们无法收获历经实践的智慧，也无法变得考虑周到，这是一种自负的行为。如果我们接受了这种自负，越来越少的人会做出英雄式的行为，更遑论在我们之中识别出英雄。

奥特雷的行为之中第四个也是最后一个英雄式的特征是这些行为被所有有关的人高度赞扬，无论是那些被直接影响到的抑或是事后向他学习的那些人。这就解释了为什么媒体把事件中主人公的表现作为英雄行为加以描述是如此重要。奥特雷的行为被认为是值得称赞的，因为这些行为使我们相信生活是有价值且有意义的。相比之下，黑帮成员为了头目之死而报复，参与一场街头斗殴，这种行为虽然同样果断、有效而且智慧，但与英雄行为毫无关系。与英雄不同，帮派成员的行为不值得我们称赞，因为他们的行为在人类精神层面是基本的而非高尚的。

奥特雷行为中的其他特征也可以被分析，但笔者在此讨论的四个特征是最为显著的，而且与运动领域的英雄行为有着特殊的关联性。

运动英雄行为

这一部分分析体育领域中的英雄行为，并思考为什么尽管它们有积极正面的道德价值，但如果没有道德上的质疑，我们仍然可能会觉得它们在道德上是脆弱的。接下来的典型事例为分析运动英雄行为奠定了基础。

这个例子来源于已故作家大卫·福斯特·华莱士（David Foster Wallace, 2006），他描述了瑞士网球选手罗杰·费德勒（Roger Federer）在2005年美国网球公开赛决赛上对阵美国球手安德鲁·阿加西（Andre Agassi）第4盘时一个正手制胜分的情形。这篇文章发表在《纽约时报》上，华莱士将那些错综复杂的行为描述为“费德勒时刻”。华莱士的描述开始于阿加西以一个漂亮的正手球将球击打到费德勒反手区深处，此时费德勒正在错误地移动到中线附近。华莱士提到：

> 费德勒……不知道怎么的突然逆转了推力，不可思议地快速向后跳了三四步，在他反手区的角落击出了一记正手球，此时他所有的重心都在后移，这个正手上旋球刚好越过了网前的阿加西，无比精确地掉到了阿加西的边角区，这是一个制胜分（2006, pp. 1 -2）。

华莱士报道了费德勒不可思议的正手制胜分以及观众为此爆发出的雷鸣般的掌声，详述并且回应了解说顾问约翰·麦肯罗（John McEnroe）提出的具有怀疑性质的问题——“你是怎么做到从那个位置击出制胜分的?”华莱士指出，“鉴于阿加西所站的位置和他世界级的速度，费德勒必须把球降低大概两英寸的空间，这样的话才能实现穿越。这个过程没有预先考虑的时间，而且在此过程中他的重心完全没有支撑，这是不可能的，这就像他处在

'黑客帝国'（The Matrix）[①]之外"（p. 2）。

之前所描述的英雄行为所必备的四个特征在华莱士关于费德勒的描述中得以完整呈现。这个例子与之前奥特雷的例子唯一不同的地方就是它不涉及前例中非常重要的一个部分：生存或是死亡。然而，华莱士对费德勒超凡运动技术的报道也揭示了一种同样重要但是与之前有着显著区别的英雄主义。它们都是英雄行为当中的一种，每一种都给我们提供了一个生动的画面，向我们展示了具有传奇色彩的人类惊人的壮举，让我们这些旁人只能惊叹（能想象这样的画面，但绝少能被复制）。正是华莱士这样知名的作家在《纽约时报》上用英雄式的术语描述费德勒的网球比赛，增强了将费德勒行为与奥特雷行为进行比较的合理性，否则就会显得较为牵强。

传媒可以对运动员在赛场上而不是赛场外的行为展开描述或进行特写，利用像费德勒这样的知名运动员吸引读者的注意力，把赛场当作一种表现人类高尚英雄行为的一个特征的竞技场，然而，这样做的话会使一些最引人注目的体育英雄被排除在外，因为他们的英雄主义行为大部分发生在赛场外而不是赛场上。谈及这一点时，亚瑟·阿什和罗伯托·克莱门特（Roberto Clemente）一下就浮现在人们眼前，因为他们在体育及更广的领域取得了显著的成就。阿什的英雄主义行为体现在他投入城市青年的工作，以及他本身代表了艾滋病的受害者（最终因之失去生命）。克莱门特的英雄主义行为体现在他作为一名人道主义者在自己的家乡波多黎各工作，但在一次运送补给时遭遇空难，不幸罹难。通过这样的内在优势来意指运动英雄主义，没有人刻意地去蔑视像阿什和克莱门特这样的运动员，他们的英雄行为也配得上自身的专属待遇。而本章的重点主要聚焦在竞赛过程中发生的英雄行为。

费德勒英雄主义的事例是相当直接且明确的，他在赛场上的表现在很多方面与奥特雷的重要性是相符的。他们同样的果断，在某些重要方面同样的自主，同样具有实践的智慧，同时受到体育大众的高度尊重。此外，考虑到体育在当代社会中的重要性，费德勒的行为也受到了大部分普通公众的尊敬；重要的是，也被那些热衷于打压传播正能量的运动员故事的体育媒体所尊敬。

无论是从及时性还是从效率上来说，费德勒的行为之果断都是显而易见的。这其中部分的原因是因为网球及其他所有运动都是内部建构的。竞赛规

---

① 译者注：在这里指电影《黑客帝国》中描述的正常重心引力之外的空间。

则是其中最重要的层面，使它们成了一种相对自主的事情，而且受到清晰的和理想（公平）的标准支配。同时，体育运动目标明确，运动员要想达到这种标准必须拿出相匹配的优秀表现。这就是为什么体育不为拉什（Lasch，1979，p. 181）所谓的“日常生活中的常规困惑”所困扰，而这些困惑使我们经常不知道我们到底在生活中追求些什么（感到满足、健康、快乐、富庶），同时我们也不知道我们到底有没有完成自己的既定目标（表明什么算是成功或失败的明确的条件）。

体育运动的另一个标志性特征是人为制定的规则导致的竞争。那些基于规则的行为和发生在类似网球这样的项目中运动员自愿性的相互作用，全部都是人为的。这就是为什么在阿加西和费德勒之间发生的激烈竞争引起了后来刻意为之的英雄主义。然而在地铁那个例子当中，英雄行为是由一名电影系学生不自主的动作不知不觉地引起的。重要的是，在费德勒的行为中，及时性和差异性的特点都是由他和阿加西实施的，是在以规则为结构的环境下的人工产物，两个人中的任何一个人都可以明确地看到对方的回应，同时以一种头脑清楚而行为刚劲的方式再做出回应和动作。与日常生活不同，在体育运动中，为了争夺胜利而产生英雄行为是比赛的一个重要方面，在场馆里接下来会发生什么取决于参与者的行动主体性而不是偶然性。

虽然体育英雄主义部分是被受规则支配的结构激发的，但这并不意味着运动员能完全控制他们自己的命运（英雄式的或非英雄式的）。这是因为体育运动是人为的社会场合，而不是脚本化的。体育框架下的运动规则有一个明确而有区隔的目标，同时也形成了一个受保护的空间让运动员在其中发挥。此外，尽管教练员和其他人做了很多努力，但是规则也让各种可能的行为、互动以及不计其数的无视控制的行为浮现。因为体育赛事不是照本宣科的事件，很多事情的发生都是不可预见、难以规划的，没有运动员能刻意制造出表现英雄行为的时刻，即便是费德勒也不行。无论做了多么充分的准备，他都必须应付赛场上发生的任何事情；因为他对赛场的控制有限，所以很多时候他都是被迫做出选择，发起行动，欣然接受这种动态的竞争形势并对其做出回应。伯格曼（Borgmann，1992）指出：

> （运动员）没有办法预测或掌控将会发生什么事情。没有人能书写或者保证体育比赛的流向。这些都会在比赛过程中自行揭示。它激励了优雅和绝望，它激发了英雄行为和失败……它总是大于黏合起来的个体（p. 135）。

因此，即使在精心校准的体育世界，真正的英雄主义行为的发生也极为罕见，只比日常生活中稍微少那么一点点。

费德勒在赛场上富有英雄主义的实践智慧，是他表现中的另一个闪光点。真正重要的不是他决策的质量，因为体育运动几乎没有可能提供机会让运动员去“决定”什么事情，反而有很多诱发运动员产生急速反应的时刻，最关键的是他把握住了相关行为的发生。正如拉什（Lasch，1979，p. 181）坦陈：“如同性、毒品和酒一样，（体育）消除了日常现实的意识，但它们并不是通过意识的淡化来达到这种效果，而是把它提升到了一个新的聚焦强度。”

约翰·迈克菲（John McPhee）在编撰前NBA著名球员（前参议员）比尔·布拉德利（Bill Bradley）的编年史时注意到同样的品质。“在一场比赛中，”迈克菲写道，“布拉德利总是眼观六路，因为对于一名篮球运动员来说，他需要观察到所有的情况，而不能集中在任何地方，直到比赛的最后一刻。”（Dreyfus & Kelly，2011，p. 10 引用）这种同样的“全景式的集中注意力”和聚焦解释了费德勒在赛场上的表现。

在奥特雷、布拉德利及费德勒的例子中，尽管这些行为既不是深思熟虑的产物也不是权衡两者利弊之后做出的选择（成本和收益），但是这些行为既不盲目也不鲁莽，反而显得很有智慧。体育英雄主义中固有的实践智慧教会了我们“决定”与“有用的权衡”的局限性，职棒大联盟的二垒手查克·诺布劳赫（Chuck Knoblauch）的事例就是最好的佐证。作为棒球史上最好的内野手之一，1999 年诺布劳赫从二垒到一垒的短投突然间不可理喻地失手了。他投的一个偏离正轨的球赫然击中了看台上的观众（Dreyfus & Kelly，2011，pp. 79 – 80）。他越是努力地训练投球动作以便恢复精度，精度越是变得糟糕。诺布劳赫在赛场上失去的和对比赛实际的掌控程度——他甚至没法再完成一个简单的投球——无法由一种更慎重的、精细的考虑和行为来补偿。他深思熟虑而且明确的努力事实上是一种错误的救赎，这种做法阻碍而非贮存了“全景式”感觉的实践智慧，这反倒让他在 1999 赛季之后受益匪浅。

第四种也是最后一种鉴别一个行为是否是英雄行为的方法——由别人来评价是否有价值，这在华莱士关于费德勒对战阿加西的狂热描写中体现得淋漓尽致。我们本地的体育版对像费德勒一样取得的体育功绩充满了溢美之词。媒体（和许多社会阶层）大量地而且狂热地奉承顶尖运动员，这些运动员通常被奢华地赞美，因为体育运动在社会中扮演着一个重要角色。这可以部分追溯到体育对于我们文化的控制，以及运动员无与伦比的能力使他们拥有数量惊人的体育迷和追随者。

体育令人印象深刻的“收集”能力与它们同样令人印象深刻的“聚焦”能力相匹配。体育有能力以一种可以为我们的生活注入更深刻的重要性和文化内涵的方式将人群的注意力“聚焦”于运动竞赛中表现出的英雄品质（Dreyfus & Kelly，2011）。海德格尔（Heidegger）称任何表现出这种收集和聚焦能力的社会手工制品或者实践为“一件艺术品”，他声称艺术品“给予东西外观，给予人类对自己的看法”（1971，p. 43）。他认为，在古希腊，人们生活中最重要的角色是由在神庙中供奉的神所扮演的。居住在神庙中的神扮演了这个“收集/聚焦/表达”的角色，这有助于公民了解自身以及了解什么东西被认为是对自己的生活有意义的。

当代通常是由一般的艺术（文学、音乐、美术）以及特别的戏剧来表现出这种功能的。但是，正如巴尔特（Barthes，2007，p. 57）指出的，时至今日，体育和体育媒体已经在很大程度上接管了这种表达功能：“在特定时期，在特定社会中，剧院具有一个主要的社会功能：它用一种共享式的体验浓缩了整个社会——认识自己的激情。今天，是体育用自己的方式实现这种功能。除非这个城市已经……（变成了）一个国家。”

坠落的运动员和媒体

如果体育和体育媒体在我们的文化中扮演着如此重要的角色——揭示那些值得我们报以最高敬意的英雄行为的特征——那么这样的运动英雄主义行为一定靠近我们认为在道德上和审美上值得称赞的边缘。有时候由于媒体热切的挖掘，他们失去了英雄的形象并且受到谴责。体育——通过“收集”和“聚焦”的能力——在文化中扮演了一个如此重要的表达的角色，以至于我们赋予与它们的重要性不相符的价值，使它们道德与美的地位不断地受到挑战。

媒体从来就不缺乏对体育的关注，它们如何表达我们作为“人”，确切地说，它们如何描述我们关于英雄行为的感觉时，体育运动总是一个争论点。体育史表明在一个特定的环境下或时间内组成运动英雄行为的成分不能保证在其他地方行得通。在一些事例中，某些英雄主义的实例被认为是时代的错误而不予考虑，因而被悄悄地移出这个类别（即被认定为非英雄行为）。在另一些事例中，它们被公开否定并且被强制性地从英雄行为中驱逐出去。

为了以一种能表现我们对某些形式的体育“英雄主义”存有道德怀疑的方式说明这一点，体育运动成功的两个元素，也就是运动英雄主义显得特别突出。首先，自当代体育史肇始就有一个饱受争议的问题：一名运动员为了荣耀应该如何勤奋。在20世纪之交，当业余体育观念仍然占据主导地位时，这个问题的答案是非常明确的——“不必太勤奋”。这种观念认为体育不是一个足够严肃的人类事件，不值得最高级别努力的训练和竞争。成为一名体育英雄需要在个人行为中展示出合适的约束——运动员应该尝试去获胜，但是应该以某种漫不经心的方式去尝试，这表明了体育并不是“一切的根源”。这就解释了，譬如，为什么英国媒体严厉指责而不是赞美美国田径运动员在1906年奥运会①时体现出的令人惊讶的统治地位，他们称之为“比运动家还厉害的运动员们”（Dyreson，1998，p. 138）。美国人为了获胜过于努力了。

在接下来的10年中，这种离奇的观点受到了迅速发展的职业体育概念的直接挑战。这种概念认为，实现运动的成功/英雄主义需要人的全身心努力。这种关于体育英雄是业余爱好者还是职业运动员的冲突在一部电影《烈火战车》（*Chariots of Fire*）里有所描述。该片于1981年上映，讲述的是1924年奥运会②相关的故事。电影中的一个主要角色，短跑运动员哈罗德·亚伯拉罕姆斯（Harold Abrahams），因为聘用了一名专业的教练而受到了其剑桥大学的老师以及其他运动员的严厉指责。他被指责听从了他教练的“专家级”的建议：在终点线时用力把头向前弯曲以增加他获胜的概率，而不是按照惯例要求，以直立的方式用胸口撞线。亚伯拉罕姆斯回应道：“先生们，你们知道，你们和我一样渴望胜利，但是你们相信你们是靠神明庇佑不费吹灰之力达到的，你们这种是预科学校的古老的价值观……我坚信体育运动是对卓越的不懈追求”（Weatherby，1981，pp. 91－92）对于亚伯拉罕姆斯及和他有同样想法的职业同胞来说，英国媒体对于美国运动员在1906年奥运会上奋力取胜表现出来的愤怒被视为“吃不到葡萄说葡萄酸”。与他们的观点相反，就像那些追随职业体育的媒体所说的一样，更好的运动家只能是更好的、胜利的运动员。

① 译者注：原文如此，作者本应指的是1904年圣路易斯第3届夏季奥林匹克运动会。

② 译者注：指1924年巴黎第8届夏季奥林匹克运动会。

亚伯拉罕姆斯对于卓越的不懈追求很快成了评判运动员的行为是否具有英雄品质的标准。但是人们对这种早期的观点的关注在接下来的几十年中被接踵而至的问题所取代，如运动能力专业化与全能化的对决以及运动设备技术上的革新等。这些历史变化和在公众及传媒领域的激烈争论反映了人们对体育英雄主义不同的解读方式，以及某些运动行为是否引起了我们的尊重、我们的冷漠（将行为视为平凡的而不是英雄的）抑或蔑视。

今天，体育运动的专业化不再是做出运动英雄行为的阻碍，而是一种必要的先决条件。尽管一个棒球的纯粹主义者指定击球手来蔑视专业化，但是通过除专业化之外的其他方式几乎不可能取得非凡的成就。除了某些特定的例子比如最近被取缔的“鲨鱼皮”泳衣之外，运动设备的技术进步也是毫无争议的，但这不能说是取得运动成功和实现英雄主义的第二个先决条件，真正的先决条件是天赋问题。

成为一名体育英雄需要展示超凡的运动技能，这一点大多数人都难以企及。体育英雄可能全是基因上的异类——他们当然远远不止拥有这些，但这“远远不止”取决于他们首先中了遗传基因的彩票。在过去，由于基因这种东西被认为是不可改变的，所以关于运动成就这部分是无可争议的。好的基因被认为是一个人与生俱来的（或与生不具有的），而不是一种可以被掌控或可提升的东西。但是当对运动员的手术治疗更多的不是修复工作，而变成提高成绩及重构工作的时候，情况就开始发生变化。一个著名的例子是职棒大联盟的投手托米·约翰（Tommy John）在经历了手臂的大手术之后变成了一个更好的投手。这样的情形在20世纪60年代兴奋剂出现之后变得更加引人注目。时至今日，人们通过操纵基因工程并提高运动员的“天赋”可能会取代“熟能生巧”。

与生俱来的天赋在手术、化学以及基因促进方面的前景给体育机构带来了深刻而令人不安的问题：这些对于促成运动英雄主义以及运动成功观念有所变化的影响是关键的。这些问题关系到我们是否认为以这种模式来提高一个运动员的表现会降低他作为运动员的身份。这种表现的提升应该归功于外科医生、药剂师和为此负责的遗传工程师而不是运动员吗？我们会害怕运动员某一天变成负责所发生的一切的超级代理人么？这些问题，正如桑德尔（Sandel）所描述的，“当一个篮球运动员没有抢到篮板球，今天他的教练可能责怪他失位，但明天，教练可能就责怪他长得太矮”（2007，p. 87）。

对此，第一个解释是机能被增强的运动员没有真正的行动主体性，因此不能算作真正的英雄。其次，有太多行动主体性的运动员也不能被当作真正的英雄，因为我们现在认为的在体育运动方面的非凡成就（只有少部分的天才能达到这种成就）将变得非常普通和平淡无奇，而不是英雄式的。天赋将不再是一个限制的因素，目前对运动员的测试结构不太会测试那些机能得以提升的运动员。

结　论

后面所描述的一系列问题的出路在哪里？媒体如何进行报道将在很大程度上影响那些表现出色的运动员是否将继续享有英雄地位。在费德勒的例子中，看起来他的英雄地位比较稳固。但是在如职业棒球比赛中的强棒马奎尔（McGwire）和索萨（Sosa）①等例子中，媒体已经给出了他们的裁定——这些运动员不再属于我们的文化基座。同样的裁定降临到了体育界的巨人兰斯·阿姆斯特朗（Lance Armstrong）②的头上，据说他曾为取得好成绩而使用化学制剂。诚然，媒体观察是如今赛场上的“非水准测量”，以在那些著名的体育成就被询问之时，评估它是否是“干净地”完成的。

这些怀疑可能是合理的，因为那些使用了药物的运动员可以被指控为欺诈。然而，对于那些不希望把他们的英雄变为依靠药物来提升成绩的竞争者来说，媒体更多扮演的像是一个刽子手而不是一个公正的法官。媒体往往让体育比赛的输赢跟谁赢了基因彩票扯上关系，而淡化了那些不怎么引人注目的故事。关注这些将会使媒体推崇的英才教育制度看起来更像一个体育的世袭等级制度。

本书的一个重要聚焦点就是媒体在识别和理解体育英雄时所扮演的角色。媒体如何理解这样的违规行为可能关系到一位体育英雄是否失宠，同时对塑造我们对体育运动的认知也很重要，这些都是格外复杂的问题。对于体育媒体来说，考虑药物的问题以及考虑它如何对那些坠落的体育英雄们的传

---

① 译者注：马奎尔和索萨都是MLB职棒大联盟中的传奇强棒。马克·马奎尔是MLB历史上场均本垒打比率最高纪录保持者，曾经创下单赛季70个本垒打纪录。萨米·索萨是多米尼加籍右野手，他保持着MLB外籍运动员本垒打的纪录。他们二人在职业生涯后期都曾被查出服用过违禁药物。

② 译者注：兰斯·阿姆斯特朗曾被认为是自行车历史上最伟大的运动员。他在罹患癌症的情况下仍然在10年中夺得七次环法大赛冠军，但后来被查出服用兴奋剂。2012年，他被美国反兴奋剂机构剥夺了7次环法大赛冠军头衔，并被终生禁赛。

奇经历产生作用本身已经是一件很有挑战的事情，最好就报道一些大型赛事或者英雄事迹。为了帮助我们思考马奎尔、索萨以及阿姆斯特朗的坠落，媒体必须厘清药物在评价英雄主义的过程中到底扮演了怎样的角色。如果他们持续从另一个方面来看这个问题，而不解释药物测试的错综复杂，或者以一种欺骗的手段来掩饰药物测试，又或者是避开讨论使用止痛药的受伤运动员的日常练习，我们对于因药物而坠落的英雄的理解将变得不完整。

当然，使用药物只是我们的体育英雄坠落的一种方式。本章前述的不同故事，对媒体提出了不同的挑战。这些故事都摘自小报，全是关于我们的英雄的违规行为。对于媒体来说，这些故事能带来短期的收益，但是同时也带来了长期的痛苦。因为这些违规行为玷污了体育的纯洁，也减少了作为传媒产品的英雄的吸引力。这些关于性、枪支和不良行为的故事不仅仅是我们的英雄坠落的故事，也是我们的道德底线沉沦的故事。人们都想知道体育媒体能否胜任这一任务。

参考文献

Barthes, R. (2007). *What is Sport?* New Haven, CT: Yale University Press.

Borgmann, A. (1992). *Crossing the Postmodern Divide*. Chicago, IL: University of Chicago Press.

Dreyfus, H., Kelly, S. (2011). *All Things Shining: Reading the Western Classics to Find Meaning in a Secular Age*. New York, NY: Free Press.

Dyreson, M. (1998). *Making the American Team: Sport, Culture, and the Olympic Experience*. Urbana, IL: University of Illinois Press.

Heidegger, M. (1971). *Poetry, Language, Thought*. New York, NY: Harper & Row.

Lasch, C. (1979). *The Culture of Narcissism: American Life in an Age of Diminishing Expectations*. New York, NY: Warner Books.

Sandel, M. (2007). *The Case Against Perfection: Ethics in the Age of Genetic Engineering*. Cambridge, MA: Harvard University Press.

Wallace, D. F. (2006, August 20). Federer as religious experience. *The New York Times Play Magazine*. Retrieved from http://www.nytimes.com/2006/08/20/sports/playmagazine/20federer.html.

Watson, G. (2004). *Agency and Answerability: Selected Essays*. New York, NY: Oxford University Press.

Weatherby, W. J. (1981). *Chariots of Fire*. New York, NY: Dell.

第4章　从报道到恢复：坠落体育名流的传媒化

布莱恩·E. 邓汉姆[①]

自从180多年前廉价报刊出现开始，丑闻报道始终能够吸引受众的眼球。耸人听闻的关于配偶出轨及暴力发生的大肆炒作增加了报纸和杂志的销量，提高了电视新闻节目的收视率，最近又为互联网用户提供了看似无穷无尽的幸灾乐祸的谈资。诚然，淫秽的新闻确实有效地把大众的快乐建立在了别人的痛苦之上，以致形成了一种流行文化，只为庆祝别人蒙羞和公众的嘲笑。因为在流行文化中，业余体育和职业体育都扮演了重要的角色，所以那些陷入丑闻行为的运动员经常发现自己成为媒体围攻的对象，甚至受到那些最诡计多端的形象恢复专家的挑战。

本章探求大众传媒是如何描绘那些坠落的体育英雄的，同时也为同类人提供恢复各自形象的曝光机会。这一章从定位基本的新闻价值开始。接下来，本章回顾了议程设置理论框架（McCombs，2004）、框架及归因（Heider，1958；Iyengar，1991）以及例证理论（Zillmann，1999），而后梳理了危机传播及形象恢复的研究成果（Allen & Caillouet，1994；Benoit，1997；Coombs，2007）。正如本章强调的，因为插图式的新闻文本倾向于以占主导地位的道德行为的概念为依据，所以新闻受众普遍因为个体的窘况去指责他们，并且把这种尴尬的境遇归咎于性格的缺陷、价值观和个人伦理的缺失（Denham，2008）。然而，当运动员承认了他们的所作所为并向公众道歉时，媒体关于救赎的新闻特写延续了基本的叙事规则：正确与错误，道德与不道德。

---

① 布莱恩·E. 邓汉姆（田纳西大学博士），克莱姆森大学传播学系体育传播查尔斯·坎贝尔教授。他已经发表了超过50篇重要期刊论文和论文集章节。他的研究领域主要是体育界服用兴奋剂的传媒报道。E-mail：bdenham@ clemson. edu。

报道坠落的体育名流

新闻价值

为了厘清为什么大众传媒经常而又显著地报道这些具有丑闻趋向的新闻故事，人们首先要熟悉基本的新闻价值。新闻价值是新闻的基本特征，能够决定一件事情到底值不值得报道的人一定会寻找这些基本特点中的至少一个元素。比如说，新闻总监和编辑会依据这个新闻事件于受众的接近性来判断它是否具有新闻价值（也就是，“离家越近，故事越大”）。新闻报道的产生也基于时效性，比起之前发生的事情，新近发生的事情通常会被优先报道出来。在互联网时代，作为新闻价值之一的时效性变得尤其重要；一个爆炸性的新闻可能引来成千上万的新闻机构及独立新闻博客的争相报道。与时效性相关的另一个新闻价值是流通，它通常都伴随着一个时间不间断的媒体报道。近年来，新闻机构报道了在棒球、美式橄榄球、自行车以及其他运动项目中运动员服用提高成绩的药物 PEDs 的事件。当新的指控出现时，这些报道就会成为一个更广泛的、通过作弊来获得成功的叙事中的一部分。

当这些事件具有“名流”这个元素时，尤其是当那些名人发现自身纠缠在一堆奇异的事件中时，这些事情也许比以往任何时候都会被认为是一种具有新闻价值的事件。比如说，2009 年，当职业高尔夫球运动员泰戈尔·伍兹在佛罗里达州奥兰多自己家附近出了事，撞毁了自己的运动型多用途车（SUV）时，新闻媒体立即开始报道整个事件。凌晨 2：30，撞击以一种戏剧性的方式发生。在接下来的 48 小时中，记者们一直保持着让观众知晓（并以之为乐）整个事件进程的状态，直到新的细节浮现。这个世界上最著名的高尔夫运动员显然是想从他配偶的愤怒中出逃，后者因为他婚外情的报道而发怒了。通过“真人秀”节目，电视观众早已习惯了家庭内部的争论，现在轮到看一位著名的运动员被发现出轨了。伍兹和他的轻率之举迅速成为新闻议程的头条，这个举动迫使他长时间告别赛场，并且玷污了他在球迷和为他提供了大量资金支持的赞助商心中的形象。他通过比赛建立起来的道德资本和高洁形象在一夜之间便丧失殆尽。

传媒内容和效果的理论

一是议程设置理论。在传播学研究中，议程设置理论认为尽管大众传媒可能没有准确地告诉受众怎么想，但是却经常告诉他们想什么，否则这些问题就不会强加于他们的生活（McCombs，2004）。举例来说，如果没有媒体报道泰戈尔·伍兹的 SUV 事件，几乎没人会知道它的发生。同样的，如果媒体不把事件置于聚光灯之下，新闻受众可能不知道那些从大学“支持者”手中获得不正当财产，或者是在赌博上瘾后输掉数百万美元的运动员。通过这些报道，大众传媒向大批受众传递了对象的显著性，或是感知的重要性。从认知的角度来看，议程设置表明当某些事情成为媒体关注的焦点时，它们变得更容易被记住（Scheufele & Tewksbury，2007）。在众多可以成为焦点的事件中，只有一些包含足够的新闻价值，这些事件将很快被媒体把关人放行，并且进入公众的视野。

在受利益驱动的新闻行业，能呈现给公众的此类事件往往都具有戏剧性，而屈服于基本叙事的对与错之下。2007 年，当职业橄榄球运动员迈克尔·维克因参加斗狗被指控虐待动物而接受调查之时，新闻受众的反应是愤怒而沮丧的，似乎他们渴望着正义的附加新闻报道。如果新闻报道缺席，观众几乎不可能知道任何关于维克和斗狗的事。此外，学者已经证明的大众传播与人际传播之间的联系（Vu & Gehrau，2010；Yang & Stone，2003），使新闻受众的个体可能互相之间分享关于同一个事件的观点。诚然，当人们面对有争议的问题，以他人的回应作为自己回应的参考时，新闻报道确实具有刺激人际传播的能力。

除了第一级议程设置的效果之外，大众传媒有能力转移或归属显著性，从而有效地告知受众怎样去思考新闻中的对象（McCombs，2004）。通过强调特定对象的属性，媒体帮助那些不熟悉核心要素的人定义整个故事。作为第二级议程设置的实例，报道职业体育中劳资纠纷的记者可以选择强调任何数量的相关问题，这可能导致新闻受众谴责那些千万富翁级的运动员，或是谴责联盟和球队老板给运动员支付了低于市场指导价的工资。那些职业运动员是不懂得感激好运气的自我中心主义的人吗？还是他们逐渐商品化，从富有变成更富有的有天赋的个体？记者有权选择强调新闻报道的哪些属性，新闻受众基于这些属性从而得出结论。

二是框架和归因理论。尽管学者们继续讨论它们的相似之处（Scheufele

& Tewksbury, 2007), 第二级议程设置过程与框架理论在某些方面确实是有雷同之处。恩特曼（Entman, 1993）这样描述后者：

> 框架是选择感知现实的某些角度，然后使它们在传播文本中显得更突出，以此来促进一个特定问题的定义、因果关系的解释、道德评价和/或对于所描述事物的处理建议（p. 52）。

大众传媒再次坚持为大众定义新闻事件，如果把这些事件设想为社会建构的话，传媒的潜在影响将会变得明显。在某种程度上，媒体报道怎样构建框架，将决定受众如何看待身边的问题（Price & Tewksbury, 1996）。

当考虑形成框架的过程时，重要的是要意识到，框架不仅能应用到新闻报道的结构和内容上，而且可以应用到个体的认知上。正如戈夫曼（Goffmann, 1974）解释道，框架是一种设备，这种设备能使受众成员“定位、感知、识别和标记”信息的出现（p. 21）。心理学家称之为“图式”的认知框架，能够被理解为个体在感知周围环境时所采取的精神捷径。海德（Herder, 1958）提出了归因理论，这种理论能作为一种解释人类是如何理解社会世界的方式。辛德曼（Hindman, 1999）后来提到：

> 个体将会把事件归属到一些不变的条件下。尤其是，个体会推定事件的发生要么是由于主角内在的特性（如能力、动机或者是性格），要么是由于主角外在的环境（如具体情况或环境）（p. 501）。

这些过程与延加（Iyengar, 1991）进行的研究紧密地联系在了一起。后者观察到，个体通过归因责任来理解新闻报道。也就是说，在推理事件发生的过程中，新闻受众倾向于把责任要么推到牵涉其中的人身上，要么推到更广阔的社会因素身上。

重要的是，关于“归因误差”（Ross, 1977）的研究结果表明，个体在判断中经常性地带有偏见，即经常将别人的行为归因于内在因素（如性格的缺陷、傲慢、不负责任），将自身的行为归因于外在因素（如缺乏表达明确的规则、过度拥挤的条件）。归因误差在讨论坠落的体育名流时很重要，正如延加（Iyengar, 1991）所指出的，新闻报道很可能在很大程度上被情节式（相对于主题式）的术语框架化。情节式的框架关注具体的事件，而主题式的框架以更深的程度探索事件。在这两种框架之中，情节式的框架更多关注的是事件的戏剧性、人类兴趣所在以及可能是最重要的——责备。如一段情节可能涉及一名运动员因为在夜店与人发生冲突而被指控；伴随而来的新闻会强调这名运动员既好斗又醉酒；新闻受众很可能就会因此反过来指责事件的发生是由于运动员不负责任，因为他们可能会推定，运动员的名声和财富能解决一些或所有问题。归因误差表明，将同样的事情应用到新闻受众身上，他或她很可能会迅速地把责任推到可怜的保安或者其他人的行为身上。

媒体不断地把某些行为、能力以及习性与某些群体联系在一起，由此形成了认知框架。举个例子来说，体育社会学的研究表明，黑人男性运动员往往被描述为，或“由传媒塑造”为性欲过剩以及具有暴力潜质的个体（Davis & Harris，1998，pp. 157 - 165）。拉丁裔男性运动员往往被认为是脾气火爆、意气用事和不可预知的（Hoose，1989）。当种族和民族的特征不发生变化，即某些种族的运动员基于长期以来的行为假设而被描述时，传媒受众就会基于“传媒化现实”而开始期望某种行为模式的出现（Nimmo & Combs，1990）。

此外，在那些导致受众体验愤怒或者道德义愤的情况下，受众的情感体验被视作框架。纳比（Nabi，2003）认为，情感会促进信息的选择过程，“这个角度……一旦通过唤醒认识，就会把接受者放在形成框架过程中的一个核心位置，从而使得情感主导人们的观点，驱动随后的包括信息处理和决策的认知努力”（p. 242）。因此，对于新闻受众来说，关于事件的实际信息可能与某种情感联系在了一起，加深了事件对人的影响，同时也帮助其巩固了责任的期待和归因。

三是“例证理论”。记者讲述故事时沉浸在戏剧化中。在某些事例中，新闻叙事把一个个相对独立的事件联系在一起，从而在叙事过程中造成了一种“令人担忧的趋势”和“新的灾难”。例证理论包括了聚合事例的描述从而暗示某种趋势的出现（Zillmann，1999），以及通过识别所谓的道德失败从而在新闻受众之中引起情感的反应。兹尔曼解释了这个过程：

> 叙事作为一种规则，从一个事件跳跃到另一个事件，无视事件的发生地和时间。在此更重要的是，叙事集合了具有惊人的相似性的事件，以保证它们能被分类到同一种表现之下。如此这般的分组意味着在同一个分组内，任何单一的事件都与组中其他事件具有同样的基本属性，很大程度上这件事能够代表整个分组。也就是说，

这一件事能够提供组中其他所有事件的可靠的信息，也就因此代表了整个分组本身（p. 74）。

1998 年 5 月《体育画报》的一篇文章——《肌肉谋杀》（“The Muscle Murders”）中就有例证理论的应用。在这篇文章中，作者威廉·纳克（William Nack）试图把一系列杀人案与过去的健美运动联系到一起。这个故事的主人公是前环球先生——伯蒂尔·福克斯（Bertil Fox），他 1997 年在圣基茨小岛上枪杀了他的前任未婚妻和她的母亲。作者接下来谈及两个来自加利福尼亚州的健美运动员，其中的一个在 1993 年刺杀了他的女朋友，另一个在 1983 年杀害了与他分居的女朋友及她最亲密的朋友。接下来，纳克描述了 1995 年发生的两件事，其中一件事是一位竞技健美运动员被他的妻子枪杀，另一件事是两名健美运动员在健身房外打架，其中一个因主动脉破裂而死。最后，纳克提到了 1993 年一位前竞技健美运动员枪杀了一家亚特兰大脱衣舞俱乐部的老板。纳克在他的文章中提出了一个公正的观点：在精英阶层，健身是一种狂热的行为，参与者通常处在生存边缘。然而，一个谨慎的读者可能会把杀人者从被害者中区分出来，同时也可能会把激情犯罪从那些冷血犯罪中区分出来。读者可能会考虑 15 年来事件的关注度，犯罪发生的地理位置、杀人者与被害者的年龄以及健美运动员在犯罪发生时正活跃着或不再具有竞争力。显然，这些事件中的一个事件无法直接代替另一个。

正如兹尔曼（Zillmann，1999）所解释的，那些似乎形成了一种危险模式的事件，通常只有部分元素相同，它们发生时所处的周遭环境也可能有很大的不同。为了说明这一点，人们可以从 1994 年妮可·布朗·辛普森（Nicole Brown Simpson）和她的朋友罗纳德·戈德曼（Ronald Goldman）被杀事件开始，构建一个关于橄榄球运动员而不是健美运动员的戏剧性的叙事。在这个事件中，刑事法庭释放了有谋杀嫌疑的 O. J. 辛普森（O. J. Simpson），但是接下来民事法庭发现他对死者的意外身亡负有责任。1995 年，由于贩毒，洛杉矶公羊队①的达里尔·亨利（Daryl Henley）被法庭判处 20 年的监禁，在他尝试雇佣一名杀手去杀害目击证人和判刑的法官之后，他被判处了 21 年的加刑。1999 年，卡罗莱纳黑豹队②的瑞伊·卡鲁斯（Rae Carruth）参与谋杀他曾经约会过的一个女孩。时间推进到 2009 年，田纳西

① 译者注：NFL 职业美式橄榄球球队。

② 译者注：NFL 职业美式橄榄球球队。

泰坦队[1]四分卫史蒂夫·麦克奈尔（Steve McNair）的情妇枪杀他后自杀。2011年4月，迈阿密海豚队[2]的布兰顿·马绍尔（Brandon Marshall）和丹佛野马队[3]的杰森·亨特（Jason Hunter）在各自的家庭事件中被刺，最后两人都恢复了健康。这些故事和那些健美运动的故事相互之间有相似性吗？如果是这样的话，即便故事的差异性超越了它们的相似之处，体育记者也可能把故事作为一种令人不安的趋势的元素来呈现。

例证总是与坠落的体育名流这一主题相关联。在有限的事实中，这些个体能被放置到任意数量的戏剧性的事件里。相反，尽管它们在故事中有很多相同的属性，那些不适合叙事的事件仍然可能被排除在外。当然，问题就是这些事件可能不会反映经验现实，而会暗示一种行为趋势。事实上，时间段都因通过媒体纯粹重复的报道揭发的事件而被赋予有标志性意义的命名（即“类固醇时代”或“可卡因年代”）。在这些所谓的“时代”，吸毒真的更加普遍吗？抑或是媒体基于那些看似站得住脚的理由，比如备受瞩目的知名运动员被发现使用提高成绩的药物PEDs或其他非法的物质，从而构建了这些时代？

（恢复）报道坠落的体育名流

在讨论了大众传媒构建从神坛上跌落下来的运动员引人注目的叙事过程之后，本章现在来探索运动员怎样通过大众传播恢复他们各自的形象。关于危机传播的文献有助于阐释个体及组织所运用和实现的这些过程。危机，一般而言，就是创造一个“信息空洞”（Coombs，2007），利益相关者必须尽快给事件下定义。当知名运动员陷入法律困境或是经历个人逆境时，运动员和他们的经纪人必须快速行动，因为媒体会毫不犹豫地填补这一空洞（即报道新闻）。库姆斯解释说：

> 自然界里是没有真空的。任何信息的空洞都会被一些人以某种方式填补。媒体是有截稿日期的，这驱使它们很快地填补信息空洞……如果危机团队不向媒体提供最初的危机信息，其他的一些可

---

① 译者注：职业美式橄榄球球队。
② 译者注：职业美式橄榄球球队。
③ 译者注：职业美式橄榄球球队。

能不了解情况的或是被误导的、被激发积极性的团体就会伤害到这个组织（2007, p. 129）。

在回顾了有关危机应对和形象恢复的文献（Allen & Caillouet, 1994; Benoit, 1997）之后，库姆斯提出了组织采取的四种“姿态”：否认、缩减、重建以及支持（Coombs, 2007）。在这些姿态中，到底哪一个更易于应用到运动员个体上？十种策略便应运而生了。通过这些策略所告知的方法，运动员成功或是不成功地应对困境。正如本章这一部分所揭示的，运动员在尝试保持或是恢复各自形象的时候经常做出糟糕的选择。在一些事例中，他们使自己在库姆斯所谓的“信息空洞”中陷得更深。

姿态的第一种——否认，包含了三种策略：攻击指控者、否认以及替罪羊（Coombs, 2007, p. 140）。至于这些策略的事例，人们可以参考在2007年12月发行的，一份有409页的名叫“米切尔报告”（*The Mitchell Report*）的文档。北美职棒大联盟总裁巴德·塞利格（Bud Selig）要求美国前参议员乔治·米切尔（George Mitchell）对职棒比赛中运动员使用类固醇药物的情况进行调查。在报告中提到的被指控使用提高成绩的药物的众多运动员中，很少有像纽约洋基队的投手罗杰·克莱门斯（Roger Clemens）这样知名的，而他的名字在报告中出现了82次。曾作为克莱门斯力量教练的布莱恩·麦克纳米（Brian McNamee）告诉调查人员说，他亲自给投手注射了类固醇（Thompson, Vinton, O'Keeffe & Red, 2009）。但是克莱门斯的律师，拉斯蒂·哈丁（Rusty Hardin）驳斥了指控者，他认为麦克纳米所说的话是“混乱且不可靠的”。克莱门斯在2008年1月播出的《60分钟》[①]片段中否认曾使用过类固醇药物。2008年2月，克莱门斯赶在国会公布之前接受了测试并否认自己使用过提高成绩的药物。然而，在2010年8月，一个联邦大陪审团以妨碍国会和提供伪证的指控起诉了他。记者们随后也提出他们自己的起诉：他们一直被克莱门斯利用，以证明他在使用提高成绩药物指控面前是清白的。对于克莱门斯来说，攻击指控者以及否认这些指控并没有帮助到他。

旧金山巨人队[②]的巴里·邦兹（Barry Bonds）和在加州的湾区实验室合作公司（BALCO）一起，陷入了类固醇药物的丑闻之中（见Fainaru-Wada

---

① 译者注：美国CBS电视台一档著名的新闻栏目。

② 译者注：职业棒球大联盟球队。

& Williams, 2006）。在辩解过程中，他使用了替罪羊的策略，辩称关于注射器里面的内容物自己被误导了，这种注射器过去常常被用来注射 PEDs。邦兹声称，如果他早知道注射器里面包含的是 PEDs 而不是亚麻油的话，他绝不会接受注射。一般说来，传媒受众不会积极回应替罪羊的行为，因为这种做法往往被视为不愿直面问题而闪烁其词。此外，从形象恢复的角度来看，邦兹和克莱门斯都疏远了体育记者，因此当关于使用类固醇药物的指控出现时，媒体中几乎没有拯救他们的人。相反地，记者们似乎“堆叠”故事并使新闻中的故事保持尽可能长的时间。

姿态的第二种——缩减，包含了这样的策略：使个体能免责于一个令人尴尬的事件，或是能证明其是合理的。库姆斯（Coombs, 2007）指出，在为一个行为或是举动免责的时候，个体可能会声称他或她在那种情况下没有选择的余地。譬如，被发现使用 PEDs 的运动员可能辩称，在体育界使用药物是很普遍的行为。对于每一个站在道德制高点而且不通过使用化学物质提高成绩的运动员来说，成百上千的其他运动员将会非常高兴地加入使用药物的大军，而留下这些运动员使其失业。在报道新闻的时候，媒体人员可以引用那些同意用药的运动员的观点，或者他们也可以引用那些从道德角度来考虑体育的人的看法以及在运动员中相似的观点。对于受众来说，信息来源决定新闻（Sigal, 1973），记者在这方面的选择会影响受众的认知。

那些看过 2006 年国际足联世界杯决赛法国队同意大利队比赛的人可能会回想起，在法国球星齐内丁·齐达内与意大利后卫马尔科·马特拉齐（Marco Materazzi）之间发生的身体冲撞。最终，齐达内用头撞击马特拉齐，使后者直接摔倒在草皮上。齐达内立即领受一张红牌，伴随着电视解说员对他这种行为的严厉批评，齐达内被罚下场。但是据邓汉姆和德索莫（Denham & Desormeaux, 2008）注意到的，马特拉齐可能是说了一些关于齐达内姐姐的脏话，因而激怒了这一位法国前锋。随着故事的展开，考虑到当时的环境，一些记者开始描述那个顶撞是合理的。具体来说，在爱尔兰著名新闻媒体工作的记者似乎比英格兰和苏格兰的记者更加同情齐达内。法国球星到底是恶意犯规，还是只是为了捍卫他姐姐的尊严而反击那些脏话？

第三种姿态——重建，包含了基于补偿和辩解的策略（Coombs, 2007）。除了基本的现金支付之外，补偿通常会以慈善捐款的方式进行。这种捐赠作为一种善意的姿态，不仅在个体中产生，也在组织中出现。比如说，当美国政府开始举行关于职业棒球大联盟中 PEDs 使用问题的听证会时，联盟很快同意资助关于代谢类固醇危险的公共服务通告。一名因酒驾而被捕的运动员可能为他的行为公开道歉，以及向诸如反酒后驾车母亲协会（MADD）这样的组织提供捐赠。

在运动员采取的恢复形象的策略中，几乎很少有策略像主动承认做出了某事或者某种行为、承担责任以及寻求弥补过失的方法这样成功的。老虎伍兹为他的婚外情公开道歉，尽管批评家认为他的言辞有过度彩排的嫌疑，但是这位高尔夫球手还是主动承认了他的所作所为。没有人逼他做出选择，但是他仍然为发生的一切承担责任。伍兹还为他可能的性瘾寻求咨询，使得一个关于自私及不负责任的故事变成了一个可能关乎心理状态的故事。

由道歉引出了第四种姿态——支持，这包含了三种策略：使受众回想起曾经的良好行为及积极贡献，讨好自己的利益相关者以及暗示机构或个人自己也是事件的受害者。迈克尔·维克因他参与的斗狗事件激怒了很多人，尤其是那些善待动物组织（PETA）的成员，其中有些人也许永远都不会原谅他的所作所为。然而，在维克的辩解中，他至少能够使善待动物组织的成员和其他人记起，他为了承担他对社会的责任而在监狱里面服刑。很多参与犯罪的人没有进过一天监狱，但是维克在堪萨斯州莱文沃斯的监狱待了 19 个月。而后，他在软禁于家中的情况下完成了他 23 个月的刑期。他也因自己的所作所为和相应的法律成本而破产。在某种意义上，维克通过感谢国家美式橄榄球联盟给了他第二次机会，讨好了费城老鹰队[①]。

最后，就受害者策略而言，职业棒球大联盟和国家美式橄榄球联盟都已经在某些方面把美国的体育文化作为驱使运动员使用 PEDs 的原因之一。体育迷期待见证令人难以置信的运动壮举，联盟代表们主张如此，运动员被迫保持展示这些壮举的纪录，以免他们被表现得更好的其他人取代。在某些情况下，联盟的官员会指出已经制订反兴奋剂的计划，以使体育记者和记者的受众确信，他们已经采取了措施来应对使用 PEDs 的行为。联盟官员不断提醒观众，很少有组织比他们更乐于保持体育运动的“清白”，那些关于使用 PEDs 的新闻报道降低了体育运动和参与其中的人的可信度。唉，一旦一名球迷见证了一次 500 英尺的本垒打，其他人的表现相较而言就会显得苍白无力，因此这个 500 英尺的本垒打就会变成伟大的标准。体育迷自身在这种制定标准的过程中扮演了一个重要的角色。

---

① 译者注：职业美式橄榄球球队。

结 论

本章从回顾基本的新闻价值开始，指出了媒体看门人如何基于诸如接近性、时效性、流通、名流以及奇异的环境等要素来评估潜在的新闻条目。当新闻受众经常乐于知悉名流们的私生活时，互联网已经加快了淫秽信息在大众中的传播速度。知名的运动员被置于美国的名流文化之内，而当他们表现出不负责任和自私的一面时，记者们会毫不犹豫地关注他们。诚然，诸如《国家询问报》（*National Enquirer*）这样的小报因报道了老虎伍兹的故事而在商业上取得成功，“主流”新闻机构由此发觉，要想脱离流言蜚语和幸灾乐祸的报道已经很困难了。

议程设置理论表明，尽管大众传媒可能没有告诉受众怎么想，但是他们确实告诉了他们想什么。这个理论在第二级时变得尤其重要，这表明了在强调新闻故事的某些属性的时候，媒体能有效地告知受众如何去看待这些问题和事件。正如框架理论的研究所展示的，在推理事件发生过程的时候，新闻受众倾向于跟随新闻框架。他们通过归因责任来推理问题，当新闻报道重度聚焦在具体的事件或者令人尴尬的事件上时，受众就开始把大部分责任归因到他们在新闻中看到的那些人的不足。社会心理学家通过归因误差解释了这种趋势。归因误差表明个体倾向于把自身的行为归因于周围的环境，而把他人的行为归因于内部因素。因此，服用 PEDs 的职业棒球运动员被认为是道德的失败者，而不会被认为他们是迫于在一种由 PEDs 实现的，以难以置信的成绩获得的一种特权体育文化中求生存。

关于恢复形象时运动员采取的种种策略，会引起受众共鸣的往往是一个简单的道歉。如果当事人真是无辜的，采取否认的策略可能是恰当的，但是正如在罗杰·克莱门斯和巴里·邦兹这样的运动员的事例中表现出来的一样，对记者撒谎通常是一个糟糕的主意，因为这只能激发他们更进一步地去挖掘故事。不说明真相就会让故事一直存在，虽然有时候公开道歉或者认罪会让人感到痛苦或尴尬，但是这样做的话会中止故事，使运动员聚焦于未来，而不是尝试操纵过去。

参考文献

Allen, M. W., Caillouet, R. H. (1994). Legitimation endeavors: Impression management strategies used by an organization in crisis. *Communication Monographs*, 61 (1), 44 – 62.

Benoit, W. L. (1997). Image repair discourse and crisis communication. *Public Relations Review*, 23 (2), 177 – 186.

Coombs, W. T. (2007). *Ongoing Crisis Communication: Planning, Managing, and Responding* (2nd ed.). Thousand Oaks, CA: Sage.

Davis, L. R., Harris, O. (1998). Race and ethnicity in US sports media. In L. A. Wenner (Ed.), *Media Sport* (pp. 154 – 169). London, UK: Routledge.

Denham, B. E. (2008). Calling out the heavy hitters: What the use of performance-enhancing drugs in professional baseball reveals about the politics and mass communication of sport. *International Journal of Sport Communication*, 1 (1), 3 – 16.

Denham, B., Desormeaux, M. (2008). Headlining the head-butt: Zinedine Zidane/Marco Materazzi portrayals in prominent English, Irish and Scottish newspapers. *Media, Culture & Society*, 30 (3), 375 – 392.

Entman, R. M. (1993). Framing: Toward a clarification of a fractured paradigm. *Journal of Communication*, 43 (4), 51 – 58.

Fainaru-Wada, M., & Williams, L. (2006). *Game of Shadows: Barry Bonds, BALCO, and the Steroids Scandal That Rocked Professional Sports*. New York, NY: Gotham Books.

Goffmann, E. (1974). *Frame Analysis: An Essay on the Organization of Experience*. Boston, MA: Northeastern University Press.

Heider, F. A. (1958). *The Psychology of Interpersonal Relations*. New York, NY: Wiley.

Hindman, E. B. (1999). "Lynch-mob journalism" vs. "compelling human drama": Editorial responses to coverage of the pretrial phase of the O. J. Simpson case. *Journalism & Mass Communication Quarterly*, 76 (3), 499 – 515.

Hoose, P. M. (1989). *Necessities: Racial Barriers in American Sports*. New York, NY: Random House.

Iyengar, S. (1991). *Is Anyone Responsible? How Television Frames Political Issues*. Chicago, IL: University of Chicago Press.

McCombs, M. (2004). *Setting the Agenda: The Mass Media and Public Opinion*. Cambridge: Polity.

Nabi, R. L. (2003). Exploring the framing effects of emotion: Do discrete emotions differentially influence information accessibility, information seeking, and policy preference? *Communication Research*, 30 (2), 224 – 247.

Nack, W. (1998, May 18). The muscle murders—When a former Mr. Universe was arrested for double homicide last year, he became only the latest on a list of accused murderers among hard-core bodybuilders. *Sports Illustrated*, 88 (20), pp. 96 – 103.

Nimmo, D., Combs, J. E. (1990). *Mediated Political Realities* (2nd edition). New York, NY: Longman.

Price, V., Tewksbury, D. (1996). News values and public opinion: A theoretical account of media priming and framing. *Progress in Communication Sciences*, 13, 173 – 212. Norwood, NJ: Ablex.

Ross, L. (1977). The intuitive psychologist and his shortcomings: Distortions in the attribution process. In L. Berkowitz (Ed.), *Advances in Experimental Social Psychology* (Vol. 10, pp. 173 – 220). New York, NY: Academic Press.

Scheufele, D. A., Tewksbury, D. (2007). Framing, agenda setting, and priming: The evolution of three media effects models. *Journal of Communication*, 57 (1), 9 – 20.

Sigal, L. (1973). *Reporters and Officials: The Organization and Politics of Newsmaking*. Lexington, MA: D. C. Heath.

Thompson, T., Vinton, N., O'Keeffe, M., Red, C. (2009). *American Icon: The Fall of Roger Clemens and the Rise of Steroids in America's Pastime*. New York, NY: Knopf.

Vu, H. N. N., Gehrau, V. (2010). Agenda diffusion: An integrated model of agenda setting and interpersonal communication. *Journalism & Mass Communication Quarterly*, 87 (1), 100 – 116.

Yang, J., Stone, G. (2003). The powerful role of interpersonal communication in agenda setting. *Mass Communication & Society*, 6 (1), 57 – 74.

Zillmann, D. (1999). Exemplification theory: Judging the whole by some of its parts. *Media Psychology*, 1 (1), 69 – 94.

第二部分
坠落的个体体育名流

第5章　泰戈尔·伍兹粗鲁着地：高尔夫，辩解书与隐私的英雄式限制

安德鲁·C. 比林斯[①]

我知道我所做的是错误的，但我只想到我自己，想到我可以逃脱任何我想要得到的东西……我曾经努力奋斗。我坚信财富和荣耀是我应得的（Woods，2010）。

因为我们都想要成为摇滚巨星/住在山顶的大房子里开着15辆车（Nickelback，2007）。

生活在小众媒体时代（Anderson，2006）的一个结果是"名流"角色的地位降低了。即使被不到1%的美国家庭收看过的在各种秀当中"明星"过一阵的人，也会出现在主流杂志的封面上。大多数公众对于伪名人的喋喋不休杂乱地充斥着媒体空间。随着2009年关于运动员名流泰戈尔·伍兹故事的到来，这种残存不多的名流光芒正逐渐消退。首先，细节来源于一辆SUV的交通事故、一个破损的窗户、一个不相干的伍兹。紧接着，事实、谣言、谬误一股脑儿地混杂到了这个故事当中。什么跟什么啊？没人能厘清真相。确信无疑的是伍兹背叛了他的妻子，即艾琳·诺德格伦（Elin Nordegren）。这种轻率举动绝对大幅度地超越了普通民众心中能接受的尺度，尤其考虑到伍兹史诗般的"Q"值（一种衡量广告和市场影响力的指标，Elliot，2010）和一向自律的公众形象。

最终，公众一起见证了一个英雄形象的坍塌，这可能比当代任何一个运动员的坠落更剧烈，也更具史诗意义。那个家喻户晓、妇孺皆知的2009年11月事件之前的泰戈尔·伍兹形象此后不得不与散布在小报上和闲聊类电

① 安德鲁·C. 比林斯（印第安纳大学博士），亚拉巴马大学广播电视罗纳德·里根主席教授。他已出版著作/编著6本，在核心期刊发表论文70多篇，主要研究方向是传媒体育和体育传播。E-mail：acbillings@ ua. edu。

视节目中的形象展开斗争。这一章将勾勒出事件的沉浮过程，试图还原高尔夫球史上最伟大的名人形象，让人物最终能够浮出水面，从而得出结论。

凶猛之虎

世界上只有一个泰戈尔·伍兹。没有任何一个故事与之相似，也没有任何一位名流与他所经历的人生能够等量齐观。埃尔德里克·“老虎”·伍兹（Eldrick “Tiger” Woods）在年仅两岁时就在《迈克尔·道格拉斯秀》（*The Michael Douglas Show*）节目中初次亮相，他似乎注定就是超级巨星范儿。这种必然性大半源自他超凡的球技，在20岁转入职业球坛时他已经荣膺21个业余赛锦标，而他的吸引力中可测量的部分也是来自他与众不同的背景（Rosaforte，1997）。泰戈尔·伍兹的种族传承是如此多样化，以至于他最终自称为“白黑印亚人”（Cablinasian），即高加索人种、黑色人种、印第安人和亚洲人的混合体（Nordlinger，2001）。他的技艺和非凡的吸引力在他第一次夺得大满贯头衔时就得到了充分的印证，1997年在美国大师赛中他以12杆的惊人优势加冕。作家约翰·费恩斯坦将伍兹誉为“第一次降临”[①]（John Feinstein，1998），泰戈尔获得了近乎夸张的宣传。在他32岁时，他已经手握14座大满贯奖杯，仅次于杰克·尼克劳斯（Jack Nicklaus）的18座。到2009年中段，伍兹成为体育界首位“10亿美元俱乐部”成员，获得了广泛的支持和巨大的财富，当然还有直接从PGA巡回赛中获得的数百万奖金（Eldridge，2010）。他曾经有过狂胜，2000年在卵石海滩（Pebble Beach）的美国公开赛上以15杆优势横扫奖杯；也曾有过令人难以置信的胜利，2008年在美国公开赛加洞赛中拖着一条急需膝盖手术的腿绝杀罗科·梅迪亚特（Rocco Mediate）。这一切似乎让伍兹也许拥有了体坛中最精心磨炼的形象——不太清晰的但却不同凡响的、看上去能够满载而归的生涯。

傲慢之虎

接下来一系列事情相继发生了。如果有一个例子能够说明“骄兵必败”，那么泰戈尔·伍兹2009年下半年的这起交通事故就是生动的体现。感

① 译者注：该称谓源于基督教中有关弥赛亚的功业。

恩节后的一个晚上，伍兹当时正离开他的邻居家，他撞上了树篱，随后是消防栓，而后是一棵树。有报道称他的妻子诺德格伦用高尔夫球棒把伍兹拖出了汽车。伍兹为这起交通事故缴纳了 164 美元的罚金，然后便是接受有关隐私的质询。

有关伍兹不忠的报道接踵而至，并且迅速升级到警报层面。一起单纯的婚外情随即变成了 3 起，而后是 10 起，最后媒体干脆用“不计其数”来形容（MacFarlane, 2010, p. 53）。稍后甚至有报道令人震惊地罗列了他与 120 位女性的婚外性行为（Martinez, 2010）。这其中有艳星，有帕金斯咖啡店女服务员，有邻居，还有选美大赛皇后。报道形式多样化、传播广、历时长，最终彻底摧毁了泰戈尔·伍兹和他的家庭、朋友、赞助商以及支持者。显然伍兹的人生——无论是公众的还是私人的部分——都无法再回到从前。

围困之虎

贝诺伊特（Benoit, 1995, 1997, 2000）和威尔与林库格尔（Ware & Linkugel , 1973）的研究是形象恢复与辩解书公众分析的两种主要传播学方法。贝诺伊特以五步结构法用于公司和个人的形象恢复研究。从泰勒诺尔（Tylenol, 1982 年被发现携带氰化物药丸）到埃克森石油公司（Exxon, 1989 年史诗般的漏油事件）再到演员休·格兰特（Hugh Grant, 1995 年因唆使卖淫被监禁），他概括了 5 个常见的步骤：（a）抵赖，（b）逃避责任，（c）降低冒犯程度，（d）保证纠正行为，（e）羞愧。类似地，威尔与林库格尔（Ware & Linkugel, 1973）也罗列了公众辩解书的四个阶段：（a）抵赖，（b）支持，（c）分化，（d）超越。这些方法直到 2010 年依然有效，不过新媒体的出现显然在很大程度上改变了事件发展的方式。

让我们再回到泰戈尔·伍兹的麻烦中去，在他的事件中，所有这些阶段大概都发生了。但在早期，方法论原则大概是在家里展现出来而不是在公共论坛上。后来的报道告诉我们，泰戈尔曾经试图将他的诸多关系贴上柏拉图式关系的标签（一种抵赖机制），也曾试图运用他的主角和公众名流身份，在出事之前，他的地位是公众人物中仅次于奥普拉·温弗瑞（Oprah Winfrey）和纳尔逊·曼德拉（Nelson Mandela）的。有关泰戈尔麻烦框架中最显著的是事件传播的速度和量级。对于伍兹来说，对于每一项指控他几乎都没有时间来回应（每天有数以千计的媒体跟进报道），他甚至没有办法阐明真相（伍兹不可能在不经意间确认与一个女人关系的传言而不是其他几十个中的一个）。大概是意识到这一点了，伍兹在这个时代对一位名流个体（而不是司法）来说最疯狂的媒体攻击中选择了保持沉默。他不得不立即转入传媒五步结构法的下一个阶段，即形象复位的叙述中对纠正行为的保证。

伍兹转移叙事框架的需求使媒体在处理伍兹丑闻事件中的表现显得格外的耐人寻味。显然，恰当的纠错和屈辱的过程是不可避免的了，但是媒体能相信这些纠错举动足以得到公开处罚吗？很显然伍兹不得不经历所谓的“公共鞭笞”（public flogging）（Porpora，2010），体育和名流文化的双重压力需要老虎伍兹重返赛场。动机是重振 PGA 巡回赛的声威还是仅仅实现公众所期待的名流形象复位的叙事，这一点也是有疑问的。媒体给出的时间表推动着叙事以大事记的集锦方式呈现，泰戈尔·伍兹个人的回归时间表似乎与之大相径庭，而后在公众观点测量的基础上闪亮登场：

1. 2009 年 11 月 27 日：伍兹家附近的车祸。
2. 2010 年 1 月 20 日：伍兹被报道处于性康复过程中。
3. 2010 年 2 月 19 日：有关事件的第一条公开的口头声明。
4. 2010 年 3 月 17 日：宣布重返高尔夫球场。
5. 2010 年 4 月 7 日：耐克广告“父亲”。
6. 2010 年 8 月 23 日：与艾琳·诺德格伦的离婚案判决。
7. 2010 年 11 月 29 日：设置媒体发布会，包括《新闻周刊》（*Newsweek*）编委会。

在这一年时间里至少有 4 个显著的时间表。首先是伍兹个人的时间表，这几乎是完全保密的。毫无疑问在私人领域，他有太多的工作需要去做，包括承认责任，试图与他的妻子和解，以及承诺成为一个更好的男人。其次是上述的媒体时间表。这一系列事件或多或少取决于人们对于传媒叙事的认知是否宏大，但最重要的还是这个时间表成了第一个时间表的阴阳关系（yin-yang relationship）——公众也在试图判断其媒体形象复位的过程有没有与个人形象复位吻合。再次是高尔夫世界的时间表。这不能被轻视为多余的因素，因为当年的四大“满贯赛”和 10 月的莱德杯（Ryder Cup）为伍兹提供了一个走向成功的机会，承载胜利的救赎故事是不可避免的。最后是来自社会的时间表，即公众对伍兹的认知。这恰恰是许多媒体报道的主题，也是在这一年中时常受到其他媒体影响的主题。这或许为我们提供了一个最直接的视角，直达有关这位名叫埃尔德里克·“老虎”·伍兹的名流的最终判断。这4个时间表以复杂的方式重叠、混合，为人们展示了事件发生12个月之后的舆论阶段。

阶段1：苛刻的答案

起初，媒体不确定如何报道车祸和围绕车祸的相关事件。于是，初始阶段的问题包含了“公众与个人的对决”“法律与道德的对决”。一家报纸在事件发生一天后报道如下：

> 这个早晨伍兹是如何撞上了一个消防栓，接着是一棵树，随后他被送进医院，即使他在一辆凯迪拉克SUV车上行驶的速度并没有快到让气囊及时打开……对于这一事件也许存在一个简单的解释，但我们确定并非如此……你总会听到这些都是隐私之类的说辞。哦不，这些不是，事实上，警察这一次填写的报告，或者你看到的和你听到的这次事件也许不会被高高“挂起”。不，当这件事发生在这个世界上最富有和最知名的运动员身上，一个靠着公众形象挣了数十亿美元的人身上时，这些可就不是隐私了（Lupica, 2009, p. 48）。

来自老虎伍兹和他的同僚们的信息的缺乏，导致流言肆虐到已经无法验证，甚至被视为是可能的。这在本质上是矛盾的。从一开始，星星之火就起燎原之势。有些媒体曾经试图有所保留，保持某种程度上的新闻诚信，但整个故事以“病毒传播”而非以在传统新闻道德观念下传播的方式在扩散——社会新闻和小报媒体一马当先。纸质媒体争论的焦点集中在报道一个非普通名流，而是像伍兹这样的超级名流一样的对象时怎样才算是“公正”的。正如勒·巴塔德在感恩节周末写到的：

> 显然这不都是真的，可谁会在乎呢？真相就是今天很多事情都被践踏了，尤其是当无聊的事实无法在第一时间满足媒体的需求和公众的口味时流言比这传得更快……我不会假装知道在此什么是真的什么不是。我所知道的是伍兹实在是太有名了，因此有关他的事件不可能悄无声息（Le Batard, 1997）。

人们可以从上述两个片段中感觉到主要的新闻媒体默认的双重态度：（a）“老虎，我们要多支持你一下”，以及（b）“但是我们最好得到一些答案”。

阶段2：马戏团般的氛围

当情妇们开始你方唱罢我登场时，双向选择开始了。哈特利－布鲁尔（Hartley-Brewer,）写道：

> 当泰戈尔还在舔他的伤口时，艾琳·伍兹站了出来，于是接下来她成了女英雄。泰戈尔的神光已经褪去，他的妻子赫然成为女权主义者的标签——“圣艾琳”，一个无处不在的受委屈妻子的守护神（2009，p. 39）。

泰戈尔在接下来的几个月中听到了似乎永无休止的有关他是下流男人的笑话。深夜节目主持人不断煽风点火，正如杰·雷诺[①]（Jay Leno）所说，“一项新的研究发现滥交不会降低自尊感，但它确实会破坏你的婚姻，你的凯雷德[②]（Escalade）”。

事实上任何有关伍兹生活的传言看上去都是一场公正的游戏，仅仅是失言的幅度不同而已。公众已经目睹了之前对名流的公开羞辱和嘲讽，因此感觉没有什么是真正出格的，因为（a）有情妇数量的保证，有（b）伍兹作为名流所需求的范围以及（c）伍兹过往一清二白形象的需求。有些故事以一种信息泄露的方式发生了，以一种只会让狂潮升级的方式缓缓滴落下来。担保书失信了，关于伍兹和他的情妇们裸照的传闻浮出水面，短信内容也被曝光。丑闻已经达到史诗级别，这个“马戏团”阶段的内叙事迫使问题不得不朝着极其恶劣的方向发展。更令人感兴趣的是，话题已然从泰戈尔“何时”回归转到了他“应否”回归。维尔本（Wilbon）这样写道：

> 当然他不是第一个被不忠这种诱惑击倒的运动员，但看上去他却有可能成为第一个被轻率的言行击倒的运动员。我们现在有一个鲸鱼那么大的体育故事……一打以上的女人走到公众面前宣称跟泰戈尔发生过性行为，让他手足无措。这里没有对手，没有8英尺的推杆，曾经拥有……因为每一天看上去都比前一天更糟，很有可能最坏的那天即将到来……伍兹的丑闻以一种前所未见的方式呈现出

① 译者注：杰·雷诺是NBC王牌栏目《今夜秀》的主持人，同时也是喜剧演员、作家、配音演员和制片人。

② 译者注：指伍兹出事时驾驶的凯迪拉克SUV车。

来。伍兹现在已经在为此埋单，也许将非常昂贵（2009，p. D1）。

接下来的一月，有报道传来，同时也为大家提供了有关老虎伍兹的终极笑话。这也是一个伍兹走向复苏的起始步骤：伍兹进入了密西西比州的一家诊所，对性瘾进行康复治疗。深夜电视节目的主持人也无法想象围绕老虎伍兹的玩笑已经升级，从而找到充足的机会来嘲笑事态的发展。其中有一种猜测是他为了挽救婚姻才走进诊所，同时也是为了挽回公众形象，或者仅仅是为了逃离媒体的聚光灯。这就是如贝诺伊特所说的最明显的“保证纠正行为”的尝试（Benoit，1995，1997，2000），但是媒体在很大程度上还没有做好转移到这个阶段的准备。此时平面媒体提供了一些有关治疗前诊断和性瘾的残酷现实的报道，包括了性瘾患者与单纯喜欢做爱者的差别（Berman，2010），大多数报道是以幽默和愤慨混杂的方式来诠释他历时 6 周的性瘾康复过程和在诊所中享受到的特殊待遇。有些报道指伍兹不过是走走过场，其康复过程还有中断，并要求对他接受治疗的小屋进行价值 10 万美元的装修，且经常缺席康复会面（Mangan，2010）。性瘾康复也许成了伍兹公众纠正行为保证的开始，但这并不是一个成功的开始。

阶段 3：悔恨检测

更多公开的尝试发生在 2010 年 2 月 19 日的形象复位过程中。这时距离事故发生已经 3 个月有余，伍兹终于在索格拉斯球员俱乐部（Sawgrass Players Club）的一次赛事中公开讲话。14 分钟长的演讲如预期般地获得了褒贬不一的评价。媒体聚焦的无非是两件事：（a）演讲的内容是否“切中要害”；（b）伍兹演讲传递的信息是真实的，还是恰恰相反，他只是在自责而已？大多数媒体认为演讲的内容涵盖了向公众表示悔恨的必要内容，而有部分媒体认为缺乏细节（比如，人们仍然想知道事故当晚究竟发生了什么事情），但也有很多人支持伍兹在主流媒体面前有权保持隐私。然而，更具有启示意义的分析是伍兹究竟传递了什么信息。有媒体雇用了身体语言专家进行分析后得出结论，伍兹成功地实践了 3 个“S”：“真诚服务求生存”（sincerity in the service of survival）（McShane & Schapiro，2010，p. 5）。廷利（Tinley，2010，第 4 段）在评价伍兹的这一“表演”时声称，“老虎伍兹已经表现得足够好了。就像一个伟大的电影剧本，观众已经被卷入到叙事中，他的问题成了我们的问题，但对于伍兹来说最糟糕的是这个桥段已经被用滥了”。

人们从他2月19日的演讲中得到的主要启示是：（a）他引用了佛教和基督教的部分教义；（b）他没有给出回归高尔夫球场的时间表，他指出“不排除”可能会在2010年回来；最常见的理解即这是一份发自内心的道歉，伍兹表示：

> 我知道我让你们深深地失望了。我让你们对我是谁和我怎么能做出这样的事情产生了质疑。让你们处在这样的境地我很尴尬。我对自己做过的一切感到非常抱歉，我有很多事情需要补偿（ESPN. com，2010）。

有些人满意，但也有一些人并没有。有关伍兹的极端谈论并没有多少进展，但大多数中间派都把这一事件视为一场预设好的名流道歉之旅的开始（Tinley，2010）。讨论的话题也从之前的“伍兹何时对媒体说话”转向“他何时重返高尔夫球场?”

阶段4：回归

一个多月之后的3月17日，伍兹发表了一份声明，指出自己将重返高尔夫球场，参加美国高尔夫球大师赛——仅仅几周的时间，看上去是最符合逻辑的。但这份声明发布的时间马上遭到质疑，因为这与世界高尔夫球锦标赛配对巡回赛（World Golf Championship Match Play Tournament）的时间发生冲突，而这一站比赛正好有一家赞助商（埃森哲公司，Accenture）刚刚解除与伍兹的合约。里森（Reason，2010，p. 11）指出：“他难道永远学不会吗?伍兹选择奥古斯塔球场作为复出地的新闻再次证实了他在高尔夫球界‘自私先生’的称号……其他球员现在可能更加愤怒了。”也有人在质疑重返球场就参加大满贯赛是不是一个好主意［比之前两周在湾丘（Bay Hill）一个本地巡回赛更好］，最终他们得出结论：“奥古斯塔国家高尔夫球协会提供了足够多的避难所。TMZ不可能在湾丘这边的平坦球道边为他租一套房子。”（Gola，2010a，p. 62）

事件平稳的构建逐步发展至史诗级别。CBS新闻和体育部总裁西恩·麦克马努斯（Sean McManus）称之为“过去10年最大的媒体事件之一……堪与奥巴马的就职典礼相提并论”（引自Jonsson，2010，n. p）。然而那些认定伍兹的回归是为了逃避而事先设计的人至少部分错误了。就在大师赛的前夕，耐克公司发布了一则名为“父亲”的广告，广告采用了泰戈尔已故父亲厄尔·伍兹（Earl Woods）的画外音和老虎伍兹聆听劝告的单景镜头。这个广告既简短又格外简单，是以伍兹父亲的陈述作为结束的："我想知道你是怎么想的。我想知道你现在有何感受。你学到了什么吗？"伍兹父亲的告白的设计是用来换取人们的同情心的，当然也是再一次的辩解书，而更多持怀疑态度的人看到的是耐克公司试图重振老搭档伍兹的正面形象以获取商业利益。重要的是，这个设计为伍兹的职业生涯重新开启了一扇门。当伍兹在漫长的淘汰赛后最终获得并列第4名时，大部分记者深受感动并认为伍兹可能真正回归，而且在祛除掉最后的锈迹之后可能跟以前一样好甚至超过以往。当然，事情肯定不是这么简单。

阶段5：巡回赛上的骚动

泰戈尔·伍兹在2010赛季的表现称得上是彻头彻尾的失败战绩之一。伍兹全年没有赢下一个冠军头衔。有时他仍然很重要（在美国公开赛第三轮中他有天才般的杰出表演，但随后在星期天的第4轮回落到并列第4），同时也经历着个人职业生涯的低谷（在8月的世界高尔夫球协会石桥巡回赛中打出高于标准杆18杆垫底）。大多数高尔夫球迷是礼貌的（正如高尔夫球赛观众应该做的那样），但是也有一些流氓起哄者希望引起媒体的注意登上头条新闻。老虎伍兹步履维艰，他参加的比赛比往年减少了一些，在一片片不久前他还统治过的领地上经常如同梦游。

事件在8月发生逆转。伍兹与艾琳·诺德格伦的离婚案在此时宣判，与他决裂的妻子发表了一份联合声明表示，"即使我们不再处于婚姻关系，但我们依然是两个杰出的孩子的父母，他们曾经有过的欢乐会永远成为我们俩非常重要的记忆"。那个周末伍兹正在参加巴克莱银行巡回赛。此时媒体聚焦的更多的是伍兹此时已经失去和承受的足够多了，正如戈拉（Gola）所写的片段：

> 对老虎伍兹来说这里没有阳光和彩虹……如果一切重来，一定不会是这个星期的样子……如果任何人认为离婚对于老虎来说是必然的话，再想想，在伍兹撞到那个消防栓9个月之后，事件的符号当量喷涌而出，不管他如何努力还是堵不住那个洞（2010b, p. 64）。

由于伍兹在比赛中持续失利（至少就伍兹典型的水准而言），公众对运动员的同情心在滋长，导致希望伍兹救赎的潮流涌动，即使现实表明救赎永远不会完全恢复他过往在高尔夫球界的巨大成功。一位来自伦敦的记者表达了对10月的莱德杯（在威尔士举行）上抑制起哄球迷的需求。卢塞迪奇（Lusetich）概述了全世界许多高尔夫球迷业已存在的一个担心，伍兹重新统治这项赛事的情景可能永远也不会发生了：

> 他（正确地）谴责自己的罪行，并且已经为此付出了高昂的代价。他失去了自己的妻子艾琳，这个女人在出门时带走了上亿美元，今后有一天他还不得不向自己的两个孩子解释为什么他们的母亲会离开他。他已经失去了每年至少6000万美元的代言费……当然，伍兹也失去了自己的比赛。在很多球手眼中的史上最佳球员如今沦落为一名参加巡回赛的普通职业球员……将在威尔士进行的比赛中不可避免地会有人讥讽他，加大对他的惩罚。但也许其他人也愿意看到一位坠落的冠军寻求救赎。也许只是礼节性的掌声也会对他有所帮助。虽作为一个丈夫和商人他也许已经失败了，但他可能是那种百年一遇的天才。如果他永远无法走出来，那么高尔夫运动，将与伍兹一样成为输家（Lisetich，2010，p. 2）。

驯服之虎

老虎伍兹在莱德杯上的表现堪称惊艳，他打出了3胜1负的战绩，其中包括一场单人赛的胜利。然而，公众目睹的显然是一个不一样的老虎伍兹。他过去总是疏于在公众场合露面，但现在竟然有了一丝悲伤的基调。正如桑德森（Sanderson，2010，p. 449）总结的那样："这种脆弱，球迷们之前浑然不知，这促进了他们对伍兹的情感共鸣和联系。在他的职业生涯中这看上去是他比任何时候都更喜欢他们的时候。"

由于事件发生一年之后的故事如同坐过山车一般跌宕起伏，那么提出疑问也是合理的：伍兹在多大程度上失去了自己的粉丝，又在多大程度上赢回了他们的支持？泽塔互动（Zeta Interactive），一个数字营销公司的报告指出在这12个月期间发生了很大的变化（Elliott，2010；LaVallee，2010）。在SUV事故之前，伍兹在公众人物（包括名流、运动员和其他类型）中享有最高的积极评价之一，数据高达91%。到2010年1月时这个数据跌至一半。之后这个数据在缓步地回升，到伍兹正式道歉之前，伍兹的积极评价回升到51%。在2月19日的道歉之后，这个数据达到68%。在耐克广告发布和伍兹在大师赛的强劲表现之后这个数据持续攀升，比赛后的积极评价已经达到77%。伍兹还没有（可能也永远不会）恢复到91%的积极评价。但考虑到伍兹的偷腥带来的负面社会效应所造成的恶劣后果，这个缩水的数字已经令人难以置信了。其实，伍兹在男性观众的积极评价上从未跌破50%，尽管几乎每个人都在拿他开玩笑；当你问每一个美国男人对伍兹有什么看法，几乎没人会给出正面的评价。

不过，积极的情感倾向不一定与市场性同步，这与伍兹之间还是有一条显著的鸿沟。很多人表达了对他的同情，甚至给出积极评价，但这并不能转化为他的Q值，Q指是衡量他的广告和市场价值的重要参考。2009年6月，伍兹的Q值高居榜首；到2010年6月时，他已经滑落到第25位。

新闻界在伍兹的传奇事件中的表现也有值得总结的地方。事件中有一个持续的张力，处在私人生活应当处于私密状态，和老虎伍兹作为这个星球上最为人熟知的人物之一应当屈服于这种权力这两种选择之间。有现成的证据显示他的私人生活正严重冲击着他的个人事业，记者们进行报道和武断地发表意见大概是“公平的游戏”。一个通用的法则是关于伍兹的孩子们和妻子的话题是谈论的禁区，但这也没有得到普遍遵循。在一个案件中过错方和受害方看上去需要被明确界定，那些应当成为故事部分的触角依然处于灰色状态中。

老虎伍兹在事件发生一周年之际，试图通过一系列平面媒体活动的体验，在围绕他的危机、他的生活和他在职业高尔夫球坛的未来等问题上谋求更积极的叙事表现。其中最突出的要算是《新闻周刊》上“轮到我了”（My Turn）中一篇名为《我如何重新定义胜利》（“How I've Redefined Victory”）的文章。文章中伍兹试图展示他的康复。伍兹写道，“我现在知道有些事情随着时间和努力是可以也必须改变的。我已经不是一年前的那个我了。这是一件好事”（Woods，2010）。

就在本章写作期间（2011年夏天），老虎的竞技回归之路仍不平坦。在2010年全年他没有收获一个巡回赛锦标，这是他在转入职业球坛之后第一次全年与冠军失之交臂。他的个人困境随即被生理上的困境所取代，膝伤和其他疾病迫使他退出了很多比赛。

显然高尔夫球界需要一个具有统治力的老虎伍兹来维持它的健康和活力。目前尚不清楚的是PGA巡回赛是否需要伍兹重返霸主地位，来履行他作为英雄或是恶棍的角色。看上去伍兹在很长一段时间里将维持一个细致入微的、多面的、有缺陷的公众形象。也许麦克·卢皮卡的观点是最切中时弊的："如果他取得的成绩跟以往一样大，那么他将重塑伟大的形象。从一开始，人们就把运动员的竞技性格和真实性格混淆了。"（Lupica，2010，n. p）只有时间（和泽塔互动）会告诉我们老虎伍兹是否重新赢回了那个世界上最具有统治力（也最有市场价值的）高尔夫球手的荣誉。

参考文献

Anderson, C. (2006). *The Long Tail: Why the Future of Business is Selling Less of More.* New York, NY: Hyperion.

Benoit, W. L. (1995). Sears' repair of its auto service image: Image restoration discourse in the corporate sector. *Communication Studies*, 46 (1-2), 89-105.

Benoit, W. L. (1997). Hugh Grant's image restoration discourse: An actor apologizes. *Communication Quarterly*, 45 (3), 251-267.

Benoit, W. L. (2000). Another visit to the theory of image restoration strategies. *Communication Quarterly*, 48 (1), 40-43.

Berman, L. (2010, January 27). Tiger on the prowl: What's motive for his sex addiction rehab? *Chicago Sun-Times*, p. C9.

Billings, A. C. (2003). Portraying Tiger Woods: Characterizations of a "Black" athlete in a "White"-sport. *Howard Journal of Communications*, 14 (1), 29-37.

Eldridge, D. (2010, November 25). Tiger needs new game to get out of the rough; More wins, less attitude from fans. *The Washington Times*, p. A1.

Elliott, S. (2010, April 11). Update: Buzz on Woods improves, data indicate. *The New York Times* [Media Decoder Web log]. Retrieved from http://mediadecoder.blogs.nytimes.com/2010/04/11/buzz-on-woods-improves-data-indicate/#more-32097.

ESPN.com (2010, February 19). Retrieved on January 10, 2012 from http://sports.espn.go.com/golf/news/story?id=4928017.

Feinstein, J. (1998). *The First Coming: Tiger Woods, Master or Martyr?* New York, NY: Ballantine Books.

Giacobbi, P. R. Jr., DeSensi, J. T. (1999). Media portrayals of Tiger Woods: A qualitative deconstructive examination. *Quest*, 51 (4), 408-417.

Gola, H. (2010a, March 17). Woods won't be masterful; Long layoff should make him too green. *New York Daily News*, p. 62.

Gola, H. (2010b, August 26). Tiger admits he's in rough; Divorce brings more clouds as season settles. *New York Daily News*, p. 64.

Hartley-Brewer, J. (2009, December 6). Hail St. Elin, the Tigress. *Sunday Express* (UK), p. 39.

Houck, D. (2006). Crouching Tiger, hidden Blackness: Tiger Woods and the disappearance of race. In A. Raney & J. Bryant (Eds.), *The Handbook of Sports and Media* (pp. 469 - 484). Mahwah, NJ: Lawrence Erlbaum.

Jonsson, P. (2010, March 17). How Tiger Woods's return to Masters Tournament changes golf. *Christian Science Monitor*, n. p.

LaVallee, A. (2010, February 19). Tiger Woods apology boosts his standing online. *The Wall Street Journal*. Retrieved from http://blogs. wsj. com/digits/2010/02/19/tiger - woods - apology - boosts - his - standing - online/.

Le Batard, D. (2009, November 29). When Tiger Woods and scandal collide, truth becomes the victim. *Miami Herald*, p. A1.

Lefton, T. (2010, June 7). Penalty drop: Tiger Woods plummets on sports Q score list. *Sports Business Journal*. Retrieved from http://webcache. googleusercontent. com/search?q = cache: iEfd7ix4WbgJ:www. sportsbusinessjournal. com/article/65957 + tiger + woods + q + rating&cd = 2&hl = en&ct = clnk&gl = us&client = safari (no longer accessible).

Lupica, M. (2009, November 28). Tiger in a big hazard can't leave any doubts about crash. *New York Daily News*, p. 48.

Lupica, M. (2010, March 17). After scandal, Tiger Woods can win green jacket at Masters—Just don't call him a hero. *New York Daily News*. Retrieved from http://www. nydailynews. com/sports/more_ sports/2010/03/17/2010 - 03 - 17_ he_ can_ win_ the_ green_ jacke _ _ just_ dont_ call_ him_ a_ hero. html.

Lusetich, R. (2010, September 25). He's lost a wife and $160M: Isn't it time Ryder Cup hecklers gave Tiger a break? *The Times* (London, UK), p. 2.

MacFarlane, I. (2010, July 14). Tiger on the prowl for treble scotch. *Daily Star* (Scotland), pp. 53 - 54.

Mangan, D. (2010, January 21). Sexual healing for caged Tiger; first view of shabby star in horndog rehab. *New York Post*, p. 2.

Martinez, J. (2010, May 3). Elin shapes up; Will Tiger ship out? *New York Daily News*, p. 14.

McShane, L., Schapiro, R. (2010, February 20). Good for marriage, not image; Apology is par for the course, experts say. *New York Daily News*, p. 5.

Nordlinger, J. (2001, April 30). Tiger time: The wonder of an American hero. *National*

Review, p. 8.

Porpora, G. (2010, April 14). Welcome back Tiger. Retrieved from http://www.deepintosports.com/2010/04/14/tiger-woods-masters-2010-pga-golf/.

Reason, M. (2010, March 17). Selfish Tiger makes a circus out of prestige event. *The Telegraph* (London), p. 11.

Rosaforte, T. (1997). *Tiger Woods: The Makings of a Champion*. New York, NY: St. Martin's Press.

Sanderson, J. (2010). Framing Tiger's troubles: Comparing traditional and social media. *International Journal of Sport Communication*, 3 (4), 438-453.

Tinley, S. (2010, February 19). And there it is: Tiger's polished apology. Retrieved from http://www.cbsnews.com/stories/2010/02/19/sportsline/main6223746.shtml.

Ware, B. L., Linkugel, W. A. (1973). They spoke in defense of themselves: On the generic criticism of apologia. *Quarterly Journal of Speech*, 59 (3), 273-283.

Wilbon, M. (2009, December 12). Man and career, under siege. *The Washington Post*, p. D1.

Woods, T. (2010, November 29). How I've redefined victory. *Newsweek*, 14.

第6章　安德鲁·阿加西与网球名流的潮涨潮落：形象、重构与忏悔

C. 李·哈林顿　金伯利·S. 施梅尔①

2009年安德鲁·阿加西的自传《开放》（*Open*）的出版，是一个重大的媒体事件。与此同时，这个网球界的传奇人物相继参与了流行电视节目（CBS的《60分钟》）以及NPR②的广播节目，接受了包括知名体育网站（ESPN. com，SI. com）和主流名流网站（Oprah. com，AccessHollywood. com）的在线论坛的采访，并获得了包括《纽约时报》《华尔街日报》以及《华盛顿邮报》在内的全美最受称赞的新闻媒体的报道。如此广泛的媒体关注不仅源于阿加西的网球实力（八个大满贯单打冠军头衔）、好莱坞的在场（前妻波姬·小丝，Brooke Shields）、慈善行为的成功（为阿加西的大学预科学院追加了8500万美元以上的捐款）或者是书本身的质量（《时代周刊》称之为"史上最佳的体育自传之一，一段时间内最佳的回忆录之一"），而且与他在书中披露的三个令人震惊的事件相关：他在一段时间内曾带着假发参加比赛，在他的第一个大满贯决赛时，他一直担心假发会脱落；他曾使用过冰毒并成功地欺骗了ATP巡回赛的官员们；还有，他厌恶网球。是的，是真的。在他20年超级成功的、赚得盆满钵满的职业生涯期间，安德鲁·阿加西厌恶网球。

---

① C. 李·哈林顿（加州大学圣塔芭芭拉分校博士），迈阿密大学女性研究项目社会学及分支机构教授。她是SSCI期刊《流行传播：国际传媒与文化学刊》的编辑之一，她已经出版了多本论著和多篇重要论文，她的研究领域包括迷研究、电视研究和法律社会学等。E-mail：harrincl@muohio. edu。

金伯利·S. 施梅尔（北卡罗来纳大学格林斯伯里分校博士），肯特州立大学女性研究项目体育社会学及分支机构副教授。她是SSCI期刊《国际体育社会学评论》的编委会成员，并曾担任国际体育社会学学会副主席。她的研究领域包括体育政治经济学、体育与全球化发展、体育与城市政治等。E-mail：kschimme@kent. edu。

② 译者注：指国家公共广播公司。

在从英雄转变到恶棍的体育名流中，阿加西的故事与其他人的比起来没有那么令人震惊（如老虎伍兹的轰动一时的“自由落体”或是迈克尔·维克的丑陋行径），但故事却因为持续时间之长以及（像本章标题所描述的）跌宕起伏的发展态势而声名远播。阿加西的旅程使他从1992年的傲慢的、暴发户式的温网冠军成了1997年的低水平联盟（bush-league）、卫星巡回赛（satellite-tour）运动员；使这位从2006年结束职业生涯、在网球界受人喜爱的知名元老成了前服用禁药者，也因此使他成了现今某种意义上的体育恶棍（在结论中我们提出的一个标签或是身份认同）。在本章中，我们探求的不是他救赎的“时刻”，而是他“通过”救赎定义的漫长的职业生涯。我们还将调查阿加西自身关于赎罪的叙事，以厘清他的职业历程和个人发展过程。因为传媒构建的关于阿加西救赎的阐释文本并不新鲜（Kusz，2001，2007），所以我们通过重新定位阿加西自身叙事（在他的《开放》一书中描写的）的分析起点，以及通过探求阿加西在自我讲述故事中的表现，为心理学概念“自传式推理”（autobiographical reasoning）是如何随着时间的推移发生作用提供另一种解读。简而言之，我们通过对阿加西的分析来查验有着类似沉浮经历的网球（更广泛的意义上即体育）名流。

首先，让我们带着疑问快速回顾一下他的巅峰及低谷，这有助于奠定我们分析的基础。其职业生涯的巅峰包括了儿时的神童地位，青少年网球明星地位，三次戴维斯杯（Davis Cup）团体赛冠军成员，前世界排名第一，之前提到的大满贯冠军外加奥运会冠军，赢得欢呼的乐善好施，与传奇网球冠军斯黛菲·格拉芙（Steffi Graf）的成功婚姻，成为父亲，在职业生涯最后一场比赛结束后来自竞争对手们在更衣室里长时间的起立鼓掌，畅销书作家以及2011年进入国际网球名人堂；低谷包括了他专横的父亲对他进行的残酷的童年训练，关于他20世纪80年代末快餐饮食以及独特的时尚品位（牛仔短裤、飘逸和挑染过的长发、穿耳洞）的广泛谴责（及效仿），1990年佳能广告不断引起的质疑（见下文），让人惊诧的名流关系［芭芭拉·史翠珊（Barbra Streisand）以及她对阿加西“禅宗大师”的特性描述］，在20世纪90年代中期骤降至世界第141位的职业生涯地位以及他在《开放》一书中那些出乎意料的披露——更确切地说，剖自他自身对体育的厌恶。

阿加西自己是如何随着时间的推移来讲述这些事件的，这是我们的兴趣所在。作为遍及整个学界［包括体育研究，见Denison and Rinehart于2000年编辑的《体育社会学学刊》（*Sociology of Sport Journal*）的特刊］的“叙事转向”中的一部分，心理学家已经开始以实证研究讲述故事与自身发展之间的联系。发展心理学家认为，讲述故事应该被推举为“位于稳定性和自身改变两者的核心”（McLean, Pasupathi & Pals, 2007, p. 262）。人生故事被定义为“一系列选择性的自传经历，与对这些经历的诠释一起，共同解释了一个人是怎样变成他或者她自己的，并向未来呈现一种使命感和意义”（Pasupathi & Mansour, 2006, p. 798）。人生故事创造了跨越时间的统一以及“给生命提供一个整体意义上的连贯性和目的性，并以这样的方式预期未来”（McAdams, et al., 2006, p. 1372）。心理学家们认为，在发展成就中确实存在一种累积的性质，这种性质能随着时间的推移促进自我的连续性（McLeod & Almazan 2003, p. 395）。当然，自我会随着年龄的增长而改变，但是存在一种从婴儿到成年的个性连贯性（Caspi, 2000）。人们用来创造这种有连贯感的特定的认知策略成为“自传式推理”或“思考过去并将其与自身联系起来的一个动态过程”（McLean, Pasupathi & Pals, 2007, p. 263）。因此，通过自传式推理浮现出来的人生故事或是叙事认同揭示了随着时间推移的连续性，同时也显现出了所发生的变化（McAdams, et al., 2006, p. 1371）。与叙事理论相一致的是，我们并不把阿加西的自传当作他生活的真实记录；相反，《开放》是一个传媒文本（同对它的分析一样），过去本身就是“在回忆的时候，被传媒化的事实生产的”（Kuhn, 2002, p. 9）。

通过研究运动员的自我叙述，体育学者“能更好地了解影响和构成一个运动员经历的行为、动机以及冲突的标识”（Butryn & Masucci, 2003, p. 126）。诚然，万内尔（Whannel）认为，“起起落落的阐释结构”尤其适合体育研究，因为“体育力量失败的不可避免性”是既定的（2002, p. 55）。当我们在这一章里提及大量阿加西的比赛和胜利的时候，我们主要的兴趣点在于他自己所谓的对于网球的终身仇恨，在于现今他谨慎的对网球救赎式的“恨与爱”（Oprah. com, 2009）以及他通过自传推理的过程与这种矛盾心理（正如在《开放》一书中描写的）的和解。

阿加西与救赎：媒体建构

通过报道2006年阿加西退役，库茨（Kusz, 2001, 2007）已经书写了一份令人信服的分析文本，“安德鲁个人和职业救赎的主题……在很大程度上引导了公众对他的认识和想象”（2007, p. 60）。在救赎的叙事中，阿加西

“从承认犯罪的那一刻疏远自身、遭受苦难，作为一个可能的‘洗心革面的人’与这个世界重新建立了联系”（2007, p. 45）。他起初的（公众的或是传媒化的）过失发生在他职业生涯早期。他被视为美国“网球的救世主”，但他在最初的3次尝试中没能在任何一项大满贯中获胜（Kusz, 2007, p. 34）。在这不吉利的开端之后，他在1994年成为第一个获得美国网球公开赛冠军的非种子选手，媒体紧接着开启了他们的救赎叙事。接下来是1997年，他的排名急降至第141位，且服用冰毒（在那时还不为公众所知）。在此之后的故事是他在1999年法国网球公开赛上反败为胜，这“似乎让观众看到（另一个）救赎的转型就发生在他们眼前”（Kusz, 2007, p. 47）。这个蜕变的“新阿加西”在赛场上的转型是由在训练方面的重大改变［从快餐食品和自酿威士忌 Mountain Dew 到训练员吉尔·雷耶斯（Gil Reyes）惩罚般的魔鬼训练］及对体育事业的再贡献产生的。阿加西的这个转型得到了媒体的高度赞扬，从1999年到2006年他选择退役，媒体不断强调他的谦卑、他的职业伦理、他的成熟度以及他对网球运动的全情投入。

在库茨的作品中，基于代际理论和种族或性别的建构主义，阿加西的传媒化身份是“由X时代话语的意义和逻辑构成”的90年代的形象（Kusz, 2001, p. 51），尤其是他白人男子气质的清晰度。根据库茨所描述的，在阿加西的职业生涯初期，他被媒体刻画为一个懒鬼（slacker）——早期X时代话语产生的主要形象，依据是阿加西的低教育程度（8年级时就退学）、有问题的职业伦理和训练习惯以及他对网球（事实上是运动）传统显而易见的不尊重。佳能而今声名狼藉的、1990年推出的“形象就是一切”（Image is Everything）的广告，特写了阿加西以及EOS Rebel相机，使（美学的）形式凌驾于（运动员的）实体之上，定义了阿加西的名誉，被认为是（在库茨的作品中）这个时代的最低点。然而，在20世纪90年代中后期，随着阿加西的冠军头衔不断增长，媒体因他日益增长的文化魅力中接纳了看起来似乎改变了的他。“为了那些努力成为更好的人的白人男性”（Kusz, 2001, p. 62），阿加西的传媒化形象也由懒鬼转换成了“懒鬼救世主”——一个变革了的开始被人效仿的X时代的形象（2001, p. 65）。这种救赎的叙事出现于体育和主流出版物之上，最终“超越了美国体育世界”（2001, p. 63），在1999年促生了一种新的白人男子气概。这种气概是“战略上同时女性化也男性化的……对于财富矛盾的……内部冲突的、家庭导向的，总的说来，尝试驾驭与社会特权之间的关系”（Kusz, 2007, p. 44）。阿加西的传媒再现是一个关键，库茨将其称之为从20世纪90年代到21世纪的“白色起义”：“对于白人（特别是白人男性）在主流美国流行文化中所代表的意义的公开斗争。”（2007，p.9）

正如我们接下来要探讨的，阿加西的自传提供了一些关于他个人经历的故事，这些故事在某些方面与库茨的分析有相似之处，比如年龄和性别——阿加西也把年轻的自己视为一个努力打造身份的反叛者，把年长的自己视为一个回归自己的人，这就以不同的方式提供了一个截然不同的叙事轨迹。在这个叙事轨迹中，他的核心挑战就是决定自己的路，一场历时30年的胜利。通过协调他父亲为他制定的终身目标和他自己的紧急目标（如他在自传中所说的，把被迫参与的运动转换成自己积极选择的运动），阿加西最终向网球妥协，也向自己妥协。他谈道，“我一开始厌恶网球，但是现在，它给予我自己的生活。当我27岁的时候，我对它妥协了，之后的每一天都是如此”（Oprah.com，2009）。阿加西也讲述了一个有关救赎的故事，但是那组不同的过错与在媒体中讨论的不一样［我们特别指出，《开放》是在库茨的“白人运动员的起义”（*Revolt of the White Athlete*），之后几年出版的］。

开放：安德鲁讲述安德鲁的故事

与媒体建构的阿加西的公众生活遥相呼应，《开放》也是一个关于救赎的详述的故事，它揭示了有关阿加西修行和救赎的事件，这使得它自身受到了及时而又广泛的媒体关注。在《开放》中，第一个爆炸性的故事就是阿加西在20世纪90年代中期曾使用冰毒，并且成功地骗过了巡回赛的官员，这是十分令人感到意外的（药物是通过例行尿检被检测出来的）。尽管吸食冰毒是短期的，并且是抑制发挥而非提高表现力的，但它却受到了包括罗杰·费德勒、皮特·桑普拉斯、玛蒂娜·纳芙拉蒂诺娃［她把阿加西与罗杰·克莱门斯[①]（Roger Clemens）联系在一起］在内的其他运动员的谴责。看起来阿加西似乎也在与日俱增的服用违禁药物的冠军运动员名单里榜上有名，他在运动方面的成就受到了威胁，要被重铸为不真实的、罪恶的成功，而不是英雄式的成功。然而，在阿加西的讲述中，服用冰毒更多的是为了抵

① 罗杰·克莱门斯是MLB职业棒球大联盟中著名的投手，曾为四支不同的球队效力。他也因成为服用类固醇药物的专家受到广泛指责。

抗抑郁症，这个举动伴随着自身文化和个人主体意识的缺失，也伴随着对网球运动深深的厌恶。阿加西坚称“我们都会犯错误”，他在报道《开放》的新闻中强调，他并没有欺骗这项运动或者是其他运动员，只是伤害到了自己。他慷慨地鼓励那些同样有药物使用嫌疑的运动员说：“如果运动员药检呈阳性，我们不应该去责备他们。我们必须讨论这个问题，因为我们应该去帮助他们，因为也许他们正在遭受痛苦。”（Brinkbäumer，2009）

必须指出的是，这样的慷慨并没有延伸到谎言本身。在报道中，阿加西羞愧于自己的撒谎行为并试图使真相合理化：

> 我向自己保证，这是最后一个谎言。我会给 ATP 写一封信解释我的所作所为，但不会做更多的了……我不会走到陪审团面前，也不会当着谁的面撒谎了。我永远不会在公众场合撒谎了。从现在起，我将把它交给命运之手和穿制服的人，让他们来处理。如果他们能私下悄悄地解决这个问题，那很好。如果不能，我会承担一切后果。（Agassi，2010，p. 256）

虽然对他撒谎感到遗憾，但是阿加西的自传式推理不认为使用药物是一种需要救赎的罪行，而把它重铸成一种个人混乱的症状——真正的罪行是没有意义或目标的生活。因此对于阿加西来说，在《开放》一书之中，自曝使用药物仅是打开一扇门，以探索更大的叙事空间：找寻自我。简而言之，回到普菲尔（Pfeil，1995）建构的救赎轨迹上来——从过失到疏远，到受苦，再到转型。阿加西的自我叙事重置了“毒品故事”于该轨迹之中，从而将其化为一个“疏远/受苦”的故事。

同样受到新闻媒体关注的是回忆录中披露的第二件事——阿加西在 20 世纪 80 年代后期和 90 年代初期使用过假发：

> 我问自己：你要在巡回赛中戴假发吗？我回答自己：我有选择吗？（Agassi，2010，p. 117）
>
> 在 1990 年法国网球公开赛决赛前热身时，我祈祷。不是为了取得胜利，而是为了我的假发不要掉下来。在通常情况下，在我的第一个大满贯决赛时，我应该很紧张，但那时却是脆弱的假发让我患上紧张症（Agassi，2010，p. 152）。

书中有一个相对影响较小的事件，似乎能取悦媒体评论员，即佳能提出的“形象就是一切”的声誉问题。《开放》给阿加西提供了一个公共平台，让他解释他当时的时尚美学，以及拒绝与他所厌恶的广告企业口号（和对他名誉上的推断）再有联系。在阿加西的自传式推理过程中，他自身的美学呈现更多的是尝试消失，而不是引人注目。

> 他们说我尝试脱颖而出。事实上……我尝试着隐藏自己……在内心深处，我不过是想做我自己，因为我不知道那（广告形象）是谁，我试着找寻他，但结果是漫无边际而且笨拙的，当然也是矛盾的。我所做的与我在波列蒂埃里学院[①]（Bollettieri Academy，阿加西青少年时期上的网球寄宿学校）里所做的无异。那些所谓的权威，用我的身份做实验，给我的父亲发短信息，鞭挞我生活中对于选择的缺失。但是我在一个更大的舞台上做到了自己（Agassi，2010，p. 115）。

在书中他记录道，他当时被广告媒体的狂热弄得措手不及，完全没有意识到他的形象会被看似偶然的“形象就是一切”的口号定义成什么样子。

> 一夜之间，广告口号就变成了我的代名词。体育记者把这个口号比作我的内心、我的本质。他们说这是我的哲学、我的宗教，他们还预言这将成为我的墓志铭……这无所不在的口号以及它激起的敌意批评和讽刺的浪潮，是令人倍感折磨的。我感觉自己被广告代理商、佳能的执行官、体育记者、体育迷们出卖了……终极的侮辱……就是当人们坚持我自认为的空白形象……仅仅是因为我在广告中说了台词。他们把这个荒谬的一次性的口号当作是我的忏悔一般（Agassi，2010，pp. 131－132）。

在阿加西的自我讲述中，佳能广告活动代表了文内尔（Wenner，2009）称为的传媒“脏言”（dirt）。紧随在玛丽·道格拉斯（Mary Douglas）的经典表述之后，文内尔认为脏言是“一种不合适的物质”。在传媒的语境之下，脏言指的是“在叙事中的结构意义”以及“影响阅读的位置”（Wenner，2009，p. 89）。正如阿加西所解释的，广告活动“跟随我很多年。我的同僚永远根据这个广告来判断我，媒体和公众太可怕了”

① 译者注：波列蒂埃里学院是美国著名网球教练尼克·波列蒂埃里创办的网球学校，这里先后走出了阿加西、库里埃、塞莱斯和皮尔斯等名将，在这里短期受训过的球员有贝克尔、威廉姆斯姐妹、辛吉斯、库尔尼科娃和莎拉波娃等，因此被誉为“冠军摇篮”。

(Brinkbäumer, 2009)。他写《开放》的部分原因就是想通过呈现一个（对他来说）更真实的反叙述来“清理”脏言：“我过着公开的生活，我感觉到那些关于我的事……不管是好的还是坏的，都不准确。”（Oprah. com, 2009）因为阿加西没有将它当作一种过失，因此，佳能的广告也就不是一件他需要赎罪的事。媒体形象所创造的不是（当然，永远不可能是）“真正的”安德鲁·阿加西。

但是对于阿加西而言，无论是服用冰毒还是戴假发，都反映了一个处于《开放》的核心位置的根本斗争——世界网球冠军选手厌恶网球，“一直”都厌恶网球，以至在它成为“生存的人生价值”之前不得不学会选择自己的生活。在阿加西的讲述中，他的父亲制定了他的生活轨迹。他的前三个兄弟姐妹都被父亲如此教育，但均以失败告终，他的父亲在他四岁时就把他送上了网球场。“我没有一个生活回忆里面没有网球，没有一个”，他说(King, 2006)。阿加西的父亲迫使他和豪华而又高速的被称为“龙”（The Dragon）的发球机练习（最多的时候一天练习 2 500 个球）；催促他与经过他们的家乡拉斯维加斯的巡回赛职业选手进行他不情愿的对话；违背他本人的意愿，在他 13 岁时就把他送到位于佛罗里达的一所网球寄宿学校；只（真的没有其他）期望他获得冠军头衔以显示父亲付出的努力。阿加西厌恶网球，因为作为一项运动来说，它太孤独了。他把身处网球场上称为“孤独的囚禁”(Agassi, 2010, p. 9)。他还因为挫败时的可怕感和成功时的没感觉而厌恶网球：“胜利的感觉……就像是我今天躲过了子弹一样。”（Oprah. com, 2009）他感觉，网球绑架了他的童年与他的家庭关系：“我感到被遗弃。”（Agassi, 2010, p. 70）在他有机会定义自己之前，网球已经定义了他是谁。

厌恶网球、厘清他为什么厌恶网球以及如何应对这种情况，是在《开放》中探求的原罪。阿加西这样描述球迷在比赛开始时见到他从休息室走向赛场上所爆发出的狂喜：“他们热爱这一刻，他们热爱网球。我想知道如果他们知道了我的秘密之后，心里会怎么想。”（2009, p. 19）谈到他的竞争对手时，他说：“当我听到他们谈论自己是多么喜欢竞技场、多么喜欢竞争的时候，我认为他们是在撒谎。”（Drucker, 2009）在描述他对他的教练（而后扮演了父亲的角色）吉尔·雷耶斯的最初反应时，阿加西说：

> 我试着告诉吉尔关于我的精神世界。起初我就准备从最核心的真相开始。他笑了，“你其实根本不厌恶网球”，他说。“我确实厌

> 恶，吉尔，我真的厌恶网球”……吉尔抓了抓他的耳朵，这对于他来说是从未有过的。他认识成百上千个运动员，但是他从来没听说过一个讨厌这项运动的选手（Agassi，2010，p. 143）。

解释他在芭芭拉·史翠珊心中的（迷惑了除他之外的所有人）身份认同时，他说：

> 那种认为她拥有如此毁灭性的乐器，如此强大的天赋，却不能为了快乐而自由地使用它的想法是迷人的、熟悉的和压抑的……她是一个扭曲的完美主义者，她讨厌做那些超越自己的事情（Agassi，2010，p. 174）。

这段话表明了他想知道如果他公开告知真相的话，会发生什么：

> 我坐下来，接受了查理·罗斯[①]（Charlie Rose）长达一个小时的采访……我向他撒了谎……当采访结束时，我感到一阵莫名的恶心。没有太多的内疚，但是感到遗憾，一种错失机会的感觉。我想知道会发生什么……如果我跟他，跟我自己说实话的话，我们会更加享受这一个小时。事实上，查理，我厌恶网球（Agassi，2010，pp. 333，334）。

在下面一段话里，阿加西描写了格拉芙对于他忏悔的反应：“当我告诉她我厌恶网球时，她转过身来看着我说：‘当然，每个人不都厌恶吗？’”（Agassi，2010，p. 317）对网球的厌恶——或者，自我选择的生活道路（虽然是名利双收的）的缺失，就因此成为值得救赎的罪过。

阿加西在《开放》一书中和在新闻报道中对于他父亲的描述是这样的：麦克·阿加西，一个霸道和暴虐的工头，作为某种意义上的角色转换，提供了一个看似容易的关于阿加西厌恶网球的分析。作为一名亚美尼亚和伊朗移民以及前奥运拳击手，麦克·阿加西的穷人暴富的成功故事和对网球狂热（该词的原义）的投入，在网球运动界是众所周知的（有趣的是，阿加西的民族归属似乎使文章之前讨论到的库茨的“白人”产生了疑问。虽然超出了这个分析的范围，但是研究阿加西宣称的这种民族归属的程度，相对于他父亲明确地作为一个生活在美国的“外人”的话，应该是很有趣的）。在围

① 译者注：美国著名电视访谈节目主持人，从1991年起开始在PBS主持同名脱口秀*Charlie Rose*。

绕着《开放》展开的新闻报道中，阿加西表示理解他父亲所作所为的动机：

我的父亲是一个在他自己的生活中没有选择的人。因此，他想给我们他唯一能给的：通过给我们美国梦让我们自由选择自己的生活。他把选择与经济效益联系在一起，他想要以最快的方式为他的孩子实现美国梦。作为一个孩子，你看不到这些微妙之处。但当你长大了的时候，你回过头来看，就会以不同的眼光看待这些问题（Brinkbäumer，2009）。

更重要的是，尽管他写道“从来没有人问过我是否想打网球，更不用说把网球变为我的生活”（2009，p. 33），阿加西还是承认这项运动对他有独特的束缚。他写到 7 岁时考虑退出的时候：

我骨子里的一些东西……不允许我这样做。我厌恶网球，打心眼儿里厌恶，但是我仍然一直在打网球……因为我没有选择的余地。无论我心中有多想停下来，我都不能。我不断地哀求自己停下来，但是我不断地继续打着网球，这种在我想做什么和我实际做了什么之间的矛盾和鸿沟，就像是我生活的核心（Agassi，2010，p. 27）。

麦克·阿加西在他自己的回忆录《阿加西的故事》（*The Agassi Story*，有趣的是这本书缺乏安德鲁正式的授权）中总结道，阿加西童年为了网球所做出的牺牲是值得的，因为他成功了。他终于造就了他自己的冠军球员：“我的梦想——我相信，我希望，也是他的梦想——成真了”（Cobello，Agassi & Welsh，2004，pp. 7，177；Nahigian，2010）。

阿加西促进了《开放》的销量，《开放》同时也被新闻媒体总结为一种救赎的叙述（例如，Brinkbäumer，2009；Davis，2009；Drucker，2009；Gross，2009）。这本书作为一种对生活上的自我的深刻反思以及对人生旅途中很多过失的忏悔，作为一种厘清他与网球和他父亲之间扭曲关系的方式，以及作为一种引导，送给那些同样遭受生活中不确定性痛苦的读者们。当 ATP 接受了他服用冰毒的事实时，阿加西有所顿悟似地描述他走上了有意义的网球运动（因此也是有意义的生活）之路：

也就是在那一天，我要求他们给我第二次机会，我得到了，而大多数人没得到。我对自己以及我周围的所有人作了一个承诺……

我将充分利用好我的第二次机会，每天都将是真实的，我将用这种方式弥补我生活中的这部分缺失（Gross，2009）。

在他的排名跌至世界第141名之后，他重新投身于网球运动中，并发誓只要身体允许，他将尽可能地继续打网球，这是他自我救赎的第一种方法。

我一直坚持打网球，因为这是我自己选择的。你总是能够有选择，即便这不是你理想中的生活。不管你的生活是什么样子，选择会改变一切。只有当我打不动了，到那时我会退役。那就是我一直在寻觅的终点线，推着我走到那一步的无情的终点线。不能再打，而不是不愿再打。不知不觉中，当我没有选择的时候，我就一直在寻找着那一刻（Agassi，2010，pp. 359，371）。

写《开放》是第二种救赎的方式。

这是一个关于宽恕你的父母、宽恕你自己的故事，这是一个关于获得你生活的主导权的故事。我认为这本书能赠予你获得主导权的工具和灵感。这是一本促使你在不想要的生活中醒来，不想让这种生活持续到明天的书……这本书，虽然不是我理想的看法，但它是真正的我。我认为这段旅程能帮助到其他人。（ESPN SportsNation，2009）

阿加西为慈善做出的努力是第三种，也可能是对公众最有意义的一种救赎方式。正如在《开放》中叙述的那样，当阿加西帮助了他最爱的餐厅的老板，使餐厅没有倒闭时，他第一次意识到了回报的力量。他写道，他在那一刻意识到，唯一的完美不是在赛场上找到的，而是“帮助别人的快乐，这是我们唯一能做的、有持久的价值或意义的事情”（Agassi，2010，p. 231）。他在1994年启动了安德鲁·阿加西教育基金，重点关注那些高危青年。2001年，这个基金开创了安德鲁·阿加西学院预备学校。阿加西承认，“在我所有的矛盾中，这一个是最神奇的和最有趣的——一个鄙视、害怕学校的男孩化身为被他自己建立的学校启发和激励的男人”（Agassi，2010，p. 336）。有趣的是，当我们把救赎和赎罪当作其根本的“转型”时，阿加西拒绝了这种解读：

体育记者仔细思考我的转型，那个词语（转型）激怒了我。我认为这个词用得不准确。转型指的是从一件事物成为另一件事物的转变，但我是从什么都没有开始的。我不是转型，我是成型。当我刚开始接触网球的时候，我和大多数小孩一样：我不知道我是谁，我厌恶由别人来告诉我……人们现在看到的，无论是好是坏，都是我第一次成型，第一次的化身。我没有改变我的形象，我发明了它。（Agassi，2010，p. 372）

因此，简而言之，阿加西关于救赎的自我叙事的核心要素是他决定主动选择网球，以及在这一过程中，随着时间推移形成了自我的意识。意译一句威廉·沃兹沃斯[①]（William Wordsworth）的话——孩子成为人的父亲（见Quiller-Couch，1919）。

结　论

回到叙事理论，关于《开放》很有趣的一点是，阿加西明确地承认了这本书代表他人生故事的其中一个“版本”。人类发展学学者提倡“老化的诗学”（poetics of aging），“当我们解读自己的生活时，它在我们做了什么之中强调创造性的主体”（McKim & Randall，2007，p. 148）。从这个角度来看，每个生活都能被视为一个文本或是小说，“在这之中，自己同时是作者、叙述者、主角和读者”（2007，p. 150）。尽管在采访的开头阿加西说《开放》揭示了“真正的他”，但他也认为《开放》是独立的和具有启示性的，这从侧面承认了这本书的故事性。他在采访中说，当他在读J. R. 默尔林格（J. R. Moehringer）受人欢迎的《温柔酒吧》（*The Tender Bar*）时，他开始考虑写一本回忆录：“它是如此的强大。我想知道如果我的生活通过文学的角度来看的话，能否像这本书影响到我一样影响到其他人。”（Brinkbäumer，2009）在邀请了默尔林格与他在《开放》的写作中合作，并与其合作了几年之后，阿加西这样描述令他大吃一惊的最终产物：

令人惊讶的部分不是我生活的故事……我了解这些故事。但是……你一直在寻找自己，这是什么意思？你真正的感觉是什么？真相是什么？……但是我惊讶吗？它确实让我吃惊。我的意思是，我占了这本书诞生过程的一部分。我对于它的诞生来说很重要。当

① 译者注：18到19世纪英国著名浪漫主义诗人。

> 这本书完成时，我就知道了。我知道每一页的每一个字，至今，它仍然以某种方式令我惊讶。(Gross, 2009)

就其本身而言，《开放》例证了理查德森（Richardson, 2000）所谓的“启发性写作”或是“一种体裁，通过文学手法再现生活经历，唤起情绪的回应”（p. 11）。默尔林格用这种方法获得的成功被媒体公认。举个例子，戴维斯（Davis, 2009）将这本书描述为“有文化的”“吸引人的”以及“痛苦的”，不，正如他所说，“你的典型的自传迷费用”（Whannel, 2002, pp. 57 - 58，作为体育自传的代笔人）。在这里，根据麦克金和兰德尔（McKim & Randall, 2007）所表明的，阿加西被定位为自己的人生故事的作者和读者（字面意义及比喻意义）。

《开放》讲述的也是一个关于成年人的成功故事。虽然阿加西和梅尔林格都没有明确提及生命历程理论，但是《开放》一书探究了从青年成年期到中年成年期的过渡，所采用的方式与艾瑞克·埃里克森（Erik Erikson, 1959）著名的心理社会发展模式形成了强烈的共鸣。简而言之，埃里克森认为人生有八个阶段，第一个阶段是出生，最后一个阶段是死亡，通过这些阶段，一个健康的人会变得成熟。在每个阶段里，人们都要经历不同的冲突或者挑战，这代表了成长的一个转折点——个人成长或是失败的机会。然而，埃里克森的理论在某些方面是存在争议的，因为它假设了一个有顺序的、分层次的人类成熟模型，但我们认为它对于帮助我们了解发展过程仍然是有用的。(这个理论中）与我们的目的（如上所述）最相关的是在青年成年期和中年成年期的挑战。埃里克森假设青年成年期的挑战是建立亲密的关系或是承担孤立的风险（亲密对抗孤立），而中年成年期的挑战是通过核心价值观或是文化的传播来帮助改善世界，或承担停滞的风险（再生力对抗停滞）。正如戴维斯（Davis, 2009）解释的，《开放》的叙事模式从“以自我为中心的‘我为什么必须当第一’变为‘我能做些什么来帮助别人吗?’”因此，之前提到的两种救赎方式——书本身的出版以及他慷慨的慈善行为——和他在职业生涯结束时身为元老的角色，暗示了再生力的成就。

简而言之，在从体育名流的英雄到恶棍的转变中，数十年来关于阿加西的生活故事的媒体建构最好被描述为：从英雄到恶棍到英雄再生到……什么呢？承认吸毒似乎把他重塑成一个恶棍，事实上确实有一些同僚运动员是这样谴责他的，但这不是关于《开放》占主导地位的媒体回应（戴假发和服用冰毒一样被提到），在撰写本章时他的政客地位似乎完好无损。《开放》自身的暗示既没有引起英雄的比喻，也没有引起恶棍的比喻——相反，安德鲁把他的人生旅程讲述为从没有人到某个人。这确实是一个不同的叙事模式。

鸣　谢

我们感谢玛德琳·B. 戴维斯（Madeline B. Davis）为本章提供研究帮助。

参考文献

Agassi, A. (2010). *Open: An Autobiography*. New York, NY: Vintage Books.

Brinkbäumer, K. (2009, November 10). Speigel interview with Andre Agassi: "I really hatedtennis". Retrieved from http://www.speigel.de/international/world/0,1518,druck-660148,00.html.

Butryn, T. M., Masucci, M. A. (2003). It's not about the book: A cyborg counternarrative of Lance Armstrong. *Journal of Sport and Social Issues*, 27 (2), 124-144.

Caspi, A. (2000). The child is the father of the man: Personality continuities from childhood to adulthood. *Journal of Personality and Social Psychology*, 78 (1), 158-172.

Cobello, D., Agassi, M. & Welsh. K. S. (2004). *The Agassi story*. Toronto, Canada: ECW Press.

Davis, D. (2009, November 21). "Open" by Andre Agassi. *Los Angeles Times*. Retrieved from http://articles.latimes.com/2009/nov/21/entertainment/la-et-book212009nov21 (no longer accessible).

Denison, J., Rinehart, R. (Eds.). (2000). *Sociology of Sport Journal*, 17 (1).

Drucker, J. (2009, December 9). Agassi finally understanding Agassi. *ESPN.com*. Retrieved from http://sports.espn.go.com/espn/print?id=4724933&type=story.

Erikson, E. (1959). *Identity and the Life Cycle: Selected Papers*. New York: NY: International Universities Press.

ESPN SportsNation. (2009, November 20). Chat with Andre Agassi. Retrieved from http://espn.go.com/sportsnation/print?id=29525.

Gross, T. (2009, November 11). A tennis star who hates tennis? *National Public Radio* [Onlinetranscript]. Retrieved from http://www.npr.org/templates/transcript/transcript.

php? storyId = 120248809.

Horton, J. (2009, November 19). Advantage, Agassi. *Oprah. com.* Retrieved from http://www. oprah. com/spirit/Andre – Agassi – Talks – About – His – Book – Open/print/1.

King, L. (2006). Interview with Andre Agassi. CNN Larry King Live [Online transcript]. Retrieved from http://transcripts. cnn. com/TRANSCRIPTS/0609/07/1k1. 01. html (no longer accessible).

Kuhn, A. (2002). *An Everyday Magic: Cinema and Cultural Memory*. London, UK: I. B. Tauris.

Kusz, K. (2001). Andre Agassi and Generation X: Reading White Masculinity in 1990s America. In D. L. Andrews & S. J. Jackson (Eds.), *Sport Stars: The Cultural Politics of Sporting Celebrity* (pp. 51 – 69). London, UK: Routledge.

Kusz, K. (2007). *Revolt of the White Athlete: Race, Media and the Emergence of Extreme Athletes in America*. New York, NY: Peter Lang.

McAdams, D. P., Bauer, J. J., Sakaeda, A. R., Anyidoho, N. A., Machado, M. A., Magrino-Failla, K., ... Pals, J. L. (2006). Continuity and change in the life story: A longitudinal study of autobiographical memories in emerging adulthood. *Journal of Personality*, 74 (5), 1371 – 1400.

McKim, A. E., Randall, W. L. (2007). From psychology to poetics: Aging as a literary process. *Journal of Aging, Humanities, and the Arts*, 1 (3 – 4), 147 – 158.

McLean, K. C., Pasupathi, M., Pals, J. L. (2007). Selves creating stories creating selves: A process model of self – development. *Personality and Social Psychology Review*, 11 (3), 262 – 278.

McLeod, J. D., Almazan, E. P. (2003). Connections between childhood and adulthood. In J. T. Mortimer & M. J. Shanahan (Eds.), *Handbook of the life Course* (pp. 391 – 411). New York, NY: Kluwer Academic/Plenum.

Nahigian, F. (2010, April 14). Only in America? An interview with Mike Agassi. *The Armenian Weekly*. Retrieved from http://www. armenianweekly. com/2010/04/14/only – in-america – an – interview – with – mike – agassi/.

Oprah. com. (2011, August 1). http://www. oprah. com.

Pasupathi, M., Mansour, E. (2006). Adult age differences in autobiographical reasoning in narratives. *Developmental Psychology*, 42 (5), 798 – 808.

Pfeil, F. (1995). *White Guys: Studies in Postmodern Domination and Difference*. London, UK: Verso.

Quiller-Couch, A. T., Sir. (1919). *The Oxford Book of English Verse*, 1250 – 1900. Oxford,

UK: Clarendon. Retrieved from http://www.bartleby.com/101/.

Richardson, L. (2000). New writing practices in qualitative research. *Sociology of Sport Journal*, 17 (1), 5-20.

Wenner, L. A. (2009). The unbearable dirtiness of being: On the commodification of MediaSport and the need for ethical criticism. *Journal of Sports Media*, 4 (1), 85-94.

Whannel, G. (2002). *Media Sport Stars: Masculinities and Moralities*. London, U.

第7章　赛场内，赛场外，在奥普拉上：玛丽安·琼斯作为黄金女孩和美国骗子的框架

林茜·J. 米恩[①]

本章“不是”关于玛丽安·琼斯是否有意识地或是不知不觉地使用了提高成绩的药物PEDs，而是关于她的商品化是如何导致她受到极度诋毁和严厉惩罚的，以及由此引起的远胜过其他任何与PED相关联的运动员所承受的官方、媒体及公众的愤怒。这个讨论的关键是名流界的、常胜的琼斯是怎样被主流媒体建构为一个黑人女运动员，以及后来是如何被妖魔化为美国体育史上最大的骗子之一。

玛丽安·琼斯是为数不多的主导美国传媒体育叙事的女性之一。2000年奥运会时，媒体大力宣传推广琼斯，有关她传媒化的要包揽5枚金牌的“诉求”在当时让民众为之神往。但是到2007年，经过“多年的否认”之后，琼斯承认曾犯有伪证罪（在2003年），声称她曾“不知不觉地”使用过PEDs（Wilson & Schmidt，2007，第1段）。2007年，琼斯被判伪证罪（及支票诈骗），受到了比任何湾区实验室合作公司（BALCO）的同谋者及其他与PEDs或作伪证相关的运动员都严重的、迄今为止最严厉的惩罚。虽然琼斯从来没有因在知情的情况下使用PEDs而获罪，但是人们普遍认为她有罪。尽管她寻求一种难以捉摸的公众救赎，但她仍然受到了严厉的斥责。

媒体框架与公众话语

关于报道什么内容以及这些内容如何被框架建构以用于消费，媒体是有选择性的。有些人认为框架建构设置了报道的议程，但没有关于这些内容如

① 林茜·J. 米恩（谢菲尔德大学博士），亚利桑那大学传播学副教授。她曾发表多篇重要论文，研究领域是语言、性别与传播之间的关系。E-mail：lindsey. mean@ asu. edu。

何被理解的设置。另一些人认为框架对于人们思考以及理解传媒事件和公众人物有重要的影响。体育作为一种意识形态的力量，使得它在公众话语中享有特权。此外，消费者的身份认同有利于社会文化影响的敏感性（Scherer，2007；Wenner，1991）。记者作为传媒中可识别的面孔和声音，作为群体记忆和历史的建构者，享有一种尤其重要的特权地位（Markovitz，2006）。体育记者的权威性和特权源于二者兼备的真实性和专业性。因为体育记者经常被假定为与运动员之间有特殊的渠道或关系，所以他们能够使用修辞和话语策略来建立一种对位关系以供受众消费（Billings，2011）。因此，新闻版本通常变成公众话语，框架建构了公众对体育对象的理解和对位关系，我们所谈到的这个例子中的对象就是玛丽安·琼斯。

记者也在意识形态及情感方面与体育联系在一起，他们构建的文本通常（再）生产出了他们自己的身份认同以及文化形态（Kian & Hardin，2009）。因此，体育中占主导地位的仍然是白色人种、男性以及异性恋（Hardin，2005）。研究一致性地揭示了传媒体育中传统及公认话语中关于性别、（异）性以及种族的（再）生产（Hardin，2005；Meân，2010；Oates，2009）。这些是与琼斯有关的，因为关于她的具体化框架包含性别的、种族的以及异性恋的叙事。事实上，作为一个美丽的、女性的、异性恋的美国田径运动救世主，她早期的商业化力量解释了为什么人们没有办法质疑她事业初期超常的运动能力及过失。这种商业化也使琼斯的谎言和明显的欺骗行为变得不可饶恕，而且违背了建构她所使用的女性和女性英雄式的通常话语。熟悉的“坏”女人和黑色皮肤的文化规训变得明显（Carty，2005；Leonard，2010），他们将琼斯（再）打造为一个资深的骗子和主动诱惑媒体、愚弄公众的罪犯。这种框架建构已经暗示了琼斯将出场来实现公众救赎，或者是继续扮演美国最大的体育骗子之一。

无法触碰：女神、超级巨星和每日美国丽人

从青少年时期开始，琼斯就在主流媒体中成为美国体育叙事的一个关键部分，这种叙事要求其必须爱国（Butterworth，2010）并使这种爱国情怀持续到2000年夏季奥运会。琼斯的叙事包括了我们熟悉的关于命运、例外论以及超凡的能力（即天赋）的男性英雄式的体育话语，但却很少有像白人男性那种英雄式的努力奋斗和奉献（Meân，Kassing & Sanderson，2010）等

表现。相反，琼斯作为一个女人和一个非洲裔美国人的英雄建构主要强调的是她女性化的美貌和家庭关系，以及她所谓天生的才能和风格是被男性管理和磨炼出来的事实。类似地，琼斯被重现为一个非洲裔美国女性运动员，但是却被以和白人女运动员同样的方式进行框架建构。她的种族被渲染为看不见的，这使她作为一个人种上中立化的美国女神的形象，成为一个能被美国白人接受的消费对象。传媒叙事的起点定位于琼斯的运动命运进入了“她的头，就像一首歌，永不离开”（her head like a song that would not leave）的时候，那时她 8 岁，继父把她从一个粗心大意的父亲手中救下，并把她送上运动之路，优秀的他“不公正”的死亡令她“心碎”（Longman，2000，第 1 段）。与黑人运动员相关的（譬如粗心大意的父亲）问题家庭背景的启示，被迪斯尼动画般奇异的女英雄的动人故事所调和。

为了支持“线性的优雅和力量”（Harasta，1998，p. 1B），琼斯的爆发力和肌肉始终得不到重视，这将她的身体转变为一种审美上能被接受的形式，并将她的爆发力转变为力量。媒体描述者通过诗性的、魔法般的语言以及注释来框架构建琼斯。例如，她“充满魅力的、足智多谋的存在是如何让奇妙成为可能”（Longman，2000，第 8 段）的。琼斯被普遍建构为“邻家的超级巨星”，她的特殊性被与日常的、普通的（主要是白种）女人味相提并论，这使她在文化层面上被熟悉化、规范化和幼儿化为甜美、可爱、善良、平易近人和异性恋的女孩。因此，对琼斯的“坚韧的意志”“激情”以及“良好的工作习惯”的直接描述将这些特点归功于她的教练而不是她自身所固有的（Patrick，1994，p. 1C）。她的教练有关她的具有权威性的“自律及自我激励的”描述遭到运动员莫里斯·格林①（Maurice Green）的反驳，后者将琼斯描述为一个“喜欢和孩子们一起工作”的“甜美的人”。力量和被动、爆发力和女人味的并置，主导了对琼斯存在的意识形态威胁。作为少有的统治体育叙事的女性之一，有一些强大的、意识形态的规则来主导她在正统观念中的显著性，她与这种意识形态的合作应该得到承认。

将琼斯建构为一个例外的但却是正常异性恋的、种族上中立化的非洲裔美国女性的关键组成部分，是通过将她的个人生活细节化为对位的亲密关系来实现的。这种亲密关系的内容强调了她对家庭生活的管理凌驾于她的工作

① 译者注：莫里斯·格林是 20 世纪末 21 世纪初著名的短跑运动员，曾跑出超世界纪录的 9.79 秒的男子百米成绩，也曾获得 4 枚奥运奖牌和 5 枚世界田径锦标赛金牌。

和野心。与白人、异性恋浪漫的女性化叙事相比，（这种叙事）削弱了她的运动成就。因此，运动员琼斯“与快乐地计划在秋季举行婚礼的琼斯是一样的”（Harasta，1998，p. 1B）。与C. J. 亨特（C. J. Hunter，另一名美国精英运动员）的（第一次）婚姻，使得琼斯浪漫的异性恋正常化被她丈夫的超级男性气概衬托得更加女性化了。但是对位的亲密关系在判断亨特是否表现出“正确的”丈夫叙事上的分歧也是明显的。支持亨特的叙事引发了一种互相创造的浪漫，这种浪漫跨越了障碍，跨越了他教练的职位，也跨越了他之前的婚姻。反亨特的叙事把琼斯的形象框架建构为尽管她的母亲反对，但是她仍然被像她年长的父亲的形象所诱惑。两种版本的叙事都引起了一种浪漫化的、肥皂剧般的体裁，而且与琼斯的联系都十分紧密。普遍缺失的是将琼斯刻画为一个破坏别人家庭的人或其他女人，此时负面意义的表达几乎遁形，更大范围的媒体没有批判性地质疑琼斯。这有效地为琼斯作为美国女性运动能力无法触碰的化身建构了一个理想化的基础。

夏季奥运会的黄金女孩

琼斯的奥林匹克叙事被积极地框架建构为一个“迷你电视连续剧”，这是一种由 NBC 总裁迪克·艾伯索尔（Dick Ebersol，2000 年在莱顿）提出的美国电视的传统女性化体裁。琼斯一直被誉为“黄金女孩”，媒体以此来形容她对于 5 枚金牌的“追求”，这个短语也把琼斯的青春和美丽重现为“黄金女孩”。琼斯一直被框架建构为一个年轻的让观众兴奋的人，她的运动表现的细节被弱化，重现为非裔美国女性运动员作为艺人的一种更宽广的形式（Carty，2005）。这体现在《时代》（*The Age*，墨尔本）中的《强大的玛丽安；第 14 日》中的首段：

> 有很多个不同的玛丽安。好玩的玛丽安：在一次起跑前从运动员中转向人群并做出射击手势；年轻的玛丽安：在被介绍之后向一个年轻的女孩闪现了微笑；激烈的玛丽安：前额紧锁，眼睛一直向前，在出发前自言自语了几句然后疾跑了几步；还有就是胜利的玛丽安：面带微笑，与人击掌。（Attwood，2000，p. 1）

琼斯这个姓的持续使用也（再）产生了关于运动员命名的更广泛的性别话语实践，建构了一种与“玛丽安”友好或是过度熟悉的对位关系。本质上，她的有问题的、关于性别的以及种族的形式（作为被授予权力的黑人女性），已经被平凡化以及弱化为一种服务于（及屈从于）受众、在文化上能够被接受的框架形式。

如前所述，这种正常化的叙事的关键层面是琼斯与亨特的婚姻。作为一名世界级的铅球选手，亨特提供了一个巨大的、有超级男子气概的、“330磅的丈夫”（Weir, 2000, p. 1A）形象，成功地调和了琼斯的权力以及（很少提及的）她高于平均水平的身高。虽然据报道说，亨特由于伤病退出了2000年悉尼奥运会，但是他仍以她“强大的和最敬业的保镖”（Weir, 2000, p. 1A）的方式被保留在奥运传媒叙事之中。琼斯和亨特开始被称为“黄金搭档”“美女与野兽”，这与迷你电视连续剧里的童话相呼应。这同时支持了挺亨特和反亨特的两条故事线，使亨特被描述为盛气凌人的、好斗的以及有控制欲的，或者是一个有保护欲的“23石泰迪熊”[①]（Wilson, 2000, p. 80）。相反，琼斯则被描述为好交际的（对媒体友好的）、驯服了一头野兽的、英勇的普通女孩。这重现了异性恋权力关系的传统话语。当近期报道披露亨特在参加历届奥运会PEDs检测呈阳性时，这在框架建构琼斯为一个无辜的旁观者并英勇的忠诚之际变得重要。

2000年奥运会高度关注运动员使用PEDs的状况。琼斯曾被（时任）国际田联主席的普里莫·内比奥洛（Primo Nebiolo, IAAF, 1999）誉为“一切最好的象征”。奥运会对于国家形象的重要性也意味着琼斯在美国是尤其神圣不可侵犯的，但有人开始质疑她不爱国和有问题。作为美国和国际田径的女神和救世主，对于上述疑问，琼斯（的形象）已经无可置疑地被坚固地建立起来了。因此，虽然媒体承认所有超乎寻常的表现都一定会受到“与PED有关”的冷嘲热讽，但是琼斯的惊人表现仍然没有受到过任何质疑，（那些怀疑的）手指都坚定地指向了其他地方（Patrick, 2000, p. 1A）。在报道中，琼斯早期运动生涯中没有接受过药检这件事几乎没有被提及，或是被最小化了（Patrick, 1993, p. 8C）。所以，尽管琼斯“闲庭信步地取得了胜利”，完成了“令人惊叹的表现”（Chadband, 2000, p. 89），她潜在的使用PEDs的可能性却被积极地否认了，哪怕是在亨特的PED检测呈阳性的情况下。当关于琼斯的批评报道被爆出时很快就被保护性的媒体驱散了。那些认为琼斯是“冷漠的、有距离的及自命不凡的”的观点被框架建构为是

---

① 译者注：亨特身高1.85米，据说可以伐木23石，因为外形像泰迪熊而得到琼斯的青睐。

源于竞争对手的嫉妒和羡慕（Attwood, 2000, p. 1）。

琼斯的形象被框架建构为不容置疑的和一个支持“四面楚歌的丈夫”的妻子（Chadband, 2000, p. 89）。此外，她还被建构为完美的职业运动员，因为这没有“偏离她金色的焦点”（Chadband, 2000, p. 89）。当一些外国媒体质疑这样的特征时（Ulmer, 2000, p. 4），美国和海外的新闻报道就会经常复述关于她无罪的叙事（Chadband, 2000, p. 89; Patrick, 2000, p. 1A; Weir, 2000, p. 1A）。对亨特的污蔑以及把他描述成一个理想的替罪羊和肮脏的“野兽”，这些一直处于黑人男子气概长期的问题化之中（Leonard, 2010）。诚然，亨特被斥责为“又哭又闹的”男人，而琼斯则被塑造为坚韧的女性受害者，通过忠诚展示力量以及做出“支持她的男人”的选择（Chadband, 2000, p. 89）。因此，关于琼斯日常的、有重大冤屈的女性叙事提升了她作为普通女性英雄的地位，并为公众的同情心奠定了坚实的基础，以至于后来人们支持琼斯和亨特离婚。

在赢得三枚金牌（100 米、200 米、4×400 米接力）和两枚铜牌（跳远、4×100 米接力）之前，琼斯早就在奥运会的一个更高的基座上出现了。她出错的部分只有她嫁错郎——一个似乎合理且常见的性别话语。实际上，在主流媒体中琼斯只是在这一点上无可置疑，尽管后来竖立起了很多修正主义谴责的红旗。

坠落的明星到坠落的女人：狐狸精、说谎者和骗子

琼斯一直否认由 BALCO 丑闻引发的指控，并在 2003 年向联邦调查人员否认自己对 PEDs 有所接触。美国主流媒体继续框架构建琼斯的无罪形象。但是对于她接下来的选择，一些反对的声音开始不断浮现。她的赞助商 NIKE 要求她脱离新教练查理·弗朗西斯（Charlie Francis），因为后者与确认使用 PEDs 的运动员［比如失宠的加拿大短跑选手本·约翰逊（Ben Johnson）］有关联。琼斯服从了，声称她对这个“（持续的）推测感到很沮丧”（O’Brien, 2003, p. 66）。然而，琼斯的田径运动员男朋友蒂姆·蒙哥马利（Tim Montgomery）也由弗朗西斯担任教练，并在 PEDs 的检测中呈阳性。尽管这一时期他们俩共享一个教练，而且他们之间存在着一种琼斯－弗朗西斯的关系（作为一个孩子的父母），记者对于琼斯的质疑仍然在某种程度上保持沉默。在制作更少的对位关系的内容及进行更多的“基于事实的”报

道的过程中，一些关系的疏远变得很明显。伴随着琼斯的持续低迷和“惊人的令人印象不深刻的”表现（Bondy, 2004, p. 85），关于黄金女孩的叙事不再需要也不值得让她守卫了。尽管如此，琼斯对于使用 PEDs 的否认仍然激烈。2004 年 12 月，BALCO 的创建者和执行官维克托·孔蒂（Victor Conte）在美国一档流行的新闻节目《20/20》上声称，他既给琼斯提供了 PEDs 又看到她注射过 PEDs，对此琼斯提起了一项 2500 万美元的诽谤诉讼。

2006 年，琼斯的 PEDs 检测呈阳性。这对在美国和海外一直以情感的对位关系来积极回应她有罪的记者来说是一个转折点。邻家超级巨星形象被替换成“狐狸精”以及一个“背叛”被欺骗的记者的骗子，公众都被她的“狡诈”骗过去了（Szczepanik, 2006, p. 55）。斯泽帕尼克（Szczepanik）在接下来的写作中引用了普拉什克（Plaschke）（源于《洛杉矶时报》）的叙述：“她是个骗子，如果说我听起来很生气的话，那是因为在最近几周被揭露的禁药欺骗事件中，她的使命是更大的，她的药物滥用产生的影响也是更大的。”相似地，ESPN. com 的沃伊纳洛夫斯基（Wojnarowski, 2006a）也表达了个人的失望：

> 我们中的一部分人尝试相信玛丽安·琼斯……她是如此聪慧，如此优雅，如此富有魅力，相信她的优雅和她的伟大有可能是一个化学制造使你的精神受到伤害。她曾是一个美国女神，用最甜美的微笑去诱惑你……她会作为美国体育历史上最大的骗子之一而坠落。如果没有别的事情，我们永远不必听她愤怒地面对作弊的指控，不必听她再次声称她的清白。

因此，琼斯既有的成就和地位很明显地把她的罪行框架建构为更具有攻击力的表现，而凸现出来的是对位关系信任和对商业化角色预期的破裂，尤其是作为美国成功的象征的衰落。

虽然是高度个性化的，但是记者们的情感回应可能包含了真正的愤怒。此外，这种情感回应还实现了失望、受骗的公众的话语校正和自我归类的表达。作为权威的专家，记者承认受骗如此之深会冒很大的风险。因此为了解释她为什么能骗到包括专家、记者在内的很多人，琼斯需要被框架建构成一个大师级的操控者（“用最甜美的微笑来引诱”）。这种突然的转变是很容易被理解并且能被接受的，因为我们早就熟知那些把女性重现为好的或坏的、邻家少女或蛇蝎美人以及救世主或正人君子诱惑者这样的论述。

构建这个修正版本的琼斯，需要重新框架建构她被媒体塑造的过去。因此，琼斯之前在1992年最细微的没能参加药检的事情又重新浮现出来，这印证了她否认的历史。突然之间，细节一个个浮出水面，以不同的方式框架建构着事件。她的辩护律师庄尼·科克伦（Johnnie Cochran）成了引人注目的焦点，这是一个强有力的细节，因为科克伦曾在1995年的O. J. 辛普森案中担任辛普森的辩护律师并帮助辛普森打赢了官司，这个案件引起了以种族为界的两种截然不同的反响。在美国白人主流中，科克伦是棘手的证据、糟糕的判决、种族化的论点以及名流案例的代名词。对于很多非洲裔美国人来说，他因为成功地对抗了有种族偏见的法律制度而闻名。科克伦的卷入助推了种族化琼斯形象的修正，她在大部分白人眼中，可能是有罪的而且是被可疑地无罪释放的。

鉴于这种新的传媒叙事的力量，关于琼斯的B瓶样本检测为阴性的报道有限也就不足为奇了。然而，尽管沃伊纳洛夫斯基（Wojnarowski, 2006b）表示“没有任何药检能赦免她的遗留问题”，《纽约时报》的记者罗登（Rhoden, 2006）还是提供了一个关于B瓶检测的高度个性化的描述，强调了A瓶检测的“毁灭性的……诽谤”以及“混乱”。罗登接下来提供了关于B瓶测试为阴性的小型报道，并声称“有罪推定（而不是无罪的可能性），就是给人留下不可磨灭印象的原因”以试图重新框架建构琼斯，对抗媒体偏见及不公是无效的，因为媒体已经普遍将2004年维克多·孔蒂的指控框架建构为很有说服力的细节（Slot, 2007）。

忏悔、审判和惩罚

在与日俱增的法律压力的审查之下，2007年10月琼斯公开承认她在2003年曾给联邦调查人员提供伪证。在一个强大的公众辩解的例证中，琼斯含泪读着忏悔书，并表达强烈的悲伤，因让她的家人、朋友以及公众失望，她表示羞愧。琼斯声称，在联邦调查人员质疑她的时候，她意识到她已经“不知不觉地”从一个她信任的教练那儿使用了PEDs。在那个时刻，她做了一个错误的决定：撒谎。琼斯使用的是作为错误地选择男人的受害者的熟悉叙事手法，责备信任的教练，将之延伸到了一个错误决定，直到撒谎。尽管她的道歉是十分有力的，但是她的忏悔提供了一个明晰的证据，证明她有令人信服的撒谎的能力，而这使她接下来的于无意中误服PEDs的辩解，对于记者和公众来说并没有说服力。

多年来出于隐瞒事实的否认，变成了“实际上的”证据，证明琼斯是“狐狸精”“厚颜无耻的骗子”以及“完美的女演员”（Gillon，2008，p. 7），关于被愚弄了的记者和被欺骗了的公众的叙事再次强有力地出现。琼斯在基座上受到庇护的作为普通的、英雄般的美国邻家黄金女孩的地位，最终被她商品化为标志性的狐狸精和女演员、蛇蝎美人、无法救赎的罪犯、有目的的勾引和天生无可救药等形象所夷平。先前标准化的将琼斯当作一个普通的妻子和母亲的传媒叙事几乎集体缺席。相反，琼斯名副其实地成为一个堕落女子，“不是被告密者绊倒，不是被药检绊倒，而是被她为顾全自己面子的谎言的松软鞋带绊倒”。一个屈服于“有缺陷的、机会主义的男人”的蛇蝎美人，最终成了自己缺陷的受害者（Araton，2007，第1段）。这种危险的、有罪的女性化叙事确保琼斯“不能被视为一个值得同情的受害者”，因为她“欺骗了媒体”，而且“没有人”迫使她这样做（Araton，2007，第1段）。

将琼斯妖魔化为蛇蝎美人提升了传媒的防卫效果，这有效地解释了他们拥护琼斯为英雄的脆弱性和他们现在能抵抗的诱惑。因此，阿拉顿（Araton，2007，第6~7段）讨论了琼斯的诱惑力，认为这“比其他的故事书更有吸引力”，而这样的讨论伴有他平静的“希望她能作为在银色鞋子中美丽的污迹而被记住”的怀旧的遗憾。琼斯可以同时被框架建构为“在应对媒体时变得越发的油滑和有攻击性”（Slot，2007，p. 85），而她早前的友好也被重新框架建构为一场操纵媒体的游戏。反复强调琼斯持续的谎言（“她一次次反对的”，Slot，2007）以及她在自传中整页用大红色字母写的表明她从来没用过药物的宣言（Jones & Sekules，2004，p. 173），强化了关于她是一个“厚颜无耻”的骗子的描述。

琼斯的犯罪行为被定义且归于病态，媒体使用熟悉的、有关性别的话语来消费它们——把她从一个标志性的好女孩转换为一个标志性的肥皂剧的、连续剧的以及黑色电影中的坏女孩。这种占主导地位的框架建构把她当作一个有操纵欲的、病态的坏女孩，使她声称使用PEDs是不知情的这一主张站不住脚，并且这种行为被视作她试图再次操纵媒体和公众。因此，声称“琼斯的忏悔书是惊人的，因为她说她最终说出了真相，但是有证据表明她没有说实话，真正的事实是更加令人谴责的”（Slot，2007，p. 85）引起了广泛的来自公众话语的共鸣。

琼斯，作为一个继续隐藏真相的坠落的女人，对于她受到的法律惩罚以及持续的公共管教的严重性来说是重要的。在判决琼斯犯伪证罪（以及支票诈骗）时，据报道，美国地方法院法官卡拉斯（Karas）“在她宣读请求时感到了困扰”，担心琼斯一直宣称她是在不知情的情况下使用 PEDs 表明她“没有为她自己的行为负责”（Thompson & O'Keefe, 2009, p. 63）。卡拉斯判决琼斯入狱 6 个月以及 800 个小时的社区服务。相较类似的事件来说，这样的惩罚是严厉而且令人震惊的，因为检察官曾表明“他们会满意缓刑”（Thompson & O'Keefe, 2009, p. 63）。这个判决及其理由表明卡拉斯受到了传媒框架建构的公众话语的影响，因此他根据感知到的行为来惩罚琼斯，而不是根据她在技术层面所犯下的罪。关于卡拉斯的判决理由，几乎没有什么质疑的声音，这表明琼斯的罪行已经变成了一个公众所知的真相；也就是说，她已经被媒体的审判证明有罪了。媒体的沉默表明一种默许和认同，有些媒体将琼斯建构成一个“对其他运动员毫不留情的骗子”（Gillon, 2008, p. 7），认为她是罪有应得。

作为一个公共案例，琼斯的地位与她受到的严厉惩罚是联系在一起的。诚然，（时任）美国总统布什呼吁给她减刑受到了美国田径首席执行官的质疑，后者认为琼斯的判决已经算一个例外了，仁慈就意味着很多名人会被区别对待（Longman, 2008, p. D1）。因此，琼斯受到的惩罚也必须作为一种法律和文化的惩戒来理解，并将她自身作为一个挑战传统的女性气质和种族的界限，转换为大众能够接受的用于消费形式的黑人女性运动员。就其本身而论，琼斯对这一特权的违反是受到了严厉惩罚的，在她的运动表现有实质性的削弱时体现得尤其明显。这个论点在对有限的其他白人和/或者男性中与使用 PEDs 或作伪证联系在一起的运动员（比如巴里·邦兹和罗杰·克莱门斯）的法律和文化进行惩戒时，同样是可行的。

罗登（Rhoden, 2008）指出，如果罗杰·克莱门斯没有像其他非洲裔美国运动员一样受到同等对待的话，种族歧视潜在的盛行仍然是很有可能的事。因此，当克莱门斯的案件仍然悬而未决时，亨利·韦克斯曼（Henry Waxman，处理这件事的美国众议院委员会主席）声明，“谎言不一定是作伪证”（Rhoden, 2008，第 6 段），这给意识形态上转变惩戒律令拉响了警钟，尤其是考虑到判定琼斯所受惩罚的理由。虽然可以预见在主流媒体中，关于种族问题的讨论几乎是没有的（Kian & Hardin, 2009），但是有趣的是，对琼斯的最具有同情心理的主流媒体的框架建构几乎都来自于非洲裔美国人，比如来自《纽约时报》的威廉·罗登（William Rhoden）、奥普拉·温

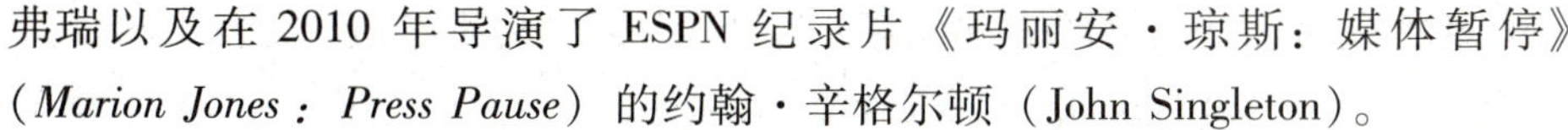

弗瑞以及在 2010 年导演了 ESPN 纪录片《玛丽安·琼斯：媒体暂停》(*Marion Jones: Press Pause*) 的约翰·辛格尔顿 (John Singleton)。

寻求救赎

琼斯一直拒绝承认假定于她的罪行，这是她是否能实现公众救赎的关键。承认罪行在很多宗教和法律话语中都是必要的。因此，琼斯持续否认她是在知情的情况下使用 PEDs 的行为将她置于一个理应继续接受惩罚的地位。当她一直不承认自己的罪行时，她就不可能被框架建构为一个获救的女性。即使琼斯承认了自己的罪行，能否得到救赎也不一定，因为她可能会变为一个确切的说谎者、骗子以及国家的耻辱。许多人以为她已经变成这样了，并谴责她永恒的作为蛇蝎美人的无药可救的个性。

另外一种在她入狱之后的叙事把琼斯框架建构为已经接受了她应得的惩罚，并走上了救赎之路的形象。这种叙事将过去的事件（如使用 PEDs）最小化，并将关注点聚焦于她接受惩罚这一行为上，强调她当下作为母亲、妻子、运动员以及社区演讲者等角色。约翰·辛格尔顿导演的 ESPN 纪录片描述了琼斯扮演的母亲、妻子以及参与社区工作和去教堂的运动员等角色。作为一种探索她受到的惩罚的叙事策略，这部纪录片也把她带回了监狱，追溯她的监狱之旅，但是没有探索她在进监狱之前发生的事情。因此，琼斯的救赎叙事起到了一个惩戒的功能，同时把她重建为一个勤劳和慈爱的母亲、妻子以及许多年轻人的导师（也就是关于一个悔悟了的、普通的女性英雄的柔和的、非凡的叙事）。她的过去在这个叙事中被最小化至几乎看不见，观众的注意力转移到了她重现为一个普通的、异性恋的、屈服于坏男人的、变幻莫测的女人。她的否认被描绘为只是做了一些错误的决定。

ESPN 在推广约翰·辛格尔顿的纪录片时，将琼斯框架建构为一个非凡的运动员以及遭遇“骗人的”男人的不知情的受害者：

> 琼斯 0.37 秒的优势是自 1952 年以来女运动员在百米飞人大战中幅度最大的胜利，但是在接下来的几年里，她变成了一个风暴中心，这场风暴是由她骗人的教练、使用类固醇的伙伴以及湾区实验室合作公司引起的。(ESPN Topics，2010，第 1 段)

同样的，标题“玛丽安·琼斯：媒体暂停”①与副标题“决定是短跑，救赎是马拉松”（Decisions are sprints. Redemption is a marathon）类似，表明她从一个快速、糟糕的决定中救赎出来是一场漫长的战争，这使得她多年的否认变得无形而被忽略。这也在琼斯的社区青年节目的题目——“休息一下”中体现出来。但是，这种“一瞬间”的叙事不能圆满地解决她在其他时间说出的谎言。

在2008年奥普拉脱口秀上，琼斯的出狱后的电视采访也重现了救赎的叙事（http://www.youtube.com/watch?v=3ewja4q0z7s），但是却引起了一些争议。当奥普拉提出一些似乎是比较棘手的问题时，琼斯的答案从来没有针锋相对，而是默认它们都是正确的。所以当奥普拉提出根本没办法相信琼斯宣称的是在不知情的情况下使用PEDs时，琼斯再次祭出“从来就不知道”以及信任教练的解释。同样的，当琼斯谈到决定撒谎的“那一刻”，奥普拉没有问她为什么要一直这么撒谎下去。在奥普拉的叙事中，琼斯作为母亲的建构被置于最重要的位置，强调了她在监狱里含着泪读一封写给她儿子的信。这是一封亲密但是很奇怪的忏悔信，琼斯作为一个受惩罚的母亲的情感表现是令人沮丧的，这使得她被框架建构为有媒体悟性的操纵者的幽灵又浮现了。琼斯“给儿子的信”的视频与一份关于采访的详细报告（不是副本）一起被放到了Oprah.com上（Oprah.com，2008b），这与将琼斯框架建构为一个悔悟了的、接受了严厉惩罚的、做好了向“更广阔、更美好的”未来前进以及“帮助年轻人做一些决定”的路径十分接近（Oprah.com，2008a，最后一段）。第三篇文章，“玛丽安·琼斯在家里和她的家人一起”聚焦于琼斯出狱后作为一个普通母亲的角色（Oprah.com，2008c）。这三篇文章和奥普拉的采访共同将琼斯重建为一个普通的女性英雄。在这里，她被与例外性联系在一起，也被强调为一个母亲，同时被框架建构为接受了惩罚的、悔悟了的以及可原谅的，也就是说，她准备好了救赎。

主流的白人媒体使用相同的细节，继续重建琼斯自私以及缺乏悔悟的形象。汤普森和奥基夫（Thompson & O'Keefe，2009，p.63）认为，“琼斯继续淡化她在巴尔科丑闻中的角色……甚至就连她为了满足800小时的社区服务而在“休息一下”这个节目中给学校的小孩们做演讲时也不例外”。在这个版本里，琼斯变成了一个虚伪的人，她出狱后的社区服务被认为是必需的而

① 译者注：在此处，“press”是双关语，既可以表示媒体，也可以作为动词“按键”使用。

不是利他的。这削弱了无私的和值得救赎的叙事价值，重建琼斯为无可救药的具有操纵性以及足以持续下去的文化惩戒。

结 论

对玛丽安·琼斯的传媒化建构表明，性别和种族对于她的形象的框架建构和惩戒有着一致的、重大的影响。强调她的传统的、异性恋的女子本性，而忽视她的运动能力，最初建构她为可接受的、女性的运动能力，并且对她的种族身份保持缄默。就是对于这种特权地位的违背，使得她的“罪行”问题多多。对于琼斯职业生涯英雄阶段的解释形成了一个版本，这个版本与她长时间不为人知地使用 PEDs 和持续地漠视这个问题（这个版本）相对，尽管她与药物之间可疑的关联被当作异性恋的、面对“坏”男人时女性的柔弱性。一旦这个版本的琼斯形象被破坏了，她就会被建构为一个有操纵性的“狐狸精”，愚弄并欺骗崇拜她的媒体和公众。对这些社会文化二元结构的熟悉使得他们很容易被消费，尤其是考虑到一个传媒化塑造的有关女性的过于简单化叙事的显著性。这些版本变成了媒体报道的象征，报道囊括了琼斯的运动成就、人际关系、忠诚和背叛，并在对琼斯的传媒叙事的对位关系中被高度个性化和强烈地指责。这些成为关于琼斯的主导公众话语和群体记忆，影响了她所受法律惩罚和文化规约的严肃性。

试图在救赎叙事中重新将琼斯塑造为一个普通的母亲和妻子的做法，没能削弱把琼斯当作一个骗子、说谎者和试图吸引足够的公众注意力，以使她的公众救赎成为可能的操纵者的群体记忆的力量。这种力量在回复有关琼斯事件的帖子和博客中反映得很明显，这表明与那些予琼斯以宽恕的观点不同的是，人们更愿意把她重构为一个有心的骗子、一贯的说谎者以及女演员。关于救赎叙事的强烈对抗依然存在，大多数媒体在关于她坠落的报道中都包含了简短的咒骂的细节，一致地将她重构为美国体育史上最大的骗子之一。因此，琼斯可能永远实现不了公众救赎。

参考文献

Anderson, B. (1991). *Imagined Communities: Reflections on the Origin and Spread of Nationalism*. London, UK: Verso.

Araton, H. (2007, October 5). A tarnished golden girl can't outrun the truth. *The New York*

Times. Retrieved from http://nytimes.com/2007/10/05/sports/othersports/05araton.html?ref = marionjones.

Attwood, A. (2000, September 29). Mighty Marion; Day 14. The Age (Melbourne, Australia), Olympics, p. 1. Retrieved from http://lexisnexis.com.ezproxy1.lib.asu.edu/hottopics/lnacademic/.

Billings, A. C. (2011). Introduction. In A. C. Billings (Ed.), *Sports Media: Transformation, Integration, Consumption* (pp. 1 – 6). New York, NY: Routledge.

Bondy, F. (2004, July 13). Marion makes long jump final. New York Daily News, p. 85. Retrieved from http://www.lexisnexis.com.ezproxy1.lib.asu.edu/hottopics/lnacademic/.

Butterworth, M. L. (2010). Do you believe in nationalism? American patriotism in Miracle. In H. Hundley & A. Billings (Eds.), *Examining Identity in Sports Media* (pp. 133 – 152). Thousand Oaks, CA: Sage.

Carty, V. (2005). Textual portrayals of female athletes: Liberation or nuanced forms of patriarchy? *Frontiers: A Journal of Women Studies*, 26 (2), 132 – 155.

Chadband, I. (2000, September 27). Business as usual for Super Marion. Evening Standard, p. 89. Retrieved from http://www.lexisnexis.com.ezproxy1.lib.asu.edu/hottopics/lnacademic/.

ESPN Topics. (2010, November 1). Marion Jones. ESPN.com. Retrieved from http://espn.go.com/espn/topics/_ /page/marion – jones.

Gillon, D. (2008, January 12). Cheat who showed no mercy to athletes. *The Herald* (Glasgow, Scotland), p. 7. Retrieved from http://www.lexisnexis.com.ezproxy1.lib.asu.edu/hottopics/lnacademic/.

Harasta, C. (1998, July 15). Rapid ascent; Marion Jones, 22, bearing down on three world records. Dallas Morning News, p. 1B. Retrieved from http://www.lexisnexis.com.ezproxy1.lib.asu.edu/hottopics/lnacademic/.

Hardin, M. (2005). Stopped at the gate: Women's sports, "reader interest", and decision making by editors. *Journalism and Mass Communication Quarterly*, 82 (1), 62 – 77.

IAFF (1999, August 25). Nebiolo shares the disappointment of millions of fans over Marion Jones's injury. The 7th IAFF World Championships in Athletics. Retrieved from http://www.iaff.org/news/printer.newsid = 16811.htmx.

Jones, M., Sekules, K. (2004). *Marion Jones: Life in the fast lane—An illustrated autobiography*. New York, NY: Warner Books.

Kian, E. M., Hardin, M. (2009). Framing of sport coverage based on the sex of sports writers: Female journalists counter the traditional gendering of media coverage. *International*

Journal of Sport Communication, 2 (2), 185 - 204.

Leonard, D. J. (2010). Jumping the gun: Sporting cultures and the criminalization of Black masculinity. *Journal of Sport & Social Issues*, 34 (2), 252 - 262.

Leyden, T. (2000, July 10). Me and Mrs. Jones. *Sports Illustrated*. Retrieved from http://sportsillustrated.cnn.com/vault/article/magazine/MAG1019662/index.htm.

Longman, J. (2000, September, 11). 2000 Sydney Games; At long last, her golden moment. The New York Times. Retrieved from http://www.nytimes.com/2000/09/11/sports/2000-sydney-games-at-long-last-her-golden-moment.html.

Longman, J. (2008, July 23). Letter urges President not to give Jones pardon. *The New York Times*, p. D1. Retrieved from http://www.lexisnexis.com.ezproxy1.lib.asu.edu/hottopics/lnacademic/.

Markovitz, J. (2006). Anatomy of a spectacle: Race, gender, and memory in the Kobe Bryant rape case. *Sociology of Sport Journal*, 23 (4), 396 - 418.

Meân, L. J. (2010). Making masculinity and framing femininity: FIFA, soccer, and World Cup web sites. In H. Hundley & A. Billings (Eds.), *Examining identity in sports media* (pp. 65 - 86). Thousand Oaks, CA: Sage.

Meân, L. J., Kassing, J. W., Sanderson, J. (2010). The making of an epic (American) herofighting for justice: Commodification, consumption, and intertextuality in the FloydLandis defense campaign. *American Behavioral Scientist*, 53 (11), 1590 - 1609.

Oates, T. P. (2009). New media and the repackaging of NFL fandom. *Sociology of Sport Journal*, 26 (1), 31 - 49.

O'Brien, J. (2003, February 7). Not the Marion kind. *The Mirror*, p. 66. Retrieved from http://www.lexisnexis.com.ezproxy1.lib.asu.edu/hottopics/lnacademic/.

Oprah.com. (2008a, October 27). Marion Jones, after prison. Retrieved from http://www.oprah.com/world/Marion-Jones-After-Prison_1.

Oprah.com. (2008b, October 29). Marion Jones' letter to her sons. Retrieved from http://www.oprah.com/oprahshow/Marion-Jones-Letter-to-Her-Sons.

Oprah.com. (2008c, October 29). Marion Jones at home with her family. Retrieved from http://www.oprah.com/relationships/Marion-Jones-at-Home-with-Her-Family.

Patrick, D. (1993, January 19). Suspension not inevitable for sprinter who missed test. *USA Today*, p. 8C. Retrieved from http://www.lexisnexis.com.ezproxy1.lib.asu.edu/hottopics/lnacademic/.

Patrick, D. (1994, June 1). Jones keeps heels clicking in excitement. *USA Today*, p. 1C. Retrieved from http://www.lexisnexis.com.ezproxy1.lib.asu.edu/hottopics/lnacademic/.

Patrick, D. (2000, September 26). Drugs taint games. *USA Today*, p. 1A. Retrieved from http://www.lexisnexis.com.ezproxy1.lib.asu.edu/hottopics/lnacademic/.

Potter, J. (1996). *Representing reality: Discourse, rhetoric and social construction*. London, UK: Sage.

Rhoden, W. C. (2006, September 26). Jones tired of running with weight of suspicion. *The New York Times*. Retrieved from http://www.nytimes.com/2006/09/26/sports/othersports/26rhoden.html.

Rhoden, W. C. (2008, February 15). Justice will be served only if Clemens isn't given a pass. *The New York Times*. Retrieved from http://www.nytimes.com/2008/02/15/sports/baseball/15rhoden.html.

Scherer, J. (2007). Globalization, promotional culture and the production/consumption of online games: Engaging Adidas's "Beat Rugby" campaign. *New Media & Society*, 9 (3), 475 - 496.

Singleton, J. (Director) (2010). *Marion Jones: Press pause* [Documentary film]. ESPN Films.

Slot, O. (2007, October 6). Chain of mistrust that has run and run. *The Times* (London, UK), p. 85. Retrieved from http://www.lexisnexis.com.ezproxy1.lib.asu.edu/hottopics/lnacademic/.

Szczepanik, N. (2006, August 21). Seductress now spurned. *The Times* (London, UK), p. 55. Retrieved from ttp: //www. lexisnexis. com. ezproxy1. lib. asu. edu/hottopics/lnacademic/.

Thompson, T., O'Keefe, M. (2009, December 6). Tracking Marion's tears. Critics say she still won't come clean. *New York Daily News*, p. 63. http://www.lexisnexis.com.ezproxy1.lib.asu.edu/hottopics/lnacademic/.

Ulmer, M. (2000, September 26). Americans in a state of denial. *Toronto Sun*, Sports, p. 4. Retrieved from http://www.lexisnexis.com.ezproxy1.lib.asu.edu/hottopics/lnacademic/.

Weir, T. (2000, September 21). All eyes on Jones' goal of five golds brings burden of expectation to U. S. sprinter. *USA Today*, p. 1A. Retrieved from http://www.lexisnexis.com.ezproxy1.lib.asu.edu/hottopics/lnacademic/.

Wenner, L. A. (1991). One part alcohol, one part sport, one part dirt, stir gently: Beer commercials and television sports. In L. R. Vande Berg & L. A. Wenner (Eds.), *Television Criticism: Approaches and Applications* (pp. 388 - 407). New York, NY: Longman.

Wenner, L. A. (1994). The dream team, communicative dirt, and the marketing of synergy: USA basketball and cross-merchandising in television commercials. *Journal of Sport & Social Issues*, 18 (1), 27 - 47. steroids. Retrieved from http://www.nytimes.com/2007/10/05/

sports/othersports/05balco. html?pagewanted = all.

Wilson, N. (2000, July 21). High hopes for Marion. *Daily Mail* (UK), p. 80. Retrieved from http://www. lexisnexis. com. ezproxy1. lib. asu. edu/hottopics/lnacademic/.

Wojnarowski, A. (2006a, August 22). Jones: Yet another athletic myth up in flames. ESPN. com. http://sports. espn. go. com/oly/trackandfield/columns/story?columnist = wojnarowski_adrian&id = 2554453.

Wojnarowski, A. (2006b, September 7). No test can salvage Jones' tarnished legacy. ESPN. com. http://sports. espn. go. com/oly/trackandfield/columns/story?columnist = wojnarowski_adrian&id = 2577044.

第 8 章　滑板运动的兴衰：克里斯蒂安·细井，冰毒和基督教

贝基·比尔①

> 作为一个 19 岁的少年，细井是全世界最优秀的滑板选手之一；更重要的是，目前的他拥有坚定的意志——在全国范围内启发众多滑手的信念。他是一个魅力十足的表演者和一个潮流的引导者。（Gabriel，1987，p. 74）
>
> 如果克里斯蒂安没有挥霍他的无穷天赋，你和你的孩子很有可能会在每年的极限运动会中观赏到他的大空翻。（Greenfeld，2004，p. 68）
>
> 我（细井）不会沉湎于过去……这是托尼（霍克）的旅程，愿上帝保佑他。这是耶和华为我铺设的道路，如果我能用我的名字和滑板作为答案，我将万分感激。（Greenfeld，2004，p. 80）

作为一个滑板高手，克里斯蒂安·细井凭借他优雅的风格和大空翻为人们所熟知。他的滑板技巧能够媲美精英舞蹈或者花样滑冰，他的表现引人注目，他的慷慨永无止境。他的标志性特技是“克里斯空翻”和“火箭空翻”，他让滑板行业努力提升的自由度和无限制的理想得以个性化。在 20 世纪 80 年代中后期，也就是在他大约 20 岁的时候，他是最优秀的坡道和泳池滑手；他的天赋受到热烈追捧，在全世界进行了持久的巡回表演。他住在好莱坞，打扮得如同摇滚明星，和大卫·阿奎特（David Arquette）那样的大明星、红辣椒乐队（Red Hot Chili Peppers）那样的音乐人交朋友，出现在野兽男孩（Beastie Boys）的音乐录影带中。青年品牌赞助商排着队给他

① 贝基·比尔（北科罗拉多大学教育学博士），加州州立大学东湾分校运动学副教授。她目前是 SSCI 期刊《体育社会学学刊》的编辑，已经发表了数十篇重要期刊论文。E-mail：becky. beal@csueastbay. edu。

赞助：匡威（Converse，鞋）、斯沃琪（Swatch，手表）、Jimmy' Z（沙滩装）……他拥有自己的滑板公司。在20世纪80年代末，他一年能赚将近30万美元。然而，克里斯蒂安·细井因吸食冰毒上瘾使自己坠入低谷。2000年，他因携运一磅半的冰毒被捕，判刑10年。就在这期间，他开始信仰基督教，并且戒除了毒瘾。2004年被释放后，细井很自然地成了一个牧师。现在，他已经40多岁了，还在继续动用他的亚文化资本（Thornton，1996）：他创办了一档电视真人秀节目——《起义》（*The Uprising*），以细井和其他选手赏析青少年滑板为特色，得到了诸如范斯、极速骑板等大众运动品牌公司的赞助；他重振了细井滑板；在"传奇"竞赛（多数其他运动称呼这一类竞赛为"大师"）中滑滑板。

本章意欲考察用于建构克里斯蒂安·细井形象的叙事，并探索这些叙事背后的社会意义。体育明星和名流被用来推销各类产品，名流被建构为特定价值的代名词来吸引目标受众，这一类手法已经众所周知。除了他们的经济意义之外，那些用来构建名人的叙事也为我们提供了管窥文化的视角，包括特权携带怎样的价值和属性（Cashmore，2006；Whannel，2002）。本章将讨论如下问题：是什么使得滑板乃至体育运动获得特权？何种价值能够被开发出来作为商品出售？谁会受益以及谁不看重构建细井这个名流的叙事？

这些将细井传媒化的问题，反过来也为人们提供观察滑板行业如何自我定位的视角。安德鲁斯和杰克逊（Andrews & Jackson，2001）认为，"社会制度、实践和事件的代表和理解主要基于大众对名流个体行为的想象"（p. 4）。在本章，滑板的社会制度及其文化实践将通过细井这个名流得到部分解释，尤其是通过将他与他的同等级对手、名流托尼·霍克的不断比较得到进一步分析。

鲍耶和海耶斯（Boyle & Haynes，2000，p. 107）认为，当丑闻出现时，媒体总是把原本应针对运动项目的指责转向个人。根据他们的论点，围绕细井的坠落叙事应当聚焦于他和他的父亲伊万（Ivan）以及他们个人的道德缺失。滑板实质上应当定位于细井的救赎之源。在首要聚焦传媒化的细井是如何实现滑板行业所提倡的精神的同时，本章也将简要地探讨细井如何利用他的传媒化形象来获取文化和经济资本。

打包一个全美反叛形象

滑板运动已经在很大程度上被视作主流体育运动的替代品，尽管它宣称抵制正式的官僚结构和为了胜利不择手段的态度。同时，滑板运动提出重视创造力、自由、独立以及自己动手（DIY）的职业道德（Beal，1995；Borden，2001；Chivers Yochim，2010）。滑板在商业上的成功始于20世纪60年代，它的崛起与推崇个人主义和创造力的波西米亚观念的消费文化的发展有关（Atencio & Beal，2011；Humphreys，2003；Muggleton，2000；Wheaton，2010）。

很明显，年轻人市场一直是滑板行业的主要目标对象。奇沃斯·尤奇（Chivers Yochim，2010）认为，纵观其历史，滑板行业试图同时吸引青少年和他们的父母以及赞助企业，从而缓解叛逆或放荡不羁的话语与主流话语之间的紧张关系。近来，滑板行业通过框架建构这一紧张关系来维持它的“核心”形象和基本顾客群，从而开拓市场（Beal & Wilson，2004）。如同其他行业，滑板行业通过媒体来宣传其形象，通过造星来推广这项运动（Andrews & Jackson，2001）。在20世纪80年代，这种紧张关系体现为叛逆的克里斯蒂安·细井与处于主流地位的托尼·霍克之间的竞争。

细井和霍克

媒体在介绍细井的跌宕起伏时常常会谈及霍克。他们是同一时代的人（细井出生于1967年，霍克出生于1968年），直到20世纪80年代都是对手。托尼·霍克是目前世界上最富有的滑板选手，细井则是一个康复的瘾君子和前任罪犯。不仅是在“对”与“错”的叙事结构中，在滑板界内部话语中细井也被视为异类，而霍克则作为主流。

托尼·霍克已经成为滑板运动的公众形象代表。在年轻的消费者中，他有着不同于其他体育明星的最高识别度（Iwata，2008）。他因倾转、创造性的技巧和个性化的控板能力而家喻户晓。有别于其他同行的是，他有着整洁的形象：没有可见的文身、短发、举止谦逊。他非凡的滑板技巧、商业头脑和健康形象使他成了一个标志，吸引了大量受众（Hyman，2006）。霍克出生在一个完整的中产阶级白人家庭，他的父亲弗兰克·霍克给予他很大的支持。尽管弗兰克曾任主席的小联盟是托尼进入又退出的，但弗兰克创建的机构促使托尼对滑板产生了日益增长的兴趣和热情。弗兰克·霍克始创了加利福尼亚州滑板业余联盟，而后又在 1983 年成立全国滑板协会（Layden, 2002）。

细井的父母在他很小的时候就离婚了。他的父亲有日本血统，母亲是白人。他出生在夏威夷，他的父亲伊万为了发展艺术事业，带他搬去了洛杉矶。艺术事业落败之后，伊万找了个管理大海滑板公园的活儿，他儿子在那里度过了大量时间。伊万竭尽全力培养克里斯蒂安对于滑板的热情，克里斯蒂安也获得了托尼·阿尔瓦（Tony Alva）、斯泰西·佩拉尔塔（Stacy Peralta）、久保省吾（Shogo Kubo）等著名“狗镇”滑手的大力支持。14 岁时，克里斯蒂安得到了顶级滑板公司——鲍威尔-佩拉尔塔（Powell-Peralta）的赞助（斯泰西·佩拉尔塔是该公司合伙人）。他的父亲允许他辍学去追逐滑板运动。后来，伊万被发现定期吸食大麻，甚至和他儿子一起（Freedman & Montano, 2006; Greenfeld, 2004）。

媒体继续通过描述霍克-细井的对手故事来歌颂谨慎的美德，谴责鲁莽的缺点：霍克更加脚踏实地、务实、技术娴熟，成了滑板界的标志并变得富有；细井则是好高骛远、危机四伏、风格诡异的滑手，逐渐无名并失去财富。然而，这两个形象的变迁都必须富有戏剧性以吸引受众，以保持滑板运动的消费弹性。

滑板传媒

起初，通过冲浪行业的创立和发展，滑板业发出了自己的声音。拥有滑板设备的公司在 20 世纪 80 年代出版了小众杂志，他们的目标是通过创造一项独特的运动来获得市场。如同一家滑板媒体运营官所说的：“主流的东西已经停止运行，所以我们只是进行威慑。这就是为什么我们认为能够推进这项运动。”（Greenfeld, 2004, p. 69）

福斯托·维泰罗（Fausto Vitello）及其合伙人在 1981 年创办了《脱粒机》（*Thrasher*）。维泰罗拥有独立卡车（卡车从车轮到板子都有着阿克塞尔状的部件）。《环球滑板运动》（*Transworld Skateboarding*）则是由拥有跟踪器卡车的拉里·巴尔马（Larry Balma）开创的。每一本杂志都开创了一种独特的风格。《脱粒机》杂志强调一种更具朋克风格、自己动手（DIY）的滑板态度，并自称为“核心”滑手，而不是大企业。它的口号是“滑板和破坏”。因此，维泰罗包装、销售叛逆形象，包括滑板拥戴者如杜安·皮特斯（Duane Peters）——一个朋克摇滚歌手。《脱粒机》的长期编辑凯文·撒切尔（Kevin Thatcher）也把飞翔在空中的细井的形象作为吸引大众对这项运动产生兴趣的一种手段。

拉里·巴尔马和尼尔·布兰德（Neil Blender）、格兰特·布里泰恩（Grant Brittain）等滑板倡导者是美国滑板前线组织的成员，该组织从1983年开始出版《环球滑板运动》。他们的目的是让滑板运动接近大众，包括更多主流公司和那些监管孩子们追求滑板运动的父母。为了和《脱粒机》的受众区分开来，他们淡化了反主流思想，采用了“滑板与创造”的口号。这一趋势得到了其他不同行业的延续，他们开创自己的杂志和录影，带来并传播了一种围绕滑板的包括音乐、艺术和时尚在内的生活方式。

滑板攻占年轻男性市场

通过小众媒体，滑板运动开创并推崇一种倡导年轻独立和放荡不羁的生活方式，主要吸引十几岁的白人男性（Beal & Weidman, 2003; Chivers Yochim, 2010; Rinehart, 2005）。20世纪90年代，这种“打包”的生活方式使得这一很抢手的群体很容易被滑板之外的东西所吸引（Browne, 2004; Chivers Yochim, 2010）。极限运动比赛的故事体现了这一趋势。20世纪90年代初，ESPN想要吸引更年轻的受众群体收看他们的新频道ESPN2。常务董事罗恩·塞米奥（Ron Semiao）曾观察了一系列聚焦特定替代运动的杂志。他试图通过这类运动的个人主义和反权威的本质以及他们的亚文化音乐和语言来吸引这些年轻群体（Browne, 2004）。塞米奥暗忖道，“存在与这些家伙相关的生活方式和文化，只是没有人发掘……我想就让我们来创造这类运动的奥运会吧”（Wise, 2002, 第19段）。1995年，极限运动会被推出（之后几年叫作X-Games），垂直滑板成了标志性赛事。ESPN广阔的媒体覆盖面使滑板运动从替代或极限运动一跃成为主流运动，代表了酷和独立的青少年。销售者们抓住这个机遇，在21世纪初注册了1 141个带有“极限”名称的商标（Browne, 2004）。根据格林菲尔德（Greenfeld, 2004）的描述，“在20世纪后期，滑板运动对美国青年文化产生了巨大影响，地位也许仅次于嘻哈文化”（p. 70）。

文本和方法

20 世纪 90 年代，细井获得了大量的媒体报道，在小众杂志的照片和短标题中出现频率最高。当他在接受采访时，例如在 1985 年 4 月发行的《脱粒机》中，谈论的焦点主要是滑板，话题通常是他最爱的技巧、有影响力的滑手、他使用何种设备等。大多数话题明显是用来促进滑板行业发展的。1987 年，《滚石》(*Rolling Stone*) 杂志发表了一篇长达三页的文章，介绍了滑板这项新兴大众运动的背景，细井和他在青年市场的交叉吸引力见证了它从根植于郊区向坚定的城市文化转变 (Gabriel, 1987)。

有不少短篇消息（豆腐块大小的）报道了细井的被捕和所获的审判以及他改信基督教的信仰转变，只有两个长篇报道了他从发迹到跌倒再重新崛起的人生。2004 年，就在细井被释放之前，《体育画报》发表了一篇长达八页的深入剖析的文章——《滑冰和摧毁》 (Skate and Destroy, Greenfeld, 2004)。2006 年，一部 99 分钟的纪录片《崛起之子：滑板选手细井的传奇》(*Rising Son: The Legend of Skateboarder Christian Hosoi*, Freedman & Montano, 2006) 推出。这部影片由丹尼斯·霍珀 (Dennis Hopper) 解说，他因出演电影《逍遥骑士》(*Easy Rider*) 声名鹊起，在某种程度上，是一个叛逆的美国精神的拥戴者。塞萨里奥·蒙塔诺 (Cesario Montano) 参与执导这部纪录片，他是一个滑板/冲浪选手，也是一名摄影师。在 20 世纪 80 和 90 年代，蒙塔诺参加威尼斯、加州的滑板、冲浪比赛，并认识了克里斯蒂安·细井 (Levy, 2003)。影片接受极速骑板（细井的赞助商之一）的赞助，运用经典镜头展现细井其人，采访了熟知他的家人和 20 余名顶级滑手［如托尼·霍克、丹尼·卫 (Danny Way)、埃里克·科斯顿 (Erik Koston)］。

下面本章将针对这两个长篇文本所展现的细井从发迹到成名、坠落和宗教转换展开批判性阅读 (Birrell & McDonald, 2000)。按照文内尔 (Whannel, 2002, p. 154) 的记录，自 20 世纪 90 年代以来，体育明星崛起、堕落、救赎的叙事框架就已经司空见惯了。尽管展示救赎的方式有所区别，但两种文本都使用这一通用框架。《滚石》的文章只对救赎做了简要介绍，影片则花了大量时间展现了滑板社群在对细井的救赎中发挥的作用。

细井的崛起

众多主题都在叙述他的崛起。首先，他的家庭教养和亚裔身份得到强调。其次，在他知名度的巅峰时期，细井被指有着如同“摇滚明星”的生活方式——“他拥有一切”，但同时这也被细井优雅的过度女性化的戏剧性风格所调和，这与当时主流的阳刚之气背道而驰。自始至终，霍克都是一个陪衬，为突出滑板界的紧张局势提供对比。与霍克的对比也展示了细井为何同时被标注为滑板界的内行与外行。他的奉献精神、技能、异性恋取向使他成为滑板运动文化的一部分，与此同时，他的艺术敏感度、戏剧化效果、种族性使得他被边缘化。

艺术家庭

细井的家族传承是评论的主要部分。两个叙述中都将克里斯蒂安的父亲在艺术、自由精神、非法毒品的使用上对他产生的影响放在最重要的位置。其次，他的种族经常被强调，而霍克的白人身份从未被明确讨论（参见 Atencio & Beal，2011；Brayton，2005；Chivers Yochim，2010；Kusz，2007，关于人种和冰上文化）。

格林菲尔德（Greenfeld，2004）把克里斯蒂安的父亲称作逍遥自在的艺术家：“当老师叫波普斯（Pops）的时候，他已经抽着烟开始了他一天的惬意生活……随后，他穿着人字拖，启动 59 年的大众汽车，驶向学校。”（p. 68）伊万意识到他是一个“不成功的画家”，决定接管滑板公园来支持他的儿子。冲浪运动员赫比·弗莱彻（Herbie Fletcher）也提到了克里斯蒂安父亲的随和：“伊万来自夏威夷，整日在夏威夷闲逛，享受一切悠闲、阿喽哈类型的交易，只是为了放松，和家人以及爱的事物在一起。”（Freedman & Montano，2006）

核心是伊万在药物使用上对他儿子的影响。“注意观察，比如两位滑手的赛前仪式：弗兰克·霍克让他儿子在停车场做健身运动，波普斯和克里斯蒂安则通过氧气罐和吸食大麻呼吸新鲜空气（在克里斯蒂安 10 岁的时候，鲍勃斯就带着他儿子一起抽大麻）。”（Greenfeld，2004，p. 72）著名作家、滑板和冲浪摄影师克雷格·斯泰奇（Craig Stecyk）也同意这个说法：“这两个父亲都时刻跟他们的儿子在一起，他们说，‘我要去抚养我的儿子’，他们知道自己的儿子是怎样的人。我认为，在某种程度上，儿子的性情反映出他们的父亲的性情。”（Freedman & Montano, 2006）正如斯泰奇所说，纪录片播放了克里斯蒂安吸食大麻的照片。在影片的最后一个场景中，采访者问伊万是否让克里斯蒂安吸食大麻。“是的，”伊万轻声回答。采访者继续问有关吸食冰毒的问题，伊万没有立刻回应，随后采访者问道：“你真的反复给他吸食了吗?”伊万承认了。在交谈的过程中，伊万是框架中的唯一焦点，他平静地拨弄着吉他（Freedman & Montano, 2006）。

财富是另一个比较点。细井一家活在当下，霍克一家则会为将来做打算。“克里斯蒂安是一个败家子，波普斯几乎为他的一切生意做决定，管理他儿子的财富其实缺乏远见（另一方面，霍克的父亲弗兰克谨慎打理托尼的事物，支持托尼用他的优厚收入进行投资）。”（Greenfeld, 2004, p. 74）影片中，细井谈到了他父亲在财政决断上对他的影响：“我父亲作为一个艺术家，对金钱没有什么欲望，总是把钱放在最后……重要的是你创造了什么，而非你准备摆脱什么。”（Freedman & Montano, 2006）

细井的日本血统也是他的鲜明标记。“有着一半日本血统的克里斯蒂安·细井，有时候就被称呼为克里斯特，他‘复活’了滑板这一项运动并将其发展为空中奇观。”（Greenfeld, 2004, p. 68）叙述者霍珀引述克里斯蒂安的影响力：“作为有一般亚裔血统的滑板选手，克里斯蒂安尊重久保省吾，努力模仿他的风格。”（Freedman & Montano, 2006）当格林菲尔德（Greenfeld, 2004）描述细井的技巧时，他的评论将细井的身体种族化：“看着他冲向天空会让人屏住呼吸。他的古铜色皮肤、黑头发、高颧骨、长鼻子和尖下巴使他看起来就像新版的玛雅石碑上的雕刻面孔。”（p. 70）当格林菲尔德描述细井被捕的场景时，再次提及他的种族：“如果你在2000年1月26日搭乘美联航的航班从洛杉矶到檀香山，一定会祈祷这个憔悴、胡子拉碴、麻子脸、大眼睛的亚裔美国人拿着滑板路过走道时，不会坐在你的旁边。”（p. 78）

当霍克的形象被描述并与细井作比较时，他的种族并没有被刻意提及。相反地，纪录片对霍克的描述就是个子高挑，更多的是“机器人”或是“比赛机器”；对细井则是通常描述其能够加强他优雅风格的紧凑身形：“娇小的个子，拥有强壮的大腿、胸部和上臂——克里斯蒂安能够成为一个很好的（棒球）游击手或是英式足球前卫队员，而他出色的平衡感可以让他拔下天线，令其他滑板选手望洋兴叹。”（Greenfeld, 2004, p. 70）虽然没有明确的种族化，研究者已经指出，白人通常被认为缺乏运动天赋，不得不更加努力，反复练习。相比之下，其他肤色运动员在体育方面有着卓越成就时，总被看作“天赐的”礼物［参见 Coakley，2009，在这一趋势上（on this tendency）］。

“他拥有了一切”

在其巅峰时期，细井得到的评价是集赞美、嫉妒和嘲笑于一体的有趣组合。赞美集中在他的技巧；嫉妒集中在他的“摇滚明星”般的生活方式，特别是他对于女性的吸引力；嘲笑集中在他的风格，它经常被视为没必要的或女性的。

纪录片中满是细井的滑板形象，画外音称赞了他的技巧：“他是赢家！细井是最棒的、最具天赋的滑手，他为我们呈现了最棒的演出。”（Freedman & Montano，2006）他的技术是公认的，然而有关他巅峰时期（20 世纪 80 年代中后期）的描述集中在他的市场能力和“好莱坞”生活方式上。纪录片包含了对多个重要行业高管有关他的商业吸引力的采访。例如圣克鲁斯滑板的总裁里奇·诺瓦克（Rich Novak）提到：“任何他接触的东西都会变成金子。”（Freedman & Montano，2006）奥马尔·哈桑（Omar Hassan）等顶级滑板选手也赞同：“他是第一个冲破限制的人，他的商业吸引力足以让他站在镜头前，他魅力无比、风格显著、话题十足。”（Freedman & Montano，2006）

格林菲尔德（Greenfeld，2004）通过讲述细井跟卢安娜·罗尔斯（Louanna Rawls）［时尚模特，著名歌手洛·罗尔斯（Lou Rawls）的女儿］三年半的恋爱关系来描述他的高端生活，他们生活在 W. C. 菲尔兹（W. C. Fields）在洛杉矶高档住宅区的旧居里，紧邻回声公园。影片呈现了更多关于那种生活的细节，他的朋友回想了当时的很多场景，克里斯蒂安如何认识并介绍很多那时的好莱坞明星给他们。纪录片强调了细井的慷慨，他很愿意支付朋友们聚会的费用。特别是细井所属的“火箭”滑板队提供了很多关于细井生活的素材。根据一个成员的说法：“每一天都是一次冒险，那应该是我一生中最有趣的时候。”（Freedman & Montano，2006）

细井一贯被刻画成一个很有女人缘的男性。霍克对比了他和细井关于性的体悟：“这样说吧，能够在我生命中遇见滑板是无比幸运的，它最终给了我一些能够吸引女孩的东西；克里斯蒂安则从未真正需要用他的滑板风格来吸引女孩，他本身就足够了。当他变成世界上最好的一个滑板选手的时候，女孩蜂拥而至，他完全不必付出任何努力。”（Freedman & Montano，2006）格林菲尔德（Greenfeld，2004）引用了克里斯蒂安在那个时代的记忆：“我还是个少年，但是已经过上了摇滚明星般的生活……我能够拥有我想要的任何东西，做我想做的任何事。姑娘、汽车、俱乐部、毒品……”（p. 74）托尼·霍克总结道：“他住在好莱坞，他如同神一般地存在。”（Freedman & Montano，2006）

尽管被表现为拥有一切，纪录片却把更多时间用于嘲笑细井华丽壮观的风格。细井在比赛中穿着粉色衬衣和黄色弹力短裤。影片中包括一个朋友介绍细井的着装，表示在服装公司 Jimmy'Z 赞助细井时，细井的房子里都是这个品牌的衣服：“有一箱女生的衣服，像是粉色裤子、短灯笼裤、一堆弹力短裤，他会炫耀这些。”（Freedman & Montano，2006）另一个滑板选手说道：“我们都是肮脏的、满身是汗的滑手，然而克里斯蒂安在某种程度上可以在完成一切之后仍然光鲜如初、摩登时尚。”（Freedman & Montano，2006）引人注意的是，（影片中）包含了一个片段，揭示了由细井的风格带来的令人着迷的不安。细井的朋友马克思·帕里奇（Max Perlich）则持反对意见：“他确实美丽，以一种男性化的方式。”他总是紧跟细井，看着相机傻笑。

纪录片在多方面继续呈现着细井风格的怪异和女性化。它展示了细井如何在玩滑板时撕碎他的 T 恤，把其中一部分当作发带，剩下的则塞到短裤里，做成一个火焰或是尾巴的形状。他经常改变头发的颜色和长度，经常接发。他会有意识地在他出场前演奏流行音乐，通过舞蹈来鼓动观众。他会在玩滑板时“呐喊”。霍克对他这种行为感到目瞪口呆：“他基本上会为自己喝彩，为自己呐喊。”（Freedman，2006）最后，纪录片通过 20 世纪 80 年代在兰斯山（Lance Mountain）上对不同滑板风格的讨论总结了对他个人风格的着迷和排斥：前者是指霍克的技术风格，后者是细井的戏剧风格（他称之为“都是戏剧与风格的”）。滑板选手们尽管都在称赞细井，但他们也都同时谴责了他的过分行为。

堕　落

在文章和纪录片中，有关细井坠落的描述很是相似。他们都开始把细井在后期发生的吸毒成瘾与 20 世纪 90 年代早期滑板风向的转变进行上下文的联系。细井和霍克的高空垂直滑板不再受到追捧，取而代之的是街头滑板，他们几乎失业，没有多少赞助商，他们的技巧几乎不再被需要。这两个文本都记录了细井越发不稳定的生活，不仅包括收入的减少，也包括不断滋长的人际关系和住房的短暂性。他们记录下他越来越多地使用药物，导致他吸食冰毒成瘾的情况。二者都指出，由于滥用药物，细井错过了1995年的首届极限运动会，这最终导致他职业生涯的结束。最后，二者都讲述了他因携带超过一磅半的冰毒被逮捕并获罪的事件。

尽管两个文本的描述是一致的，但是关于谁该承担这一责任，二者有不同的看法。文章探讨了滑板文化本身作为导致他坠落的部分原因的可能性；纪录片不仅把责任全都直接归咎于细井，还暗示滑板社群是他的救赎之源。

文章提出了多个方面的因素。格林菲尔德（Greenfield，2004）指出其中一点："滑板选手们一直处于地下和非法的诱惑之中。使用毒品是否加剧了克里斯蒂安的恶性循环无法得到确认。他坚持认为是坏运气、几个失败的业务电话和一些鲁莽的决定摧毁了他的事业，而非药物滥用。"（p. 74）。格林菲尔德结束了对细井滑板团队的说明，在另一方面，他认为也与细井自身密切相关："如果克里斯蒂安没有挥霍他的无穷天赋，你和你的孩子很有可能会在每年的极限运动会上观赏到他的大空翻。"（p. 68）格林菲尔德引用了霍克的话来强调细井错过的机会："克里斯蒂安应当在那里，他本该成为极限运动会上的明星，跟我一起滑板。"（p. 76）

纪录片通过展示某些滑板选手给细井冰毒来说明细井这颗明星坠落的复杂性，因为这种毒瘾是很难克服的。然而，其他滑板选手都康复了，细井却离他们越来越远，进一步沉浸到了毒品世界里。两个滑板选手表达了他们对细井从滑板世界堕入毒品世界的看法："我不知道究竟发生了什么该死的事，或是他和谁在一起瞎混，但无论他们是谁，他们都该在把自己变成那副模样之前好好反省一下。"［杰西·马丁内斯（Jesse Martinez），Freedman & Montano，2006］相似的，布莱恩·帕奇（Brian Patch）曾对细井说："如果你没有喝多的话，你永远不该和那些家伙在一起鬼混，你们究竟干了些什么？""你跟他们在一起的时间甚至超过了我们，我们是你的家人，你究竟干了些什么？"（Freedman & Montano，2006）有关支持细井的滑板社群和越陷越深不能自拔的细井的叙事还在继续，两名滑手谈到他们总是给细井支付保释金，但他总是跳过保释这一程序，害得他们总是要通过赏金猎人才能找到他。他的滑板朋友们甚至想到参与细井的诉讼，但他拒绝他们的帮助。

救　赎

两个文本都提到了细井在服刑期间皈依基督教的转变。文章并没有深入阐释这一点，但是提到了细井的承诺：

> 他（细井）坚持他从未想过自己是否应该坐在安西尼塔斯（Encinitas）的泳池边，享受那些优厚的视频游戏特许使用权。“我不会纠缠于过去，”他说，“这是托尼（霍克）的旅程，愿上帝保佑他。这是耶和华为我铺设的道路，如果我能用我的名字和滑板作为答案，我将万分感激。”（Greenfeld，2004，p. 80）

格林菲尔德（Greenfield，2004）通过他引以为傲的叙事结构暗示了故事的结局，结束了文章：“他（细井）将会把孩子们聚集在他身边，向他们讲述基督——耶稣·基督。他会开始讲述一个不害怕飞得太高的男孩的寓言。”（p. 79）

另一方面，纪录片展开了细井的救赎舞台。首先，是细井的女朋友珍妮弗·李（Jennifer Lee）在帮助他转变的过程中所起到的作用。在服刑期间，他信仰了基督，并和珍妮弗结婚（Freedman & Montano，2006）。随后影片的导演展示了滑板选手们如何团结一致地支持细井。他们组织了一个叫作“解放细井”的活动，集资请律师，帮助他把刑期从 10 年减少到 4 年半。李说：“我当时很受打击，什么都做不了。他们（滑板社群）一直在支持着克里斯蒂安，支持着我，不论他需要什么，他们都满足他。”（Freedman & Montano，2006）之后，细井在极限运动会上的复出万众瞩目。2004 年 6 月细井获释，8 月，他在极限运动会上找回了荣誉。蒙塔诺展示了比赛中，滑手们拥抱细井进行庆祝的大量画面。戏剧性的是，他带着丹尼·卫的金牌在大型坡道上滑行，并以细井标志性的“克里斯空翻”做结尾，在人群中引发了阵阵尖叫和呐喊。

在纪录片的结尾，细井以他的新身份——亨廷顿海滩教堂的牧师，谈论了他对生活的洞察。他提到他曾经因为身处滑板世界的顶端而藐视整个世界，不过现在他意识到自己的“摇滚明星”般的生活方式并不能带给他平和。纪录片最后的一句话是细井的自述：“这并非终点，而只是个开始，我感谢上帝。”（Freedman & Montano，2006）

对救赎的叙事至关重要，因为它揭示了权利动态：哪些行为是注定需要被救赎的，为什么？谁拥有进行救赎的权利？谁从新的身份中获益？本章提到的两个文本认为，细井的罪责在于吸毒成瘾，而它们主要的关注点是细井失去了获得商业成功的机会，而不是失去了自己的健康和家庭。细井的救赎之举得益于滑板社群对细井的符号和经济资本的重建和流通，此举对滑板业和细井双方都大有裨益。尽管失去了几年的主要竞争力，他目前仍得到范斯和极速骑板的赞助。细井明确表示，他已经借由耶稣·基督获得救赎。他已经通过以滑板选手观察青少年现状为特色的短期的电视真人秀节目《起义》来昭示他将运用自己的滑板文化资本进一步传播福音。

结　论

关于体育名流的叙事所包含的结构与价值，为人们提供了一个深入观察成功这一社会理想以及相关属性的视角。细井的故事提供了一个模板，可以用来理解是什么导致了成功和失败的文化假设。正如大多数体育叙事，个体被赋予权利或者对自身成败的责任，彰显胜利与财富来巩固资本主义精英的理想（Andrews & Jackson，2001；Baker；2003；Boyle & Haynes，2000；Whannel，2002）。在细井的案例中，他和他的父亲被认为才华横溢但却粗枝大叶。此外，主流的新教思想认为骄傲、浪费、放纵导致失败，谨慎和谦逊则会带来成功。最后，规范性的阳刚之气被赋予通往成功的特权。

有关体育名流的叙事不仅可以指涉文化规范，还能阐明体育行业的政治性。如上所述，滑板界已经通过使滑板运动变得前卫和流行来实现两全其美，缓解叛逆与主流观念之前的紧张关系。通过媒体，滑板运动促使不同的人去体现各自的性格，比如细井和霍克。即使在他们讲述导致细井坠落的怪癖时，他们也在鼓吹他的叛逆。此外，特别是在纪录片中，滑板社群被表现为友好的救赎之地，而不是导致细井坠落的地方。在这种叙事版本中，细井代表了挥霍天赋的浪子，滑板团体则是仁慈的，甚至庆祝浪子细井在出狱后的首次大赛——极限运动会上的复出。

参考文献

Andrews, D., Jackson, S. (Eds.). (2001). *Sport stars: The Cultural Politics of Sporting Celebrity*. London, UK: Routledge.

Atencio, M., Beal, B. (2011). Beautiful losers: The symbolic exhibition and legitimization of outsider masculinity. *Sport in Society*, 14 (1), 1-16.

Baker, A. (2003). *Contesting Identities: Sports in American Film.* Urbana, IL: University of Illinois Press.

Beal, B. (1995). Disqualifying the official: An exploration of social resistance through the subculture of skateboarding. *Sociology of Sport Journal*, 12 (3), 252-267.

Beal, B., Weidman, L. (2003). Authenticity in the skateboarding world. In R. Rinehart & S. Sydnor (Eds.), *To the Extreme: Alternative Sports, Inside and Out* (pp. 337-352). New York, NY: SUNY Press.

Beal, B., Wilson, C. (2004). "Chicks dig scars": Commercialisation and the transformations of skateboarders' identities. In B. Wheaton (Ed.), *Understanding Lifestyle Sports: Consumption, Identity, and Difference* (pp. 31-54). London, UK: Routledge.

Birrell, S., McDonald, M. (Eds.). (2000). *Reading Sport: Critical Essays on Power and Representation.* Boston, MA: Northeastern University Press.

Borden, I. (2001). *Skateboarding, Space and the City: Architecture and the Body.* Oxford, UK: Berg.

Boyle, R., Haynes, R. (2000). *Power Play: Sport, the Media and Popular Culture.* Harlow, UK: Pearson Education.

Brayton, S. (2005). 'Black-lash': Revisiting the 'White Negro' through skateboarding. *Sociology of Sport Journal*, 22 (3), 356-372.

Browne, D. (2004). *Amped: How Big Air, Big dollars, and a New Generation Took Sports to the Extreme.* New York, NY: Bloomsbury.

Cashmore, E. (2006). *Celebrity/Culture.* New York, NY: Routledge.

Chivers Yochim, E. (2010). *Skate Life: Re-imagining White Masculinity.* Ann Arbor, MI: University of Michigan Press.

Coakley, J. (2009). *Sport in Society: Issues and Controversies* (10th ed.). Boston, MA: McGraw-Hill.

Freedman, J. (Producer), Montano, C. (Director). (2006). *Rising Son: The Legend of Skateboarder Christian Hosoi* (Motion picture). United States: QD3 Entertainment and Quiksilver.

Gabriel, T. (1987, July 16-30). Rolling thunder. Rolling Stone, 504-505, 73-76.

Greenfeld, K. (2004, June 7). Skate and destroy. 100 (23), 66-80.

Humphreys, D. (2003). Selling out snowboarding: The alternative response to commercial co-optation. In R. Rinehart & S. Sydnor (Eds.), *To the Extreme: Alternative Sports, Inside and Out* (pp. 407 – 428). Albany, NY: SUNY Press.

Hyman, M. (2006, November 13). How Tony Hawk stays aloft. *Business Week*, 4009, 84 – 88.

Iwata, E. (2008, March 10). Tony Hawk leaps to top of financial empire, *USA Today*, p. 1b.

Kusz, K. (2007). *Revolt of the White Athlete: Race, Media and the Emergence of Extreme Athletes in America.* New York, NY: Peter Lang.

Layden, T. (2002, June 10). What is this 34-year-old man doing on a skateboard? Making millions. *Sports Illustrated*, 80.

Levy, D. (2003, February) Interview: Cesario "Block" Montano, *Juice Magazine*, 56. Retrieved from http://www.juicemagazine.com/BLOCK.html.

Muggleton, D. (2000). *Inside Subculture: The Postmodern Meaning of Style.* Oxford, UK: Berg.

Rinehart, R. (2005). "Babes" & boards: Opportunities in new millennium sport? *Journal of Sport and Social Issues*, 29 (3), 232 – 255.

Thornton, S. (1996). *Club Cultures: Music, Media and Subcultural Capital.* Hanover, NH: Wesleyan University Press.

Whannel, G. (2002). *Media Sport Stars: Masculinities and Moralities.* London, UK: Routledge.

Wheaton, B., Beal, B. (2003). "Keeping it real": Subcultural media and the discourses of authenticity in alternative sport. *International Review for the Sociology of Sport.* 38 (2), 155 – 176.

Wheaton, B. (2010). Introducing the consumption and representation of lifestyle sports. *Sport in Society*, 13 (7 – 8), 1057 – 1081.

Wise, M. (2002, August 18). X Games; Skateboarders are landing in real world. *The New York Times.* Retrieved from http://www.nytimes.com/2002/08/18/sports/x-games-skateboarders – are – landing – in – real – world.html.

第9章 极限摔角：类固醇、创伤性脑损伤和克里斯·贝诺伊特

詹姆斯·L. 切尔尼 库尔特·林德曼[①]

职业摔角从20世纪50年代开始赢得声誉，参赛选手们开始为他们的粉丝扮演英雄或是恶棍的角色。一些摔角选手的职业轨迹包括了在角色上从“坏人”到救赎再到崇拜的转变。其他的故事情节也包括，一个看起来是“好人”的家伙，经常莫名其妙地变得“邪恶”，并且伤害那些偶尔进入他地盘的人。而关于摔角手克里斯·贝诺伊特的成名和陨落的真实故事，就像是后一个故事更令人毛骨悚然当然也更悲伤的版本。2007年6月，贝诺伊特杀害了他的妻子和年幼的儿子，然后上吊自杀。为了解释这令人难以理解的悲剧，当局和记者为贝诺伊特的陨落寻找了各种各样的理由，包括滥用类固醇、糟糕的婚姻以及他在摔角比赛中受冲击而导致的脑震荡。但是警察并没有在他的尸体里检测出类固醇类物质，当局最终提出怀疑称他长期服用类固醇随后采用了睾酮素来代替治疗——针对使用类固醇引起的缺陷的常规疗法——是这次谋杀自杀惨案的主因。然而，医生却发现贝诺伊特在他的职业摔角生涯中遭受了多重的脑部冲击，这些冲击诱发了严重的脑损伤和早发性老年痴呆，与那些职业橄榄球运动员身上发现的类似（“Benoit's Brain”，2007）。简而言之，独特的摔角技巧导致了贝诺伊特，这位最受尊敬的职业摔角选手之一的残酷死亡。

当然，在职业运动员中脑损伤既不常见也不利于健康。但许多退役的

---

① 詹姆斯·L. 切尔尼（印第安纳大学博士），韦恩州立大学传播系助理教授。他已经发表了数十篇论文，并有多篇论文集研究成果，他的研究领域是体育、残疾人与修辞研究。E-mail：jlcherney@ wayne. edu。

库尔特·林德曼（亚利桑那州立大学博士），圣地亚哥州立大学助理教授。他已经发表了多篇核心期刊论文，他的主要研究领域是体育传播中的性别、身份认同和能力问题。E-mail：klindema@ mail. sdsu. edu。

NFL 运动员的早逝告诉我们，职业体育也许会带来长期的神经损伤。2011 年，芝加哥小熊队[①]的安全卫代维·杜尔森（Dave Duerson）指明将他的大脑捐献给波士顿大学以便更好地研究职业橄榄球对于身体的损伤，随后他向自己的胸口开枪自杀（Schwarz，2011）。但是贝诺伊特的故事却和大部分体育英雄的传统沉浮叙事背道而驰。当其他的英雄覆灭时，故事中往往会卷入吸毒、赌球或者行贿等丑闻。而贝诺伊特的故事，像越来越多的职业运动员那样，包含了更为复杂的内容。在本章中，我们将追踪贝诺伊特的崛起和他最后的坠落。我们将审视媒体描述中他在摔角场中展现出的男子气概，围绕着关于他和他妻儿死亡报道的争议以及媒体持续报道他摔角成就的稳定等方式，分析在他去世后媒体又构建的关于他的多重反叙事。

神话、仪式和克里斯·贝诺伊特成名过程中的超男性化

贝诺伊特的神话当然来自于他拥有职业摔角手的家族传统。当贝诺伊特只是一个加拿大普通少年儿童时，他就展现出了对职业摔角的巨大的兴趣。他崇拜那些已经成名的摔角手，比如布雷特“职业杀手”哈特（Bret “The Hit Man” Hart），著名英国摔角组合斗牛犬（The British Bulldogs）的一员，被人们所熟知为“炸药小子”（The Dynamite Kid）的汤姆·比林顿（Tom Billington）。他开始做哈特的学徒，并且与哈特的父亲斯图（Stu）一起在哈特的私人设施里开始练习，斯图本人也是前职业摔角手，更是这个行业的推动者之一。斯图·哈特训练了他的儿子布雷特和欧文，以及英国斗牛犬和其他不计其数的摔角手。的确，哈特家族在职业摔角界有着悠久的历史。这位父亲和他的两个儿子都是世界摔角娱乐 WWE 名人堂成员，他的两个女儿也嫁给了职业摔角手。他最小的女儿戴安娜（Diana）在摔角场上扮演重要角色，她在她丈夫代维·男孩·史密斯 Davey Boy Smith（斯图训练出来的英国斗牛犬组合的另一位成员）的故事中多次出演角色。通过进入这个传说中的名门，贝诺伊特确保了他的上升之路上已经铺上了一块强有力的跳板。

尽管他很早就通过他与哈特的关系伪造了他的系谱，但是给一个更有名并且更成功的专业摔角手做学徒并不罕见。今天，网络上层出不穷的后院摔角视频开始改变一个人——以及如何更早地——出名的途径。但是在 20 世

---

① 译者注：一支 NFL 球队。

纪 80 年代，贝诺伊特必须像其他的专业摔角手一样交学费。为了证明他有实力站上国际舞台，他在加拿大牛仔搏击联盟（Canadian Stampede Wrestling League）获得早期的成功之后，来到日本开始他的训练，最后开始在新日本职业摔角大赛（New Japan Pro Wrestling）上崭露头角。在日本，他戴上面具，并且用绰号“飞马少年”（The Pegasus Kid）来代替自己的名字。他一开始对戴面具这个概念十分抵触，但是后来逐渐适应了戴面具，这也说明了角色仪式的重要性，正如波尔（Ball，1990）所写的那样。贝诺伊特意识到戴面具的恶棍在职业摔角比赛中是能吸引眼球的，尽管有人在根本上反对（Ball，1990）。在日本游历期间，他也为几家美国的摔角推广公司工作过，包括极限世界摔角（Extreme World Wrestling）和世界摔角锦标赛（World Championship Wrestling）。随后在 2000 年，贝诺伊特进入了小文斯 · 麦克马洪（Vince McMahon Jr. 's）的摔角帝国——世界摔角联盟（WWF）。尽管贝诺伊特由于他的运动能力和友善举止在同行中赢得不少尊重，但是直到他站在 WWF（后来叫作 WWE）的国际舞台上和参加其他相关附属项目［攻击波！（Smackdown！）伤痛（Raw）狂热摔角（WrestleMania）和夏季大满贯（Summer-Slam）］时他才最终达到了自己职业摔角生涯的巅峰。

通过将自己名副其实地打造为那些伟大的摔角选手，比如哈特和代维 · 男孩 · 史密斯的继承者，贝诺伊特确保了他在进入摔角世界之后可以与那些神话般的故事情节实现无缝结合。用这样的语句来描述摔角，相当于一个希腊式的悲剧，是不正确的。就像剧院一样，职业摔角在一个与日常生活相剥离的舞台上进行，在这种情况下，它通常会被称为“正方台”（the squared circle）或者角斗场。尽管它与古希腊 - 罗马时期的角斗有着千丝万缕的联系，都很传统地设置在一个实实在在的圈子里，职业摔角比赛会在一个矩形的高台上进行，营造出这是每一个摔角选手的“主场”领地，用于突出比赛的戏剧性，并放大摔角选手的跌落和跳跃（Ball，1990）。与剧院相比，职业摔角比较注重突出比赛的象征意义，并且更注重比赛中的情节和冲突。麦克马洪和 WWF/WWE 是营造这样的戏剧性的高手，经常让各界名流和电视明星参与其中。这些商业化搭售既是演出来的，比如 T 先生（Mr. T）在狂热摔角之前主持《星期六夜直播》（*Saturday Night Live*）；有些是未经预演的，譬如胡尔克 · 霍根（Hulk Hogan）让脱口秀主持人理查德 · 贝尔泽（Richard Belzer）到休息区，随后让其跌落地上，将他的头部打裂（Ellison，2008）。当贝诺伊特真正意识到这一点时（Karp，2008），他已经进入了这个以娱乐为终极目标的竞技场，为达目的不择手段。

因为交叉的故事情节、典型的英雄与恶棍形象、冲突与救赎的写照，职业摔角比赛看起来更像是在剧院里发生的。某些情节让他们自己暴露在公众的目光之下，某些摔角手可以赢得别人不曾拥有的名流待遇。当麦克马洪从他的父亲手中继承了 WWF 之后，他着力于收购一些小的巡回赛和区域赛事，巩固摔角者的数量，与电视辛迪加组织一起整合这些交易，这些故事情节成为世界性的现象（Oppliger, 2004）。这一国际舞台也通过类似于《狂热摔角》那样星光璀璨的表演让摔角选手们跳出这个圈子成为名流。在这第一个电视付费节目 *pay-per-view* 中，摔角选手们和未来的电视电影明星，比如胡尔克·霍根、巨人安德鲁（Andre the Giant）、“吵闹的”罗迪·皮珀与类似辛迪·劳珀（Cyndi Lauper）、T 先生和默罕默德·阿里的前辈们同时出现在公众的视野中。《狂热摔角》依旧吸引着数百万的观众，确保一些摔角选手可以获得无价的媒体曝光机会。这就是克里斯·贝诺伊特在成为文斯·麦克马洪的“固定”的摔角选手时进入的世界。贝诺伊特拥有出色的运动能力和肌肉发达的体格，那么他成为世界范围内最有名同时最受人尊敬的专业摔角选手之一也就不足为奇了。

像贝诺伊特那样，那些赢得名流地位的摔角选手不得不具有某些属性。那些男性摔角选手扮演的角色，通常能够确保一系列的“平面刻板印象”（flat stereotypes）下坠，让观众理解那些角色自身的希冀、恐惧和欲望（Ball, 1990）。人们常常会发现职业摔角中的角色包含从现代或古代神话中能够发现的定型和原型的混合体，包括来自国外的威胁、英雄、戴面具的恶棍和纯真的男孩（Ball, 1990）。通常情况下，在贝诺伊特这个公共形象出现时，这个摔角选手会从英雄变形为恶棍［通常称为“脚肿”（heel）］，反之亦然。然而，正如我们稍后将要探讨的，贝诺伊特的个人生活不幸地反应了通常只有在舞台上才能表演出来的悲剧。贝诺伊特的悲剧似乎是起始于麦克马洪时代职业摔角运动所建立的那些不成文的规定。

1989 年，麦克马洪提出了一个反直觉的观点：职业摔角不是“真实的”，这就把摔角从体育组织赛事和联盟的相关法规中剥离出来（Beekman, 2006）。尽管摔角运动看起来吸引观众的原因是因为观众相信它是真实的（Ball, 1990），但推广者们却试图说服各州议会职业摔角是设定好的（Oppliger, 2004；Karp, 2008）。麦克马洪坚称职业摔角比赛“并不指代合法的运动竞赛，因为胜利者都是提前议定的”，职业摔角运动“不应该被认为是一种体育运动”，它应该被描述为“体育娱乐”（Beekman，2006，p. 131）。作为一项“娱乐”，摔角可以不用受到国家监管机构的管制，避免牌照费以及其他形式的政府监督。重要的是，这让推广者得到解放，他们可以或隐晦或明确地鼓励摔角选手用一切必要的途径来“壮大”（beef up）（Karp，2008）。类似贝诺伊特的偶像，代维·男孩·史密斯和其他摔角选手，这些“途径”包含使用类固醇和其他药物来缓解在竞技场上遭受的伤痛（Karp，2008）。的确，麦克马洪时代许多男性摔角选手们肌肉过度发达的体魄，都是源于使用了类固醇和其他生长激素（Oppliger，2004；Karp，2008）。职业摔角从体育项目到娱乐项目的转变，使得观众的注意力从男性摔角选手们的身体如何表演转化为他们看上去怎么样。在这样的文化背景下，贝诺伊特荣膺2004年重量级冠军的部分原因，在于他还有意愿来参加这项比赛。

坠落的故事

大约在2007年6月25日，一个星期一的下午4点，助理们在靠近贝诺伊特位于佐治亚州亚特兰大市法耶特维尔（Fayetteville）的家中发现了克里斯·贝诺伊特、他的妻子南希以及儿子丹尼尔的尸体。案情的细节逐渐浮出水面，这一惨剧显然属于谋杀-自杀。南希和丹尼尔窒息而死，显然死于谋杀，克里斯被发现挂在重型机器的电线上。南希的手腕和双脚都被绑住，在她的背上有敲击留下的伤痕，这提示大家克里斯是用绳子绑住她的脖子并且将其勒死的。丹尼尔是在他自己的床上被找到的，他的脖子上并没有可见的伤痕，当局由此推测他是被人掐脖子致死（Duffy & Ahmed，2007）。证据显示这一系列事件的发生时间跨越了之前的周末。报告显示南希是在周五被杀害，丹尼尔死于周六晚间或是周日凌晨，克里斯则是在丹尼尔死后数小时或者一天之后自杀的（Bluestein，2007a；Duffy & Jefcoats，2007）。

WWE官员在克里斯未能参加原定在周末的比赛之后就催促当局进行调查。6月23日是个周六，贝诺伊特错过了在德克萨斯州伯蒙特（Beaumont）举行的一场摔角比赛直播（Duffy & Jefcoats，2007）。第二天，即周日的晚上贝诺伊特原定将与CM朋克（Punk）在WWE旗下“复仇：冠军之夜”（Vengeance：Night of Champions）的付费电视比赛中，为极限冠军锦标赛（EWC）的冠军而战（Boyd，2007；Duffy & Jefcoats，2007；“Wrestler

Benoit"，2007）。尽管是在德州的休斯顿举行，但是这个节目吸引了美国各地的观众观看。为了向爱好者们解释贝诺伊特的缺席，WWE 宣传他有"家庭突发状况"，并且在私下里联系警察寻找克里斯（Duffy & Jefcoats，2007）。

在尸体被发现后不久，新闻报道中出现了几个对该事件不同的解释。关于这起悲剧事件的根本原因最突出的三个理论认同分别是：社会的、情感的或是生理的。社会叙事框架建构了克里斯长期虐待伴侣，并将谋杀－自杀事件作为高潮，将克里斯多年来折磨他的妻子，并且在妻子威胁要离开他时可能实施了暴力的相关因素理论化。这一解释来自于一个被揭露的内情。2003 年 5 月，南希·贝诺伊特申请离婚，并且试图获得一个对克里斯的禁令。三个月后，当夫妇和解时，这一请愿书被撤销（Duffy & Jefcoats，2007）。在这个故事中，职业摔角的社会制度鼓励了克里斯的行为，他暴力性的超男性气概（hypermasculinity）得到了强化——甚至合法化——这是一个男性统治的带攻击性的系统。传媒框架构建了我们的一些相似的故事，不少摔角选手多年来一直虐待他们的配偶（Karp，2008）。在对这场悲剧的不同叙事版本中，对该死的职业摔角运动的谴责最甚：这项运动遇到了过度厌恶女人的男人，摔角选手们看起来更像"恶霸"（bullies）和"杀手"（killers），而不是英雄和运动员（Seeliger，2007）。

WWE 官员也提出了一个强调婚姻冲突的故事，但是他们把责任放置在克里斯和南希生活中所承受的特别的精神压力上。这一解释的核心是关于他们儿子丹尼尔的报告，他有着一种罕见的精神和身体疾病——"X 染色体脆性综合征"（Fragile X Syndrome），一种与自闭症类似的遗传性疾病（Mosconi & Nichols，2007）。根据杰里·麦克戴维特（Jerry McDevitt），这位为 WWE 工作的律师的说法，贝诺伊特夫妇在惨剧发生前几天曾就孩子的抚养问题发生了争吵，并且"从很多不同来源的消息都很明确地显示"南希和克里斯曾经多次就这个问题展开争吵。麦克戴维特说南希并不希望克里斯放弃摔角运动，但她同时希望克里斯更多地在家里陪着丹尼尔（Duffy & Ahmed，2007）。支持这个解释的证据多少有些混杂。地方检察官斯科特·巴拉德（Scott Ballard）描述这个男孩儿时说他"很小，甚至像侏儒一样"，并且声称"他的手臂上有曾经被针扎过的痕迹"，这也支持了他的父母知道他比一般同龄人矮小并且给他注射生长激素的说法（Duffy & Jefcoats，2007）。如果丹尼尔确实有这种情况，那么贝诺伊特一定把它当作秘密了，南希的父母——保罗和莫琳·托佛洛尼（Paul & Maureen Toffoloni）通过他们的律师向外界宣称他们不知道他们的外孙有身体障碍，他看起来总像是一个“正常、健康、快乐的孩子，在他身上看不到任何病症存在的迹象”（Mosconi & Nichols，2007）。在这个解释中，被隐藏的有关丹尼尔的病症看起来像是婚姻中巨大压力的来源。

情感因素的叙事引发这次谋杀 - 自杀惨案的可能性也被不久前发生在贝诺伊特生活中的悲剧所证实。贝诺伊特的父亲迈克尔（Michael）宣称，克里斯在他的好友兼摔角运动拍档艾迪·圭雷罗（Eddie Guerrero）于2005年英年早逝之后，在情绪上遭受沉重打击（Karp，2008）。把这些事件跟情感联系在一起并没有解释克里斯出问题的原因，也没有解释克里斯存在这些问题的程度，但是跟虐待配偶理论不同的是，它把焦点集中在了个人精神崩溃而不是弥漫在摔角界的系统缺陷上。

最广泛出现在媒体报道中的一个说法是医学或是生理学上的原因：类固醇。这一解释将事件框架建构为一个“类固醇狂躁症”（roid rage）引发的悲剧，一次由滥用类固醇类药物导致的发狂。摔角选手在竞技场外具有超侵略性（hyper-aggressive）的行为长期以来就与使用类固醇类药物紧紧联系在一起。代维·男孩·史密斯经常殴打他的妻子，斯图·哈特的女儿戴安娜有一次曾用霰弹猎枪对准她的头部。当戴安娜解释家庭中那些有争议的事情时（Assael，2002），她把一切归结于类固醇的使用（Karp，2008）。类固醇已经被牵扯进多位职业摔角手的死亡之中，包括于2005年去世的贝诺伊特的朋友圭雷罗，于2003年去世的科特·“完美先生”·亨尼格（Curt“Mr. Perfect”Hennig）和于2002年去世的代维·男孩·史密斯（Bluestein，2007b）。

在周二之前，类固醇狂躁症成了最流行的解释，但这个说法也迅速引起了争论。很明显这个说法缺乏足够准确的证据。就在星期二下午的新闻发布会上，警方拒绝透露是否在贝诺伊特的家中发现了药物或者类固醇（Newby，2007）。当天晚些时候，法耶特县警局的托马斯·波普（Thomas Pope）宣布在贝诺伊特的家中既发现了处方药物也发现了类固醇，并且在晚间电视新闻节目中迅速报告了这一最新进展。CBS新闻播报了波普的声明，并且在此之后要求WWE在“继去年之后又有一位摔角选手死于类固醇的相关背景下，必须出台一项全新的且相信更加强硬的药物政策”（“Pro Wrestler”，2007）。这个报告指出“在摔角界以前就曾有类固醇丑闻发生过”，并且援引摔角运动员比利·格拉汉姆（Billy Graham）的话，他承认他曾在“差不多25年的时间里”服用类固醇（尽管他否认他曾被查出患有类固醇狂躁症）。节目最后总结：“当局会在几周之内公布一个最后的毒理学报告，但是现在对于美国主流社会来说，我们有新的问题亟待解决：有关体育、类固醇与明星地位。”（“Pro Wrestler”，2007）

在数小时内，WWE 发布了一篇新闻稿强烈谴责了“感性化的报道和推测”，这使得更多的注意力被转移到了使用类固醇的可能性上。（“World Wrestling Entertainment”，2007）他们宣称找到了一些与类固醇狂躁症说法相悖的论据：找到的药物已经被确认为合法处方药；服用类固醇无法直接导致克里斯的死亡（上吊窒息而死）；毒理学报告尚未完成；在四月，克里斯刚刚通过了由 WWE 执行的最后一次药检；他死亡的时间和方式表明了他是故意死亡而非因类固醇狂躁症，警察并没有给出直接的证据证明克里斯长期服用类固醇（“World Wrestling Entertainment”，2007）。这些相当脆弱的抗议并没有停止关于类固醇狂躁症假说的讨论，但是它们清晰地表明如果类固醇狂躁症因为这个悲剧事件而被指责的话，WWE 害怕职业摔角被卷入这一事件中来。当虐待配偶的叙事可能将摔角刻画为反社会之光时，类固醇狂躁症的解释会最大限度地给这个组织带去法律后果。尽管 WWE 十分努力，但是在接下去的几周时间里，类固醇狂躁症叙事成了谈论这次谋杀－自杀事件的焦点。

2007 年 7 月 17 日，佐治亚州调查局公布了这三名家庭成员的毒理学报告。丹尼尔的血液中含有阿普唑仑（Alprazolam，镇静剂），一种通常不会给孩子使用的抗忧郁药物。首席法医克里斯·斯佩里（Kris Sperry）博士的结果显示，在丹尼尔体内的阿普唑仑水平甚至比成年人的用量还高，推断出该药物“绝对可以让他安静下来”，并且使他无法察觉或是仅仅只是轻微地觉察到在他死亡时发生的事情（Bonnell，2007）。南希的结果显示她体内含有氢可酮（Hydrocodone，一般称为镇痛药或维柯丁）、氢吗啡酮（Hydromorphone，镇痛剂）和阿普唑仑。贝诺伊特的尿检显示他的类固醇睾酮的含量为每升 207 微克——大概是正常水平的 10 倍左右。这一尿检结果显示，克里斯在临死前那段时间里确实于“短时间内在某种原因下”“使用了”睾酮。斯佩里解释说这一数量“也许可以作为他正在接受睾丸功能不全治疗的标识”。克里斯的尿液中没有其他的类固醇“或是人造类固醇类物质”。斯佩里得出结论：“我们没有发现任何其他类固醇或其他类型的药物被注入体内，来达到健身或其他类似的目的。”（Van Susteren & Wheatley,

2007）

新闻报道则用截然不同的方式来框架建构结果，鼓吹与毒理学报告对立的解释。加拿大《国家邮报》（*National Post*）的一篇报道干脆使用这样的标题——“贝诺伊特之死让类固醇的使用黯然无光”（Spector，2007）。与此同时，一篇来自福克斯新闻网的报道采用了这样的标题——“毒理学分析使克里斯·贝诺伊特谋杀－自杀案更加明朗”（Van Susteren & Wheatley，2007）。类似地，一些文章将药物的出现和犯罪联系在一起——“克里斯·贝诺伊特在谋杀－自杀时曾服用类固醇和其他药物”（Montgomery，2007），以及“调查者在摔角者体内发现类固醇，他杀了妻儿之后上吊自杀”（Bluestein，2007b）。同时，有其他报道表明报告既没有回答重要问题，也没有解释悲剧的原因——“毒理学报告没有解决克里斯·贝诺伊特案件的任何问题”（Mann，2007）。简而言之，对于克里斯的行为是否受到服用药物和/或类固醇的影响以及影响程度方面的问题，传媒报道呈现出了彼此冲突的观点。

尽管医学专家反复确认这不是一起类固醇狂躁症的案件——专家仍然对这一条件持怀疑态度——有几则新闻报道却始终进行类固醇狂躁症叙事。例如，加拿大新布伦瑞克（New Brunswick）的两篇文章报道了几乎相同的信息，但故事却出现了对立的阐释。《每日拾穗》（*The Daily Gleaner*）的文章标题“贝诺伊特体内含有药物组合成分”（2007）倾向于淡化案件与类固醇的关联，《电讯杂志》（*Telegraph-Journal*）的文章标题“贝诺伊特体内摄入过多药物”（2007）则关注此类物质可能形成的影响。这两篇文章都报道了贝诺伊特体内存在的睾酮与斯佩里声明中“没有任何证据显示类固醇在南希和克里斯·贝诺伊特死亡事件中起到任何重要作用”的观点，但后一篇报道似乎鼓励读者质疑这一点。《每日拾穗》的报道引用了斯佩里的说法“睾酮诱发精神疾病或导致愤怒爆发的科学数据存在冲突”，但《电讯杂志》未引用这句话。同样，《电讯杂志》在该报道上半部分内容中提到“在（贝诺伊特）家中发现了合成代谢类固醇”，但《拾穗日报》直到文章2/3的内容处才解释“处方合成代谢类固醇”（用以强调的增添）的发现。《每日拾穗》的文章集中关注当前类固醇和暴力之间联系的研究所出现的模糊观点，其中提到“克里斯·斯佩里博士认为睾酮与妄想症（paranoia）、抑郁症和暴力行为（也就是类固醇狂躁症）（用以强调的添加）之间不存在一致性联系。《电讯杂志》使用了几乎相同的辞藻，在技术上表达了同一事实，它写道："一些专家认为类固醇会导致妄想症、抑郁症和暴力行为（也就是类固醇狂躁症）。"最后，相比《每日拾穗》，《电讯杂志》在更显著的位置强调了贝诺伊特血液中的酒精测试结果呈阴性，包括第三句中的信息和报道了睾酮水平上升之后的及时信息。调查的重要性隐含于优先权和语境提示的解释权力中：因为酒精没有发挥作用，更有可能的是别的物质发挥了作用。这些细节偏离了其他地方报道的事实，但是《电讯杂志》的文章中巧妙地维持了类固醇狂躁症的提法，全然不顾毒理学报告提供的反面证据。克里斯的父亲迈克尔·贝诺伊特一直都对谋杀－自杀一案存有疑惑，并期望毒理学报告能够给出终极答案（Mosconi &Nichols，2007）。一个非营利组织——体育遗产研究所（Sports Legacy Institute）中的医师一直致力于研究运动员反复脑震荡所带来的伤害，并对贝诺伊特古怪和破坏性的死亡行为提供另外一种解释。前职业摔角选手和研究所的合作创始人克里斯·诺文斯基（Chris Nowinski）请求迈克尔同意检查其儿子的大脑。检查结果看上去很明确。本内特·欧玛路（Bennet Omalu）博士操刀检查并得出结论，贝诺伊特40岁的大脑看起来像"患阿尔茨海默氏症（Alzheimer's disease）晚期85岁的大脑"（Maich，2007）。尽管有这一证据，还有在悲剧发生时毒理学报告中类固醇滥用检测为阴性的事实，已经解释了由创伤性脑损伤（TBI）引发的谋杀－自杀行为，但这一切并没有引起公众的兴趣，因为类固醇狂躁症的叙事模式业已存在。

结　论

截至2011年7月，维基百科有关睾酮的文章（"睾丸酮"，日期不详）在合成代谢类固醇"运动应用"中仅提到两个人。一些已经引起了广泛关注的案例［例如，巴里·邦兹、玛丽安·琼斯、马克·马奎尔、拉法埃尔·帕梅洛的案例（Rafael Palmeiro）和安迪·佩蒂特（Andy Pettitte）］，在该篇文章中都未提及。第一个涉及的运动员是加拿大短跑运动员本·约翰逊，他被剥夺了连续获得的1987年罗马田径世界锦标赛和1988年首尔夏季奥运会100米短跑金牌和世界纪录。维基百科提到的第二个运动员就是克里斯·贝诺伊特，文中指出他在2007年使用类固醇让自己处于聚光灯之下，但将谋杀－自杀事件归结为"传媒疯狂"，同时指出"没有证据表明使用类固醇是成因"。换句话说，尽管医学证据不支持贝诺伊特的悲剧在于类固醇狂躁症的说法，但他的名字还是与滥用类固醇联系起来。这是为什么呢？

我们的分析表明将贝诺伊特灾难性的行为解释成类固醇狂躁症旨在希望摔角乃至体育运动员远离谋杀和自杀，因为他的行为根源可以被视为一种欺骗。至少从表面上看，体育不需要使用类固醇，职业摔角运动大抵也是如此（Randazzo，2008）。在类固醇狂躁症的叙事版本中，贝诺伊特的悲剧变成他自身的责任：他自己选择服用危险药品，这意味着他为自己带来了这场灾难。摔角运动不会是无可非议的，目前看来摔角值得进行仔细审查。但在这一解释中，这项运动对他的犯罪行为没有任何内在责任。类固醇叙事被进一步定位为"肮脏的运动员"之弧。

相比之下，TBI 的解释倾向于暗示摔角运动需要为这次事件承担基本责任，因为在体育比赛中头对头碰撞和其他伤害性接触是不可避免的。此外，应当有改善运动创伤性脑震荡的措施出台——比如戴防护头盔或禁止直接打击运动员头部或者脸部。在贝诺伊特逐渐扬名并跻身名流的过程中，体育呈现得更多的是原始的阳刚之气和神话特质。定位于贝诺伊特故事的头部创伤叙事与许多其他职业摔角选手的英年早逝或参与体育运动带来的严重疾病联系在一起。加拿大广播公司（CBC）制作了一部反映贝诺伊特和其他摔角选手的纪录片《一战至死》（*A Fight to the Death*）。纪录片认为贝诺伊特和其他摔角手例证了这一模式（Karp，2008）。在这个故事版本中，贝诺伊特的悲剧变成他作为一个竞争选手具有的神话般威力的延伸，他令人印象深刻的签名结束动作的常规表演（一个被誉为天鹅潜水或"飞翔的"头颅的演习）变成不负责任的表现。

对于体育迷来说，对欺骗维持一种道德上的反抗比接受体育运动可能常规性地制造永久性的精神损伤更容易。欺骗越来越成为"游戏的一部分"，管教和规约欺骗者也构成体育事业的一项重要组成部分。欺骗且被抓获的人应该接受他们的命运，渴望他们受到惩罚变成一种道德立场的框架。但是，如果一项运动让运动员持续性地受到严重的、无法忍受的伤害，那么运动本身就要受到道德的仔细审查。如果一项运动令运动员残废，在本质上就将他们置于不可接受的冒险之路的话，这项运动就可以被认定为非法活动。父母鼓励儿女参与这种运动就可被视为道德上的犯罪嫌疑人。基于这些影响远离这类运动对于维护积极的道德和社会风气来说显得很重要。

在我们的分析中，类固醇狂躁症和创伤性脑损伤之间解释的张力也是体育与残疾和男性的气概的关系的强大文化信念之间的交织。在类固醇狂躁症叙事中，由贝诺伊特使用类固醇联系到所谓的睾酮不足，这可能被解读为一种致残行为和一种生理阉割行为（因为这意味着，从字面上理解，荷尔蒙的缺失难以成就一个男人）。这告诉我们，他的悲剧地位根源于体内“正常”激素水平的异常，以致出现残疾和“男性气概”表现失败的可怕结果。因此，类固醇狂躁症的叙事符合体能至上和霸权阳刚之气主导的文化系统。观察支持了这一论断：头部创伤叙事——提供给贝诺伊特谋杀和自杀的唯一的替代性医学框架——破坏了体育作为健康和男子汉代名词的文化传统。确定头部创伤为罪魁祸首倾向于责备摔角运动本身和这项运动的大男子主义（machismo）——这种华丽的胆大妄为的滑稽行为，缺乏制度和器具保护头部不遭受创伤，那种硬汉只有通过伤痛来铸就的观念成为一种不足。相较于通常指责贝诺伊特对这些运动的个人选择的类固醇狂躁症的叙事，头部创伤的解释将这项运动描述为在不知不觉中摧毁参与者。在后面一个故事中，被称为攻击波的体育娱乐最真实的部分就是职业摔角运动员本身悲剧的代价。

参考文献

Assael, S. (2002, November 15). Overkill. ESPNmag. com. Retrieved from http://espn. go. com/magazine/vol5no24davey. html.

Ball, M. R. (1990). *Professional Wrestling as Ritual Drama in American Popular Culture.* Wales, UK: Edwin Mellen Press.

Beekman, S. M. (2006). *Ringside: A History of Professional Wrestling in America*. Westport, CT: Praeger.

Benoit's body contained combination of drugs. (2007, July 18). *The Daily Gleaner*. Retrieved from http://www. lexisnexis. com/hottopics/lnacademic.

Benoit's brain showed severe damage from multiple concussions, doctor and dad say. (2007, September 5). *Good Morning America.* Retrieved from http://abcnews. go. com/GMA/story? id = 3560015&page = .

Benoit's dead body loaded with drugs. (2007, July 18). The Telegraph-Journal. Retrieved from http://www. lexisnexis. com/hottopics/lnacademic.

Bluestein, G. (2007a, June 27). Wrestler strangled wife, suffocated son, hanged himself in weight room; Police offer no motive. *Associated Press.* Retrieved from http://www. lexisnexis. com/hottopics/lnacademic.

Bluestein, G. (2007b, July 17). Investigators find steroids in body of wrestler who killed wife and son before hanging himself. *Associated Press.* Retrieved from http://www. lexisnexis.

com/hottopics/lnacademic.

Bonnell, K. (2007, July 18). Benoit drugged young son. *Windsor Star*. Retrieved from http://www. lexisnexis. com/hottopics/lnacademic.

Boyd, G. (2007, June 25). WWE wrestler Chris Benoit and family found dead in Atlanta. Blogcritics‐org Video [Web log]. Retrieved from http://www. lexisnexis. com/hottopics/lnacademic.

Duffy, K., Ahmed, S. (2007, June 28). The Benoit family tragedy. *The Atlanta Journal-Constitution*. Retrieved from http://www. lexisnexis. com/hottopics/lnacademic.

Duffy, K., Jefcoats, K. (2007, June 27). The Benoit family tragedy: Murder-suicide rocks wrestling fans, Fayette. *The Atlanta Journal-Constitution*. Retrieved from http://www. lexisnexis. com/hottopics/lnacademic.

Ellison, J. (2008, October 14). Richard Belzer on his debut novel, Hulk Hogan, and not being related to the Fonz. *New York Magazine*. Retrieved from http://nymag. com/daily/entertainment/2008/10/richard_ belzer_ on_ his_ debut_ no. html.

Karp, M. (Producer). (2008, February 6). *A fight to the death*. [Television broadcast]. Toronto, Canada: Canadian Broadcasting Corporation.

Maich, S. (2007, October 22). The concussion time bomb. *Maclean's*, 120 (41), 46 – 52.

Mann, S. (2007, July 18). Toxicology report solves nothing in Chris Benoit case. *Bleacher Report*. Retrieved from http://bleacherreport. com/articles/1404 – toxicology – report – solves – nothingin – chris – benoit – case.

Montgomery, J. (2007, July 17). Chris Benoit had steroids, other drugs in his system at time of murder-suicide. *MTV News*. Retrieved from http://www. mtv. com/news/articles/1564953/chris – benoit – had – steroids – in – his – system. jhtml.

Mosconi, A., Nichols, A. (2007, June 30). Benoit kin didn't know of disorder. *Daily News* (NY). Retrieved from http://www. lexisnexis. com/hottopics/lnacademic.

Newby, D. (2007, June 26). Authorities await autopsies in deaths of wrestler Chris Benoit, wife, 7-year-old son. *Associated Press*. Retrieved from http://www. lexisnexis. com/hottopics/lnacademic.

Oppliger, P. A. (2004). Wrestling and hypermasculinity. Jefferson, NC: McFarland. Pro wrestler Chris Benoit killed wife and son and then himself; steroid use may have been involved. (2007, June 26). *CBS Evening News*. Retrieved from http://www. lexisnexis. com/hottopics/lnacademic.

Randazzo, M. (2008). *Ring of Hell: The Story of Chris Benoit and the Fall of the Pro Wrestling Industry*. Beverly Hills, CA: Phoenix Books.

Schwarz, A. (2011, May 2). Duerson's brain trauma diagnosed. The New York Times.

Retrieved from http://www.nytimes.com/2011/05/03/sports/football/03duerson.html.

Seeliger, C. (2007, June 28). Hardly a hero: Wrestler was a bully and a killer [Editorial]. *The Atlanta Journal-Constitution*. Retrieved from http://www.lexisnexis.com/hottopics/lnacademic.

Spector, M. (2007, July 18). Benoit's death sheds no light on steroid use; Underground culture conceals all the answers. *National Post (Canada)*. Retrieved from http://www.lexisnexis.com/hottopics/lnacademic.

Testosterone. (n. d.). Wikipedia.org. Retrieved from http://en.wikipedia.org/wiki/Testosterone#Athletic_ use.

Van Susteren, G., Wheatley, J. (2007, July 17). Toxicology reports shed new light on Chris Benoit's murder-suicide. *Fox on the Record with Greta Van Susteren*. Retrieved from http://www.lexisnexis.com/hottopics/lnacademic.

World Wrestling Entertainment. (2007, June 26). WWE shocked at latest developments in Benoit tragedy, concerned by sensationalistic reporting [Press release]. Retrieved from http://www.lexisnexis.com/hottopics/lnacademic

Wrestler Benoit, family dead; Atlanta area police are treating case as a murder - suicide, newspaper reports. (2007, June 26). *The Gazette* (Montreal). Retrieved from http://www.lexisnexis.com/hottopics/lnacademic.

第10章　糟糕着陆：芬兰跳台滑雪手马蒂·尼卡宁的金牌和犯罪记录的图解

皮尔科·马库拉[①]　佐埃·阿芙内尔

跳台滑雪——一项要求运动员沿着坡道跳跃之后在下坡时尽可能向远处着地的运动——这项运动在北欧的芬兰和挪威，在中欧的奥地利、德国、波兰、斯洛文尼亚和瑞士，以及在日本都是能吸引大量观众的流行项目。在这些国家中，对于像一年一度的巴伐利亚四山巡回赛（Bavarian Four Hills Tournament）这样的重大赛事，电视台会进行广泛的报道。成功的跳台滑雪运动员被视为伟大的体育英雄而受到迎接欢呼。跳台滑雪也是一项只允许男性运动员参赛的奥运正式比赛项目。

跳台滑雪是一项看似高风险的运动项目。运动员的跳跃距离通常超过100米，参加这项比赛的选手被认为需要一种"大无畏"的态度。举例来说，北美媒体将跳台滑雪形容为一种"有勇无谋的"（foolhardy）的运动，认为（它）不仅仅需要勇气还要求精神失常。在这个意义上，跳台滑雪有可能被认为是一项"男性化"的运动，媒体进一步将其建构为只适合年轻、强壮和强大的运动员参与其中的运动（Loland，1999）。另一方面，一个小巧轻盈的身躯能够飞过极端距离达到赢得跳台滑雪比赛的技术要求。因此，最好的跳台滑雪运动员是相对来说体型较小的人，他们必须严格控制自己的体重（Loland，1999；Muller，2009）。例如我们的"英雄"、跳台滑雪运动员马蒂·尼卡宁在作为竞赛选手时身高1.77米（5英尺10英寸），体重54公

① 皮尔科·马库拉（伊利诺伊大学博士），加拿大阿尔伯塔大学体育与休闲系教授。她的研究兴趣集中在运用福柯理论来分析体育文化问题。目前已经出版了6本著作（合著），在多家国际核心期刊发表数十篇学术论文，是SSCI期刊《体育社会学学刊》的前任编辑。E-mail：pmarkula@sports. ualberta. ca。

佐埃·阿芙内尔（阿尔伯塔大学博士生），她的研究兴趣主要在运用福柯理论来分析教练和女子足球问题。E-mail：avner@ ualberta. ca。

斤左右（119 磅）。他是第一代有着“飞翔的松鼠”（Meyers，1992，p. 6D）体型的跳台滑雪运动员：被塑造得强壮但瘦小。因为这类身形在比赛中更具优势，因此体育报道中也出现过几例运动员饮食失调的新闻（Muller，2009）。在某种程度上，跳台滑雪运动员的尺寸比较“女性化”（Loland，1999）。这些运动员努力地保持他们的体重，而不是寻求实现霸权男性化类型中发达的肌肉。精英跳台滑雪中运动员为了让自己达到最佳状态，不得不积极地在“强硬”但瘦小中协商。

这些特征也构成了跳台滑雪英雄出现的参数。在这一章里，我们将史上最成功的跳台滑雪运动员之一马蒂·尼卡宁作为研究对象，他现在仍然是跳台滑雪这一项目上赢得最多奥运奖牌（5 块）和最多世界杯胜利（4 金）的纪录保持者。这一纪录让尼卡宁不仅在他的祖国芬兰，更在世界跳台滑雪界拥有超级英雄的地位。然而，作为史上最伟大的跳台滑雪选手之一，尼卡宁在赢得荣誉的同时也伴随着其他渠道带来的更多恶名。

为了进一步分析尼卡宁的传媒表征，我们从德勒兹的视角出发，将现代主义自我建构的二元模式问题化（例如：男性化/女性化，男人/孩子，冠军/退役，好/坏，体育英雄/酗酒者，有决心的/迷失的，理性的/失控的）。德勒兹和瓜塔里（Deleuze & Guattari，1987）使用术语“肖像特征”来连接这些二元化的特征。在这种语境下，一个个体必须选择二元划分后的其中一侧站队：男性化的、好的一侧被德勒兹和瓜塔里加以“多数主义”形象的标签。由于在晚期资本主义中持续出现，二元化的性别形象“能够通过社会识别和心理上确认的面孔来进行捕捉和编码”（Lorraine，2008，p. 84），减少了个体存在所呈现的复杂性。例如，传媒文本可能将尼卡宁和代表二分法中积极一面的其他跳台滑雪运动员或者芬兰男性运动员进行比较，将尼卡宁置于消极的一面，因此将尼卡宁塑造为一个不被社会承认的、运动的男性形象。然而，与他的这一负面形象相关联的是能够通过强调正面的社会理想形象来提升阳刚之气的摩尔线。这样一种多数主义者形象或者性别的身份认同，“意味着与世界保持相对自主的自我概念在尊重世界的前提下持被动或主动的渴望立场”（Lorraine，2008，p. 65）。洛雷尼（Lorraine，2008）认为，在这个现代社会里，这一主题将通过“意义和行为个性化模式的重复”（p. 63）来维系“自我同一性”。例如，尼卡宁或许被认为持续地诉诸相同的“坏行为”的“个性化”模式。从德勒兹的视角出发，洛雷尼进一步发现：

> 一个人是否协调一致或者痛苦不和谐地生活在名称和质询之外，取决于他（她）在生活的过程中是否与占统治地位的记忆产生共鸣的多重力量汇聚（也就是说，再现的记忆和历史是被主流所掌控的），或者是否符合对反记忆和抵抗少数主义者引发出的变化趋势（2008，p. 65）。

正如我们了解的，尼卡宁有几位拥有“占统治地位记忆”的男性化体育英雄形象的对手，我们计划进一步探究传媒文本是否将他塑造为创建反向记忆或者是生活在男性化记忆中占主要地位的“痛苦不和谐”中。因此，根据布莱多蒂（Braidotti，1997）的理论，我们将德勒兹的理论作为一项特别有帮助的工具来使用，来“接近一些当代文化中更加反传统的和有时令人不安的层面”（p. 76），以此来厘清在跳台滑雪超级明星尼卡宁的“浮”与“沉”的过程中，那些“看上去毫无意义的、无政府主义的和带有威胁性的”（p. 76）的行为。

曜升明星地位——“娃娃脸”的超级天赋

在1982年至1990年期间，尼卡宁的职业运动生涯获得了巨大成功。在此期间，他一共获得5块奥运奖牌、9枚世界锦标赛奖牌和22枚芬兰锦标赛奖牌。他运动生涯的巅峰时刻无疑是1988年卡尔加里冬奥会期间，在这届奥运会上他赢得了3枚金牌，这次引人注目的壮举在之后每届奥运会和世锦赛报道中都会不断地被媒体提及。

在尼卡宁的运动生涯早期，传媒再现是非常积极的。他在这项运动中取得了优异的成绩，媒体称赞他是赢得世界北欧滑雪锦标赛（World Nordic Ski Championship，1982年）最年轻的北欧运动员。在此期间，大部分报纸将他描述为一位懂礼貌的年轻人，一个“19岁的娃娃脸”（Golla，1983，p. S3）或是“跳跃高手”，他还赢得了“飞翔的芬兰人”的称号。关于尼卡宁的报道，媒体态度的第一个转折点发生在1985年，他因为在普拉西德湖的表现不佳以及酗酒问题被芬兰队开除并送回国，从而遭遇人生中第一次来自媒体的负面报道。与之相反的是，在那次事件前几个月，他刚被评选为芬兰年度最佳运动员（“Roundup Ski Jumping”，1985）。

1986年，随着尼卡宁在运动成绩上的强劲反弹，他的媒体形象获得了救赎。媒体将他此次的成功直接与他更加充实的人生经历和近期的婚姻联系起来，认为这“有助他安定下来……在耀眼的运动纪录面前，纪律问题只是唯一的污点”（Davidson，1986，p. D2）。从 1986 年到 1987 年，媒体报道仍然将重点放在他充满矛盾的性格上，将他的娃娃脸、孩童式的天真、瘦小的“小精灵一般的身体”与他在竞赛压力下表现出的异乎寻常的冷静作对比。这些关于尼卡宁复杂的、多层次的媒体再现表明了构建他男性化“形象”二元性的交叉点：一个脆弱的年轻不成熟的运动员过早专业化，而且“太快达到完美”（Davidson，1987，p. D2）的神话。除此之外还有超男性化的体育英雄专注的、有求胜欲的、基本的、特殊的个性和特质。有趣的是，尼卡宁的传媒再现矛盾地体现为既有明星儿童的脆弱，又有体育英雄的超男性化特质，这被表现得是可以理解的，这与另一位来自加拿大的著名跳台滑雪选手霍斯特·布劳（Horst Bulau）的传媒再现有一定联系（Davidson，1987，p. D2）。将霍斯特·布劳运动生涯的高低起伏与尼卡宁公共和私人生活中的考验和磨难并行绘制，有助于提供一个更宽泛的语境框架，在这之中尼卡宁被媒体表现为是可以被理解的。此外，将这两位高水准的跳台滑雪运动员的生活放入具有统治性的、现代化的男性、高水平运动的语境中对比有着策略性的意义，将他们呈现的基本性格特征归纳为高水平运动员的表现使他们的表现自然化（一种有着强烈竞争意义和求胜欲的性格，只能在最终求胜的目的下才能集中注意力）。另外，尼卡宁的传记作者泰纳（Theiner，2003）认为尼卡宁很可能患有 ADHD（注意缺陷障碍伴多动症）：他脾气暴躁，很容易感到沮丧，在学校里无法专注于任何事情（除了训练之外），他只是勉强地完成了芬兰的九年制义务教育学习。

最后，尼卡宁职业运动生涯后期的传媒再现（包括他最成功的 1988 年）被指向了复杂的男性优秀运动员形象交织的流行两面：一方面是“好的”体育英雄，他谦虚、鼓舞人心，是一位好的队友，一个懂得“回馈”运动、粉丝和国家的人；另一方面是孤傲的、自私的、忘恩负义的人（例如，McDonald，1988；Sons，1988）。媒体再一次将尼卡宁与一位知名的英国跳台滑雪运动员艾迪·爱德华兹（Eddie Edwards）作比较，爱德华兹被称为“雄鹰艾迪”（Eddie the Eagle），他之所以谋得英雄地位并不是因为他出色的运动成绩（他总是排名末尾），而是他的魅力、不同寻常、谦卑和决心。但是，泰纳（Theiner，2003）将尼卡宁描述为既自恋又以自我为中心的人：一位被宠坏的体育明星，只有在有利可图时才会表现得像团队中的一员。

尽管有一些新闻报道将尼卡宁的沮丧以一种温和的方式描写出来（例如，Cox，1988；Denlinger，1988；Miller，1988），尼卡宁仍然被媒体进行了压倒性的制裁，因为他并未以一位“真正的”体育明星的身份承担他应当承担的个人及社会责任：“马蒂·尼卡宁赢了三块奖牌，遗憾的是他的魅力就像枯萎的生菜一样，未能激发敬畏他的个人行为价值。”（Sons，1988，p. 3）许久之后，尼卡宁对他运动生涯期间与媒体之间的关系进行了说明：“我没有意识到（我需要）跟电视和报纸记者建立良好的关系……他们的持续在场分散了我的注意力，他们的问题缺乏想象力。”（引用自翻译的 Theiner，2003，p. 10）他承认在培养与媒体的关系上自己并不主动积极，但他也暗示出对传媒的责备，（他的负面形象）至少部分归结于“糟糕的”媒体。

“飞翔的芬兰人”因酗酒坠落

1990 年，尼卡宁没有参加巴伐利亚四山巡回赛，他的明星状态开始走向黯淡。媒体报道称退赛的官方原因是他祖母的去世。第二年，也就是 1991 年，尼卡宁在有 65 名运动员参加的世界锦标赛中排名第 50 位——这一事实被国际媒体不断重复报道。他的教练马蒂·普利（Matti Pulli）透露尼卡宁的训练量并未达标，同时还指出他的酗酒问题。此外，尼卡宁还有其他个人问题。他 27 岁时就与第二任妻子皮娅·海尼宁（Pia Hynninen）离婚。根据媒体报道，尼卡宁因为自身表现不佳而迁怒于教练，他说：“是我让自己成为冠军的。”（Baldwin，1991）他还炫耀称：“我现在是，将来也会是世界上最伟大的跳台滑雪运动员。”（Baldwin，1991）此时的国际跳台滑雪界在同一时期将经典形式（与滑雪板平行“飞行”）改为 V 模式（在空中飞行时，以脚后跟并拢脚前端尽量张开的 V 型形式“飞行”）。尼卡宁擅长经典形式却从未以 V 模式完成动作（Theiner，2003），这是一个从未在新闻中被提及的事实。泰纳（Theiner，2003）解释伤病是造成尼卡宁失败赛季的原因，也是导致他退役的终极原因。在 1991 年世界锦标赛之前，尼卡宁接受了一次膝盖手术，导致他一整年不能参加训练。在他的运动生涯中，尼卡宁一共接受了四次膝盖手术，在从跳台滑雪界退役之后他还接受了两次背部手术。

1992 年尼卡宁尝试回归，但未能入选法国阿尔贝维尔冬季奥运会的芬兰代表队。尽管如此，他仍然出席了奥运会。在这届奥运会上，16 岁的托尼·涅米宁（Toni Nieminen）创造历史赢得两枚金牌，成为新的芬兰跳台滑雪英雄。尼卡宁作为一家日本运动装备公司的顾问来到奥运会，作为跳台滑雪冠军的“多数主义者形象”已然失败。这借由他反复呈现的“恶劣”行为被断言，并通过他的失败带来的一种“自我同一性”强化了其具有阳刚之气、磨牙、自律和运动自我的形象。然而28岁的尼卡宁仍然被认为是史上最伟大的跳台滑雪传奇运动员，也被刻画为忧郁的、过分华丽的、不可靠的、严厉的、脾气暴躁的、火热的和刚愎自用的形象。涅米宁与他正好相反，涅米宁是友好的、和善的、又有点害羞的新面孔，却拥有与尼卡宁相同的冠军品质：瘦弱的、脆弱的、纤细的身体，也非常自信。新晋冠军不愿意被拿来与尼卡宁作比较。下面这一段表达了这些观点：

> 超级明星地位等待着这位16岁的两金获得者……涅米宁回避谈论尼卡宁……他说：“我从未说过我和尼卡宁是同一等级的……”他有着除了运动更多的原因来避免被贴上尼卡宁的标签。酒精、女人和夜总会混战等将忧郁、阴沉的尼卡宁卷入新闻中……相反，同样有着一张娃娃脸的涅米宁，却把完成家庭作业都带进跳台滑雪事件中。（Holmes，1992）

当被问到如何对待许多崇拜他的芬兰女性粉丝时，“害羞的”涅米宁脸红地展示了“新鲜的无辜感”之后回答道：“这真是一个困难的问题，我真的不知道该如何回答。”（Holmes，1992）同一时期，尼卡宁正在完成他的第二次离婚。尼卡宁的个性也能从他的绰号“核武器马蒂”（Matti-Nukes）中得到印证，这一绰号是他的芬兰队队友取的，因为他“爆炸性的酗酒和社会习惯”（Ziegler，1992，p. D－3）。尽管尼卡宁的个性被描述为多彩的和古怪的，但涅米宁被报道为具有更多跳台滑雪运动员的“性格”。

在几次尝试回归之后，于1994年奥运年的6月，尼卡宁正式宣布退役。根据泰纳（Theiner，2003）的报道：“马蒂现在处于一个全新的状态，他不再是众人关注的焦点了。”（p. 123）突然间，他要学会打理自己的事物，之前这都是芬兰滑雪协会代劳的。尼卡宁自己也承认，“跳台滑雪之外的世界跟之前我习惯的实在不同”（引用自翻译的Theiner，2003，p. 114）。尽管如此，他仍然乐观地相信“体育之后的人生，如同我之前的运动生涯，我想象、希望并期待所有事情都会好起来”（引用自翻译的Theiner，2003，p. 114）。抛开尼卡宁的自信不谈，在此期间他破产并被迫卖掉他42枚锦标赛和奥运会奖牌来维持生计的事情被媒体广泛报道。最终芬兰的一家博物馆获得了这些奖牌。这样的方式被认为是前冠军最可耻和绝望的做法，他完全是在令自己蒙羞。正如怀特（White，1994，p. C11）的报道："之前有一段时间大众充满激情地拥抱他，喧闹的庆典标志着另一次跳跃，记录着他的伟大……依然推杯换盏，但庆典不再有。经济上的窘迫逼迫他卖掉四枚奥运会金牌。他的国家以可耻的眼神凝视着他。"

尼卡宁解释说因为没有赞助，他只能卷入一些"糟糕的交易"。这样的行为与尼卡宁作为失败冠军的一贯个性是一致的。他灰头土脸的坠落因他作为流行歌手的身份加剧。尼卡宁的坠落在报道中被归结为"一个生意人把我是谁的问题优先处理了"（"Ski Jumping—Finnish"，1994）。然而，尼卡宁再一次接受了这样的指责，他认为"我经济上的困难很大程度上是因为我自己的愚蠢"（"Ski Jumping—Finnish"，1994）。除了容易轻信别人和在做生意方面的无能以外，尼卡宁还被认为"很疯狂"，与毒品和酒精的抗争"毁掉了他的事业"。

令人感到好奇的是，尼卡宁在利勒哈默尔冬季奥运会上现身售卖 T 恤衫："曾经随和，现在却深陷耻辱——靠着他的名声在利勒哈默尔售卖 T 恤。"（White，1994，p. C11）随后几年，每次有新的跳台滑雪选手快要打破尼卡宁的奖牌纪录时，他总会被新闻提及，抑或是他的婚姻或法律问题让他持续出现在新闻中。他那非凡的运动生涯只有一次上了头条：他在 1999 年芬兰世纪最佳运动员投票中获得第二名，排在芬兰传奇长跑运动员帕沃·努尔米（Paavo Nurmi，在 20 世纪 30 年代同样有着"飞翔的芬兰人"的绰号）之后，领先于另一位奥运冠军长跑运动员拉瑟·韦伦（Lasse Viren）（韦伦最早参加了成为警察的培训）。韦伦成功地获得了一段新的令人尊敬的运动生涯，随后作为芬兰国会的一员继续保持他的英雄头衔。跟韦伦相比，尼卡宁再一次被建构成努力想要成为被接受的英雄"形象"。一份英国报纸《泰晤士报》提供了一份关于三位"飞翔的芬兰人"的明确比较：

> 马蒂·尼卡宁不需要绰号，芬兰人长期以来有两个最爱：田径和跳台滑雪。努尔米是他们之中最伟大的运动员，他在 20 世纪 20 年代一共赢得 9 块奥运会中长跑项目的金牌。韦伦说，"马蒂是史上最好的跳台滑雪运动员"。韦伦，以常人眼光来看，其实也达到了这样的成果，只是他不会这么说。这不是他的风格，他有魅力，并且聪明，但有点太过政治化。韦伦现在经营着他自己的慈善机构

> 帮助年轻运动员，同时他也是国会的一员。尼卡宁星期三因为恶意攻击而受审。（Slot，2004，p. 30）

从跳台滑雪界退役之后，尼卡宁令人好奇的职业选择持续吸引媒体的关注。有时他被介绍为一位艺人，但更多的是（糟糕的或是不成功的）歌手。例如，一位芬兰记者朱哈·霍尔塔（Juha Hölttä）在一份美国报纸上评价尼卡宁的歌唱天分："尼卡宁是一个歌手，但他并不懂怎么唱歌。他发行过两张专辑，实在是可怕……他做了太多愚蠢的事情。"（Ziegler，1994）尼卡宁的歌手生涯也不是彻底失败的，他的第一张专辑《Yllatysten Yo》在芬兰销量超过 25 000 张（Ronay，2010），并且获得了一张金唱片奖。他的另外两张专辑是 1993 年发行的《武士》（Samurai）和 2006 年发行的"也许我做了，也许我没有"（Ehkä Otin，Ehkä En）。但是，他打算与世界上最差的跳台滑雪选手艾迪·"老鹰"·爱德华兹（Eddie "The Eagle" Edwards）一起在国际市场发表一张专辑。这一计划并未实现，但是艾迪·爱德华兹用芬兰语录制了一首单曲《我的名字是艾迪》"Mun nimi on Eddie"，这首歌在芬兰市场大受欢迎（Ronay，2010）。

尼卡宁被发现在赫尔辛基的一家夜总会里当脱衣舞男，他本人否认了这一传闻。他最近的这份工作经历在日本进行的世界锦标赛上获得了极大的媒体关注。在报道中，媒体将尼卡宁与他的前竞争对手艾迪·"老鹰"·爱德华兹进行了比较，并认为世界跳台滑雪冠军尼卡宁比爱德华兹更加失败。例如，英国《卫报》如此报道：

> 艾迪·"老鹰"·爱德华兹也许在他短暂的跳台滑雪运动生涯中从未有过勇士（Full Monty）的感觉。不过马蒂·尼卡宁还没有这样的幸运，这位在 1988 年赢得奥运金牌的芬兰运动员被艾迪抢走了太多镜头。他为了维持生计转而成为脱衣舞男。（Downes，1998，p. 16）

尼卡宁所表演的脱衣舞还被认为水平低劣：

> 尼卡宁上周在芬兰的一家夜总会初次登台表演便遭一片嘘声，并不是因为他拒绝脱下他的 Y 型紧身内裤，而是因为他在台上表演期间始终摇摇晃晃。在跳台滑雪比赛时他那惊人的平衡性已经抛弃了他，据说因为他当时喝醉了。（Downes，1998，p. 16）

在这些报道中，爱德华兹作为一名跳台滑雪运动员的失败反而成为可接受的、甚至令人敬佩的娱乐素材，然而尼卡宁在娱乐方面做出的努力看起来就像在“自我毁灭”。例如，《纽约时报》有如下报道：

> 卡里加尔奥运会三枚跳台滑雪金牌获得者在芬兰是个变坏的人，名叫马蒂·尼卡宁。他无法控制自己酗酒和斗殴，自我毁灭的尼卡宁随后卖掉了自己的奖牌。在最近一次报道中，他正在做一份脱衣舞男的工作。难怪记者们更喜欢爱德华兹。尼卡宁大概只有在日本阿尔卑斯山①的冬奥会时才会被记起。(Longman, 1998, p. 3)

虽然“变坏”和酗酒也许会被认为是男性化“形象”的部分呈现，尼卡宁还是太过失控，以至于建构性地创造了一个可接受的身份认同，这在很大程度上就是“反运动”英雄艾迪·爱德华兹，人们显然更接受后者。这些比较在2008年，距离1988年卡尔加里奥运会过去20年之后，爱德华兹重新现身新闻中时出现。这些报道称他已成功获得法学学位，并且在做泥水匠时有了自己的家庭。跟尼卡宁相同，爱德华兹同样宣布了破产，他解释是因为被他的信托公司占了便宜，之后他对公司提起诉讼（Sekeres, 2008）。虽然爱德华兹被描述为一个“古怪的人”，但他也是一个“普通人，容易接近的、和气的、有趣的，是的还有些傻气的人”（Sekeres, 2008, p. S1）。因此，与尼卡宁“因酗酒、婚姻和法律纠纷造成的崩溃”相比较，爱德华兹成功获得学位并且开始新生活显示出他和蔼可亲的和沉稳的性格（Bradford, 2008, p. F2）。

在这些故事中，尼卡宁从一只翱翔的雄鹰沦为一只不能飞翔的火鸡。另外，尼卡宁也为芬兰新的世界冠军希望杨内·阿霍宁（Janne Ahonen）提供了具有警示性意味的比较对象：

> 芬兰人希望这位近期表现极佳的25岁运动员不要走上1988年三枚奥运金牌获得者的老路，马蒂·尼卡宁浪费了自己挣得的75万美元，离婚三次，目前在赫尔辛基的一家酒吧当脱衣舞男(Ziegler, 1994)。

简短的描述总结出尼卡宁在财产和婚姻方面的问题，然而其他报道总是将酗酒添加到他反复的行为模式中。

---

① 译者注：指日本长野地区。

尼卡宁与酒精的抗争在有关他职业生涯的媒体报道中被持续不断地被提及，但他仍然被描述为一位活着的传奇，一位友善的、性格上虽一定程度有遗憾却被芬兰人民热烈拥戴的人物，他们原谅他的缺点。例如，由澳大利亚作家埃冈·瑟纳（Egon Theiner）撰写的尼卡宁最新的人物传记发表时，一位美国记者写道：

> 这本书在芬兰的发布会被国家电视台直播，尼卡宁出席时已然喝醉了。他说："我必须承认昨晚我出城并小酌了几杯。"这话从一位反复进出康复诊所的人嘴里说出，表明"实际上，往往喝的时候都不止几杯"。人们大笑，当涉及马蒂时，人们总是开怀大笑。（Zeigler，2004，p. C－2）

几年过后，2006年，一部名为《马蒂：地狱是为英雄准备的》（*Matti：Hell Is for Heroes*）的电影上映。这部电影在芬兰大卖，绘制了一副尼卡宁的早期辉煌和酗酒经历的图。此事在英国媒体中也有报道。例如，菲尔佩林（Felperin，2006）提供了如下的头条回顾："芬兰传记影片《马蒂：地狱是为英雄准备的》指代了马蒂·尼卡宁这位跳台滑雪金牌运动员搞砸了的人生。赫尔梅尔·阿列克西·马克拉（Helmer Aleksi Makela）将娃娃脸尼卡宁的缓慢退步的原因归结为酗酒。"从这个意义上来说，芬兰人在对待尼卡宁无法控制自己酗酒问题上的态度与英国人对艾迪·"雄鹰"·爱德华兹近乎危险的糟糕的跳台滑雪技术的反应几乎如出一辙：充满温情地莞尔一笑，然后摇头。但是，芬兰人在尼卡宁因酗酒导致暴力行为而被宣判入狱之后再也笑不出来了。正如英国报纸《泰晤士报》报道的那样，"再也不会有任何诱惑来傻笑这位自我毁灭的异类，马蒂·尼卡宁毁灭了，这个曾经获得四枚跳台滑雪奥运金牌的选手同时也曾是芬兰最受尊敬的运动员之一"（Slot，2005，p. 89）。

过度饮酒经常被与尼卡宁失败的婚姻联系在一起，尽管只有他最近一次婚姻（据说）才是因此破裂（夫妻双方都酗酒）。尼卡宁已经结过四次婚[其中两次是和同一位女性莫尔薇·塔波拉（Mervi Tapola）]，在两段不同婚姻中育有两个孩子。尼卡宁的暴力行为第一次被报道出来，是他在2000年的欧洲圣诞假期中伤害了塔波拉，一个富有的芬兰家族女继承人。他因此项袭击罪名被判缓刑。

这次的袭击事件经常被与之后发生的另一件更严重的袭击事件（2004

年）联系起来，后面这一次尼卡宁刺伤了一个人。在这次“古怪的”事件中，尼卡宁正在自己家里的凉亭中与一位来维修窗户的人一起收看夏季奥运会。一位美国记者描述了这一事件：

> 他们一直在收看夏季奥运会的电视转播，他们一直在喝酒，同时也忙于手指钩游戏（sormikoukku），这是一种芬兰形式的角力，双方将食指缠绕一起并试图将对手拉向自己。随后他们发生了争执。41 岁的那个人抓起一把据说长达 5 英寸的刀片，并将它插入另外一人的背部，两次。
>
> 这个 41 岁的家伙不是什么圣人——他是一名低劣的夜总会歌手，最近被报道做着脱衣舞男的工作，曾结婚 5 次并有醉酒狂暴史。而且，他现在仍然因为去年家庭暴力的指控在服缓刑（Zeigler，2004，p. C－2）。

尼卡宁声称自己因为烂醉如泥而不记得发生的事件。他被判入狱 24 个月。在服完一半刑期之后，尼卡宁在 2005 年因在狱中表现良好获得假释。5 天之后他再次被捕，罪名是殴打他的妻子塔波拉，他又因此被增加了 4 个月的刑期。塔波拉称他从回到家的那一刻起就“开始喝酒，既不吃饭，也不睡觉”（Slot，2005，p. 89）。尼卡宁最近的一次暴力事件也跟塔波拉有关。在 2010 年的节礼日（圣诞后的第一个工作日）那天，尼卡宁被指控用一把刀袭击他的妻子并试图用浴衣的腰带勒死她。蓄意杀人的指控被撤销了，但尼卡宁再一次因袭击罪名成立被判入狱 16 个月。然而尼卡宁对此项判决进行了上诉，听证会仍在进行当中。值得注意的是，塔波拉已经是第 15 次提出申请要与尼卡宁离婚，他们的离婚案目前已经尘埃落定。

有报道称芬兰人对尼卡宁持续的堕落已经厌烦，其情感程度就快要超过对他早年在运动生涯上的成就的喜爱。例如《卫报》引述了一位芬兰记者的话：

> “在此之后我们再也没有听到关于他运动上的辉煌成就，”《赫尔辛基时报》（*Helsinki Times*）的记者威利-马蒂·佩尔托拉（Veli-Matti Peltola）说，他像其他所有的芬兰记者一样在写报道时对事件进行了详细调查，看上去他一方面既对自己国家跳台滑雪标志性人物感到厌烦，另一方面又对其宽容地喜爱着。“事实上，只有那些没有来得及长大来目睹他获得所有奖牌的人才会真正认为他是那

个出现在小报报道中的人。起初这十分滑稽，现在却令人难过。”（Ronay，2010，p. 12）

尼卡宁的问题是作为个人问题被泄露的，在很大程度上与他周围的社会世界没有联系。跳台滑雪只在非常少的情况下被认为是引发尼卡宁酗酒的部分原因。例如，斯洛特（Slot，2004）承认：“尼卡宁擅长的运动将勇气和男子气概发挥到极致，而喝酒也是文化的一部分。”作为一个现代主义（男性）的主题，尼卡宁的行为被认为具有相对自主性：在运动生涯之后他选择了奇怪的职业道路，他选择过量饮酒并做出糟糕的投资决定。在媒体报道中，尼卡宁自己似乎也同意这样的说法。例如，在一篇路透社的报道中（“Ski Jumping—Olympic”，2003），尼卡宁坦承他曾因为戒酒不成功想过自杀。他承认自己的这些问题只能怪自己，“在比赛和训练之后我们会喝很多酒来提升勇气……没有人用酒来浇我的喉咙，是我自己的手举起酒杯”。结果他在寻求治疗后称“问题并不只是酗酒，还有更深层的原因……我是对自己太失望，觉得不能再这样。我要继续治疗并且解决这些问题。这是唯一的出路”。2011年尼卡宁展望了自己未来的生活并将一段话透露给一家芬兰小报：

> 我在最近才开始以专业的眼光来回顾我的职业生涯。当一个人完全迷失自己之后，想要再回忆起来是很难的。在我的运动生涯结束之后，我从没有一刻知道我是谁或者我要往哪儿走。唯一能逃离现实的地方就是酒吧。我只有“小山”和酒吧。这意味着我从来没有过平常的、普通人的生活。（马蒂·尼卡宁开放式的问题回答译文）

作为一个当代的稚嫩的主体，尼卡宁承担了这样的责任：他令人不安地徘徊在二元论的需求中，他只能作为一名运动员，或者如他自己所承认的在饮酒时，才能展现出男性形象。其他方面他是迷失的和令人失望的。他并没有意识到日积月累的训练让他成为一名成功的运动员，和在之后的歌手生涯中因为完全缺乏训练而制作出“当代摇滚史上最差专辑”（Ziegler，2004，p. C－2），或者是作为一名脱衣舞男被观众的嘘声赶下台，又或者作为一名只是因为酒精浸泡问题持续在小报中出现的著名娱乐人之间的差距。作为一名运动员，尼卡宁声称“失败意味着你还没有经历足够的训练”（引用自Theiner，2003，p. 78），但在运动生涯获得的雄心和决心应该在没有继续教育的前提下自然地延续到体育世界之外的成功。从这个意义来看，他一直无法打破稚嫩、男性化和运动员形象之间的联系来超越对立的一面，也就是他从事的运动对男性化和女性化的要求。他不自在却又持续地满足“飞翔的芬兰人”这一芬兰名流体育英雄的形象要求。尼卡宁重复他过度饮酒、失败的职业选择和婚姻以及暴力行为的个人模式，通过“自我同一性”来不断维持个人的公众形象（Lorraine, 2008）。他的漏洞从未被指代为创造性的“反记忆”从而建构一个“新男性运动员形象”，而是一个经过不断的斗争和反复的失败转变为一个受人尊敬、认可并接受的多数主义者的形象。

结　论

尼卡宁因为忠实于不断复现的行为模式，他在与塔波拉离婚后已于近期找到“新欢”。法庭针对塔波拉袭击案的审理仍在进行中，马蒂的新未婚妻苏珊娜·罗萨莱宁（Susanna Ruotsalainen）是芬兰的一位女商人，也是一位新晋名流，她因为参与了芬兰版本的美国电视真人秀节目《学徒》（*The Apprentice*）的录制而声名大噪。有报道称尼卡宁已经大幅度减重并回归跳台滑雪运动，在2011年的世界大师锦标赛上，他赢得了他所在年龄组的冠军（他第一次赢得世界跳台滑雪大师锦标赛是在2007年）。他最近跟芬兰的一家小报坦白称：“现在我内心感觉非常好。”（Leinonen, 2011）他持续追随“自我同一性”，即重复娶了新老婆、爱情改变自己的男性模式，这可以令他重新在运动中创造成就。

尼卡宁更加“女性化”的举动（例如当脱衣舞男）有可能被认为是在创建男性气概的“反记忆”，他们已然为一个体育英雄——一只飞翔的雄鹰采取过如此不光彩的行为。因此，媒体报道通过负面二元对立来重构一个跳台滑雪运动员的男性气概。对于尼卡宁来说，最艰难的是，他是逐渐被呈现为通过滥用酒精和暴力行为从而越过被大众所能接受的男性化形象的边界。但是，芬兰民众对尼卡宁的宽容通过将他的行为刻画为对抗体育本质的“精神上有说服力的”要求片状的、勇气和酗酒的分界线（Lorraine, 2008）而得到建构。芬兰在传统上将跳台滑雪运动视为国家运动，尼卡宁是这个国家屈指可数的（若不是唯一的话）成功的体育英雄。与此同时，尼卡宁成功地存留在公众视线中——这是一个职业的、没有特定行业的艺人想要生存下来所必备的条件。正如尼卡宁的传记作者泰纳所说，“跳台滑雪是国家运动之一，他联结了生活中很重要的两个方面：史上最成功的跳台滑雪运动员以及他私生活中太多的头条”（引自 Ronay，2010，p. 12）。一位英国记者进一步阐释了尼卡宁在芬兰民众中“持久的几乎让人无法相信的受欢迎程度”（Ronay，2010，p. 12），芬兰人持续热爱作为单纯体育形象的尼卡宁。他是一位讨人喜欢的、友好的家伙，时常都有好心情——一个跳台滑雪的传奇（Ronay，2010）。

在头条中报道尼卡宁仍然能增加报纸的销量，特别是小报。其中一家名为《七日》（*Seiska*）的小报持续报道关于尼卡宁的新闻，因为“人们常说有了尼卡宁的帮助我们才能有更好的销路……如果他不能帮我们卖报纸，我们就不会跟他合作。每当尼卡宁登上封面报道的时候，报纸的销量都比平常好很多”（7 *Days* writer，Kai Merilä，引自 Ziegler，2004，p. C－2）。因此，媒体重构了特定类型的男性化形象需求，但同时也需要像尼卡宁这样，努力创造一种被接受和广泛理解的现代主义形象。尼卡宁充分意识到了这种共生的关系：“事实就是名流需要媒体，媒体也需要名流。没有媒体就没有体育，至少没有了体育成就的声望。”（引自 Theiner，2003，pp. 9－10 的翻译）尼卡宁运用媒体叙事保证他目前在运动中的高峰地位：他在不太过于彻底地挑战人们对他单纯的跳台滑雪传奇记忆的同时仍然保持一种麻烦“形象”。因此，尼卡宁根本没有欲望被调和为平常化的男性形象：“许多人希望我变得‘平常一点’或者希望我被‘像平常人一样对待’。我什么时候没有将我的目标定位为优秀的运动员？也许我应该将我的目标坚持到底。”（引自 Theiner，2003，pp. 163 的翻译）当尼卡宁十分擅长在当代资本主义社会作为传媒名流存在时，多数主义者的男性化形象保持得完整无缺：作为一名单纯但具有竞争力的前体育明星，他在制造头条并持续提升传媒商品销量方面的影响力超出一般。

参考文献

Baldwin，（1991，February 15）. Off-form Nykänen in danger of missing Olympics—Nordic skiing. *Reuters*.

Bradford，K.（2008，February 14）. Flying Finn crasher due to drinking，marital and legal woes；Nykänen has spent time working as stripper. *Vancouver Sun*，p. F2.

Braidotti，R.（1997）. Meta（l）morphoses. *Theory*，*Culture & Society*，14（2），67－80.

Cox，K.（1988，February 27）. The winter Olympics exotic athletes face last hurrah. *The Globe and Mail*, p. A17.

Davidson, J. (1986, December 8). Wedding bells bad news for ski jumpers. *The Globe and Mail*, p. D2.

Davidson, J. (1987, December 7). Nykänen wins World Cup jumping. *The Globe and Mail*, p. D2.

Deleuze, G., Guattari, F. (1987). *A Thousand Plateaus: Capitalism and Schizophrenia*. London, UK: Athlone.

Denlinger, K. (1988, February 26). Open admission is fine; equal treatment is different and losing proposition. *The Washington Post*, p. G04.

Downes, S. (1998, January 23). Hall of infamy-jumper off. *The Guardian*, p. 16.

Felperin, L. (2006, February 7). Matti-Hell is for heroes. *Daily Variety*. Retrieved from http://www.variety.com/review/VE1117929514?refcatid=31.

Golla, J. (1983, January 22). Nykänen leads points race. Finn excites ski jumping fans. *The Globe and Mail*, p. S3.

Holmes, P. (1992, February 17). Battle begins for schoolboy star Nieminen-ski jumping, Winter Olympics. *Reuters*.

Leinonen, A-M. (2011, January 1). Matti Nykänen paljastaa: Nain kosin Susannaa (Matti Nykänen reveals: This is how I proposed to Susanna). Retrieved from http:www.mtv3.fi.viihde/uutised/muut.shtmla/1251549/matti-Nykänen-paljastaa (no longer accessible).

Loland, N. W. (1999). Some contradictions and tensions in elite sportsmen's attitudes towards their bodies. *International Review for the Sociology of Sport*, 34 (3), 291-302.

Longman, J. (1998, February 1). Soaring with the turkeys at the Olympics. *The New York Times*, pp. 3, C1.

Lorraine, T. (2008). Feminist lines of flight from the majoritarian subject. *Deleuze Studies*, 2, 60-82.

Matti Nykänen avoimena ongelmistaan. Retrieved from E: \ google \ 2010-2011 google news archive \ IS Talviurheilu Iltalehti_ fi. mht (no longer accessible).

McDonald, M. (1988, February 29). Party's over for Calgary. U. S. had plenty of mettle series: Calgary'88. *The Dallas Morning News*, p. 1B.

Meyers, C. (1992, February 4). World's jumpers soar using a new technique. *The Denver Post*, p. 6D.

Miller, R. (1988, February 26). XV winter games/television/Nykänen has made work tough for ABC. *Houston Chronicle*, p. 7.

Muller, W. (2009). Determinants of ski jump performance and implications for health, safety and fairness. *Sports Medicine*, 39 (2), 85 – 106.

Ronay, B. (2010, January 10). A very slippery slope: Matti Nykänen was Finland's greatest sportsman, winner of four Olympic golds. Since then has stabbed someone in a fingerpulling contest, worked for a sex phoneline—and found God. *The Guardian*, p. 12.

Roundup ski jumping. (1985, December 17). *The Globe and Mail*, p. D2.

Sekeres, M. (2008, February 23). Remember Eddie? Who could forget. *The Globe and Mail*, p. S1.

Ski jumping—Finnish jumper Nykänen to sell medals. (1994, November 1). *Reuters*.

Ski jumping—Olympic great Nykänen was ready to shoot himself. (2003, April 19). *Reuters*.

Slot, O. (2004, October 24). Finnish legend hits rock bottom. *The Times*, p. 30.

Slot, O. (2005, October 1). Fears rise as Nykänen falls farther: Magic sponge; athletics. *The Times*, p. 89.

Sons, R. (1988, February 29). Farewell to oohs and ahs in Oz. *The Chicago Sun Times*, p. 3.

Theiner, E. (2003). *Matti Nykänen: Huipulla ja montussa* (P. Jäntti, Trans.). Keuruu, Finland: Otava.

Wester, K. (1988). Improved safety in ski jumping. *The American Journal of Sports Medicine*, 16 (5), 499 – 500.

White, T. (1994, February 27). Lillehammer breakdown. *Greensboro News & Record*, p. C11.

Ziegler, M. (1992, February 7). Ski jumping, Nordic combined. *The San Diego Union-Tribune*, p. D – 3.

Ziegler, M. (1994, February 21). Flying tigers: Ski jumpers get the gold for courage. *The San Diego Union-Tribune*.

Ziegler, M. (2004, November 14). Fallen Finn: In a small nation, Matti Nykänen is the biggest of stars, a golden 'eagle' whose bizarre life has turned into the biggest of stories. *The San Diego Union-Tribune*, p. C – 2.

第11章 公海的叛徒：罗素·库茨，对新西兰的忠心以及在国际帆船界的机会主义

阿里斯泰尔·约翰[1] 托尼·布鲁斯 史蒂芬·J. 杰克逊

在这一章中，我们将会探究传统的报效祖国的非职业化观点与全球化和企业化的职业体育的现实之间日益激烈的紧张气氛。我们把研究的重点放在美洲杯上，从战略性的角度来分析并理解体育、媒体、民族主义和跨国公司之间的关系（Jackson, 2004）。尽管这项赛事更为准确的定位应该是“一场为富人举办的比赛”（Bruce & Wheaton, 2009, p. 586），并且作为一个企业品牌向全世界展示，队伍往往只代表他们自己，却被公众视为国家队来唤起爱国情绪和情感。我们将会研究民众对于新西兰海员罗素·库茨爵士迅速而又发自内心的情绪转变，他曾经作为一个勇夺两届美洲杯的船长而被人们拥戴为新西兰的民族英雄，而现在，他因为选择为新西兰队的对手财团效力而成为被谩骂的“奸贼”（见 Becht, 2002；Hodder Moa Beckett, 2000；Larsen & Coutts, 1996）。库茨非但没有因作为一个站在世界舞台上的新西兰人而受到拥护，反倒成了谴责的目标，甚至受到了死亡威胁。

要想了解大部分人们对于库茨，这位参加世界上企业化和环球或全球化程度最高的体育赛事的新西兰专业水手的理解，那么首先从广阔的范畴来了解新西兰的体育文化是必要的。在很多欧洲和北美国家里，人们对于职业体育和财团赞助球员或体育组织习以为常，但是新西兰处于过渡时期；他们正

---

① 阿里斯泰尔·约翰（新西兰奥塔戈大学博士），澳大利亚墨尔本维多利亚大学讲席。目前已发表多篇论文，他的研究领域在体育、民族主义和广告。E-mail：ali. john1980@ gmail. com。

托尼·布鲁斯（伊利诺伊大学博士），新西兰奥克兰大学体育教育系副教授。她已经出版多部著作并发表多篇核心期刊论文。她的研究领域是体育传媒的性别、种族、民族和国家认同问题。E-mail：t. bruce@ auckland. ac. nz。

史蒂芬·J. 杰克逊（伊利诺伊大学博士），新西兰奥塔戈大学体育学教授。前国际体育社会学学会主席。他曾经出版多本重要学术著作并发表多篇重要核心期刊论文。他的研究领域集中在全球化、国家认同和媒体。E-mail：steve. jackson@ otago. ac. nz。

陷在无尽的矛盾之中，并且遭受着对职业化道路是否是正确的不确定所带来的“急性忧虑症”，特别是与他们的“国家”运动橄榄球联盟相联系（Hope，2002；Jackson & Hokowhitu，2002；Obel & Austrin，2011，p. 260；Scherer & Jackson，2010；Wensing & Bruce，2004）。雷德洛（Laidlaw，1991）认为橄榄球不应该再“仅仅依靠崇拜者的民族主义热情，而应该更多地依靠电视节目单生产者和公司赞助商”，而这也导致了“不满情绪的上升，如果说这种情绪不是怨恨的话，在比赛的支持者中不知何故便消失了”（p. 174）。对于其他运动项目的分析也显示，作为一个国家，新西兰正在“转型期中”，但是“对于更职业化的体育模式依旧持很强的保留意见”（Wensing & Bruce，2004，p. 214）。新西兰的美洲杯赛事以及新西兰职业水手的全球性流动导致了这些关注焦点的分散，并且导致了公众以及媒体的反应在一开始是追捧，之后又中伤罗素·库茨，这位因为自己的行动成为全球企业体育与民族认同交织所产生的焦虑感的催化剂的水手。

我们的分析建立在各种出版材料上，包括新闻报道、美洲杯的推广资料、罗素的传记（Larsen & Coutts，1996；Larsen，Forster & Coutts，1999），以及其两次明确的具有爱国性质的全国赛事经历，并且采访了其中一次赛事的关键成员。我们将首先探讨库茨是如何取得他曾经的英雄地位的：首先他作为船长带领新西兰队在 1995 年首次夺得美洲杯冠军，然后在 2000 年历史性地成为第一支卫冕美洲杯的非美国队伍。然后我们再来探讨库茨从神坛跌落的轨迹：先是从新西兰队“叛逃”，然后再带领瑞士财团赞助的船队阿林西号在 2003 年战胜自己的国家。

步步高升：1995—2000

仅仅只是粗略地回顾一遍体育英雄，无论是历史上的或是当代的，都会发现他们以各种不同的方式，从各种各样不同的社会背景、个人成就和文化语境中脱颖而出（Jackson，2006）。不胜枚举的类型学的存在（例如，Browne，et al.，1990；Ingham，Howell & Swetman，1993；Rojek，2001；Smith，1973），也确切地表明一个人其实有很多种方式来成为英雄。然而，一般来说，“英雄由自己的成就来区分，而名流往往是借由他的图像或商标。英雄创造了自己，名流则是由媒体创造”（Boorstin，1992，p. 61）。

像很多人一样，库茨通过自己的成就成为英雄。实际上，他已经被人们称为“美洲杯159年历史中最有影响力的人物”，他分别作为水手、船长和首席执行官四次夺魁，在15年中，从未让美洲杯旁落（Johannsen，2010，p. A1）。正是这一系列卓越的成就，使他与那些一般的运动员区分开来，可以跟那些更高水平的运动员平起平坐（见 Ingham，et al.，1993），比如澳大利亚板球运动员唐纳德·布莱德曼爵士[①]（Sir Donald Bradman）、芬兰长跑运动员帕沃·努尔米、罗马尼亚体操运动员纳迪娅·科马内奇[②]（Nadia Comaneci）、美国篮球运动员迈克尔·乔丹以及加拿大冰球运动员韦恩·格雷茨基[③]（Wayne Gretzky）。此外，也许更为重要的是，库茨在特定的社会历史语境下达成了他的成就，他是在对的时间里那个对的人（见 Ingham，et al.，1993；Rojek，2001）。正如罗杰克（Rojek，2001）所坚持的那样，库茨的行为解决了一些“有实际意义的问题”（p. 12），这些问题与日益增加的激烈争论有关：在迅速国际化的体育界和国家景观中，职业运动员对祖国的“忠诚”问题（也见 Wong & Trumper，2002）。米勒、劳伦斯、麦凯和洛弗（Miller，et al.，2001）指出，“全球化在削弱身份认同的作用——其中一个重要影响便是大家开始质疑民族主义的意义和效果”（p. 37），尤其当个体在为别的国家效力，或者国家队由各种不同出身的个体组成时。这些组合“模糊了‘我们’与‘他们’之间的对垒”这一民族主义情绪的传统核心（Miller，et al.，2001，p. 37）。

虽然库茨的成功是国际性的，他在1984年夺取奥运会金牌，在1996年获得世界队战帆船赛冠军，但是真正使他达成英雄地位的，依旧是代表新西兰夺取美洲杯。在1995年，库茨在美洲杯上的成功俘获了新西兰人民的心，也让库茨和他的团队站在了聚光灯下：

---

① 译者注：澳大利亚历史上最出色的板球击球手。他在测试赛中99.94%的击打成功率使他成为重大赛事中难以被逾越的传奇。他在1940年加入了澳大利亚空军。

② 译者注：罗马尼亚历史上最传奇的体操女运动员。她在13岁就获得欧洲体操锦标赛个人全能冠军，1976年蒙特利尔奥运会上，年仅14岁的科马内奇赢得了体操历史上的第一个满分10分，成为全世界关注的焦点。但之后她遭到政治迫害，1989年“叛逃”美国后又成为赚钱机器，直到1996年回到罗马尼亚担任体操协会名誉主席之后才有好转，1999年被全世界各个领域的精英评为20世纪最伟大的运动员之一。

③ 译者注：加拿大历史上最伟大的运动员，被称为世界冰球史上唯一的“大帝”。14岁时就开始参加职业冰球比赛，在NHL效力了20个赛季。4次带领埃德蒙顿油人队夺得斯坦利杯，退役时创造61项NHL纪录，共打进2 857球，9次获得NHL最有价值球员称号，是美国四大联盟的第一人。

> 彼得·布雷克（Peter Blake）此前就已经是新西兰的英雄，现在他已然登上神坛，他的船员们也与他一起享受着荣誉，比如罗素·库茨……这些在12个月前仅仅只与帆船运动有关的名字。现在他们在每一个新西兰人的心中都有了一席之地和独特的含义。(Freer, 1995, p. 19)

库茨被描述成一个“英雄”(例如，Knight, 1995, p. 23; Sanders, 1996, p. 11)，他在团队胜利中所作出的努力也使他获得了新西兰次顶级的公民荣誉，大英帝国司令勋章[①] CBE 国际帆船联合会的世界年度水手（“Sailing's Best”, 1995)，并且入选了美洲杯名人堂。然而，有些人对库茨突然获得的特殊身份提出了不同看法。杰克逊（Jackson, 2004）断言，他的成名“是一个由企业和媒体精心策划的奇观：一群新西兰的白人中产阶级在地球的另一端，为一项相对比较排外的运动项目而奋斗，并且成了国内外都享有盛誉的英雄”（p. 24）。企业赞助商，包括国家级广播公司新西兰国家电视台（TVNZ）对库茨和新西兰队的比赛报道事无巨细。资深记者罗恩·帕兰斯基（Ron Palenski , 1995）向我们证实了这一点，他宣称：“是电视，和他的同伙，即赞助商们，将这场发生在圣地亚哥的黑色魔术师的伟大胜利变成了一场全民庆典和喧闹行为的狂欢。”（p. 24）伴随着船队和美洲杯在一些重要街区的游行，无数的庆祝活动随即展开，这可以说是新西兰自第二次世界大战以来规模最大的庆祝活动。超过1/3的新西兰人参与到狂欢之中，以此来展现他们的爱国主义情感（Boshier, 2002; Daniels, 1995; Larsen, Forster & Coutts, 1999)。

为了保护美洲杯，新西兰人重新设计了奥克兰港，将它变成了著名的美国运通新西兰美洲杯帆船赛村（例如建造公寓或者酒店用来招待财团以及其他的私营企业)，希望通过这项风靡全球的大型环球赛事来获得经济收益（Larsen, Forster & Coutts, 1999)。据估算，高架桥港的滨水区建设和2000年获得美洲杯给新西兰带来了6亿4千万美元的收入（Becht, 2002)。之后，库茨加入布雷克船队，并且在5：0战胜意大利普拉达财团的比赛中担任船队主力，这也是历史上第一次没有美国船队参加的美洲杯决赛（Rayner, 2003)。至此，新西兰队，这支由广大支持者们支撑起来的船队成为美国队之外第一个卫冕美洲杯的国家队，新西兰也成为继美国之后又一个

① 译者注：维基百科指出库茨曾获英国第三等勋章。

成功捍卫美洲杯的国家（Rayner, 2003）。

人们最初的反应进一步加强了库茨的英雄地位。他被描述为“民族英雄”（Broomhall, 2000, p. 17）和“世界最佳”（“Dialogue”, 2000，第18段），并且被提名为新西兰最佳运动员。库茨因此在很长一段时间里成了新西兰人民心中的男性英雄之一，他的显赫地位来自于他在世界舞台上所获得的无数荣誉。而与他拥有同样地位的，还有与他一起为美洲杯奋斗的队友彼得·布雷克爵士（Sir Peter Blake）（Bruce & Wheaton, 2009, 2011; Cosgrove & Bruce, 2005）以及埃德蒙德·希拉里爵士（Sir Edmund Hillary），他在1953年与夏尔巴人丹增·诺盖（Tenzing Norgay）一起，首次登上了世界第一高峰珠穆朗玛峰（Hansen, 2000; Pickles, 2002）。

坠落的英雄：“叛徒”罗素·库茨

库茨的坠落如此迅速，仅仅在庆祝成功卫冕的庆典后10周，他就与他合作多年的战术训练师布兰德·巴特沃斯（Brad Butterworth）宣布加入与新西兰队有竞争关系的财团集团。很快，大部分新西兰队的水手、设计师和战术师都纷纷宣布与不同的企业签约（Rayner, 2003）。尽管媒体承认全球化语境让职业运动员的交易日益频繁（“Team NZ Defectors”, 2000），他们的决定还是被广泛谴责为背叛和叛变，他们被称作叛徒、叛逃者、淘金矿工和“雇佣水手”（Smith, 2000，第2段），被指责“爱金钱胜过爱自己的祖国”（Phillips, 2000, p. 324；也见“A Year of Pain and Glory”, 2000; Broomhall, 2000; Bruce & Wheaton, 2011;“From Hero to Villain”, 2000; Hinton, 2000; Holloway, 2000; John & Jackson, 2010）。

与其他人不同的是，其他坠落英雄的行为往往包含暴力（家庭暴力或者性暴力、攻击、谋杀）、无法被社会接受的行为（酒后驾车、消遣性吸毒）或者欺骗（打假球、赌球，为了提高成绩而服用禁药），库茨面临的问题是，他的爱国主义遭到质疑。不同于布雷克，他因为“作为一个新西兰人，为新西兰财团而战，并且在国际上为国争光”而继续享受着他的英雄地位（Bruce & Wheaton, 2011, p. 194），库茨不仅被人们视为叛逃到另一个国家，而且是在与他自己进行对抗。

然而，还有其他一些层面体现出背叛的感觉，这些层面在民族主义术语内与推广一个跨国项目之间的不协调性相关。一些媒体评论员把“公众嘲笑的对象”与新西兰队过分爱国的方式联系在一起，他们“把自身市场化为一种国家挑战，寻求着道德与金钱上的支持，只是为了联合小的对运动狂热的国家对抗外国侵略者”（“Dialogue”，2000；Johnstone，2000；Laxon，2001；Tunnah，2000，第5～6段）。体育评论员穆雷·迪克（Murray Deaker）表达得更为坦率：

> 亲爱的罗素，你欺骗了我……我对于您想要赚到更多的钱没有任何异议，但不要让我相信你的更多的胡言乱语。再也不要讨论有关朝代、忠诚、团队或是叛徒。你看，你所做的一切展示了这与体育无关——这只关乎金钱。我不知道我为什么会改变自己的观点。（Laxon，2001，第46段）

在面对一系列公众的激烈反应之后，库茨放弃了他奥运会火炬手的角色，一家报纸将他的决定归结于他发现“他已经从神坛跌落”（“Editorial”，2000，第4段；Smith，2000）。

媒体和公众泼硫酸性质的反应清楚地表明，库茨的决定触碰到文化神经，激活了本就严重的、有关体育从传统的、致力于国家的业余精神向职业化类型转变的焦虑。看起来库茨似乎没有充分地预见到他的决定会引发公众怎样的反感。他似乎相信新西兰人民会理解职业帆船运动员的生活现状，他认为“很多人开始理解一些重要的体育项目已经变得完全职业化了”（Larsen & Coutts，1996，p. 110），并且“新西兰人可以理解水手们离开他们的国家，为了更大地回报效力于别国的船队”（p. 20）。然而，库茨之后才发现，新西兰人也许会理解水手们为了更大的回报而离开，却几乎没有人能宽恕他们与自己的国家竞争，更不要说打败他们的祖国。

忠诚的意义：2002—2003

人们有关库茨叛逃而产生的不良情绪和焦虑并没有随着时间的推移而消散，相反地，随着2003年卫冕战的临近变得更为剧烈，库茨（以及他长期合作的战术师布兰德·巴特沃斯）成了人们担忧（体育）爱国主义以及忠诚最显著的目标。在整个杯赛期间，库茨和效力于其他财团的新西兰水手们被描述成为背叛了自己国家的雇佣军、叛徒、逃兵和变节者。

这些忧虑的强度以高度可见的方式呈现在两大阵营中——忠诚和黑

心——每个阵营都直接对应与爱国主义和跨国主义相关的事件，尽管是以不同的方式（Jackson, 2004；John & Jackson, 2010）。新西兰人寻求身份认同的竞赛本质来自于包容和抵抗跨国化的进程（Andrews, Carrington, Jackson & Mazur, 1996），这一本质使他们接纳（或者说容忍）外国资金和赞助商对于新西兰队的赞助，但是却抵触新西兰水手们为其他的财团而战。可以断言，新西兰队和新西兰国家广播电台（TVNZ）试图通过运用新西兰队的民族主义术语来隐瞒正在进行的跨国化进程，全然不顾国家队的一些赞助商（比如丰田和SAP）就是著名的跨国企业。一些民众很快就注意到媒体报道和舆论描述中的前后矛盾之处，对于新西兰队日渐跨国化的进程他们予以美化，而对类似库茨那样加入对立财团的水手则充斥着负面报道：

> 新西兰队中也有类似法国传奇水手贝特朗·帕塞（Bertrand Pace）那样的船员为他们效力，但是他并没有被法国人称为卖国贼……并且，没有人敢说那些资助新西兰队的日本或是德国跨国公司是卖国贼（Wood, 2003, p. A20）。

因此，在新西兰国家广播电台极力将新西兰队的美洲杯保卫战包装为“我们”与“他们”之间的战斗时，依旧有人深感焦虑，这一立场与新西兰队相矛盾，尤其在商业和人事方面。其他的媒体大方地承认了跨国化进程所带来的影响，包括很多对手船队上的新西兰船员，有一张报纸甚至将阿林西号称为“瑞士－新西兰混合队”（Nicholson, 2003, p. A1）。就在路易·威登赞助的决赛开始之前，有一家报纸专门报道了在各支队伍之中的新西兰水手：罗素·库茨的照片背景是一面瑞士国旗（为阿林西号效力），另一位新西兰水手克里斯·迪克森（Chris Dixon）的背景是一面美国国旗（他为另一支挑战船队效力：宝马甲骨文队）。的确，在路易·威登杯决赛期间，很多文章和社论鼓励新西兰人为他们的水手感到骄傲，无论他们正在为谁效力。这种关注可以同时有两种解读：对新西兰所达到的成就的庆祝，也是对那些依赖甚至可以说窃取新西兰精英人才库的竞争对手的批判。

新西兰与跨国化体育实践之间关系的复杂性，在这两次围绕着美洲杯同时展开的竞争中显露无遗。库茨是一个主要的催化剂，推动了这个短命但是极具争议的黑心队阵营（Coffey, 2003；Ralston, 2003），该阵营的直接目标就是2000年离开新西兰队的水手们。沃特金（Watkin, 2003）解释说，库茨在一开始就受到了黑心队的攻击，包括“一帮喝多了啤酒的醉鬼，组成了一个深度采访小组来宣称这些事情不能在新西兰队中发生”（第 14 段）。黑心队发展了一场报纸称为“‘国家优先于金钱’——目标为叛徒的媒体运动”（“Once Was”, 2003, p. 1），这项运动包括了诸如“库茨联合瑞士银行家始于 2000”之类的公告板信息（Watkin, 2003, 第 7 段）。一个黑心队的支持者解释说，他们想要“让所有的新西兰人民记住罗素 · 库茨公开宣称要为新西兰建立一个美洲杯上的王朝，但是却背叛了这个诺言的事实……并且还诱使半数的新西兰队成员与他一起叛逃到了其他阵营”（Ralston, 2003, p. 22）。黑心队的一系列活动似乎挑战着小组既定的目标——利用爱国主义来支持新西兰队：

> 我们为这个国家以及这个国家所拥有的一切荣誉感到骄傲。如果，你也和我们一样，是坚定的、真正的新西兰人，那么你有权佩戴黑心标识……家是心脏的归属地，我们的家是黑色的[①]……这个夏天，我们将把我们的心放在我们的船队上。向他们展现你的自豪感，并且向全世界展示你的黑心。（BlackHeart, as cited in Smythe, 2002, p. A19，添加强调）

在“那些所谓的叛徒”，包括库茨和其他阿林西号水手，收到一封来自一个叫作“给叛徒点儿教训”的小组的“将给你们的肉体带来伤害”（Rayner, 2003, p. 96）的威胁信之后，这一活动戛然而止。这封信件的遣词造句很像流通在黑心队 3 000 多名成员间电子邮件中的语句一般，尽管黑心队中并没有发现有人直接介入此事件（Ash, 2003; Chapple, 2003;“Children of Cup”, 2003; Lowe, 2003）。黑心队制造了显著的反弹，暗示全球化体育环境现实的接受程度。专栏作家道格 · 格莱特里（Doug Golightly）将黑心队描述成为“可怜虫”以及“一群愤愤不平的白痴……生活在一个运动员在职业化环境中不会被交易的白日梦里”（2002, p. 36），而且并不是只有他有这种想法。格莱特里还指出，库茨和其他运动员们“多年来为新西兰贡献良多”，但是那些活动“有效地引导人们改变了对他们的看法”，使他们“可耻”（2002, p. 36）。

爱国主义所引起的问题在第二个活动中也显露无遗，由盛世长城新西兰

① “黑色”（black）一词与新西兰人的身份认同紧密地联系在一起。特别是在运动队当中，例如名字：全黑队、黑蕨队、高黑队、黑棍队，他们经常身着全黑色的队服。

公司研发，并且由新西兰队的主赞助商们推出而为人们所熟知的五口之家，它由五个全球及本地公司组成，还有负责赛事播报的新西兰电视台（见 John，2008）。忠诚运动，专注于与新西兰人戴夫·多比恩（Dave Dobbyn）同名的流行音乐，旨在“给我们的队伍以情感上的优势”以及“解放躺在新西兰人灵魂之内的民族主义”（Effie，2003，p. 2）。不过，盛世长城新西兰公司的总经理皮特·摩尔（Peter Moore）指出，忠诚运动也突出了我们对抗他们的主题，这跟黑心队的核心差不多：“我们必须使得它看起来像……支持其他人是不忠诚的，我们不得不对自己忠诚。”（Peter Moore，personal communication，October 26，2006）

体育通过打造英雄或是恶棍，成为一种行之有效的市场工具（Jackson & Andrews，2005）。因此，在罗素·库茨和阿林西号被描述为妄图攫取美洲杯和随之而来的经济利益的海盗的同时，忠诚和黑心队将新西兰队和迪恩·巴克（Dean Barker）塑造成英雄：

> 黑心队说出了我们的全部感受，但是将它们与无处不与你同在的赞助商商标一起说出来不太合适。必须有人站出来把罗素·库茨说成骗子和叛徒，因为这就是我们感受到的。（Peter Moore，*Personal Communication*，October 26，2006）

创意总监安德鲁·廷宁（Andrew Tinning）强调说，忠诚组织致力于当一些不那么忠诚的水手为别的财团效力时，给那些坚持忠于新西兰队的水手营造大量的支持者：“这些行为旨在给他们制造压力……这就是我们所做的工作。”（Andrew Tinning，*Personal Communication*，November 30，2006）

运用这种方式，五口之家在战略上构建了一个民众既可以自我认知为爱国者又可以被定位为消费者的载体（Jackson，2004；John & Jackson，2010），目的在于为财团以及他们自己的品牌建立一个支持群体。忠诚的主题被用来鼓励新西兰人更忠于购买五口之家，以及那些赞助的水手们明确表达“忠于”自己祖国的财团的产品。然而，由于黑心队的活动，忠诚组织更多地被用来给予“叛逃者”以压力。廷宁解释道：“有时候，确实会有一些不安情绪，在大家把两者联系在一起的时候……很明显他们想到了那些背叛者……（但是）我们更多的是希望可以保持大家对队伍的忠诚。”（Andrew Tinning，*Personal Communication*，November 30，2006）同样的，2003 年美洲杯的电信总结报告也显示，这与黑心队的行动有关，相信它们对于赞助商以及忠诚组织有害：

> 这个小组管理自己的方式以及对于瑞士财团咄咄逼人的态度并不是一直为人们所接受的，很多人并不能区分“黑心队”和忠诚组织之间的区别。“黑心队”侵略性的做法事实上也许会分裂这个国家而不是使其团结（“Telecom 2003 America’s Cup”, p. 12）。

尽管有可以感知的努力在区分两大阵营并对忠诚组织进行正面的框架建构，但是我们依旧无从知晓黑心队是否已经完全从忠诚组织分离开来，或者开始变得与它接近。忠诚组织的发起者朱丽叶·德里弗（Juliet Dreaver），是已知的既涉及忠诚组织，也许也与黑心队有关的人物，但是有解释说这个人“与黑心队并没有官方的或明显的联系，因为他做不到，因为如果有任何一个五口之家的赞助商与那有关联将造成极其恶劣的影响”（Juliet Dreaver, *Personal Communication*, October 8, 2006）。

结论：在跨国环境中的忠诚

我们的分析表明，新西兰人开始逐渐意识到，但是依旧抵触新西兰是一个盛产优秀运动员的小国，却在日益全球化的体育景观下为坚守他们而挣扎这一事实。在这样的背景下，民众对于罗素·库茨及其他从新西兰队中“叛逃”的水手的愤怒之情是可以理解的。假设民众对于民族主义的理解依旧停留在“真正的个体、真正的地方和真正的社会团体”而不是那些抽象的理念（Phillips & Smith, 2000, p. 220），那么对于新西兰在跨国过程中日益滋长的“急性焦虑症”就不足为奇了。很显然，罗素·库兹处于这一国际体育的大背景下。

新西兰人在美洲杯的比赛中投入太多，无论是情感上或是财政上。在财政上，通过政府直接为新西兰队提供资金以及间接地通过一些由他们投资的机构来赞助船队（Jackson, 2004; John & Jackson, 2010）。这些资金部分用于宣传并且使库茨可以向他潜在的雇主们展现他的能力，他最后为了薪金而“变节”于另一财团则像极了那些高收入的足球运动员们（Ash, 2004）。

然而，当我们比较那些贴上雇佣兵标签的人与那些跨国企业对新西兰队的赞助之间的相同点时，我们会发现一些具有讽刺意味的事。2003 年，爱国的忠诚组织直接向类似库茨的水手们表达了公众的不满。通过贯彻忠诚主题，企业劝说新西兰人抵制鼓励人们出售或者出口他们技能的全球化进程，同时鼓励新西兰人购买或者进口全球化的商品。在多年的经济放松管制的背景下，我们不应该对多数新西兰人不知道该对那些为别的财团效力的新西兰水手做出何种反应感到诧异。新西兰人应该支持这些所谓的雇佣水手——做他们多年来在新自由主义环境下被告知应该做的“拿到第一胜过集体愿望”（Boshier，2002，第29段）——还是应该谴责他们的行为对国家产生了不利的经济影响？大部分人选择中伤水手们；尽管帮助新西兰两次夺得美洲杯，但是库茨在对阵新西兰队时所获得的成功也刺激了民众的愤怒情绪，并且使自己在公众意识中被牢牢地与叛徒以及坠落的英雄联系在一起。忠诚在这一事件中被记者、媒体、黑心队、五口之家和新西兰电视台所利用。但是媒体报道和一系列活动留下了很多悬而未决的问题：对什么忠诚？对谁忠诚？在什么条件下忠诚？还有，谁对忠诚最感兴趣？

参考文献

Andrews, D. L., Carrington, B., Jackson, S. J., Mazur, Z. (1996). Jordanscapes: A preliminary analysis of the global popular. *Sociology of Sport Journal*, 13 (4), 428 – 457.

Ash, J. (2003, January 8). Threats prompt flood of support for Alinghi. *New Zealand Herald*, p. A5.

Ash, J. (2004, September 8). Coutts' salary up with soccer superstars says Bertarelli. New Zealand Herald. Retrieved from http://www.nzherald.co.nz/sport/news/article.cfm?c_id=4&objectid=3589922.

A year of pain and glory. (2000, December 30). Southland Times, no page number.

Becht, R. (2002). *The Team New Zealand story*, 1995 – 2003. Auckland, New Zealand: Saint.

Boorstin, D. (1992). *The Image: A Guide to Pseudo-Events in America*. New York, NY: Random House.

Boshier, R. (2002, March 2). Cultural struggle, learning and leadership on the down-under quest for the America's Cup. Paper presented at the Annual Conference of the Australasian Studies in North America Association, University of British Columbia, Vancouver, British Columbia, Canada. Retrieved from https://www.edst.educ.ubc.ca/boshier/RBtcultural.htm (no longer accessible).

Broomhall, K. (2000, December 26). The good, the bad, and the ugly. *Dominion*, p. 17.

Browne, R. B., Browne, G. J., Browne, K. O., Straub, D. G., Rooney, T. M., &

Barnes, D. R. (1990). *Contemporary Heroes and Heroines*. Detroit, MI: Gale Research.

Bruce, T., Wheaton, B. (2009). Rethinking global sports migration and forms of transnational, cosmopolitan and diasporic belonging: A case study of international yachtsman Sir Peter Blake. *Social Identities*, 15 (5), 585 – 608.

Bruce, T., Wheaton, B. (2011). Diaspora and global sports migration: A case study in the English and New Zealand contexts. In J. Maguire and M. Falcous (Eds.), *Sport and Migration: Borders, Boundaries and Crossings* (pp. 189 – 199). London, UK: Routledge.

Chapple, I. (2003, January 3). Controversial sails pitch the big news. New Zealand Herald Online. Retrieved from http://www.nzherald.co.nz/business/news/article.cfm?c_id=3&objectid=3049713.

Children of Cup sailors threatened. (2003, January 4). Waikato Times, p. 2.

Coffey, J. (2003, January 16). Team NZ support group BlackHeart to step out of public eye. *Christchurch Press*, p. 7.

Cosgrove, A., Bruce, T. (2005). "The way New Zealanders would like to see themselves": Reading white masculinity via media coverage of the death of Sir Peter Blake. *Sociology of Sport Journal*, 22 (3), 336 – 355.

Daniels, C. (1995, May 26). Celebration brings city to a halt. *Dominion*, p. 3.

Dialogue: Man of the year, if we remember. (2000, December 23). *New Zealand Herald*, no page number.

Editorial: Few loyal to footloose sports pros. (2000, June 3). New Zealand Herald, no page number.

Effie. (2003). 2003 Effie Awards case study. Retrieved from http://www.caanz.co.nz/pdf/effie_2003_19.pdf (no longer accessible).

Freer, J. (1995, December 22). One out of four in prizes, but nine out of 10 in effort. *Evening Post*, p. 19.

From hero to villain. (2000, September 6). *Waikato Times*, p. 1.

Golightly, D. (2002, September 20). A disgrace. *The Truth*, p. 36.

Hansen, P. H. (2000). Confetti of empire: The conquest of Everest in Nepal, India, Britain, and New Zealand. *Comparative Studies in Society and History*, 42 (2), 307 – 332.

Hinton, M. (2000, December 31). Running with pack ain't all bad. *Sunday Star Times*, p. 4.

Hodder Moa Beckett. (2000). *Back to Back: Black Magic*. Auckland, New Zealand: Author.

Holloway, B. (2000, December 23). Welcome to the real gong show. *Waikato Times*, no page number.

Hope, W. (2002). Whose All Blacks? *Media, Culture & Society*, 24 (2), 235 – 253.

Ingham, A., Howell, J., Swetman, R. (1993). Evaluating sport 'hero/ines': Contents, forms, and social relations. *Quest*, 45 (2), 197 - 210.

Jackson, S. J. (2004). Reading New Zealand within the new global order: Sport and the visualisation of national identity. *International Sport Studies*, 26 (1), 13 - 29.

Jackson, S. J. (2006). Sport heroes and celebrities. In G. Ritzer (Ed.), The Blackwell encyclopedia of sociology (pp. 4711 - 4713). Oxford, UK: Blackwell.

Jackson, S. J., Hokowhitu, B. (2002). Sport, tribes, and technology: The New Zealand All Blacks haka and the politics of identity. *Journal of Sport and Social Issues*, 26 (2), 125 - 139.

Jackson, S., Andrews, D. (Eds.). (2005). *Sport, Culture and Advertising: Identities, Commodities and the Politics of Representation.* London, UK: Routledge.

Johannsen, D. (2010, February 16). Coutts' four Cups for three nations: 1995, 2000, 2003 Kiwi record holder. *New Zealand Herald*, p. A1.

John, A. (2008). Call me loyal: Globalisation, corporate nationalism & the America's Cup in New Zealand (Unpublished master's thesis). University of Otago, Dunedin, New Zealand.

John, A., Jackson, S. (2010). Call me loyal: Globalisation, corporate nationalism and the America's Cup, International Review for the Sociology of Sport. doi: 10. 1177/1012690210384658.

Johnstone, D. (2000, June 4). Conned by the rich boys. *Sunday Star Times*, *p*. 2.

Knight, L. (1995, December 27). Plenty to savour from heroes despite setbacks. Dominion, p. 23.

Laidlaw, C. (1999). *Rites of Passage*: *Beyond the New Zealand Identity Crisis.* Auckland: Hodder Moa Beckett.

Larsen, P., Coutts. R. (1996). *Russell Coutts: Course to Victory*. Auckland, New Zealand: Hodder Moa Beckett.

Larsen, P., Forster, D., Coutts, R. (1999). *America's Cup* 2000: *Including the Louis Vuitton Cup*. Auckland, New Zealand: Hodder Moa Beckett.

Laxon, A. (2001, November 26). If the jersey fits, then wear it. *New Zealand Herald*, no page number.

Lowe, M. (2003, January 5). BlackHeart newsletter linked to America's Cup threats. *Sunday Star Times*, p. 1.

Miller, T., Lawrence, G., McKay, J., Rowe, D. (2001). *Globalization and Sport: Playing the World*. London, UK: Sage.

Nicholson, O. (2003, March 1 - 2). Team Swit-zealand close in on victory as Black Boat sailors vow to battle on. New Zealand Herald, p. A1.

Obel, C., Austrin, T. (2011). Touring, travelling and accelerated mobilities: Team and player mobilities in New Zealand rugby union. In J. Maguire & M. Falcous (Eds.), *Sport and Migration: Borders, Boundaries and Crossings* (pp. 259 – 273). London, UK: Routledge.

Once was a New Zealander? (2003, September 29). *Sunday Star Times*, p. 1.

Palenski, R. (1995, May 16). Television a catalyst for barnstorming national pride. *Dominion*, p. 24.

Phillips, J. (2000). Epilogue: Sport and future Australasian cult. In J. A. Mangan & J. Nauright (Eds.), *Sport in Australasian Society: Past and Present* (pp. 323 – 332). London, UK: Frank Cass.

Phillips, T., Smith, P. D. (2000). What is 'Australian'? Knowledgeand attitudes among agallery of contemporary Australians. *Australian Journal of Political Science*, 35 (2), 203 – 224.

Pickles, K. (2002). Kiwi icons and the re-settlement of New Zealand as colonial space. *New Zealand Geographer*, 58 (2), 5 – 16.

Ralston, B. (2003, January 22). PR wins over advertising as BlackHeart folds its tents. *The Independent* (New Zealand's Business Weekly), p. 22.

Rayner, R. (2003). *The story of the America's Cup*: 1851 – 2003. Auckland, New Zealand: David Bateman.

Rojek, C. (2001). *Celebrity*. London, UK: Reaktion Books.

Sailing's best. (1995, November 9). *Evening* Post, p. 28.

Sanders, A. (1996, October 13). Japan dangled deal to Coutts to jump ship. *Sunday Star Times*, p. 11.

Scherer, J., Jackson, S. J. (2010). *Globalisation, Sport and Corporate Nationalism: The New Cultural Economy of the New Zealand All Blacks*. Oxford, UK: Peter Lang.

Smith, G. (1973). The sports hero: An endangered species. Quest, 19, 59 – 70.

Smith, T. (2000, December 29). ABC of success. The Press. Retrieved from http://www.stuff.co.nz.

Smythe, M. (2002, September 20). BlackHeart a bold branding blunder. *New Zealand Herald*, p. A19.

Team NZ defectors deserve their money. (2000, June 1). *Evening Post*, p. 4.

Telecom 2003 America's Cup Summary Report. (2003). Auckland, New Zealand: Telecom New Zealand.

Tunnah, H. (2000, December 19). Team NZ dominates on and off the water. Retrieved from http://www. stuff. co. nz.

Watkin, T. (2003, January 19). Black Heart sailed off course. *New Zealand Herald*, no page number.

Wensing, E. H. , Bruce, T. (2004). Playing to win or trying your best: Media representations of national anxieties over the role of sport participation during the 2002 Commonwealth Games. *Waikato Journal of Education*, 10, 203 - 220.

Wong, L. L. , Trumper, R. (2002). Global celebrity athletes and nationalism: Fútbol, hockey, and the representation of nation. *Journal of Sport & Social Issues*, 26 (2), 168 - 194.

Wood, P. (2003, January 4 - 5). America's Cup rules. *New Zealand Herald*, p. A20.

第12章　顺势跑下去：性别鉴定与南非的卡斯特·塞门娅

切里·库基[①]　莎莉·L. 德沃尔金

20世纪之交，在冷战政策的影响下，体育往往成为验证或是使自己的国家的经济、政治和社会组织合法化的方式。随着女性越来越多地参与到体育中来，女性运动员的性和性别逐渐成为人们关注的问题（Cole，2000；Ljungqvist，Martinez-Patino，Martinez-Vidal，Zagalaz，Diaz & Mateos，2006）。就这样，随着国际体育竞争成了符号领域之中基于政治、资本主义和共产主义意识形态之间的斗争，性鉴定（又被称为性别验证测试）的历史不可避免地与冷战联系在一起。

性别意识形态相交于资本主义和共产主义社会中占支配地位的假设里。资本主义国家怀疑苏联或是其他社会主义国家派遣的那些女运动员不仅有"男性化"的外表，甚至她们根本就不是"真正的"女人。他们担心那些在女性体育运动中表现出色的精英，特别是来自社会主义国家的女性运动员，并不是"真正的"女性竞争者。结合冷战期间国际竞争的高风险性，体育监管部门被迫开始对女运动员进行强制性的"性别鉴定"。21世纪，随着柏林墙的倒塌和苏联的解体，有人认为，冷战期间资本主义和共产主义之间的紧张局势已经被第一世界国家（或北半球国家）和第三世界国家（或南半球国家）的紧张局势所代替。在后共产主义语境[②]下，对于第三世界国家派遣由男人伪装的女运动员参加国际体育竞争的担心依旧存在（Schuhmann，

---

① 切里·库基（南加州大学博士），普渡大学健康、运动学和女性研究助理教授。她已经在多个重要期刊中发表论文，她的研究领域是体育中的健康和女性问题。E-mail：ccooky@ purdue. edu。

莎莉·L. 德沃尔金（南加州大学博士），加州大学旧金山分校社会与行为科学系副教授。她已经在多个重要期刊中发表论文，她的研究领域体育的社会学和行为科学问题。E-mail：shari. dworkin @ ucsf. edu。

② 译者注：原文如此。

2009）。因此，在当代体育事业中，对性别鉴定的辩护都被归为第一世界（北半球国家）和第三世界（南半球国家）之间的紧张关系的反映，南半球国家总是被不成比例地指控为违反公平竞争原则。

近来，这种担心体现在围绕卡斯特·塞门娅的真实性别的论战中。塞门娅是一名径赛运动员，同时是比勒陀利亚大学的在校学生。当她在 2009 年 8 月 19 日取得柏林世界田径锦标赛女子 800 米冠军时年仅 18 岁。她以 1 分 55 秒 45 的成绩冲过终点线，虽然距世界纪录仍有 2 秒差距，但她比获得亚军的贾内斯·杰普克斯盖（Janeth Jepkosgei）足足快了 2. 45 秒。国际业余田径联合会（IAAF）的官员首先怀疑塞门娅服用了兴奋剂。一些新闻媒体声称国际业余田径联合会要求进行测试的原因是塞门娅“低沉的声音、强健的肌肉以及在短时间内成绩的迅速提升”（Associated Press，2009）。但是在新闻发布会上，国际业余田径联合会秘书长皮埃尔·韦斯（Pierre Weiss）亲自出面澄清：塞门娅接受调查是因为她“模棱两可”的性别而不是国际业余田径联合会怀疑她故意作弊。

性别鉴定政策使塞门娅成为国际田径语境中“坠落的英雄”。她就以这种方式被主流新闻媒体框架建构，尤其是在美国。然而，国际体育竞赛的政治意味越来越强烈，运动员尤其是女运动员逐渐成为国家的代表人物（Bruce，2009）。当体育竞赛变成当代第一世界（北半球国家）和第三世界（南半球国家）之间竞争的权力场时，塞门娅应运而生，被视为南非社会的女英雄，并被南非媒体框架建构为“黄金女孩”和“我们的第一体育夫人”。

在本章中，我们将通过检验那些围绕在塞门娅身边的争议以及她被美国和南非主流报纸框架建构的“双性”的可能性来探寻这个悖论。我们在本章一开始简要地讨论体育中的性别鉴定史。接下来，我们会探讨美国平面新闻媒体报道是如何通过所谓的性或性别阈限来将她框架建构为“坠落的男英雄”的；分析在这次将塞门娅定义为“坠落的女英雄”的论战中，南非媒体是如何利用人权、民族主义的话语和性别主义、种族主义以及欧洲中心主义来对抗国际业余田径联合会。在本章的结尾，我们将把卡斯特·塞门娅的起落沉浮放置在更广阔的南北权力对话背景中来进行考量。我们探讨卡斯特·塞门娅的传媒框架以及后续的争议，提供一个独到的理解坠落的英雄如何在更广阔的社会政治动力和紧张状态下相关联的视角。在美国传媒框架的案例中，个体的坠落和个人主义优先被选择，塞门娅潜在的双性身份受到谴责。在南非的语境中，对国际体育乃至更广阔的全球语境中关于性别主义和民族主义的指控成为核心。

性别鉴定或性别测试：建构塞门娅为“坠落的女英雄”

国际奥委会从1968年开始强制进行性别测试，1998年废除了这一举措（Ljungqvist, et al., 2006）。国际业余田径联合会比赛强制进行性别测试始于1960年（Simpson, et al., 1993）。在参加强制性性别测试之前，女运动员要参加“裸体检查”：运动员要在指定的医学专家和体育官员面前裸体行走。当然，新技术的出现［特别是巴尔体染色体畸变试验（Barr Body chromosome test）］消除了性别鉴定必须依赖物理实验的尴尬境地，也被认为减少了对运动员的伤害。1992年，巴尔体染色体畸变试验被一种基于DNA的测验手段所取代：通过聚合酶链反应（PCR）的SRY基因检测。但是不幸的是，测试制造了“大量的假阳性结果”（Reeser, 2005, p. 696），很多女性运动员被错误地告知她们不是“真正的女人”。

尽管目前还没有通过性别鉴定发现体育赛事中的男性试图通过伪装成女性来获取不公正优势（Ritchie, Reynard & Lewis, 2008），但是已经有案例显示，有一些女性运动员不是真正的“生物学上的”女人，并且被取消了随后的比赛资格（见Cavanagh & Sykes, 2006）。因此，由于性别鉴定而坠落的女运动员也提供了一种意识形态的或是实际的作用：如何在性别隔离以及男权掌控的运动项目中监控性别的边界。直到现在，也没有权威的机构来鉴定运动员是否是生物学意义上的女性从而决定其是否继续参与体育机构的竞赛。没有通过测试和妄图取得“不平等优势”的运动员，会从国际管理机构得到建议：诈伤退赛或者悄悄地从体育圈“退役”。

20世纪80年代末到90年代初，因为几个高调的女运动员性别误判事件，性别测试遭到科学批判，国际医学界反对用染色体或者基因来鉴别运动员的性别（见Simpson, et al., 1993）。因此，国际奥委会在2000年悉尼奥运会期间终止对女运动员进行强制性性别测试。同样，国际业余田径联合会的“性别鉴定政策”（2006）也不再需要“在国际业余田径联合会认可的赛事中被强制性、标准化和制度化地执行”。对于国际业余田径联合会而言，决定一个运动员的性别“不应该仅仅是基于实验室的性别测试”。国家队的医生被期待能够意识到他们需要通过检查运动员的健康状况或者在重大体育赛事期间控制兴奋剂的使用来避免“可能出现的问题”。国际业余田径联合会的政策还指出，当“怀疑”或“挑战”出现时，运动员将被要求由科学专家组成的小组来进行医学评估，这个小组包括一名妇科医生、一位内分泌学家、一位内科专家和一位性别或变性问题方面的专家。[1]

体育管理机构和他们的政策假定在田径比赛的同一场赛事中，任意男性的表现将会优于所有女性（Kane，1995）。这也是体育赛事中保持性别隔离政策的一部分理论基础。当科学在意识形态层面的目的是将运动员的性别归结为不是这个性别就是另一个性别而走进僵化的二线性死胡同时，接受性别测试的女运动员也就不得不面对成为坠落的英雄的巨大风险了。

类似于其他的女运动员，包括艾娃·科罗布科夫斯卡[2]（Ewa Klobukowska）、玛丽亚·何塞·马丁内斯·帕蒂诺（Maria Jose Martinez Patino）[3]以及桑奇·苏达拉杨（Santhi Soundarajan）[4]，都被禁止以女性身份参加比赛并被剥夺曾经获得过的奖牌，塞门娅几乎失去了参加体育比赛的机会。然而，她最终被允许保留自2009年以来所获得的比赛金牌，也仍旧有资格参加女子体育比赛。塞门娅和其他参加性别测试的女运动员的主要区别就是南非方面的独特反应。南非领袖，包括南非总统雅各布·祖马（Jacob Zuma）以及南非体育组织和妇女权益团体在内的领袖厉声斥责国际业余田径联合会。南非国民议会运动委员会主席和非洲人国民大会向联合国人权委员会发出前所未有的控诉函件，指控国际业余田径联合会的种族主义和性别主义的表现。在国际体育界和南非之外的其他国家，包括美国，对于塞门娅性别阈限的推定，与南非对于塞门娅的坠落，以及把她拥戴为“国

---

① 在本章的写作过程中，国际奥委会和国际业余田径联合会已经改变他们的政策。对于变化详见讨论：Dworkin & Cooky（2012）and Cooky & Dworkin（in press）。

② 译者注：波兰前著名短跑运动员，曾获得1964年东京奥运会女子4×100米接力金牌和100米铜牌，1965年创下11.1秒的女子百米世界纪录，1967年在苏联基辅进行的欧洲杯田径比赛的性别检测中未过关，从此被禁赛。

③ 译者注：西班牙前著名跨栏运动员，曾在1983年赫尔辛基世界田径锦标赛上通过了巴尔体染色体畸变试验，从此正式获得参加女子比赛的资格。但在1985年神户世界大学生运动会未能再次通过检测，被西班牙队授意因伤退赛。1986年西班牙全国运动会上获得60米栏冠军，但检测再次未能通过，她同时失去了金牌、大学奖学金、未婚夫和国家队成员资格。退役后她从事女性体育研究，获得博士学位，目前在维戈大学任教。

④ 译者注：印度前著名中长跑运动员，曾获得11枚国际比赛奖牌和50多枚印度全国比赛奖牌。她是第一位获得亚运会奖牌的泰米尔省女运动员。但在2006年多哈亚运会获得女子800米银牌后，她未能通过性别检测，被剥夺奖牌。随后她被印度奥委会秘书长通知永远不能再参加体育比赛。苏达拉杨在塞门娅事件后还表达了对后者的支持。

家女英雄”的主张形成了鲜明的对比。南非的政客、体育利益相关者以及南非社会成员将强制性的性别测试视为种族主义和性别主义，侵害了塞门娅参加体育竞赛的人权（Dworkin, et. al., In press），而不是将她的参赛作为违反体育性别隔离政策的举动。

研究方法

传媒化的信息（例如新闻媒体报道）并非事物的客观呈现。相反地，媒体利用特定的阐释来误导他人（Fiske, 1996）。换句话说，那些包含在故事里的信息，更重要的是如何帮助“框架”建构一个事件给读者或是观众的（Fiske, 1996）。我们结合使用内容分析法（传媒框架的量化研究）和文本分析法（传媒框架的定性研究）来考察新闻媒体是如何创建和再建叙事的，并且理解它们如何与主流思想或意识形态一起，进行更广泛的社会传播（更详细的方法论阐释见 Cooky, Wachs, Dworkin & Messner, 2010）。在本章中，我们将直接通过我们的分析来探寻主流新闻媒体是如何框架建构那些“坠落的英雄”的，并且提供美国和南非媒体之间的有重要意义的比较。这种比较提供了一个重要的分析：新闻媒体在展开重要阐释时扮演的角色（Fiske, 1996）。

我们分析了 16 份报道有关卡斯特·塞门娅争议事件的报纸：13 份来自美国的国家性或地区性报纸，3 份来自南非的报纸（作为一个美国学者，我们在美国被限制接触和接近南非媒体）。我们从有关塞门娅的所有文章中检索出 2009 年 8 月 19 日至 2010 年 1 月 21 日间刊登的 215 篇文章，其中 53 篇来自美国报纸，162 篇来自南非报纸。

美国的媒体框架：塞门娅作为“坠落的女英雄”

美国媒体在将塞门娅框架为“坠落的女英雄”时，一个突出的手段就是把她同体育界其他“坠落的英雄”进行比较。有趣的是，相较于那些因为个人举止行为失当而从英雄地位坠落的明星，塞门娅的“坠落”并没有什么个人的过错。相反地，她是因为没有符合一些体育组织建构的合法化的性别隔离的限制观念而坠落的，在这里重要的是强调塞门娅不能因为没有符合性和性别的二元性而受到个人指责。媒体并不应该只责备她的一些可知的个人失误，而是应该更多地关注国际体育组织的关键利益相关者所作出的决策：拒绝承认男性和女性之间的延续性。不幸的是，塞门娅本人经常因为没有符合性和性别的二元性而遭受指责。举例来说，在《纽约时报》的一篇文章中，体育记者林·金塞（Lynn Zinser）这样报道：

> 我们现在有足够的证据证明所有的体育丑闻都不是平等制造出来的。比如，充满争议的 18 岁的南非女子 800 米世界冠军卡斯特·塞门娅。即使只是盯着她的照片几分钟，你都不可能回避这些考虑选项：女人，男人，遗传学出错了，我们需要一副新的眼镜？抑或是，如同另一宗 NCAA 球员约翰·卡利帕里（John Calipari）卷入的性别丑闻，换成一句可以立即理解的话来说：又一次吗???!（2009a，p. 1）

本章比较了塞门娅与其他一些因为性别验证争议而坠落的人，包括孟菲斯大学的时任主帅约翰·卡利帕里（John Calipari），NCAA 禁止他以及他的孟菲斯大学团队参加 2007—2008 赛季的任何比赛（Zinser，2009a）。另一篇来自《纽约时报》的报道指出，"体育已经提供了精彩的一课：怎样不提升你的公众形象"。文章讨论了 NFL 四分位迈克尔·维克在庆祝他回归 NFL 的一次电视采访中喝鸡尾酒而出现的争议。这也引起了人们对他的怀疑：他并没有因为经营斗狗入狱而有丝毫改变（Zinser，2009b）。在该报道中还提到了普拉西科·布雷斯（Plaxico Burress），另一位已经被停赛的 NFL 球员，他在夜总会狂欢时，无意间用枪射中自己的腿，此外还有正在康复中的 NBA 迈阿密热火队球员迈克尔·比斯利（Michael Beasley）。这篇文章主要探讨了运动员如何维持自己的公关形象，并且提到在《伦敦电讯报》报道塞门娅的"睾酮水平是正常女人的三倍"之后，她也许需要一些公共关系的帮助。文章还指出，即使是已经退休的变性女子网球运动员里尼·理查兹（Renee Richards），也怀疑塞门娅是否有资格与女性选手同台竞技（Zinser，2009b）。

一些文章探讨了将塞门娅争议事件放置在当代坠落的英雄语境下的更为仁慈的看法，并且把她与其他同样暴露在公众显微镜下的青少年联系在一起。一篇刊登在《纽约时报》上的题为《对于一些人来说，人生这堂课来得早了些》的报道中，体育记者乔治·维克西（George Vecsey）讨论了青少年体育现象的挑战。安德鲁·阿加西，男子职业网球选手，被称作面对压力时相对未受影响的选手；梅拉尼·乌丹（Melanie Oudin），一个女子网球职业选手，父母在她父亲宣称母亲与她的网球教练有染后离婚；詹妮弗·卡普里亚蒂（Jennifer Capriati）在十几岁时就面临在商店行窃和吸食毒品的指控。所有这些人都是年纪轻轻就遭遇强烈的媒体监督的运动员案例。尽管塞门娅被不加鉴别地与他们摆在一起，维克西还是做出了如下区分：在公众场合，与可怕的性别争议比较起来，丑闻和八卦简直不值一提（Vecsey，2009，p. 8）。虽然表面上维克西持同情态度，但是他依旧认为这种公开的羞辱是必需的，因为有如此多的“运动员采用有效的非法药物而使自己处于边缘地位”（Vecsey，2009，p. 8）。除了将塞门娅归类为另一种“坠落”的运动员，这位特别的记者清楚地揭示了他的想法：在体育竞赛中寻求保护“不公正的优势”的方法，如果这种“优势”是来自于药物或是生理方面的细微差距。我们将在本章的结论部分再来讨论不公正的优势问题。下面我们来看看南非媒体在这场争议中的回应。

从坠落的运动员到国家的女英雄：南非对塞门娅的回应

体育在国家建设中的作用是不能被低估的，特别是对于发展中国家来说（Padayachee，Desai &Vahed，2004）。运动和国家建设的历史关系值得我们简要探讨，是为了将南非平面媒体框架建构塞门娅争议事件置于语境中考量。在南非种族隔离制度盛行的时期，执政的国大党出台了高度隔离的体育政策和无数的法律法规，限定只有白人才能参与到体育运动中来（Cornelissen，2011；Hargreaves，2000）。数十年来，南非没有被允许参加奥运会的原因在于种族隔离制度只允许白人代表南非参与比赛（Merrett，2004）。1994 年，种族隔离制度被正式废除。纳尔逊·曼德拉“明智地向羚羊队（英式橄榄球队）拨款，标志着这支球队从白人优势符号变为国家统一的符号”（Hargreaves，2000，p. 29）。毫无疑问，在过渡期内，体育制度已经表现为一种团结南非人民的方式和在国家范围内进行更广泛的解放斗争的核心。

哈格里夫斯（Hargreaves，2000）认为，黑人女运动员倾向于“也被不恰当地视为主流意识的女主人公，而不是代表具体社群和身份。黑人女英雄的诞生推动了国家建设和平等思想的普及”（p. 35）。鉴于体育于南非民主过渡时期在国家建设中所发挥的独特作用（Cornelissen，2011；Padayachee，et al.，2004）以及黑人妇女在南非统一民族身份中所扮演的特殊角色（Hargreaves，2000；Pelak，2010），竞赛明星卡斯特·塞门娅就成了一个极其重要的南非国家形象。她是南非第一个获得世界田径锦标赛金牌的黑人女运动员。她来自一个失业率超过40%的利坡坡小村庄，得到体育锻炼的机会远不及城市人。因此，她在体育界的成功已经并且持续被视为蓬勃发展、新兴民主的“新”南非优越性的象征。这种情绪在南非的报道中是显而易见的，媒体通过叙事详细介绍了她霍雷肖·阿尔杰般（Horatio Alger-like）的成长轨迹，例如“教室里只有廉价的木制课桌和光秃秃的水泥地。铁皮屋顶下裸露着油漆斑驳的涂鸦墙。卡斯特·塞门娅只是在南非这个贫困角落中的普通一分子，直到她的身体将她推上了世界冠军的宝座”（Smith，2009，p. 1）。

她的“荣耀”的核心组成部分丝毫不同于美国报纸所谓的“坠落”，媒体一再保证：“我们南非人绝不怀疑”塞门娅的性别。她经常被称为“百分之百女人中的女人”。为了彰显与体育、女性意识形态和民族主义之间的关系，南非新闻媒体报道称，卡斯特·塞门娅在遭遇性别质疑之后回到祖国，受到了祖国人民的强烈追捧，她被称为“我们的黄金女孩”和“我们体育界的第一夫人”。当她的父母和亲戚被传媒进行框架建构时，他们一次又一次地强调：“她是个女人，我可以再重复一百万遍。”（Semenya Family：“She’s a Girl”，2009）一个等候迎接她荣归故里的医生说测试是“不公平”的，当他们检测女运动员的性别时，“他们正在破坏作为一个国家的南非”（Brooks，2009）；看着她一路成长起来的学校的朋友们说“她是一个女孩儿”（Smith，2009）；她的父母声称他们知道这一切，“是我从小帮她洗澡的，我知道”（Schuhmann，2009）。因此，对比美国平面媒体将塞门娅框架建构为坠落的女英雄，南非的主流媒体通过确认塞门娅肯定应当属于女性范畴来捍卫她的荣誉。

为了进一步强调体育、女性气质和民族主义与支持塞门娅的压倒性情绪之间的联系，南非体育部长马肯塞西·斯托菲尔（Makhenkesi Stofile）指出，如果塞门娅被没收金牌，并且剥夺她参加未来体育赛事的资格，“这将会引发第三次世界大战”（Geoghegan，2009；增加强调）。谈到塞门娅可能被清除出体育圈时他强调：“关于这一决定我们将会向最高级别的机构进行申诉。”斯托菲尔的反应显然结合了性别保护主义和民族主义的意识形态，媒体报道处理塞门娅事件的方式和对性别测试结果的反应令他感到“震惊”。对于斯托菲尔以及南非其他的政客和体育管理者来说，卡斯特·塞门娅“是女性，她依旧是我们的女英雄。我们必须保护她”（Ori & Johnsson，2009）。

南非领袖在传媒框架中集中呈现。通过他们各自不同的发言，我们可以清楚地发现他们在保护塞门娅，他们也在捍卫作为一个国家的南非的尊严。除了那些框架宣称塞门娅的性别不容置疑之外，下面我们来探讨一下其他一些框架建构塞门娅坠落的争议。

“坠落的英雄”之争：性别主义、种族主义和欧洲中心主义的指控

在平面媒体的报道中，有些机构认为塞门娅受到的待遇反映了体育事业中的性别主义和性别歧视等问题。例如，南非非洲人国民大会 ANC 发言人布莱恩·索库图（Brian Sokutu）就指出：“卡斯特并不是唯一拥有阳刚外形的女运动员，国际业余田径联合会应该更清楚。”（“SA Lashes out at ‘Racist’ World Athletics Body”，2009）他补充说：“我们谴责那些因为她强健的体魄和男性化的比赛风格而质疑她性别的人的勾当。这种言论只会把妇女描述为软弱。”（“ANC Condemns Semenya Gender Row”，2009）非洲国民大会妇女联盟表示，关于塞门娅的性别问题的争议“表明了人们普遍认为，女人只能达到他们心目中的某个水平，如果超过了这个水平就应该是男人”（Bryson，2009）。体育委员会主席布塔纳·康培拉（Butana Komphela）表示，“塞门娅所遭受的羞辱是国际业余田径联合会性别主义行为的符号，因为它削弱了女性获得的成就”（“SA to Lodge Complaint with UN over Semenya”，2009）。考虑到南非的社会背景，这些言论是可以理解的：在后种族隔离制度时代，妇女的权利逐渐得到认可，并且在体育方面，南非一直致力于与性别歧视做斗争（Hargreaves，2000；Pelak，2005）。

除了性别主义的说法，主流媒体的框架也集中在塞门娅性别验证测试体现出的种族主义。例如，南非非洲人国民大会的青年发言人暗示塞门娅的争议（例如，性别验证测试的必要性以及对于结果的解释）可以归结为人种问题。他指出，“那些抱怨塞门娅性别的人们，仅仅因为塞门娅与他们的肤色不同”（Letsoalo，2009）。新闻报道明确指出，塞门娅所接受的带有明显种族主义和主观色彩的测试等同于在种族隔离时期强加在黑色人种身上的测试。一位南非记者如此评价性别验证测试报告：

> 科学也许是对的，但是有些东西对我来说，会让人想起种族隔离时期为确定种族而实施的“铅笔测试”……如果你对你的种族存在疑问，那么你会被权威找来进行种族确认。如果那些官员无法一眼就给出一个让人满意的答案，那些所谓的官僚就会拿出一支铅

笔，把它别在你的头发上，然后等待。这就是你会看到的紧张状态。(Bikitsha, 2009)

种族隔离时期的科学种族主义确实有定义“人种”边界的主观措施，例如通过颅骨的形状和大小以及头发的质地（Dubow, 1995）。此外，官方宣布种族隔离制度正式结束之后，设立了“真相与和解委员会”，他们详细地调查南非黑人接受医学测试的历史，并且在听证会上公之于众。因此，有鉴于这种历史背景，当代南非新闻报道将国际业余田径联合会成员框架建构为“残忍的白大褂科学家”也就不足为奇了（Brooks, 2009）。南非田径协会主席莱昂纳德·楚埃尼（Leonard Chuene）强调：“我们不会允许欧洲人来定义我们的孩子。”（“Politicians Weigh in on Semenya Debate”, 2009）楚埃尼宣称争论“就是关于种族主义，挑起事端的人就是那些不希望2010年世界杯举行的人，就是那些不断贬低黑色人种的人，就是那些拒绝相信非洲人也可以站在世界舞台的人”(Tucker &Dugas, 2009)。

南非在种族主义、性别主义和黑人妇女待遇方面的强烈诉求有着悠久的历史，这在殖民主义开发史和现在受北半球国家压制的背景下是可以理解的(Posel, 2001)。然而，南非在种族主义和欧洲中心主义方面的诉求也否认了塞门娅在性别上处于边缘地位的事实，抹杀了体育社会组织的讨论——该讨论在面对生物介质时重申了二元性别这种分类。如果读者们认可了性别介质，特别是考虑到南非曾经严格的性别监管、对同性恋恐惧、对变性者的恐惧以及对中性人恐惧的历史，那么这样的评论也使得读者想知道塞门娅的支持者们会作何反应（Swarr, 2012）。

结　论

全世界各地的女性运动员都会被要求参加性别验证测试。然而，一些来自政治气氛有争议的特殊地区的女运动员，例如东方集团，已经开始不成比例地拒绝参加性别测试（Cole, 2000）。的确，到现在为止没有哪个来自“第一世界”的女运动员被要求必须参加性别测试，这也突出了区域权力关系的密切关联性，我们应该更加密切地关注是否有这种权力关系以及其程度，区域分析也许应当存在。

在体育界，民族主义的意识形态明显与那些引起对一些特定女性身体的监视的性和性别意识形态相交织。需要清楚的是，在现行制度下，那些展示出超强运动能力的女运动员被视为“值得怀疑的”，她们是性别鉴定的主体。具有讽刺意味的是，与性别无关的其他遗传优点是毫无疑问地被体育组织默许的（Cooky & Dworkin, in press; Dworkin & Cooky, 2012），正如赫切尔（Hercher, 2010）所指出的：

> 服用过量的睾丸激素是一种欺骗行为。但是，产生过量的睾丸激素是一种遗传上的优势，从本质上来说并没有错。遗传上的优势是竞技体育的常态，而不是特例。高水平运动员中充斥着大量遗传异常的个体。NBA 里七英尺以上的巨人明显过多，兰斯·阿姆斯特朗拥有令心脏病专家都叹服，足以在长时间骑行中依旧保持氧气充斥肌肉细胞的心肺能力。迈克尔·菲尔普斯，14 枚奥运会金牌的获得者，拥有着流线型的、瘦长的身躯和更为惊人的臂展。（p. 552）

其他的学者也在质疑：一个人的性别是否应该是体育界细致审查的唯一类别：

> 为什么塞门娅的故事成了国际头条，而菲尔普斯的遗传优势却没有？是因为男子运动员并没有那些被社会强加在身上的所谓“上限”所以允许拥有遗传优势吗？只有当遗传优势开始给女性运动员男性般的优点时，遗传优势就开始变得“不公平”了么？（Cooper, 2010, pp. 234 -235）

一些女权主义学者提醒道：当只有女性运动员（或是那些男变女的变性人）而不是男性才需要参加性别测试时，说明体育的性别隔离仍然存在（Cavanagh & Sykes, 2006; Cole, 2000; Cooky, et. al., 2012）。体育领域内性和性别的连续统一体识别（Kane, 1995）是与体育组织维持他们有且仅有两种性别，并且将它们分为不同的类型来确保“公平竞争”的想法大相径庭的。

为了理解平面新闻媒体为什么在框架建构塞门娅事件上存在大量差异，至关重要的是要注意到美国新闻传媒倾向于无论是场上还是场下，通过个体化的框架建构来指责运动员个人的失败和以个体行为引发的焦点事件来理解运动员，否定更为宽泛的人种、阶级、性别和性取向关系（Cooky, et al., 2010）。相比之下，南非将塞门娅框架为需要保护的“我们的女孩儿”是清晰的，而这一做法与美国媒体建构的框架是不同的：他们将塞门娅与其他坠落的英雄划归到一类人中。在南非的平面媒体报道中，塞门娅是一个“真正的女人”或是一个需要保护的“女孩儿”。因为这种框架，塞门娅得以以一个“真正的女人”或是一个无辜的人的身份来进行抗争——有些人不能或不该被当作成年人那么被苛责，她应该比我们知道的更好。这些框架帮助她巩固了自己女英雄的地位。因此，当南非的报纸声称塞门娅是“我们的黄金女孩儿”时，表面上的是在挑战那些将强健的肌肉、卓越的运动能力与男人联系在一起的说法，实际上是激发了家长式的保护主义立场来对待塞门娅。一位南非性别活动家指出，有一种齐心协作的力量使塞门娅女士更为规范化也更为女性化，最终把她变成了“国家荣誉和骄傲的适当符号”（Gender DynamiX，2009）。结合美国和南非各自独特的历史背景，无论是哪种反应都是合乎逻辑的。但是，在体育界顺其自然地发展下去，当我们真正意识到性别的连续性不能被忽视时，这一切却无助于维护社会正义。

参考文献

ANC condemns Semenya gender row.（2009，August 20）. Mail & Guardian. Retrieved from http://mg. co. za/article/2009 – 08 – 20 – anc – condemns – semenya – gender – row.

Associated Press.（2009，September 16）. IAAF：Semenya decision in November. Retrieved from http://sports. espn. go. com/oly/trackandfield/news/story?id = 4464405. '

Audit Bureau of Circulation.（n. d.）Retrieved from http://www. accessabc. com.

Bikitsha，N.（2009，September 2）. Run，Caster，run! Mail & Guardian. Retrieved from http://mg. co. za/article/2009 – 09 – 02 – run – caster.

Brooks，C.（2009，August 25）. Warm welcome home for champ Semenya. Mail & Guardian.

Retrieved from http://www. mg. co. za/article/2009 – 08 – 25 – warm – welcome – home – for – champ – Semenya.

Bruce，T.（2009）. Winning space in sport：The Olympics in the New Zealand sports media. In P. Markula（Ed.），*Olympic Women and the Media：International Perspectives*（pp. 150 – 167）. London，UK：Palgrave Macmillan.

Bryson，D.（2009，August 22）. SA rallies behind runner in gender storm. *Mail & Guardian.*

Cavanagh，S. L.，Sykes，H.（2006）. Transsexual bodies at the Olympics：The International Olympics Committee's policy on transsexual athletes at the 2004 Athens summer games. *Body & Society*，12（3），75 – 102.

Clarey，C.（2009，December 30）. Sporting flops of 2009. *The New York Times*，p. 1.

Cole，C. L.（2000）. One chromosome too many? In K. Schaffer & S. Smith（Eds.），*The Olympics at The millennium：Power，Politics，and the Game*（pp. 128 – 146）. New

Brunswick, NJ: Rutgers University Press.

Cooky, C., Dworkin, S. L. (in press). Policing the Boundaries of Sex: A Critical Examination of Gender Verification and the Caster Semenya Controversy. *Journal of Sex Research.*

Cooky, C. Dycus, R. Dworkin, S. L. (2012). "What makes a woman a woman?" vs. "Our First Lady of sport": A comparative analysis of Caster Semenya in U. S. and South African news media." *Journal of Sport and Social Issues*. [Published Online First: DOI: 10. 1177/0193723512447940].

Cooky, C., Wachs, F. L., Dworkin, S. L., Messner, M. A. (2010). It's not about the game: Don Imus, race, class, gender and sexuality in contemporary media. *Sociology of Sport Journal*, 27 (2), 139 – 159.

Cooper, E. J. (2010). Gender testing in athletic competitions—Human rights violations: Why Michael Phelps is praised and Caster Semenya is chastised. *Journal of Gender, Race, and Justice*, 14 (1), 233 – 264.

Cornelissen, S. (2011). Prologue: Sport past and present in South Africa: (Trans) forming the nation? *International Journal of the History of Sport*, 28 (1), 2 – 8.

Dickinson, B. D., Genel, M., Robinowitz, C. B., Turner, P. L., Woods, G. L. (2002). Gender verification of female Olympic athletes. *Medicine and Science in Sports & Exercise*, 34 (10), 1539 – 1542.

Dubow, S. (1995). *Scientific Racism in Modern South Africa*. New York, NY: Cambridge University Press.

Dworkin, S. L., Cooky, C. (2012). Sport, sex segregation, and sex testing: Critical reflections on this unjust marriage. *American Journal of Bioethics*, 12 (7), 1 – 3.

Dworkin, S. L., Swarr, A. L., Cooky, C. (in press). Sport and sex and gender injustice: The case of South African track star Caster Semenya. *Manuscript Submitted to Feminist Studies.*

Fiske, J. (1996). *Media Matters: Race and Gender in U. S. politics*. Minneapolis, MN: University of Minnesota Press.

Gender DynamiX. (2009, October 27). Meanings of masculinity and femininity. Gender DynamiX. Retrieved from http://www. genderdynamix. co. za/content/view/429/198/。

Genel, M., Ljungqvist, A. (2005). Gender verification of female athletes. *Lancet*, 366 (1), S41.

Geoghegan, A. (2009, September 12). Third world war if Semenya barred: South Africa, ABC News. Retrieved from http: www. abc. net. au/news/stories/2009/09/12/2683897. htm.

Hargreaves, J. (1997). Women's sport, development, and cultural diversity: The South

African experience. *Women's Studies International Forum*, 20 (2), 191 -209.

Hargreaves, J. (2000). *Heroines of Sport: The Politics of Difference and Identity.* London, UK: Routledge.

Hercher, L. (2010). Gender verification: A term whose time has come and gone. *Journal of Genetic Counseling*, 19 (6), 551 -553.

Hersh, P. (2009, August 20). Gender issues; Others in 800 meters raise questions about surprise winner Caster Semenya of South Africa; International officials start inquiry. *Los Angeles Times*, p. C1.

International Association of Athletics Federation as Medical and Anti-Doping Commission (2006). IAFF policy on gender verificiation. Retrieved from http: www. iaaf. org/mm/document/imported/36983. pdf.

Kane, M. J. (1995). Resistance/transformation of the oppositional binary: Exposing sport as a continuum. *Journal of Sport and Social Issues*, 19 (2), 191 -218.

Letsoalo, M. (2009, August 28). Malema raps ANC leaders on race. *Mail & Guardian.*

Ljungqvist, A., Martinez-Patino, M., Martinez-Vidal, A., Zagalaz, L., Diaz, P., Mateos, C. (2006). The history and current policies on gender testing in elite athletes. *International Sport Med Journal*, 7 (3), 225 -230.

Ljungqvist, A., Simpson, J. L. (1992). Medical examination for health of all athletes replacing the need for gender verification in international sports. The International Amateur Athletic Federation Plan. *Journal of the American Medical Association* (JAMA), 267 (6), 850 -852.

Merrett, C. (2004). From the outside lane: Issues of 'race' in South African athletics in the twentieth century. *Patterns of Prejudice*, 38 (3), 233 -251.

Ori, K. O., Johnsson, P. K. (2009, September 12). Caster Semenya enigma: IAAF tests will disqualify most women athletes. Afrik-News. Retrieved from http://www. afriknews. com/article16160. html.

Padayachee, V., Desai, A., Vahed, G. (2004). Managing South African transformation: The story of cricket in KwaZulu Natal, 1994 -2004. *Patterns of Prejudice*, 38 (3), 253 -278.

Pelak, C. F. (2005). Negotiating gender/race/class constraints in the New South Africa: A case study of women's soccer. *International Review for the Sociology of Sport*, 40 (1), 53 -70.

Pelak, C. F. (2010). Women and gender in South African soccer: A brief history. *Soccer & Society*, 11 (1 -2), 63 -78.

Politicians weigh in on Semenya debate. (2009, August 26). Mail & Guardian. Retrieved fromhttp://mg. co. za/article/2009 - 08 - 26 - politicians - weigh - in - on - semenya -

debate.

Posel, D. (2001). Race as common sense: Racial classification in 21st century South Africa. *African Studies Review*, 44, 87 – 113.

Reeser, J. C. (2005). Gender identity and sport: Is the playing field level? British *Journal of Sports Medicine*, 39 (10), 695 – 699.

Ritchie, R., Reynard, J., Lewis, T. (2008). Intersex and the Olympic games. *Journal of the Royal Society of Medicine*, 101 (8), 395 – 399.

SA lashes out at 'racist' world athletics body. (2009, August 20). Mail & Guardian. Retrieved from http://mg. co. za/article/2009 – 08 – 20 – sa – lashes – out – at – racist – world – athletics – body.

SA to lodge complaint with UN over Semenya. (2009, August 22). Mail & Guardian. Retrieved from http://mg. co. za/article/2009 – 08 – 22 – sa – to – lodge – complaint – with – un – over-semenya.

Schuhmann, A. (2009, August 31). Feminine masculinities, masculine femininities. Mail & Guardian. Retrieved from http://www. mg. co. za/article/2009 – 08 – 31 – femininemasculinities – masculine – femininities.

Schultz, J. (2011). Caster Semenya and the 'question of too': Sex testing in elite women's sport and the issue of advantage. *Quest*, 63 (2), 228 – 243.

Semenya family: 'She's a girl.' (2009, August 20). Mail & Guardian. Retrieved from http://mg. co. za/article/2009 – 08 – 20 – semenya – family – shes – a – girl.

Simpson, J. L., Ljungqvist, A., de la Chapelle, A., Ferguson – Smith, M. A., Genel, M., Carlson, A. S., Ehrhardt, A. A., Ferris, E. (1993). Gender verification in competitive sports. *Sports Medicine*, 16 (5), 305 – 315.

Smith, D. (2009, August 23). Semenya sex row causes outrage in SA. *Mail & Guardian*, p. 1.

Swarr, A. (2012). *Sex in Transition: Apartheid and the Remaking of Gender and Race*. New York, NY: SUNY Press.

Tucker, R., Dugas, J. (2009, August 21). From sad to ugly: Semenya's detractors 'are racists of the highest order.' The Science of Sport. Retrieved from http://www. sportsscientists. com/2009/08/caster – semenya – debate – takes – racist – turn. html.

Vecsey, G. (2009, September 13). For some, life lessons come early. *The New York Times*, p. 8.

Zinser, L. (2009a, August 21). Calipari scandal doesn't demand a double take. *The New York Times*, p. 1.

Zinser, L. (2009b, August 26). Vick, Burress and Beasley keep image consultants busy. *The New York Times*, p. 1.

第三部分
坠落的团队体育名流

第 13 章　狗咬人？迈克尔·维克的定罪与康复

迈克尔·D. 加尔迪纳　马尔·马格努森①

> 奥巴马总统想谈两件事情，第一件事是关于迈克尔·维克（Michael Vick）……他说，“有很多服刑的人，但他们从未得到公平的二次机会”。他是……热爱它。他说，当囚犯们走出监狱时社会从来没有为他们提供过一个公平竞争的环境。他很高兴，我们营造了这样一个全国性的舞台来表明我们的真诚，给别人这样一个重大失误后的二次机会。[杰弗里·劳瑞（Jeffrey Lurie），费城老鹰队老板，引自 King，2010]

> 迈克尔·维克以一种无情和残忍的方式杀死了狗。我认为，就个人而言，他应该已经为此付出了代价，但是他没有。不过美国总统真的会去支持一个杀狗的人？这让人有种越轨的感觉。[塔克·卡尔森（Tucker Carlson），福克斯新闻频道主持人]

“欢迎来体验迈克尔·维克的经历，”一个温柔的声音从耐克 2004 年的明星代言广告中传出。在广告中我们可以看到，一个非洲裔美国少年在迪斯尼排队等待体验能让人身临其境的娱乐公园。轮到他坐上机器之后，他被固定在一个吊椅上，戴上美式橄榄球头盔和夹板，开始他的体验之旅。接下来他看到了维克的全息图像，并且被告知“欢迎来到我的旅程，这是快乐开始的地方”。骑行者随后进入一片黑暗——耳边传来了机器攀爬的声音（就好像过山车达到顶峰一般）——然后，少年再次出现在一个模拟的橄榄球

---

① 迈克尔·D. 加尔迪纳（伊利诺伊大学博士），佛罗里达州立大学体育管理学助理教授。他已经参与主编了多部著作，目前是 SSCI 期刊《体育社会学学刊》和《文化研究、批判方法》的助理编辑。他的研究横跨体育社会学和传播学的诸多领域。E-mail：michael. d. giardina@ gmail. com。

马尔·马格努森（佛罗里达州立大学博士），拜乐大学体育管理学助理教授。他已经在多家重要期刊中发表论文，他的研究领域是球队的身份认同、组织行为的政治技巧等。E-mail：Marshall_Magnusen@ Baylor. edu。

场中央，扮演着维克的角色。开球、比赛开始，骑行者摇晃着器具，躲避抱摔抱球“冲”向前场，每一个动作越来越不可思议（从简单的迂回步移动，到360°旋转过人，最后以一个跳跃翻腾达阵）。得分后，全息维克再次出现，笑嘻嘻的，并笑着向惊呆了的骑行者指出：“现在你并不是在剧本里，但应该是。”

这就是维克，一个曾经站在世界之巅的人：前国家美式橄榄球联盟（NFL）的四分卫并且对这个位置进行改革，一些全球主要知名品牌如耐克、可口可乐、泡尔瑞德、EA体育以及卡夫食品的代言人，他是孩子们的角色模板。他（随着故事的进行）从“混乱的”弗吉尼亚州纽波特纽斯的养育中“逃离”，从公共住房项目走向了职业体育世界，并且开始“创造传奇”。但这一切，崩塌得如此之迅速。

本章旨在了解迈克尔·维克的沉浮和再崛起，与其说是通过他的自白或是伟大的成就，倒不如说通过媒体叙事来框架建构和制造贯穿他职业生涯的名流身份认同。为此，我们将探索不同时期媒体对维克的评价：当他冉冉升起时以及当他那些值得关注的公共“犯罪行为”真的浮出水面时（c. 2005），粉丝和观众看起来都通过理查德·德科尔多巴（Richard deCordova，1990）来率先了解和认知维克那使他在橄榄球甚至更广泛的运动中大获成功的身体表现或身体机能。大卫·马绍尔（P. David Marshall，1997，p. 95）提出了这一观点，他强调维克的体型、出众的技巧还有其他超越了人格和主体性抽象概念的更能引起视觉刺激的身体特征。我们进一步的探求维克在德科尔多巴的传媒化认同（也就是宣传、推广、营销、广告和其他形式构成公众形象的文本性的组合）的名流轨迹以及维克在违法（也就是逾越了那些常人无法“接受的”规范和/或违背了他一直以来构建的名流的传媒化虚构形式）时与名流轨迹的关系。通过这种方式，我们可以看到他从千夫所指（如斗狗、藏有大麻、获刑入狱等）到最后与媒体的和解（例如重返NFL、成为善待动物组织的发言人、参加电视真人秀节目等）的路线图。

迈克尔·维克的崛起

迈克尔·维克是迈克尔·波蒂（Michael Boddie）和布伦达·维克（Brenda Vick）四个孩子中的第二个，就像过于武断的霍雷肖·阿尔杰（Horatio Alger Jr.）那样的黑人青年的神话一般，从贫困环境中走出，在体育界获得成功。他相信橄榄球为他展示了一条通过逃离毒品和过路车辆射击来让邻居痛苦的途径。实际上，迈克尔·维克的故事在他刚刚搬到雷德利·西埃科公寓的公租房时就已在酝酿之中，因为他出众的运动天赋，即使是毒贩也只能退避三舍（Lowitt，1999）。据一位维克的儿时玩伴回忆："他们将迈克尔视作总有一天会功成名就的人，并且让他远离毒品和所有这一切，他们努力让他离开这个危险的角落，就好像在说，'嘿，好的，远离这里。去玩橄榄球或是别的什么'。"（引自 Davis，1999，p. B1）

在亚特兰大猎鹰于2001 年 NFL 选秀中用状元签选中维克的五年前，他正是一个蓄势待发准备横扫大学高中橄榄球的四分卫。1996 年，维克（当时仅是一名高二的学生）和他的教练托米·里蒙（Tommy Reamon）从附近的弗格森高中来到瓦尔韦克高中。在瓦尔韦克高中，维克连续三年作为球队先发出战，并且送出了累积 5 000 码以上的传球，贡献 43 次达阵传球，同时他还自己跑出 1 000 码以上并完成 18 个达阵。具有讽刺意味的是，尽管维克在高中期间获得了令人印象深刻的成就，但是他仍然要与其他出色的运动员争夺大学球探们和本地媒体的注意力：汉普顿高中的罗纳德·库里（Ronald Curry）被视为州内史上最伟大的预备球员之一。虽然在与库里的比较中维克在一定程度上被忽视——维克会证明他的动机——大学教练们仍然注意到了维克，尤其是雪城大学和弗吉尼亚理工大学的教练（二者都是被视为"好"但无法称为"伟大"的大学球队）。签约那天，两所学校提供的奖学金放在维克面前，最终，维克与弗吉尼亚理工大学成交。从 1998 年起，他加入了火鸡石队成为红衫球队的菜鸟四分卫。

到了 1999 年，维克还没有拿到自己的大学卡，就成为理工学院橄榄球队史上被炒作最厉害的四分卫球员（King，1999）。在很多媒体的描述中，维克俨然成为雪城大学多诺万·麦克纳布（Donovan McNabb）的继承人，后者是另一位技术高超的非洲裔美国人，同样拥有强健的手臂和出色的掷球技术，他在 1999 年被费城老鹰队以 NFL 二号签的身份选走。麦克纳布的教练保罗·帕斯夸隆尼（Paul Pasqualone）甚至断言维克已经超越了处于各自职业生涯同一时期的麦克纳布（White，1999）。维克也看到了两人的相同点，指出他个人很欣赏麦克纳布，他决定不加入雪城大学的部分原因至少是："我不想成为下一个多诺万·麦克纳布……我想去一个可以创造专属于我的传统的地方。"（引自 Minium，1999）但是，最终迈克尔·维克还是没有实现早期的炒作：作为先发出战的处子赛季，他和他的球队只输掉了一场球，这场球就是与佛罗里达州立大学塞米诺尔人队争夺冠军的全国锦标赛。尽管输掉了决赛，但是维克在比赛中展现出来的技巧、平衡感和潜力依旧获得了媒体和多数大学橄榄球教练的交口称赞，包括塞米诺尔队传奇教练鲍比·波登（Bobby Bowden），他称维克是一个“未来的四分卫”：有着产生多重威胁的天分，既可以传出好球，又可以冲锋陷阵（White，2000）。

从1998年到2005年年初，迈克尔·维克被几乎所有主流媒体描述为：拥有开启令人兴奋的移动四分卫新时代的一切必要属性——肆无忌惮的运动能力，拥有强有力的掷球手臂，动作敏捷，“天生”迅捷，拥有4.4秒的40码冲刺速度、耐心和四分卫的口袋[①]。鉴于他在1999年曾无限接近总冠军，以下引用的报道虽然简短，但也足够看出早期的媒体把维克描述成一位依靠身体素质大杀四方的运动员：

> 毫无疑问，维克拥有完成工作的一切条件。他有一双如大炮般有力的手臂。在春季赛季的第一周，他那冰冷的技巧几乎要把那些接球人的手指割下来。这个家伙的运动能力惊人。在40码冲刺测试中，他可以以4.33秒的成绩轻松完成：这一成绩让弗吉尼亚理工大学的教练们在秒表上流口水。（King，1999）
>
> 维克完美地适合做弗吉尼亚理工大学的口袋。当对方球员冲向他时，他总是能够利用脚步的移动闪开对手。他是一个特殊的搅局者。他总是被拿来与麦克纳布和佛罗里达州立大学1993年海斯曼杯[②]得主查理·沃德（Charlie Ward）进行比较。（Low，tt，1999）
>
> 维克也许是大学橄榄球历史上最好的球员。6英尺1英寸和212磅，他拥有如雕刻般的完美身形。他能在4.25秒内跑完40码，拥有40英寸的纵跳能力和340磅的卧推力量……因为这一切，因为他是一个令人眼花缭乱和危险的奔跑者，因为他的左臂上闪着光环（可以掷出75码之外），在其他队伍中总有类似但天赋逊色得多的球员，因此有一种观点认为维克重新定义了四分卫这个位置。（Cohn，2000）

维克在1999年这个菜鸟赛季取得了令人印象深刻的历史性成绩，第二

---

① 译者注：四分卫的“口袋”里有不少玄机。这里指四分卫拥有在复杂条件下找到队友、小幅度移动等专属能力和抗高压的心理素质。

② 译者注：指NCAA橄榄球年度最有价值球员奖杯。

个赛季维克几乎安可，弗吉尼亚理工大学获得 11 胜 1 负的战绩。在这个赛季之后的海斯曼杯投票中他排在第六位，落后于未来的名人堂成员德鲁·布里斯（Drew Brees）和拉达尼安·汤姆林森（LaDanian Tomlinson），随后他决定放弃后两年的学业，提前进入 NFL 选秀（这个决定引起了体育评论员们的热烈讨论，这位大学橄榄球运动员中的最热门球员是否做好了将星期六打球改到星期天打球①的准备）。然而这场争论持续的时间并不长，而且在为亚特兰大猎鹰队效力的前 16 场比赛中维克有 15 场首发，并且传出将近 3 000码，有 16 次传球达阵，自己跑出将近 800 码，有 8 次跑动达阵以后在很大程度上已近沉默。传媒关注到维克已经俨然成为雅典希腊化身——拥有谜一般的身体天赋，他准备改变 NFL 橄榄球的格局，这看上去很像他在弗吉尼亚理工大学的两年黄金期内影响了大学橄榄球界四分卫这个位置的本质。

在接下来的几年中，媒体已经建立起来的有关维克的叙事与大家熟悉的新闻领域的叙事方式没有什么区别，都是关于他的“身体”天赋，还有与归结为非洲裔美国运动员“天然的运动能力”（如果在种族上被许可的话）相关联的内容。就是说，与他在大学期间的运动生涯非常相似的是，他依然被积极地指代为“新时期的四分卫”并且是“猎豹”“科学怪人”和“X 因素”的代名词。我们来看看下列描述：

> 他在 4. 36 秒的时间里跑完了 40 码。这个速度比外接手和角卫还要快。对于一个四分卫来说，这一点是令人费解的。这个速度是如此之快以至于令疲惫不堪的记者基努·里维斯（Keanu Reeves）也招架不住，这个速度是如此之快以至于令疲惫不堪的记者也相信了关于他的大肆宣传。（Bradley，2001）
>
> 如果 22 岁的维克没有在摆脱一个防守队员后投出一记 40 码的跑动中传球，他会把巴利·桑德斯那样的中后卫球员甩在身后，只让他们抓住空气。（Spiros，2002）
>
> 在他进入 NFL 的第三个赛季，也是他作为猎鹰队先发四分卫的第二个赛季，23 岁的维克被球迷寄予了巨大的期望，他也希望自己可以获得职业生涯的第一个总冠军。一个令人眼花缭乱的跑阵者和一个拥有坚实臂膀的传球手，他是这个朝气蓬勃的团队的核

① 译者注：NCAAF 的比赛日是美国时间周六，NFL 的比赛时间通常是在周日。

心，球队的横空出世使他们在票房方面具有了巨大的吸引力，他们已经跻身联盟中最受球迷欢迎的球队行列。(Weisman, 2003)

来到加入联盟后的第三个年头，维克毋庸置疑地成为联盟中年轻巨星中的一员。然而，在第三个赛季之初他就不得不因为自己腿伤严重而错过前11场比赛。他怀着一颗复仇的心嘶吼着重返赛场。他连续两个赛季投出超过2 000码的传球。2006年，他成为NFL历史上第一个单赛季跑动距离超过1 000码的四分卫（准确数据是1 039码)。尽管他在赛场上依然生龙活虎，但是他的名流光环却变得越来越黯淡。并不是一个具体的、范式转化的事件（例如我们看到老虎伍兹对他妻子的不忠)，而是一系列事件的汇总表明媒体在如何描述维克上的摇摆——这种摇摆最终被设定为关于一个更大事件的公共阐释平台：即先是让他受到大家的指责，后来令他被定罪的非法斗狗事件。

迈克尔·维克的陨落

从现在开始，就是生意场。迈克尔听到了这句话，因为他正身处于此。你的个人生活已经结束了。你不得不年复一年地塑造你良好的形象。你在赛场外做的每一件事都会影响你的生活。你最好注意一下你正在接触些什么样的人，你看到了谁，你今天是什么味道，和其他所有的事。(Tommy Reamon, Vick's high school football coach, 引自 Lowitt, 1999)

自从迈克尔·维克在NFL征战的早期强调自己是瓦尔韦克高中人——在整整10年的时间里这都是很有效的——他在镜头前一次又一次用上述劲爆的身体表现征服了北美观众。无论是作为一个有着光明前途的高中四分卫，一个具有统治力的大学明星，还是一个崭露头角的NFL巨星，维克的吸引力从表面上看都是身体部分脱节般的突出（快速的脚步、强壮的臂膀、“上天赋予的”速度等)。维克在符号学上被消费的频率远远超过新闻对他的曝光率。例如，在一个CGI增强的泡尔瑞德广告中，维克看起来像是站在一片练习场地上，他用一记势大力沉的传球击倒了接球的队员，甚至投掷出了一个200码以上的超级传球。同样的，在耐克的“假如”系列广告中(让运动员们参与到与自己无关的体育项目中去)，通过电脑技术让维克参加了一场冰球比赛，在他进球之后，评论员大声喝彩："你看他那摆脱的速度!"

从本质上来说，对维克身体力量的反复强调使人们避免将他作为一个自由的道德主体来进行更深层的理解。而且，当他在赛场外或是家庭中的生活成为媒体报道的主题时，无论是简介还是故事情节，大都遵循典型的运动员式传记的格式（简短地采访运动员的父母和/或教练、短小但正面的童年趣事、运动员的谦逊话语等），完全无法揭示任何超越表象的信息。因此，在2004年年底，我们似乎看到了一个有着广泛吸引力和消费力的"完美"名流：令人兴奋的运动能力，耳熟能详的个人叙事以及全球品牌定位。更为重要的是，他反对威廉姆·C. 罗登（Rhoden，2006）提出的理念，他认为那些踏上麦迪逊大道的黑人运动员应当受到尊重，因为"他们把美国内陆城市的感觉和时尚移植到了饥渴的全球市场"（p. 1）。正如大卫·莱昂纳德（David Leonard）和C. 理查德·金（C. Richard King）说的那样（2011），他就好像迈克尔·乔丹或是（丑闻之前的）老虎伍兹一样。也就是说，像其他名流一样。

黑人运动员作为美国梦的不受约束的能指和符号，宣告每一个遵循正确道路前进的美国人都能获得机会，他们是战后美国的符号。于是，这些黑人不仅被接受，而且还获得褒奖和称赞，他们是体育界内外遭受谴责、诽谤和监管的黑人运动员的"道德的正面形象"（p. 11）。

然而，接下去的3年，随着事件的发展，维克必须面对更加残酷的人生现实：一系列重要事件接踵而至，改写了名流维克的人物角色——维克从之前正面的公众形象变为实际上的"不道德的正面形象"。第一起事件发生在2005年4月7日，索尼娅·埃利奥特（Sonya Elliot），一个26岁的女青年，起诉维克，声称维克使她患上生殖器疱疹。埃利奥特声称维克曾用化名拜访过私人诊所"罗恩·墨西哥"（Ron Mexico），这说明维克很清楚自己患有性病。虽然一年后双方达成和解，但是自从那以后，维克成为众多体育博客和赛事转播轻微调侃的对象。2006年11月26日，事情开始变得复杂。当天在亚特兰大猎鹰队以13：31的悬殊比分输给新奥尔良圣徒队之后，维克在从赛场上走下来的途中冲着一群佐治亚圆顶运动场吵闹的观众"翻转鸟"。这一事件让猎鹰队的四连败更加刺眼，也显示出维克对于猎鹰队接球阵容的沮丧——他们在场上平均每人接丢5记传球。在24小时覆盖的"漩涡化"体育—传媒—娱乐环境下，当一些特定的超级重大事件占头版头条之后，专栏作家和评论员们在短时间内很难再去讨论别的事情（Whannel, 2002），这一相对较小的行为也开始逐渐改变猎鹰队球迷对维克的看法。2007 年 1 月 18 日，维克携带的一个水瓶在迈阿密国际机场的安检中被没收，警方怀疑其中装有大麻。NFL 和执法官员着手调查这一事件，但并未就此提起诉讼。但是，在当年晚些时候，维克却因为另一起事件被指控藏有大麻。

若单独拿出来看，这些事件中没有一件事会严重损害维克传媒化的公众形象。但是当这些事件组合到了一起，我们可以说从这个时候开始，关于维克的公众叙事发生了决定性的动摇，已经完全从对他过往的运动成绩和谦虚背景的赞扬中抽离出来，朝着更加负面的、小报化的情节发展。一些屡获殊荣的橄榄球博客，例如 Kissing Suzy Kolber，开始用半规则的系列对话来恶搞维克，他们会使用类似“迈克尔·维克的休赛期大冒险”的一些标题。由作家和现任杂志《晕死》的特约编辑德鲁·马加利（Drew Magary）撰稿，从 2007—2010 年持续连载，每部分都会将维克描写为醉酒的、未受过教育的和/或是对橄榄球没有兴趣的（配图经过 Phototshop 处理，维克手提一个塑料袋，里面装满大麻）。一些事情也逐渐成为常态，比如 NFL 比赛时亚特兰大猎鹰队球迷的球衣上不再是“维克”的名牌，而换成了“墨西哥”或“疱疹”，这也迫使 NFL 专卖店禁止球迷购买那种时尚的运动服（见“NFL No Fan of Vick's ‘Ron Mexico’ Jerseys”, 2005），但是这种球衣仍然能够在零售店中买到或定制。绰号“墨西哥”的队服被发现是佐治亚理工大学队服的复制品（在撰写本章的过程中，有些队服依旧可以在 eBay 上找到）。

虽然这种转变并不意味着维克不再是一个伟大（并不仅仅是优秀）的运动员，但它却指向了更大的话语取向，现在的维克被认为正（矫揉造作地）走向之前名流公众形象的反面：他突然间变成了一个有巨大缺陷的人，一个“不成熟”的人，一个“交错了”朋友的人，并且是一个“懒惰”的人。作为对比，在维克初入联盟时与他在天赋和性格上都不相上下的麦克纳布，现在已经成为在 NFL 有统治力的明星。在迈阿密水瓶事件发生后不久，维克在这种巨大的反转面前变成了一种讽刺，因为体育新闻缺少原创性，因此维克看起来更经常被与美国职业篮球联赛（NBA）中“充满争议”却又才华横溢的明星阿伦·艾弗森（Allen Iverson）而不是 NFL 的麦克纳布进行比较。更确切地说，正如一位专栏作家为《查塔努加时报自由社》写的那样："艾弗森尽管在几年前带领球队进入了 NBA 总决赛，但最终还是令球队失去了好的或是不好的教练，耗尽了费城人对他的热爱。维克在亚特兰大正在迅速接近他，并走上一条不归路。"（Wiedmer，2007）这颇具讽刺意味，因为在 2002 年，另一位《佛罗里达时报联盟》的专栏作家曾经这样下笔："在看到困扰 NBA 球星艾弗森的违法行为后，成长于弗吉尼亚州纽波特纽斯的 22 岁四分卫维克应当已经学会了避免不良影响的重要性。"（Henry，2002）因此，至少在一些猎鹰队球迷看来（这个数字在普通橄榄球当中越来越大），维克越来越像艾弗森：现在他不仅因为在场外不计其数的越轨行为成成一个"麻烦的"名流，而且在场上也成为"教练杀手"，他在星期天的表现越来越令人难以预料。

重要的是，维克正被刻画成一个麻烦的黑人运动员，而不是之前的"种族中立化"（Denzin，1996，p. 321）的冉冉升起的 NFL 和品牌营销活动明星。他不再是"白人文化模板的黑人版本"（Denzin，1996，p. 321），也不再是枕着《圣经》入睡并回馈他的社区的虔诚基督徒（Minium，1999），而是成为第二个阿伦·艾弗森——满头小辫子、运动文身、"态度"有问题的有"争议"的运动员，成日与其他那些"麻烦缠身"或是"有问题的"黑人运动员为伍，例如罗恩·阿泰斯特（Ron Artest）、亚当·"吃豆人"·琼斯（Adam "Pac Man" Jones）、里基·威廉姆斯（Ricky Williams）、吉尔伯特·阿里纳斯以及兰迪·莫斯（Randy Moss）。正如莱昂纳德和金（Leonard & King，2011）所说，维克正被视为"体育文化的盈利性、道德价值和文化重要性"的威胁而遭到"严厉斥责"（p. 12）。也就是说，在他因为斗狗事件受到牵连之前，他已经走上了"坠落"之路。

讨 论

维克参与斗狗的事实没有争议，我们也不认为有必要重新审视维克案件和之后错综复杂的诉讼环节。2007 年 6 月 7 日，警方以维克涉嫌参与斗狗进入他的私人住宅进行调查就已经说明了一切。在接下去的一个月，维克和其他三人被指控合谋从事竞赛性质的斗狗活动，大量采购、培训斗牛犬，并且在弗吉尼亚州境内建立起了庞大的斗狗产业。五个月后，维克因为"阴谋跨州旅行并在动物战斗风险中支持狗参与商业目的的非法活动"罪名认罪，此后他开始在莱文沃思服刑。

我们感兴趣的，恰恰是维克因为卷入斗狗事件被调查、定罪以及服刑期间出现的更大规模的有关他的公众争论。这就是我们前述的观点：曾经雄心壮志现在归于普通的公众将维克理解为只是一长串“商业化和犯罪化”黑人运动员中的“另一个”，这一观点催化并加速了维克从神坛上的坠落。这次坠落增加了种族决定论的色彩。当维克于 2009 年 5 月出狱时他发现自己已经持续排名为最不受欢迎的职业体育运动员。与此同时，公众对于维克斗狗事件的反弹对现有的文化政治有效地提出了质疑。

说实话，已经有大量的动物爱好者公开表达了对维克行为的不满，与此同时，也有无数的普通人因为所描述的斗狗的残忍度感到震惊和恐惧。这一公众的反弹来自于人类善待动物组织（PETA）的大规模抗议，他们在此之前还组织了一次“解雇维克”的活动，希望借此向 NFL 执行官罗杰·古德维尔（Roger Goodell）施加压力，质疑维克之前的所有定罪（Goldberg, 2007）。时任美国参议员罗伯特·拜尔德（Robert Byrd）（弗吉尼亚州）在参议院发表了一大段关于维克的控诉，并且表达了自己对于斗狗行为的反感，他“对地狱里最为炎热的地方预留给上帝造物中那些灵魂肮脏和残忍的人有信心”（Byrd, 2007）；大量的体育记者和专栏作者将维克称为“人渣”（human waste）（Tezer, 2007，他认为“即使维克被免于指控，也应当因为他的愚蠢被送进监狱”），一个“彻头彻尾的白痴”（Hall, 2007），一个“强盗运动员”（Ziemba，2007）和应当被“处决”的罪犯（Carlson, 2010）。维克的灭绝人性随着在一个更大的“问题”运动员的话语框架中有越来越多的人朝他泼硫酸般的措辞而变得更加复杂（一般来说不常用于对“黑人”的委婉用语）。

当然，并不是所有的话语都指向反维克。事实上，虽然不是主流观点，但是依旧有少数人尝试在此起彼伏的骂声中表达一些不同的看法。例如，在维克尚在刑事诉讼环节时，ESPN 以“维克分歧”为题在亚特兰大举办了一次“市政厅”活动，大家将其理解为“公开大家对维克斗狗事件的不同感受”（“Vick Supporters Turn Out”，2007）。大大出乎 ESPN 的意料，市政厅的民众中有着维克的支持者（有人穿着“释放迈克尔·维克”的 T 恤），而一些小组成员，如全国有色人种协进会亚特兰大分社的总裁 R. L. 怀特（R. L. White）痛斥媒体直接指向维克的负面报道“矫枉过正”（“Vick Sup-porters Turn Out”，2007）。还有一些人，例如职业橄榄球名人堂成员迪昂·桑德斯（Deion Sanders）也为斗狗事件辩护（以“文化”为部分借口）。还有其他一些人，如喜剧演员克里斯·洛克（Chris Rock，2010），批评媒体虚伪地对待维克和其他名流［例如，他在他的环球之旅《杀死那个信使》（*Kill the Messenger*）中说："莎拉·佩林（Sarah Palin）在那里射杀驼鹿，我看着她举起了一头死去的驼鹿，我想问：'为什么迈克尔·维克要待在监狱里？'"］。

在2009年维克行将出狱之际，媒体将目光转向了维克出狱之后他的职业生涯将何去何从。此时距离斗狗事件的宣判已经过去整整两年，职业评论家们的智慧也开始出现分化——有一些值得注意的例外，如普利策奖得主、《体育画报》记者乔治·多尔曼（George Dohrmann）认为，维克在狱中"已经偿还了他欠社会的债"，斗狗事件也确实提醒公众对斗狗的惨状予以必要的关注，所以，他应该被允许重新开始自己的生活并重返NFL参加比赛——这一观点最终说服了NFL总裁办公室。正如ESPN著名作家比尔·西蒙斯（Bill Simmons）所概括的那样，在维克出狱之前，他已经"烧毁了自己的职业生涯，一份利润丰厚的合同（来自猎鹰队10年1.3亿美元的肥约）告吹，破产，遭受19个月的牢狱之灾并且变成了一个公众的弃儿……他已经付出了足够的代价"。

然而，在当时的舆论环境下，仍旧有不少公开的争论。为了减弱维克重返NFL的反弹声，他的公关团队开始了形象修复的工作。具体来说，维克成为人类善待动物组织和动物保护协会的合作伙伴，公开反对斗狗（积极参加公共服务公告并且到学校和社区积极宣传）；一系列与国家媒体保守派人物托尼·邓吉（Tony Dungy）的就座面谈（利用他的救赎叙事中的宗教意味）；此外，也许是最为直接的方式，与黑人娱乐电视（BET）有线频道合作，制作了10集名为"迈克尔·维克计划"的电视"系列纪录片"，节目被定义为"利用宗教语言来表达一个救赎的故事"（Lloyd，2010）。

维克的画外音在第一集片头字幕出现时响起就已经展示了叙事变换的意图："我是迈克尔·维克。我的坠落是悲剧，但一切都是我的错。现在我在尽力让一切都恢复原状，无关金钱和荣誉，我只是想要重振家族的威名。"从本质上讲，这部10集的商业信息类节目旨在改变大家对维克的看法：从"杀狗的重犯"转变为"懊悔和洗心革面的人"，利用大量让人同情的视角重述他的生平来让公众消费。虽然很明显，这一系列的举动都在试图修复和软化他的形象——这也激发了其背后的商业利益——是一种通过反叙事来让观众理解维克人生旅程的有效方式。但是正如罗伯特·洛伊德（Lloyd，

2010）就这一系列事件的回顾所提醒我们的那样：“对于很多人来说，维克的救赎从严格的意义上来讲也就是他踢好橄榄球这回事。”之后维克走出了流言的阴影重返赛场，他在重回 NFL 第一个赛季之后仅仅几个月，就带领老鹰队杀入季后赛，但是距离证实洛伊德话语的正确性还有很长的路要走。正如谚语所说：“胜利可以解决一切问题（至少适用于名流）。”

结论：一个英雄的救赎？

> 我们已经重新与迈克尔·维克签约作为耐克运动员。他承认了自己过去的错误，我们不会宽恕那些行为，但是我们支持他为了使自己变得更好而在场外所做的正面改变（Nike press release，July 1，2011）。

从迈克尔·维克刑满出狱至今已整整两年，这也是他作为费城老鹰队首发四分卫出战的第三个赛季，就目前的情况而言可能是暂时的，关于维克的叙事是成功的，甚至可以说是真实的救赎。赞助商们纷纷回来找他代言，以耐克为首，在某种程度上，还有 EA 体育。费城的球迷在维克出狱不久后加入球队一事最初反应冷淡，随后虽然不能很肯定地拥戴他，但是至少已经开始转为支持他。也许，给一个人以二次机会，才是美国真正的全国性消遣。然而，现在他的一举一动依然被有效监控，他是一个永远的嫌疑犯。因此，认为维克的形象已经重建和重塑为他原来的模样，斗狗事件只是一件需要坦白自责、后悔然后“继续前行”的事的观点是天真的。

相反，他的救赎之歌定位为出狱后的黑人重新被社会接纳的叙事，尤其是在反复评论维克时，我们可以把他的经历理解为暗示监狱对一个人所产生的积极作用（托尼·邓吉在 ESPN 的节目中就维克的监狱时光提出了相似的看法）。正如科特兰德·米洛伊（Milloy，2010）所述，那些由“黑人前囚犯名流”组成的监狱产业综合体的准代言人，例如迈克尔·维克，让监狱看起来好像是“他们生命中最好的一部分”（第 1 段），使你在想到“（不）是每一个被释放的犯人都能获得家人的原谅，更不要说重返 NFL 赛场”时感到困惑（第 17 段）。也许这种对于维克的接纳“表现得不错”，这是无知的，整件事都完全依赖于上升随即下降的复杂的种族逻辑：首先让他具有名流地位，然后让他持续走上救赎之路。

在最后的分析中我们认为，维克的传奇是被建构的现代名流本质的首要例证，一个"超传媒化的讲故事的品牌"（Stern-heimer, 2011）由语境要素掌控历史存在的书写。无论是冉冉升起的新星、坠落的英雄，还是得到救赎的灵魂，他的"故事"不过是一个服务于大众消费的传媒化虚构作品。让·波德里亚（Jean Baudrillard）也许会说，没有"真正的"迈克尔·维克［就好像没有"真正"的佩顿·曼宁①（Peyton Manning）或是德瑞克·基特②（Derek Jeter）］——他的名流是"从未真正存在过的拟仿物"，只能通过一系列的新闻故事、产品广告、体育中心③的花絮集锦以及"系列纪录片"提供的信息娱乐——利用当前危机的历史偶然性来产生，或是提升已有的知识中关于我们已经"知道"的"真正的"维克。

参考文献

Bradley, M. (2001, May 5). Auspicious start: Vick's speed, strength turn heads in minicamp. *The Atlanta Journal-Constitution*, p. E1.

Byrd, R. (2007, July 19). Remarks of Sen. Robert Byrd on the floor of the U. S. Senate. Washington, D. C.

Carlson, T. (2010, December 7). Great American panel [Host; TV Show]. Fox News Channel.

Cohn, B. (2000, August 27). Tricky Vick. *The Washington Times*, p. A1.

Davis, B. (1999, December 29). Rubbed the right way: Friends, family keep Vick on path toward greatness. *The Washington Times*, p. B1.

deCordova, R. (1990). *Picture Personalities: The Emergence of the Star System in America*. Champaign, IL: University of Illinois Press.

Denzin, N. K. (1996). More rare air: Michael Jordan on Michael Jordan. *Sociology of Sport Journal*, 13 (4), 319 - 324.

Goldberg, D. (2007, November 18). PETA tells NFL to "Sack Vick" after dogfighting charges.

Associated Press. Retrieved January 9, 2012 from http://www. nfl. com/news/story/09000d5d80028494/article/peta - tells - nfl - to - sack - vick - after - dogfighting - charges。

① 译者注：职业橄榄球界传奇的曼宁四分卫家族成员之一，被称为大曼宁，曾率领印第安纳波利斯小马队和丹佛野马队在NFL取得过辉煌战绩，保持NFL达阵传球纪录，是现代美国体育的招牌运动员之一。

② 译者注：职业棒球界传奇球星，为纽约洋基队效力20个赛季，获得过5次MLB总决赛——世界系列赛冠军，是现代美国体育的招牌运动员之一。

③ 译者注：ESPN的招牌体育新闻栏目，后来几乎被业界统称为电视体育新闻栏目。

Hall, S. (2007). Vick has a disease for which there is no cure. NBCSports. com. Retrieved January 9, 2012 from http://nbcsports. msnbc. com/id/30852862/

Henry, G. (2002, August 9). After reality check, Vick ready to start: Q&A with Falcons QB Michael Vick. *Florida Times-Union* (Jacksonville, FL), p. C-1.

King, P. (2010, December 27). Monday Morning Quarterback. Sports Illustrated. Retrieved from http://sportsillustrated. cnn. com/2010/writers/peter_ king/12/26/week-16/1. html.

King, R. (1999, April 19). Quarterback feels no pressure: Vick ready to take reins of Virginia Tech offense. *The Roanoke Times* (Virginia), p. C6.

Leonard, D. J., King, C. R. (2011). Celebrities, commodities, and criminals: African American athletes and the racial politics of culture. In D. J. Leonard & C. R. King (Eds.), *Commodified and Criminalized: New Racism and African Americans in Contemporary Sports* (pp. 1-22). Lanham, MD: Rowman & Littlefield.

Lloyd, R. (2010, February 2). 'The Michael Vick project.' The Los Angeles Times. Retrieved from http://articles. latimes. com/2010/feb/02/entertainment/la-et-michael-vick2-2010feb02.

Lowitt, B. (1999, December 29). All the right moves: With key support, Michael Vick has let talent take him to the national stage. The St. Petersburg Times. Retrieved from http://www. sptimes. com/News/122999/news_ pf/Sports/All_ the_ Right_ Moves. shtml.

Marshall, P. D. (1997). *Celebrity and Power: Fame in Contemporary Culture*. Minneapolis, MN: University of Minnesota Press.

Milloy, C. (2010, November 23). Hard time and testimonials. The Washington Post. Retrieved from http://www. washingtonpost. com/wp-dyn/content/article/2010/11/23/AR2010112306351. html.

Minium, H. (1999, October 15). Tech's emerging superstar: In facing Vick, Syracuse will see what it missed. *The Virginian-Pilot* (Norfolk, VA), p. C1.

NFL no fan of Vick's 'Ron Mexico' jerseys. (2005, April 14). NBCSports. com. Retrieved from http://nbcsports. msnbc. com/id/7504682/.

Rhoden, W. C. (2006). *Forty Million Dollar Slaves: The Rise, Fall, and Redemption of the Black Athlete*. New York, NY: Crown.

Rock, C. (2008). Kill the messenger. London, UK, New York, NY, Johannesburg, SA: HBO Entertainment [Original Airdate: September 27, 2008].

Sailes, G. (1993). An investigation of campus stereotypes: The myth of black athletic superiority and the dumb jock stereotype. *Sociology of Sport Journal*, 10 (1), 88-97.

Simmons, B. (2010, October 1). Rooting for Michael Vick. ESPN. com. Retrieved from http://sports. espn. go. com/espn/page2/story?page = simmonsnfl2010/101001.

Sorkin, A. (2010, December 8). In her defense, I'm sure the moose had it coming. The Huffington Post. Retrieved from http://www. huffingtonpost. com/aaron-sorkin/sarah-palinkilling-animals_ b_ 793600. html.

Spiros, D. (2002, November 29). In a class by himself: Michael Vick isn't the best quarterback in the NFL, but then again, he's only 22 years old. *Star Tribune* (Minneapolis, MN), p. 1C.

Sternheimer, K. (2011). *Celebrity Culture and the American Dream: Stardom and Social Mobility*. NewYork, NY: Routledge.

Tezer, A. (2007, July 19). The Inhumanity of Michael Vick. Bleacher Report. Retrieved from http://bleacherreport. com/articles/1407 - the - inhumanity - of - michael - vick.

Vick supporters turn out for town meeting in Atlanta. (2007, September 26). ESPN. com. Retrieved from http://sports. espn. go. com/nfl/news/story?id = 3036419.

Weisman, L. (2003, August 15). Sky's the limit for Vick, Falcons. USA Today, p. 1C.

Whannel, G. (2002). *Media Sport Stars: Masculinities and Moralities.* London, UK: Routledge.

White, J. (1999, October 14). Vick compared to ex-Orangeman. *Richmond Time Dispatch* (Virginia), p. C - 6.

White, J. (2000, January 1). Natural born thriller: Vick comfortable stepping in and taking charge. Richmond Times Dispatch (Virginia), p. D - 1.

Wiedmer, M. (2007, January 24). Similarities between Vick, Iverson are eerily notable. *Chattanooga Times Free Press* (Tennessee), p. D1.

Ziemba, C. (2007, July 28). Had enough with gangster athletes. The Meridian Star (Missouri). Retrieved from http://meridianstar. com/columns/x681086799/Had - enough - with - gangster - athletes.

第 14 章　枪不是笑话：框架职业体育中的普拉西科·布雷斯和吉尔伯特·阿里纳斯与枪战

凯瑟琳·L. 拉维尔[1]

枪和运动员走到一起就如同爆米花和黄油的相遇一般（Dohrmann，2010，第 6 段）。暴力与职业运动员的关联被大量地记录下来（Enck-Wanzer，2009；Teitelbaum，2010）。从 2008 年 11 月到 2009 年 12 月期间，两位备受瞩目的职业运动员，纽约巨人队[2]的普拉西科·布雷斯和华盛顿奇才队[3]的吉尔伯特·阿里纳斯，他们面临私藏武器的指控都成了举国的新闻故事。布雷斯是巨人队 2008 年取得超级碗胜利的大功臣，在纽约的一家夜总会用一把无牌照的枪射中自己的大腿（Grace & Goldiner，2009）。阿里纳斯以其和蔼可亲的性格和在赛场上的得分能力为人们熟知，有一次他带了四把未上膛的枪到华盛顿奇才队更衣室里，声称这只是为了解决和队友之间的赌注的一个恶作剧（Hamilton，2010）。此前，阿里纳斯（Carter，2006）和布雷斯都因为他们出色的运动能力被大加赞赏（Bondy，2008）。之后，两位运动员都因缺乏职业精神而被媒体反复审视，他们的事件成了关于黑人运动员与枪支之间的联系这场全国性大讨论的一部分（Leonard，2010）。著名的黑人职业运动员可以被接受的行为是很有限的（Berry & Smith，2000）。即便黑人运动员取得了优异的成绩，但一旦他要被指控犯罪，甚至只是关于嘻哈文化的负面刻板印象缠身就经常被刻画为危险人物，暗示他们必须受到监控（Leonard，2010）。

在当代社会，运动员常常因为在运动场上面对冲突和压力而被推崇为神

---

① 凯瑟琳·L. 拉维尔（韦恩州立大学博士），北爱荷华大学传播学助理教授，学校辩论队主任。她已经出版了一部专著，发表多篇重要期刊论文。她的研究领域在体育种族、民族和性别融合问题。E-mail：katherine. lavelle@ uni. edu。

② 译者注：NFL 球队。

③ 译者注：NBA 球队。

话般的人物（Butterworth，2008）。然而，他们的运动荣耀却能够轻易地被他们的个人行为抹去（Berry & Smith，2000）。通过回顾布雷斯和阿里纳斯的沉浮，我们能够推测出关于黑人运动员的神话是如何在媒体描述中被建构的。在建构这些运动员为英雄的语境下，理解这些事件的意义、影响和持久性，我们可以评估当黑人运动员负有暴力罪行时，关于他们的运动神话是如何被重新诠释的。

体育中的神话角色

神话有助于文化的发展，帮助人们理解他们身处的世界（Hawkes，1977；Rowland，1990）。运动员个人所取得的成就可以被视为当代美国神话的基础（Butterworth，2008；Eitzen，2000）。体育神话能让运动员通过竞争、男性化以及种族认同来展现更大范围的文化神话（Dickinson & Anderson，2004）。这些文化不同于传统的、基于文献的神话，只作用为社会日常生活的一部分。职业体育有着悠久的展现英雄神话的历史。例如，当一位篮球运动员在一场至关紧要的比赛中面对伤病时，评论员们往往会提到纽约尼克斯队的威利斯·里德（Willis Reed）在 20 世纪 70 年代的一场 NBA 季后赛中，他带伤重返赛场并最终帮助球队扭转乾坤的故事（“Reed Inspires”，2010）。体育界充满着比赛中的神话英雄主义故事。

一个时常被用于解释当代运动员动机的普通神话，将体育成就框架建构为摆脱贫困的方式。类似的神话“常常结合起来让我们相信体育是一部流动着的社会扶梯”（Eitzen，2000，p. 256），尽管这种流动性并不是永久存在的，特别是对黑人运动员而言。埃特森（Eitzen）认为尽管这种观念在黑人社群中反应很强烈（一个伟大的运动员能够挣到大学里的奖学金，随后成为职业运动员而变得富有），但这种变化甚少发生。相反地，真正发生的是有色运动员面临比白人运动员更严苛的审查。当他们真正遇到问题的时候，他们就会变成体育批判的焦点（Berry & Smith，2000）。朗利（Langley）认为对于黑人运动员的限制造成了他们通过“强悍的行为”来表达自己的个性。这些运动员可接受的行为被限制在一个局限的范围内，一旦他们违反了公众期望，从争议中再崛起会更加困难（Leonard，2009）。O. J. 辛普森就成为这种现象的极端例子。在 1994 年他前妻和前妻男友被谋杀之前，辛普森被认为是大学生和职业运动员的典范，他成功地职业转型为商品宣传者和橄榄球评论员（Dickinson & Anderson, 2004）。但在1994年的夏天，当辛普森被指控谋杀时，他失去了自己的特权身份，遭遇“坠落”（Dickinson & Anderson, 2004）。辛普森的案件表明，哪怕是最受爱戴的运动员，当面对刑事指控时也会失去他们的英雄地位。这一章试图评估在布雷斯和阿里纳斯的案件中，于武器方面对他们的指控是如何与媒体对他们运动成就的解读之间相互作用的。

普拉西科·布雷斯

普拉西科·布雷斯是一位在联盟中打拼了8年的老手，2008年是他在纽约队效力的第三个赛季（LaPointe, 2008）。他母亲一个人用微薄的薪水将他养大。小时候，布雷斯曾受到他人怂恿，但他拒绝了周遭的犯罪和毒品诱惑（Burress & Cole, 2008）。这个叙事被格兰杰、纽曼和安德鲁斯（Grainger, Newman & Andrews, 2006）认为是在体育媒体中“摆脱贫困”的典型例子（p. 451）。布雷斯自身强化了黑人运动员运用体育来提升个人社会地位的神话（Eitzen, 2000）。如同埃特森所说，橄榄球是黑人运动员摆脱贫困的最快途径，因为有很多奖学金可以提供给他们。

2008年，布雷斯的自传［与雅虎新闻NFL记者贾森·科尔（Jason Cole）合著］记录了他从一个穷小子到NFL明星的历程。其中颇有预见性地提到，布雷斯向人吹嘘他收集的枪支：“我在西恩（Sean）被杀之前就有好几把枪了［西恩·泰勒（Sean Taylor）是华盛顿红人队[①]的选手，2007年他在一次家庭抢劫案中被杀害］——很长时间以来我能在蒙住眼睛或不开灯的情况下拿到我的枪，我能在各种情况下拿到我的枪。”（Burress & Cole, 2008, p. 168）布雷斯认为自己在家是一种秘密的保护力量，这契合了朗利（Langley, 1994）所定义的“酷造型”的消极层面。

在2007—2008赛季，布雷斯遭受了一系列有可能会结束他运动生涯的伤病（Robinson, 2008）。奥康纳（O'Connor, 2008）将布雷斯的这一赛季描述为“大量冰块被绑在他的右脚踝上，每周一到周六都在更衣室里一瘸一拐地蹒跚”（第13段）。尽管布雷斯多处受伤，但他的这一赛季仍然是成功的。他接到比球队中任何一个队员都多的传球（70次），并且获得职业生涯

① 译者注：NFL球队。

中最高的12次达阵（“Giants Suspend”，2008）。布雷斯身处一个处在转型期的队伍，他的四分卫埃里·曼宁（Eli Manning）仍然试图证明自己在联盟中的价值，老将蒂基·巴贝尔（Tiki Barber）在赛季开始前就退役了（Vacchiano, 2007）。除了常规赛有着良好表现以外，布雷斯在2008赛季的季后赛也有神勇发挥。在气温低于华氏零度①的绿湾比赛中，他成功接球11次，为观众献上了一场精彩纷呈的季后赛，把巨人队送进了超级碗比赛（Lupica, 2008）。在超级碗比赛中，他接住了制胜的达阵传球，带领巨人队战胜之前未尝败绩的新英格兰爱国者队（Rhoden, 2008）。

在取得这些成就之后，布雷斯被誉为“超级碗英雄”（Grace & Goldiner, 2009）和“一位精英外接手”（LaPointe, 2008）。突然间，他变成了当代的乔·纳马斯（Joe Namath），纽约喷气机队的四分卫，因为超级碗的胜利和在媒体面前的鲜明个性而受人爱戴（Bondy, 2008）。布雷斯的成就被放大是因为他带伤完成整个赛季（Lupica, 2008）。布雷斯的这一特征举例说明了奇德斯特（Chidester, 2009）论述的当代体育英雄发展成为神话英雄的必要性。

布雷斯在2008年秋季并没有参加太多比赛，无法延续2007—2008赛季的辉煌（Battista, 2009）。他和管理层有一些关于合同方面的分歧，也有说法是其他一些利益超过了球队契约（“Giants Suspend”，2008）。黑人运动员在处理这类事件时比白人运动员更缺乏权力上的灵活性（Dickinson & Anderson, 2004; Leonard, 2010），布雷斯陷入麻烦则是因为他低估了自己已经少得可怜的处事的灵活性（Lupica, 2008）。

在2008年的11月28日，作为一名受伤病困扰的替补球员，布雷斯意外地在纽约一家名叫“拉丁区”的夜总会射伤了自己（Jonsson, 2009）。杨森（Jonsson）是这样总结的：“一支塞在布雷斯腰带中并未注册过的枪顺着大腿滑了出来并走火了。子弹穿过布雷斯的右大腿，差点还误伤了邻近的一位安保人员。”（2009, p. 2）布雷斯拖延了就医事件，过后还使用化名声称自己是在苹果蜂店里被射伤。（Lombardi, Gendar & Lemire, 2008）。

在当晚的更多细节浮出水面之后，布雷斯受到了铺天盖地的批判。纽约巨人队传播部副总裁帕特·汉隆（Pat Hanlon）认为这是一个“从一开始就是悲剧的、令人难过和失望的事件”（Eligon, 2009, 第19段）。由于NFL并

① 译者注：相当于摄氏17度以下。

没有保障性合同，布雷斯在 2009 年 4 月被解雇。巨人队总经理杰里·里斯（Jerry Reese）解释说（Eisen，2009），“我们尽可能地坚持并希望能有一个不同于今天做出的决定解雇普拉西科的处理方法。这个事件是不应该发生的，现在我们不得不往前看（第 3 段）”。纽约市关于持枪有着严格的法律规定，布雷斯持有一把未注册的枪且没有任何合法的枪械许可证（“Burress：I Will”，2010）。纽约市长迈克尔·彭博（Michael Bloomberg）声称：“我并不认为任何人可以被免于强制性最低量刑。如果我们不这么做的话，那就是在法律最大范围内的一种暴行。”（Lombardi，Gendar & Lemire，2008，第 8 段）这些关于布雷斯的言论印证了迪金森和安德森（Dickinson & Anderson，2004）的推论，他们认为当一位黑人运动员在白人世界坠落时，社会只能给予他们比白人运动员更少的宽容。在一年之内，布雷斯就从一位不可替代的运动员，沦落为因为不遵守规则而被球队抛弃的人。

布雷斯的工作和人身自由在枪击事件之后都岌岌可危。他被巨人队除名，合同上剩余的 2 700 万美元也被没收（Teitelbaum，2010）。尽管布雷斯的律师努力周旋希望他不进监狱，但他还是在 2009 年 8 月得到两年刑期的判决结果（Teitelbaum，2010）。当他在 2011 年 6 月 6 日被释放时，许多人都认为他短暂的牢狱之灾会终结他的 NFL 职业生涯（Schwartz，2011）。迈克尔·维克的职业生涯就因为斗狗事件入狱而被中断，但他认为布雷斯的职业生涯是可以挽回的（Schwartz，2011）。在布雷斯被判刑之后，NFL 执行官罗杰·古德尔暂停了布雷斯的职业生涯直到他刑满释放为止（Maske，2009）。也有其他入狱后重返赛场的运动员，例如迈克尔·维克，他的个人形象和职业生涯在 2010—2011 赛季都得到了恢复（Schwartz，2011）。

在经历了 20 个月的牢狱生活和两次拒绝工作释放之后，帕拉西克·布雷斯获释（Kinkhabwala，2011）。在他出狱之后，他被要求完成两年的假释，找到一份工作，并且遵从假释官的一切指令（“Burress Released”，2011）。2011 年 8 月 23 日，布雷斯和纽约喷气机队签了一份一年 300 万美元的合约，并参加了喷气机队的季前赛（“Jets' Burress Opens”，2011）。就在布雷斯出狱后试图恢复他的个人形象并小有成就之时，在参加《真实体育》（*Real Sports*）栏目（“Plaxico Burress recounts”，2011）时与布莱恩特·甘比尔（Brayant Gumbel）的一次访谈中，布雷斯声称大陪审团起诉他只是因为他是非洲裔美国人。稍后在访谈中，他承认再也不会拥有枪械

（“Jets’Burress Opens”，2011）。当布雷斯也许还在试图恢复他的公众形象时，他还有一份工作并且能够为 NFL 的球队效力。也许他起初的脚步有些艰难，但他仍然有在赛场上改过自新的机会。

吉尔伯特·阿里纳斯

跟普拉西科·布雷斯一样，吉尔伯特·阿里纳斯是用体育事业来提升自己的经济地位的（Eitzen，2000）。他从穷小子曜升为 NBA 明星的故事家喻户晓（Wise，2007）。阿里纳斯从小由他的父亲抚养长大，他从两岁起就没跟他的母亲有过任何联系，直到他成为 NBA 菜鸟之后（Wise，2007）。阿里纳斯被认为不像个大学篮球队员，很多人认为他在亚利桑那将一事无成（Wise，2007）。但在 2002 年他却被教练卢特·奥尔森（Lute Olsen）选进一支全国冠军队（Wise，2007）。阿里纳斯的特点在于，他前进的动力来自于人们对他的天赋和能力的批评（Wise，2007）。2001 年选秀的低排名，致使阿里纳斯比其他高顺位的球员有机会先运用他的短期合同成为一名自由不受限的球员（Wise，2007）。他运用职业生涯的挫折来改善个人境遇的举动是至关重要的，阿里纳斯保持了一份乐观的态度并将挫折当作激励自己不断前进的动力。

在华盛顿，阿里纳斯通过迷人的公众形象让自己名声大震。从历史上的观点来说，黑人运动员一直要与他们之所以能成功仅仅因为他们出色的身体力量的神话抗争（Grainger，Newman & Andrews，2006）。阿里纳斯能用好几种方式来挑战这一既定的神话。

首先，阿里纳斯愿意与媒体沟通，而且持续更新一个经常被人引用的个人博客，成了一个深思熟虑而又有深刻见解的运动员典范。正如《华盛顿邮报》的记者迈尔克·维尔本（Michael Wilbon，2010b）报道的：

> 自从韦斯·昂塞尔德（Wes Unseld）之后，这里再也没有一个职业篮球运动员像阿里纳斯那样结交朋友了。他是一个有魅力的人。即便他还不是科比·布莱恩特或者勒布朗·詹姆斯，他也差不了多少了，至少他看上去对他们来说是一种威胁，一个全明星球员，一个同行。（p. D01）

其次，阿里纳斯利用他的名流地位和成功来宣传和帮助他的社区。2005

年，阿里纳斯设立了“从零到英雄”的慈善项目，用于支持弱势青少年（“About Zero Two”，未检出）。NBA 通过颁给他 2005 年 NBA“社区贡献奖”（“Arenas Receives NBA”，2005）来肯定他的成就。通过基金会，阿里纳斯为卡特莱娜飓风后的避难所捐赠了 18 000 美元的善款，并担任了一位在火灾中失去家人的 10 岁华盛顿男孩的导师（“Arenas Receives NBA”，2005）。在 2006—2007 赛季，阿里纳斯承诺他每得一分就捐出 100 美元用于资助当地学校（Johnson，2007）。球队老板阿布·博林（Abe Pollin）愿意与他匹配，在 2006—2007 赛季，他们总共捐助了将近 215 000 美元给有需要的学校（Johnson，2007）。

阿里纳斯关涉社区事务和他在赛场上的实力使得他成为奇才队倚重的一员。他被打上球队“多年的顶梁柱”的标签。作为球队发言人和队长，他的形象被用来售卖球队的季票和吸引全国电视观众（Wise，2007）。怀斯（Wise，2007）总结了阿里纳斯在华盛顿的崛起：

> 在令人眼花缭乱的一年里，他从一位不知是否已经成熟的神秘枪手，变为一名令人耳目一新的、真实又古怪的、能扛起整个球队的人。阿里纳斯来到华盛顿时，华盛顿篮球正陷于困境之中，刚与迈克尔·乔丹闹掰了的奇才队正在慢慢失去意义和价值。每一个赛季，阿里纳斯都能给全队带来更多的希望和奔忙，过往的凡此种种都随着乔丹的离去而烟消云散。（第 10 段）

阿里纳斯带给这支队伍令人钦佩的气质，但他只是一个凡人。丹·斯坦伯格（Steinberg，2010）罗列了阿里纳斯作为一名 NBA 选手玩过的各种恶作剧，包括将一位队友的浴缸装满咖啡，或者乘人不注意拿别人的手机恶作剧。阿里纳斯作为一名成功的运动员是可靠的，这是奇德斯特（Chidester，2009）认为当代英雄应当具备的重要品质。当万众期待他们优秀时，奇德斯特认为看上去最像凡人的人才最容易跟英雄联系起来。尽管一系列的严重伤病让他错过了大量比赛，阿里纳斯却也能常常展现这样的品质（Wise，2007）。但是，他的英雄能力在 2009 年 12 月 24 号遭到了质疑。

阿里纳斯和他的队友贾维里斯·克里腾顿（Javaris Crittenton），一位很少上场的板凳队员，在球队飞机上玩牌时留下一个未解决的赌约。为了解决这个赌约，阿里纳斯将四把未上膛的手枪放在了克里腾顿在更衣室的储物柜里，并留下了一张“选一把”的字条（Wise，2010）。克里腾顿反而将他自己那把已经上膛的枪放在选好的位置上（Wise，2010）。最早这个事件并没有被曝光，因为阿里纳斯希望保护克里腾顿，他承担了此次事件的责任（Wise，2010）。阿里纳斯声称他带枪是为了保护他年幼的孩子，虽然这一行为已经违反了 NBA 的规定（Leonard，2010）。CBS 体育在 2009 年 12 月底报道了这一事件，事件随即得到迅速传播。在 2009 年 12 月 27 日到 2010 年 1 月 18 日期间（正好是事件发生和被曝光的期间），在 LexisNexis 环球全英语数据库中与“吉尔伯特·阿里纳斯与五把枪”（Gilbert Arenas w/5 guns）词条相关的报道达到 525 条。正如媒体帮助建构了阿里纳斯的神话一样，他们同样促成了阿里纳斯的坠落。大卫·莱昂纳德（Leonard，2010）记录了媒体是怎样在篮球运动员和枪支的关系上将阿里纳斯的事件变为全民公决的，媒体认为阿里纳斯是 NBA 队员持有枪械的负面结果的代表，而且他的行为潜在地威胁到了联盟的声誉。

阿里纳斯在此次事件之前以善于与媒体周旋出名，而他在试图重建自己的英雄地位时却弄巧成拙。首先，阿里纳斯在推特上对媒体报道的回应是：“今早我醒来发现自己变成了新的约翰·韦恩（John Wayne），Lamo（意思是笑得我屁滚尿流），媒体实在是太有趣了。”（Alfonso G.，2004；Lee，2010a，p. D1）其次，他在 1 月 5 日的一场 NBA 比赛简介中被拍到自己用手指摆出手枪造型并射击的动作。阿里纳斯被认为是一个爱开玩笑的、生性快乐的人。然而，这种之前被视为无害的行为此时却突然被认为是一种威胁。NBA 总裁大卫·斯特恩（David Stern）无限期中止了阿里纳斯的职业生涯，因为他“此时不适合参加 NBA 的比赛”（Lee，2010b，p. D7）。斯特恩的这一处罚让阿里纳斯在这一赛季遭受 700 万美元的损失，还有包括代言和奖金在内的共计 5 000 万美元的损失（Alexander，2010b）。斯特恩的处罚措施是合乎当时 NBA 的合约规定的，运动员若是违规是可以被除名的，违规的范围相当广泛，包括“未能符合一个好市民、优秀品格或者体育精神的标准”（Lane，2007，p. 97）。阿里纳斯在他的停赛期满后回到奇才队，但在 2011 年冬季被交易到了奥兰多魔术队，因为奇才队想要围绕 2010 年选秀中选中的约翰·沃尔（John Wall）来重建球队（“Magic Get Gilbert”，2010）。

持枪事件使得华盛顿奇才队和阿里纳斯之间的关系产生寒蝉效应。队长安托万·贾米森（Antawn Jamison）在 2010 年 1 月 8 日写给主队观众的一封信中提到：“我们对过多的负面宣传感到厌倦，我认为队员们只是想要得到一些积极的宣传，让事情变好一些，赢得比赛并开始享受快乐。”（“Coach

Meets Examiners", 2010, 第 2 段）华盛顿奇才队官方也给出相同的回应。球队交易了几名球员来改变更衣室的化学反应，其中包括贾米森。在阿里纳斯被停赛过后，教练弗利普·桑德斯（Flip Saunders）这样描述队伍的表现："吉尔的表现令一切蒙羞。"（Lee, 2010c, 第 6 段）所有阿里纳斯的照片都从球场里撤下了，他的球衣也从球队商店里下架，印着他头像的一条横幅"品质、承诺、沟通"也被移走了（Lee, 2010b, p. D7）。事实上，球队和他的前任超级巨星保持了距离。

吉尔伯特·阿里纳斯并不是第一位因持枪被逮捕或起诉的 NBA 球星。但许多人认为他侵犯了更衣室的神圣（Lee, 2010a）。J. 弗里登·杜·拉克（J. Freedom du Lac, 2010）描述了阿里纳斯感知能力问题的意义：

> 这个国家的其他人认为，对于华盛顿奇才队明星后卫在更衣室里展示枪的行为，阿里纳斯和他的队友在事件发生后接下来的几天里严重缺乏严肃的态度，被认为是在 NBA 里上演的一出关于种族问题以及持久以来关于明星运动员对年轻球迷的责任感的凶残行为的道德剧。（第 1 段）

莱昂纳德（Leonard, 2010）认定阿里纳斯持枪进入更衣室包含两个问题。首先，阿里纳斯在传媒文本中被视为他的"文化"的产物，当运动员因为他们的运动能力曜升至超级巨星的地位后，他们会因为暴力以及之前隶属于黑人运动员的刻板印象的身份而遭到惩罚（Dickinson & Anderson, 2004）。其次，阿里纳斯的处罚对其他运动员使用枪支方面是一个警告（Dickinson & Anderson, 2004）。由于媒体报道的持续性，很多人相信年轻的黑人觉得枪是解决问题的办法（Leonard, 2010）。黑人青年中流行持枪"解决"问题的经常被批评（Grainger, Newman & Andrews, 2006），许多在治安混乱地区长大的 NBA 运动员被认为也有同样的想法（Lane, 2007）。结果，阿里纳斯的持枪事件导致了这一悲剧性的缺陷。洛弗（Rowe, 1994）认为当运动员犯罪或者有被公开的丑闻时，他们违背了公众的期望，会有一段"越轨生涯"（不受控制的运动生涯）。洛弗还认为，在一个争议事件后，运动员的认知取决于在公众期待的范围之内如何作用。在阿里纳斯的案例中，他很快就被开除，一方面是因为违规使用枪械，另一方面是因为他看上去毫无悔改之意，这两个因素将他定义为必须被联盟除名的人物（Wilbon, 2010a）。枪支的使用在主流社会中是不被接受的，阿里纳斯违背了这样的预期。

阿里纳斯的法律问题比布雷斯解决起来更快，2010 年 1 月 15 日，他对“未经允许携带手枪的重罪”（Alexander, 2010b, p. D01）认罪伏法。他并未直接入狱，而是被判 18 个月监禁，缓期两年执行（其中包括在教习所待一个月），400 个小时的社区服务，还需要捐赠 5 000 美元给一个犯罪受害者基金（Duggan, 2010）。阿里纳斯虽然重回联盟，但总裁斯特恩禁止他讨论更衣室事件（Lee, 2010d）。不幸的是，阿里纳斯仍然无法摆脱争议。当他为了让另一位队员上场比赛而假装自己膝盖受伤之后，他被罚款 5 万美元（Hamilton, 2010）。直到 2011 年 8 月他仍然没有机会开始修复自己的形象。NBA 现在对他禁赛，他也许会失去整个赛季（Young, 2011）。阿里纳斯在过去几个月中因为自己推特上的内容而陷入风波，在试图阻止他前女友参加《篮球妻子》这个节目的诉讼中败诉（“Arenas Loses”, 2011），他甚至发了好几条关于更衣室事件的内容（Young, 2011）。阿里纳斯声称奇才队想要摆脱他，所以才会以更衣室事件为理由将他交易出去（Young, 2011）。很明显，阿里纳斯现在并没有将他自己定义为拥有特权的运动员，那扇窗户也许已经关上了。阿里纳斯的职业生涯接下来会发生什么倒是令人很感兴趣。

结 论

对吉尔伯特·阿里纳斯和普拉西科·布雷斯的研究是重要的，因为他们的案例证明了黑人职业运动员与武器使用之间的联系。如同许多学者（Berry & Smith, 2000; Dickinson & Anderson, 2004; Enck-Wanzer, 2009; Grainger, Newman & Andrews, 2006; Leonard, 2010）分析的那样，这是一个学术研究的富有领域。布雷斯和阿里纳斯被挑出来成为如何处置那些失控运动员的案例。事实上，在阿里纳斯故事被曝光的早期，多尔曼（Dorhmann, 2010）就认为“阿里纳斯事件的特殊性（他承认私藏枪械但否认用枪威胁克里腾顿）并没有更广泛的意义：布雷斯的坠落显然对阿里纳斯没有任何影响” （第 4 段）。两个事件都引发了学术界的关注。泰特鲍姆（Teitelbaum）在他 2010 年出版的著作中名为《放纵运动员的黑暗面：性、毒品和掩饰》一章中剖析了布雷斯的行为。莱昂纳德（Leonard, 2010）分析了阿里纳斯事件和武器与 NBA 运动员对话之间的联系。莱昂纳德认为阿里纳斯事件被不公正地列为枪械和 NBA 运动员文化的一部分，还认为 NBA

在处理武器与运动员关系时自相矛盾，一种无知的文化已经渗入 NBA。将两个事件结合起来会展示出武器的在场是如何改变试图理解针对运动员刑事诉讼的修辞口吻的。

阿里纳斯和布雷斯在刑事案件之前都被认为是“靠谱”的人，但之后，他们都蜕变成威胁。阿里纳斯和布雷斯变成了恩克－万泽尔（Enck-Wanzer, 2009）所描述的“失控的黑人运动员”（p. 5），是时常在传媒话语中被用于影射枪械滥用和运动员的刻板印象。关于布雷斯的报道中，这种话语类型中具有代表性的观点来自戴利（Daly, 2008）：“一年前，西恩·泰勒被枪击致死是一出悲剧，普拉西科·布雷斯用一把枪将他的生活和他的队友［安东尼奥·皮尔斯（Antonio Pierce）］的未来置于危险之中也是一出悲剧”（第4段）莱昂纳德（Leonard, 2010）在论证中引用了常批判 NBA 队员和他们嘻哈生活方式的专栏作家贾森·维特洛克（Jason Whitlock）的话，维特洛克将阿里纳斯和其他曾面临持有武器指控的 NBA 球员联系起来，他认为“阿里纳斯不能够批判性地思考问题”（Whitlock，引自 Leonard，2010，p. 255）。这些过度概括的类型展示了运动员从一个英雄转变为一个异常的人能有多快。

阿里纳斯和布雷斯英雄身份的坠落也展示了媒体是运用何种神秘的方式来为犯罪归类的，特别是与武器和暴力行为相联系的时候。当指控和公众呼声都不站在阿里纳斯这一边时，迈克尔·维尔本（Wilbon, 2010a）识别出了关注阿里纳斯行为和反应的虚伪。维尔本列出比阿里纳斯的行为更为严重的是关于其他运动员的刑事指控，例如对妇女的暴力行径，这些指控并没有以当事人入狱或特殊停赛的结果收场，阿里纳斯却要面对合同失效以及无限期停赛的处罚（Wilbon, 2010a）。在此，维尔本认为关于枪支的使用改变了一个认知罪行的方式，这与身体力量恰恰相反。司法系统被滥用问题的严重性也许会被忽略，但如果一个运动员因持有武器被抓，他将很难避免处罚。当其他运动员的处罚是停赛一场或者两场的时候，阿里纳斯和布雷斯却在检察官起诉之前就已然被媒体诽谤的事实，强调了武器使用在跟运动员相关的恐惧文化中的特殊角色。

参考文献

About Zero Two Hero.（n. d.）. *Gilbert Arenas' Zero Two Hero Foundation.* Retrieved from http://www.zerotwoherofoundation.org/about/index.html.

Alexander, K. L. (2010a, January 16). Arenas pleads guilty to felony count. *The Washington Post*, p. D01. Retrieved from http://web. lexis – nexis. com/universe.

Alexander, K. L. (2010b, March 24). Prosecutors: Arenas led a cover-up, deserves jail. *The Washington Post*, p. D01. Retrieved from http://web. lexis – nexis. com/universe.

Alfonso G. (2004, July 9). Lamo. UrbanDictionary. com. Retrieved from http://www. urbandictionary. com/define. php?term = lamo.

Arenas loses 'Basketball Wives' bid. (2011, August 26). FoxSports. com. Retrieved from http://msn. foxsports. com/nba/story/Gilbert – Arenas – loses – bid – to – block – ex – fiancee – frombasketball – wives – 082511.

Arenas receives NBA Community Assist Award for August (2005, September 9). *NBA. com.* Retrieved from http://www. nba. com/news/community_ award_ aug05. html.

Battista, J. (2009, April 3). Future in doubt, the Giants' Burress is released. *The New York Times*. Retrieved from http://www. nytimes. com/2009/04/04/sports/football/04giants. html.

Berry, B., Smith, E. (2000). Race, sport, and crime: The misrepresentation of African Americans in team sports and crime. *Sociology of Sport Journal*, 17 (2), 171 – 197.

Bondy, F. (2008, February 4). Burress' glory is guaranteed. *New York Daily News*, p. 12.

Burress: 'I will play again.' (2010, February 3). *ESPN. com.* Retrieved from http://sports. espn. go. com/nfl/news/story?id = 4882622.

Burress, P., Cole, J. (2008). *Giant: The road to the Super Bowl.* New York, NY: Harper Entertainment.

Burress released from jail with comeback as goal. (2011, June 6). *Associated Press.* Retrieved from http://www. nytimes. com/2011/06/07/sports/football/plaxico-Burress-is-releasedfrom-prison. html.

Butterworth, M. L. (2008). Purifying the body politic: Steroids, Rafael Palmeiro, and the rhetorical cleansing of Major League Baseball. *Western Journal of Communication*, 72 (2), 145 – 161. doi: 10. 1080/10570310802038713.

Carter, I. (2006, December 19). Arenas's Hollywood Night. *The Washington Post.* Retrieved from http://www. washingtonpost. com/wp – dyn/content/article/2006/12/18/AR2006121801428. html.

Chidester, P. J. (2009). 'The toy store of life': Myth, sport and the mediated reconstruction of the American hero in the shadow of the September 11th terrorist attacks. *Southern Communication Journal*, 74 (4), 352 – 372. doi: 10. 1080/10411794080251O365.

Coach meets examiners, bans gambling. (2010, January 9). *Associated Press.* Retrieved from http://sports. espn. go. com/nba/news/story?id = 4808994.

Daly, D. (2008, December 4). Burress' blunder is no tragedy. *The Washington Times*, p. C01. Retrieved from http://web. lexis - nexis. com/universe.

Dickinson, G., Anderson, K. V. (2004). Fallen: O. J. Simpson, Hillary Rodham Clinton, and the re-centering of White patriarchy. *Communication and Critical/Cultural Studies*, 1 (3), 271 - 296. doi: 10. 1080/1479142042000244970.

Dohrmann, G. (2010, January 4). Agent Zero learned zero from PlaxicoBurress' downfall. *Sports Illustrated*. Retrieved from http://sportsillustrated. cnn. com/2010/writers/george_dohrmann/01/04/ Gilbert. Arenas/index. html.

Duggan, P. (2010, March 27). Arenas avoids a jail sentence in gun incident. *The Washington Post*, p. A01. Retrieved from http://web. lexis - nexis. com/universe.

Eisen, M. (2009, April 3). Giants release WR PlaxicoBurress. *Inside Giants*. Retrieved from http://www. giants. com/news/headlines/story. asp?story_ id = 36356.

Eitzen, D. S. (2000). Upward mobility through sport? The myths and realities. In D. S. Eitzen (Ed.), *Sport in Contemporary Society: An Anthology* (6th ed., pp. 256 - 262). New York, NY: Worth.

Eligon, J. (2009, August 21). Burress will receive 2-year prison sentence. *The New York Times*, p. A23. Retrieved from http://web. lexis - nexis. com/universe。

Enck-Wanzer, S. M. (2009). All's fair in love and sport: Black masculinity and domestic violence in the news. *Communication and Critical/Cultural Studies*, 6, 1 - 18. doi: 10. 1080/14791420802632087。

Freedom du Lac, J. (2010, January 8). Word on the street: Seriously stupid, Gil. *The Washington Post*, p. B01. Retrieved from http://web. lexis - nexis. com/universe。

Full court mess: Time for a new face of the franchise. (2010, January 3). *The Washington Post*, p. D01. Retrieved from http://web. lexis - nexis. com/universe。

Giants suspend WRBurress for one game. (2008, September 25). *Associated Press*. Retrieved from http://nbcsports. msnbc. com/id/26868096。

Grace, M., Goldiner, D. (2009, July 29). Under the gun. *Daily News* (New York), p. 7. Retrieved from http://web. lexis - nexis. com/universe。

Grace, M., Vacchiano, R., Schapiro, R., McShane, L. (2009, August 21). Plax's 2 - year punt. *Daily News* (New York), p. 7. Retrieved from http://web. lexis - nexis. com/universe.

Grainger, A., Newman, J. I., Andrews, D. L. (2006). Sport, the media, and the construction of race. In A. A. Raney & J. Bryant (Eds.), *Handbook of Sports and Media*, (pp. 447 - 467). Mahwah, NJ: Lawrence Erlbaum.

Hamilton, T. (2010, October 15). Gilbert Arenas: Still faking it when it's time to get real. *The Washington Post*. Retrieved from http://www. washingtonpost. com/wp – dyn/content/article/2010/10/14/AR2010101404140. html.

Hawkes, T. (1977). *Structuralism & semiotics*. Berkeley, CA: University of California Press.

Jets' Burress opens up about shooting, jail in HBO interview. (2011, August 13). *Sports Illustrated*. Retrieved from http://sportsillustrated. cnn. com/2011/football/nfl/08/13/jets. plaxico. Burress. ap/index. html (no longer accessible).

Johnson, D. (2007, October 30). 82 schools win the lottery, Wizards-style. *The Washington Post*. Retrieved from http://www. washingtonpost. com/wp – dyn/content/article/2007/10/29/AR2007102901892. html.

Jonsson, P. (2009, August 20). Burress case: No legal free pass for athletes any more. *Christian Science Monitor*, p. 2. Retrieved from http://web. lexis – nexis. com/universe.

Kinkhabwala, A. (2011, June 7). Bound for home, Burress reflects. *The Wall Street Journal*. Retrieved from http://online. wsj. com/article/SB10001424052702304432304576369761217788054. html.

Lande, R. (2011, June 10). With incentive to behave and produce, PlaxicoBurress could be great bargain. *The Sporting News*. Retrieved from http://aol. sportingnews. com/nfl/story/2011 – 06 – 10/with – incentive – to – behave – and – produce – plaxico – Burress – could – be – greatbargain#ixzz1PNAQZvoo.

Lane, J. (2007). *Under the Boards: The Cultural Revolution in Basketball*. Lincoln, NE: University of Nebraska Press.

Langley, M. R. (1994). The cool pose: An Africentric analysis. In R. G. Majors & J. U. Gordon (Eds.), *The American Black Male: His Present Status and His FFuture* (pp. 231 – 244). Chicago, IL: Nelson-Hall.

LaPointe, J. (2008, December 3). Giants say Burress's season is over. *The New York Times*, p. B11. Retrieved from http://web. lexis – nexis. com/universe。

Lee, M. (2010a, January 2). Arenas comes under closer scrutiny. *The Washington Post*, p. D01. Retrieved from http://web. lexis – nexis. com/universe.

Lee, M. (2010b, January 16). AfterArenas's plea, Wizards refocus. *The Washington Post*, p. D07. Retrieved from http://web. lexis – nexis. com/universe.

Lee, M. (2010c, February 18). Wizards trade Antawn Jamison to Cavaliers. *The Washington Post*, p. D01. Retrieved from http://www. washingtonpost. com/wp – dyn/content/article/2010/02/17/AR2010021704909. html.

Lee, M. (2010d, September 22). David Stern to Gilbert Arenas: Don't talk about gun incident. *The Washington Post*. Retrieved from http://www. washingtonpost. com/wp - dyn/content/ article/2010/09/22/AR2010092205677. html.

Leonard, D. J. (2009). It's gotta be the body: Race, commodity, and surveillance of contemporary Black athletes. *Studies in Symbolic Interaction*, 33, 165 - 190. doi: 10. 1108/S0163 - 2396 (2009) 0000033013.

Leonard, D. J. (2010). Jumping the gun: Sporting cultures and the criminalization of Black masculinity. *Journal of Sport & Social Issues*, 34 (2), 252 - 262. doi: 10. 1177/0193723510367781.

Lombardi, F., Gendar, A., Lemire, J. (2008, December 2). Mayor Bloomberg fuming over Plaxico shooting. *Daily News* (New York). Retrieved from http://www. nydailynews. com/news/ny_ crime/2008/12/01/2008 - 12 - 01_ mayor_ bloomberg_ fuming_ over_ plaxico_ shoo - 3. html (no longer accessible).

Lupica, M. (2008, November 30). Punt this guy who's gone from hero to zero. *Daily News*, p. 2. Retrieved from http://web. lexis - nexis. com/universe.

Magic get Gilbert Arenas in banner day. (2010, December 19). ESPN. com. Retrieved from http://sports. espn. go. com/nba/news/story?id = 5932861.

Maske, M. (2009, August 20). Burress pleads guilty. *The Washington Post*. Retrieved from from http://web. lexis - nexis. com/universe.

O'Connor, I. (2008, January 28). Plax's fork in road. *The Record* (Bergen County, NJ), p. S01.

Plaxico Burress recounts nightclub shooting on HBO, says, 'who's Mayor Bloomberg?' (2011). *CBSNewYork. com.* Retrieved from http://newyork. com/2011/08/17/plaxico-Burress recounts - nightclub - shooting - on - hbo - says - whos - mayor - bloomberg/.

Reed inspires Knicks to victory. (2010). *NBA. com.* Retrieved from http://www. nba. com/history/reedwins_ moments. html.

The Reliable Source. (2011, June 13). PlaxicoBurress' next move: Joins Brady Center to prevent gun violence. *The Washington Post*. Retrieved from http://www. washingtonpost. com/blogs/reliable - source/post/plaxico - Burress - next - move - joins - brady - center - to - prevent - gun - violence/2011/06/13/AGSF0YTH_ blog. html? wprss = reliable - source.

Rhoden, W. C. (2008, October 20). Burress's tremor of discontent gains magnitude. *The New York Times*, p. D3. Retrieved from http://web. lexis - nexis. com/universe.

Robinson, T. (2008, January 31). Good season has erased bad reputation for Burress. *The Virginian-Pilot* (Norfolk, VA), p. C1.

Rowe, D. (1994). Accommodating bodies: Celebrity, sexuality, and 'tragic Magic'. *Journal of Sport and Social Issues*, 18 (1), 6 -26. doi: 10. 1177/019372394018001002.

Rowland, R. C. (1990). On mythic criticism. *Communication Studies*, 41, 101 -116.

Schwartz, P. (2011, May 25). Vick says Eagles good fit for Burress. *New York Post*. Retrieved from http://www. nypost. com/p/sports/giants/vick_ says_ eagles_ good_ fit_ for_ plax_ YKDeeRNyDeBA60Mi6LTzoI.

Steinberg, D. (2010, January 7). A history of Gilbert's practical jokes. *The Washington Post*. Retrieved from http://voices. washingtonpost. com/dcsportsbog/2010/01/a_ history_ of_ Gilberts_ practica. html.

Teitelbaum, S. H. (2010). *Athletes Who Indulge Their Dark Side: Sex, Drugs, and Cover-ups*. Santa Barbara, CA: Praeger.

Vacchiano, R. (2007, September 26). Jacobs "getting very close" to return. *New York Daily News*. Retrieved from http://origin. nydailynews. com/blogs/giants/2007/09/jacobs - getting-veryclose - to - r. html.

Wilbon, M. (2010a, January 14). Let's not eraseArenas. *The Washington Post*, p. D01. Retrieved from http://web. lexis - nexis. com/universe.

Wilbon, M. (2010b, January 16). In the end, it's time for a new beginning for all involved. *The Washington Post*, p. D01. Retrieved from http://web. lexis - nexis. com/universe.

Wise, M. (2007, October 28). The story of O. *The Washington Post Magazine*, p. W12. Retrieved from http://web. lexis - nexis. com/universe.

Wise, M. (2010, January 7). NBA hands Arenas indefinite suspension. *The Washington Post*, p. A1. Retrieved from http://web. lexis - nexis. com/universe.

Young, R. (2011, July 15). Arenas tweets about the gun incident. *CBSSports. com*. Retrieved from http://www. cbssports. com/mcc/blogs/entry/22748484/30631485.

第15章　WNBA"坏女孩"的讯问话语：交互性与政治表征

玛丽·G. 麦当劳[①]　切里·库基

2008年7月22日，美国女子篮球职业联赛（WNBA）底特律震动队［主场在随后的2009年搬迁到图尔萨（Tulsa）］与洛杉矶火花队的比赛进行到最后时刻时，场上发生了争执。基于该事件的新闻报道，下述内容看起来就是事件的过程：简单来说，在比赛的最后时刻，一次篮下混战引发了震动队前锋切里·福特（Cheryl Ford）以及当时火花队的新秀坎黛斯·帕克（Candace Parker）之间的争斗。在火花队的玛丽·费迪南德-哈里斯（Marie Ferdinand-Harris）第一罚命中之后，比分改写为82：78，火花队领先。底特律的普莱内特·皮尔森（Plenette Pierson）在篮下卡位时不停推搡坎黛斯·帕克，结果这位2008年度大学生运动员摔在了地板上。随后"皮尔森起身并且站在帕克身旁，帕克很快把她再次拖倒在地"（Fratto，2008）。双方的其他球员纷纷离开板凳席，加入这场混战。底特律震动队的助理教练里克·马洪（Rick Mahorn）以及洛杉矶火花队球星丽萨·莱斯利（Lisa Leslie）也意外地发生身体碰撞，马洪要么是在尝试做和事佬制止莱斯利，要么就是把莱斯利推倒在地（取决于你愿意相信哪一边）。很显然，火花队的球员都认为马洪尝试让事件再度升级，于是香农·波比特（Shannon Bobbitt）就用自己的身体挡在了教练的身前。当两支WNBA球队间的混战结束后，三位球员——震动队前锋普莱内特·皮尔森以及火花队前锋坎黛斯·帕克和德利莎·米尔顿-琼斯（DeLisha Milton-Jones）被驱逐出场，底特律球星切里·福特在这次事件中膝盖受伤。

---

① 玛丽·G. 麦当劳（爱荷华大学博士），迈阿密大学运动学和健康系教授。她已经出版了多部著作并发表多篇核心期刊论文，曾作为SSCI期刊《体育社会学学刊》的两期客座编辑，目前担任北美体育社会学学会主席。她的研究领域包括运动学、健康和跨学科研究。E-mail：mcdonamg@muohio.edu。

虽然洛杉矶队最终以84：81的比分赢得了比赛，但是也迷失在伴随着比赛的传媒报道和叙事扩散中［不少信源将这一事件称为“猫斗”（catfight）］。另一位评论员将这场争议视为一种男人的宣言，“伙计，快看，小鸡间的战斗！”（引自Voepel，2008，第6段）另一个标题则把这次打斗事件比喻为“马里塞宫殿事件2”（Friday，2008），一个发生在球员和球迷之间的奇怪的参照。2004年11月19日，一场在底特律活塞队与印第安纳步行者队之间展开的NBA的比赛中，同样是在密歇根州奥本山的奥本山宫殿球场，同样发生了一场如火花队和震动队一般火星四溅的混战。一些报道将这些特点归纳起来，将这次混战称为“宫中之战”（Michaelson，2009，第29段），《洛杉矶时报》的海伦·埃利奥特（Helene Elliott）质疑美国媒体在报道这一事件时所反映出来的双重标准，他询问道：“我们是否已经达到了一个高度，认为女人味和竞技性是互补的，而不是互相排斥的？或者，女运动员之间的冲突将不会再被贬低为猫斗？”（Elliott，2008，第23段）

许多回应称，这一事件被归结为“猫斗”证明了女性的攻击行为和暴力被特别传媒化的历史，当女性卷入身体对抗时，耸人听闻的报道方式通常暗示一种深层的文化矛盾。一般情况下，两个女人之间涉及口角或是争执的猫斗，往往会包括扯头发和抓挠。在最基本的层面上，媒体在建构WNBA的猫斗事件时，不停地强化那些负面的刻板印象，比如将她们形容为“阴险的”或是“狡猾的”。这也让人不禁联想到一个阴险的特定的父系的想象，那里的女人总是试图通过互相竞争来获得男人的注意（见Tanenbaum，2002）。文化权威，同样也是喜剧演员的杰瑞·宋飞（Jerry Seinfeld）解释了什么是猫斗，他认为那是一个特定的（异性恋）幻想：“男人认为，如果女人互相抓扯，他们可能在一定程度上是有机会的，你知道的……吻。”（Berg & Schaeffer，1997）

另外，指出这种流行文化迷信的轻视尺度是重要的。虽然猫斗这个词语在20世纪初就已经存在，但是直到20世纪70代才开始流行，部分原因是媒体使用它来描述“嬉皮士”和家庭主妇之间争吵的方式（Douglas，1995）。对于物质和非物质之间对抗的差异以及女性之间差异的探讨，也指向猫斗对于这种性格特征的监控能力。这样的描述尽管转移了人们对性别与性的规范性理解的审视，但专注于有关特殊女性群体所谓的行为以及人格特质，分等级地展示了如体育机构的组织和形象。

在大量媒体对该事件的回应中，WNBA总裁多娜·奥伦德（Donna

Orender）发表了一份声明，提出了应对猫斗的建议，她认为：

> WNBA 以及所有运动员都对体育充满热情、拼搏和牺牲精神。每个晚上队员们都在展示自己的技术、运动能力和竞争力的闪光之处。而在周二晚上发生的事情是不可宽恕的，也不是联盟希望的指代物。我们向来以非常高的标准来要求我们的球员，本次禁赛也是为了警示球员周二比赛中发生的行为表现绝不会被容忍。（“WNBA Announces”，2008，第 2 段）

作为对奥伦德发言的补充，其他的 WNBA 发言人也纷纷对打斗事件表示谴责，这也影响了叙事的建构过程。华盛顿神秘人队总经理琳达·哈格罗夫（Linda Hargrove）就是持这种立场的典型代表：“我不认为对我们的联盟有利……这不是我们联盟希望被描述的样子，这也不是我们球员想要被描述的样子。我没有看到任何有利的结果。”（引自 Carrera，2008，第 15 段）随后 WNBA 对卷入事件的共 11 名球员分别处以 1 ~ 4 场的禁赛处罚。震动队前锋皮尔森被禁赛“四场，因为她的行为挑起并升级了冲突”，震动队助理教练马洪也因为“在冲突中起了推波助澜的作用”被禁赛两场（“WNBA Announces”，2008，第 4 ~ 5 段）。火花队后卫波比特和穆里尔·佩吉（Murriel Page）都因为“离开板凳区域并且参与场上的身体冲突”获得两场禁赛，火花队的莱斯利和米尔顿 - 琼斯“因为动手而被处以一场禁赛”（“WNBA Announces”，2008，第 10 ~ 11 段）。而其他的球员也因为离开板凳区域而遭到禁赛（“WNBA Announces”，2008）。

在本章中，我们将通过 WNBA 的“体育事件”作为研究那些催生了更大的文化特征的历史上特殊、交错的社会关系的切入口，利用女权主义文化研究的视角来解释和再背景化一些关键叙事是如何产生的。为此，我们调查了超过 70 个有关本次冲突的网站、博客文章以及报纸、杂志和电视报道，阅读这些与之前关于 WNBA 的学术分析或相反或延续的报道，并且寻找它们与 NBA 报道的复杂关系。我们还将简要讨论女性侵略性和暴力方面更为广泛的文化表达。

这种分析策略是建立在于构成火花队与震动队冲突中占主导地位的框架，是能够被解读出有更大的文化意义的强大文本的基础上的。因此，我们的目标并不是探求此次事件的真相，也不是讨论那些首当其冲的运动员，例如坎黛斯·帕克或是普莱内特·皮尔森，她们在事后处于实际上的英雄坠落的境遇，而是希望通过这个分析提供一种探索“那些‘事实’是如何被建构、框架、前景化、模糊和遗忘”的不同策略（McDonald & Birrell, 1999, p. 292）。这种批判的视角指引我们走向调查这一事件的意识形态力量，我们建议，将其与其他一切时下的、耸人听闻的越轨行为的文化形象，挑起性别和白种人问题的特殊叙事以及推动特定历史和政治突出版本的坏女孩的商品化一起探讨。

本章将专门讨论此次火花－震动冲突不仅给评论员们以性别的二元模式来想象 WNBA 提供了一种路径，也给那些整合白人特权的力量来迎合刻板印象描述下异常的黑种人的评论员们提供了另一个机会。在承认对于事件的看法具有完全不同的和竞争性的反应的同时，本研究也使有关火花－震动冲突的占主导地位的框架更加鲜明——一场撕裂了 WNBA 精心设计市场形象的争斗。在后女性主义时代，体育界的超级女性一直被小心翼翼地培养，从1997 年联盟创立以来就是如此。

为了更好地解释一些关于本次事件的占主导地位的框架，我们将用如下的方式来编排本章的内容：首先，我们将可视的和有历史语境的 WNBA 的理想化市场形象，放在含有消费主义以及后女性主义思维逻辑的语境下进行探讨，这种思维逻辑也致力于将大部分非洲裔美国人视作责任感和社会关注的角色之力。接下来，我们将会研究两个重要的叙事，它们打破了原先精心制作的形象：第一个，我们将它描述为“女性也可以具有竞争性”的故事情节，一个与性别二元性相关的反复出现的新的拐点，它把人按照性别的规范性假想进行均质化区分。在火花－震动冲突事件中，这种框架同样映射在了更为广泛的美国文化中，暴力越轨事件的种族化和阶级化景象正在不断循环。第二个我们强调的叙事中，记录了一些评论员利用此次火花－震动冲突的契机以及震动队助理教练里克·马洪在事件中扮演的角色，来制造（再造）有关 NBA 的种族化叙事。这些框架在反复出现的有关黑人在体育和更广泛的文化范畴里不当行为的种族主义主题方面提供了新的转折点。这一叙事，通过复杂的、阶级化的、性别化的和种族化的意义分节，同样展示了权力的相互关系。

WNBA“好女孩”的崛起及后女性主义理想

这次 WNBA 的丑闻事件奇妙之处在于，它如此简单地就让联赛主导性地位市场构造的作为理想的角色模板和英雄的化身而出现的非洲裔美国运动员的形象彻底瓦解。换言之，在这次事件之前，运动员们经常被联盟、企业赞助商以及媒体中有同情心的成员描述为在促进体育界内外妇女地位，以及在异性恋和女性情感方面具有社会责任的运动形象（McDonald，2000）。

自处子赛季以来（当时由 NBA 独立资助），联盟就在第二次女权主义浪潮之后于后女性主义和消费主义情感的语境下存在（McDonald，2000）。WNBA 的营销方以及他们的企业赞助商就通过消费可以实现的形象、欲望、生活方式以及个人感情来包装第二次女性主义浪潮对自由、选择以及机会的追求，特别积极地推动后女性主义。这样一来，广告商减少了与女性日常生活的接触，协商出一系列的态度和生活方式，这些都是能够被消费的（McDonald，2000，p. 38）。

在当今流行文化下，像 WNBA 中那些女性一样的职业女性运动员依旧被市场化为后女性主义的英雄，她们大概成了女孩儿和年轻女性的正面形象模板，因为在她们举例证明了女孩儿的力量，一种显然无威胁的、非政治性的女权主义形式（Taft，2004）。让我们将目光从依然存在的意识形态和不公正的历史力量移开，后女性主义“女孩儿的力量”假定两性之间的平等已经实现。这意味着，女孩儿和妇女可以庆祝和拥抱女性气质，而不是彻底地拒绝它们，她们开始享受第二次女性主义浪潮所带来的好处，尤其是她们可以打入由男性主导的领域的出口，例如体育。后女性主义者关注这个出口和个人主义几乎无法瓦解男性霸权主义，于是她们继续型构体育（Cooky，2010）。

联盟的营销机构依旧开足马力，以成果为导向并在社会关注下持续提供过剩的形象来体现球员作为后女性主义的角色模板（McDonald，2000）。帕克，一个非洲裔美国人，作为一名菜鸟球员，却已经开始扮演如时任火花队主教练迈克尔·库珀（Michael Cooper）所谓的“联盟的形象”（引自 Wood，2008，第 16 段），她追随着那些名流球星比如队友莱斯利以及联盟的创始球星们，比如丽贝卡·洛伯（Rebecca Lobo）和谢瑞尔·斯沃普斯（Sheryl Swoopes）的脚步。就像洛伯所说，帕克无愧于这一殊荣，因为她有“达到这一荣誉所要求具备的一切素质……她的比赛，她的性格，她的一切”（引自 Wood，2008，第 9 段）。这种卷入性格、后女性主义角色模板、致力于竞争对手的立场与刻板印象的、历史描绘的对非洲裔美国女人缺乏文明和道德、运用同性恋描写来谴责女性运动员为女同性恋的立场形成了鲜明的对比。此外，这些形象也揭示了复杂权力的交叉性，这表明，性别关系是在不断变化的，并且经常被环环相扣的叙事和社会位置的结构复杂化，这种关系包括种族的、阶级的和性别的，在特殊的时空情境下操作的方式有所不同。

正如帕特里希亚·希尔·柯林斯（Patricia Hill Collins，2004）宣称的，黑人女性在历史上一直被“他者化”，她们总是被排除在传统的（即白种人、中产阶级）女性形式之外。从这个视角来理解，WNBA的代表和其他成功的黑人女性运动员呈现了一个复杂的结果。这些形象有助于“提供一系列的形象来向当代主流声音所掌控的认为黑人妇女是‘贱人’或是‘坏母亲’的印象发起挑战”，与此同时缩小男性和女性体育运动之间的差异（Collins，2004，p. 135）。WNBA的例子支持了柯林斯（Collins，2004）与交叉性相关的更大的观点：那些霸权化的刻板印象将“女子运动员与‘男子气’和女同性恋联系在一起，并且认为黑人女性比白人女性更为男性化”，她主张“收敛对黑人女性运动员格外不同的阐释语境”（p. 135）。

WNBA对非洲裔美国女性运动员的市场包装获得了理想的结果，把它与现在占有主导地位的对黑人男性运动员的男子气概的看法进行对比时显得更为明显。根据巴内特-维瑟尔（Banet-Weiser，1999）对WNBA及其球员的通俗建构，谦逊和道德上高人一筹形式的女性化带来的强大的种族化作用成了NBA的“一群被宠坏的、忘恩负义的、充满暴力的黑人男性侵占了无辜的白人中产阶级家庭中孩子的心灵”的正面形象（p. 405）。从表面上来看，直到这起发生在震动队和火花队之间的特殊事件发生前，在WNBA的主流媒体中还没有出现过可与种族化坏女孩等量齐观的传媒建构。

我们可以说，这一事件发生在联盟成立的第12个年头，WNBA大体上是通过促进联盟成为女权和好女孩的堡垒来反驳黑人女性不守纪律和道德上有缺陷的挥之不去的刻板印象。也就是说，WNBA联盟中充斥着才华横溢、大概道德高尚以及和蔼可亲的运动员，她们都是因为对篮球的热爱才在场上拼搏，她们都可以作为正确的角色模板。例如参与诸如“WNBA关怀”（WNBA CARES）一类的活动来加入社区服务。这种景象就是巴内特-维瑟尔所提出的“健康的球员，为拥有一份工作而感激”的政治表达（Banet-Weiser，1999，p. 405）。

WNBA市场和新闻媒体报道的重点往往不成比例地放置在一些模特运动员身上，例如帕克和/或莱斯利这样的母亲们。这种循环往复的建构有助于加强联盟对已经渗进体育领域的同性恋恐惧症的防御反应。总之，这一具有代表性的策略是基于阶级、种族化形象的更大努力的一部分，来吸引或是满足处于微妙的平衡法则中的白人、中产阶级和规范的情感，来维持经济上的可行性（Banet-Weiser，1999）。像所有的陈述一样，这种联盟和 WNBA 球员的统治性建构是不稳定的、可移动的和受反叙事、历史需求和全新理解控制的。事实上，在火花队与震动队的冲突发生一段时间之后，WNBA 发现自己投射出了这样一种理想化的、后女性主义之外的形象：与在大家心目中黑人女性的不谦逊和不文明的刻板印象领域不相符的形象（Collins，2004）。在接下来的部分我们将进一步探讨那些关键的、重要的、有助于构成这次火花队与震动队冲突再现的叙事和背景资料。

坠落的英雄："坏女孩"、交叉性与叙事结构

据某新闻媒体所提供的信息，火花队和震动队冲突事件是 WNBA 2008 赛季被最为广泛报道的事件。另一位评论员指出：

> 底特律震动队和洛杉矶火花队的球员打了起来，我们把女子篮球是否最好退出这个问题交由体育社会学家来决定。但有一个事实是毋庸置疑的：本周有更多的人在讨论 WNBA，这比它成立至今的 12 个赛季中的任何时候都要多。这对于一个仍旧在寻求大联盟身份的企业而言不得不说是一个好消息。（Horn，2008，第 3 段）

这次冲突的影响仍在继续，这不仅体现在 YOUTUBE 网站上关于该事件的视频依旧存在，也体现在最近，具体为 2010 年 7 月 23 日，街头层面的博客将这场混战列为当下体育史上最粗暴的 11 场比赛之一。Sparks-Shock brawl 也成了维基百科的词条，只要在谷歌搜索上键入"bad girls and WNBA"就可以找到这次打斗的链接。在事件发生时，总裁奥伦德解释说："毫无疑问事情得到了大量的关注，但是这种关注显然不是我们寻求得到的类型。"（引自 the Associated Press，2008，第 26 段）另一个对事件的解读同样充满矛盾："混战之外，底特律震动队带来了联盟所缺乏的值得炫耀的大事。WNBA 需要一针强心针来提高收视率：这可能不是他们想要的，尽管如此他们还是接受了。"（Parker，2008，第 9 段）

当故事情节推动着大众对打斗产生无限遐想的同时，一个流行观点激发

的讨论也出现了：用“打架”这个词语用来形容这次事件是否合适？事实上，有一位权威人士指出，这次事件不过是“几个球员之间的全力的小争吵”（Michaelson，2009，第29段）。另一位记者称，我们有多种方式来理解这次冲突，包括“争吵、混战、事件、口角、纠纷或是扭打”（Voepel，2008，第3段）。根据那位记者所说，也许“争吵”（fracas）才是他认为最贴切的。这个单词所表达的意思比争吵或是混战少了一些暴力，但是又比口角稍进了一步，等等。这个单词很适合用在火花与震动的冲突中（Voepel，2008，第3段）。

这些和前面讨论的有关猫斗的特性，向我们展示了语言在建构关于这一事件的不同表达和理解方面的力量。虽然各种各样的单词被用来描述这个事件，但是评论员也利用这个机会来重申，人们称之为“女性也是竞争者”的叙事框架有助于用相似的方式来均质化所有男人和女人，提出了性别相似性和权力感的相似性。有时，这种框架建构的打斗成为了一种“进步”的罪过，这表明男性的比赛成了女性仿效的标准——一个关于平等的非常后女性主义的举措。例如，一篇报道指出：

> 周二晚上洛杉矶火花队和底特律震动队之间板凳席空空如也的混战证明了女性在比赛最紧张激烈的时候，同样会变得和男性一样愚蠢。进步？绝对的。这次争斗，顺便说一下，不是指责WNBA，摩拳擦掌不光是男人的事情。这是有关体育的事情。这是一件运动员的事情。这是一件让我很生气，坎黛斯·帕克在我胸上来了一拳但是裁判并没有注意到的事情。（Hill，2008，第3段）

另一位评论员指出：

> 以下就是这次冲突所证明的：这就是女子比赛中的激情。对于很多人来说，WNBA就是一群老女人俱乐部进行着一项篮筐之下的运动。冲突揭示了运动员都是求胜心切的，她们不会像是在家可以欣赏的女子高尔夫球巡回赛。没有人主张把WNBA变成WWE，但是纯粹情绪的外泄并不会让体育变坏。（Horn，2008，第9段）

正如体育记者吉梅尔·希尔（Jemele Hill）所说：“女运动员与男性一样富有竞争性，当她们被逼到绝境时，她们一样会缺乏控制。”（Hill，2008，第16段）

虽然这种叙事方式采用了“双重标准”——“女人不应该打架”，而这一框架同时又嵌入了性别二元性并且将女人与男人均质化。有趣的是，这一“女性也具有竞争性”的框架同时又证明虽然女人的运动能力不如男性，但是却有和男性一样的暴力能力。重要的是，这种类型的框架取代的社会、政治和历史条件，帮助暴力产生于其中。更为重要的是，在体育世界之外，它忽略了社会科学家和文化评论家指出的，在暴力和攻击行为中的文化产生、性别角色以及与体育中的男权主义的关系。“女性可以和男性一样暴力”的叙事已经在其他的语境下展开来淡化性别制度，继续影响无数男性在亲密关系中不成比例地实施暴力。这种叙事也淡化了除了过度的男子气概之外的一些重要因素，这些因素使得男性和女性的暴力行径已经处于竞技体育的背景之外了，包括贫困、剥夺公民选举权、种族主义结构以及国家权力（Chesney-Lind & Jones, 2010）。

火花队与震动队的争斗叙事在体育世界之外引起了共鸣，阐明了更宽泛的再现模式。正如切斯尼－里德和欧文（Chesney-Lind & Irwin, 2008）所阐释的，传媒炒作的一系列由女性施加的暴力和侵略性行为是血统图像的重要组成部分，这揭示了一种文化恐惧以及对于女性力量和侵略性的迷恋，还有更广义上的对于坏女孩形象的文化痴迷。此外，这个叙事和WNBA事件的严格审查与为当代美国少女时代和妇女时代的所谓衰落而惋惜的新千年话语紧密联系，这归因于流行文化中的“坏女孩”“狂野女孩”和“帮派女孩”现象。这类图像可见于不少流行书籍，如《蜂后与崇拜者》（*Queen Bees and Wannabes*）（2002）和《乖女孩出列：女孩隐藏的文化侵略》（*Odd Girl Out: The Hidden Culture of Aggression in Girls*）（2002），流行电影如《贱女孩》（Mean Girls）（2004）、《13》（Thirteen）（2003）和《我的疯狂人生》（*Mi Vida Loca*）（1993）和报道年轻女性和女孩帮派活动的新闻广播。相似图像哀叹了年轻女性越来越多的侵略性和跋扈行为，“道德恐慌”揭露了这些特性的增加并没有为得到近几十年来的社会科学研究的支持。事实上，研究者认为，虽然年轻女性的实际暴力并没有增加，但监禁和扣押的比率却上升了（Chesney-Lind & Irwin, 2008; Males, 2010）。

这些当代影像代表了一条更广阔的历史轨迹的最新版本。坏女孩图像自从20世纪50年代之后就开始长期被注入美国人的想象力，媒体提升了他们的关注度，越来越认可那些打破女性化准则、威胁美国社会道德标准的坏女孩。坏女孩的榜样随着时间在发生改变，20世纪50年代是性滥交的女孩，70年代是革命女孩，80年代是帮派女孩，世纪之交是贱女孩，新千年是

“暴力”女孩，但是媒体叙事的主题是一样的：对女孩、女性和她们所谓堕落的本性的更多负面报道。也就是说，尽管女性外表如此，大量的媒体框架还是更加关注她们深层次的内在，女性真正的毒液——阴险，是在与其他女性的竞争互动中滋生出来的（Chesney-Lind & Irwin，2008）。这个框架严格审查了不平等性别关系的产生，制造出与社会重要问题如家庭暴力和性骚扰相关的新闻报道。相反，叙事主要专注于所谓的坏行为和女孩及女性的个体缺陷。

重要的是，WNBA 的当代想象通常就是这样，这些煽情话语不总是关于性别监视的。这一现象同样催生了复杂的、种族的、阶级的意义和启示。简而言之，从历史的观点说，工人阶级中的白人女性和有色女性被白人中产阶级排除在理想中的好女孩范围之外。虽然好女孩和坏女孩都是被媒体控制的图像，复杂和持续变化的阶级和种族化话语对于询问也是很重要的（Chesney-Lind & Irwin，2008）。根据迈克·梅尔斯（Mike Males，2010，p. 15）的说法，鉴于在美国的人口中 40% 的 25 岁以下的女孩和女性中，黑人、拉丁裔、亚裔和其他种族相比于她们的上一辈在人口总数中占据了更大的份额，这些近期话语为年轻女孩构建了一个“非理性的恐惧和敌意”。产生道德恐慌的暴力特征图像对刻板印象的有色女孩和女性产生了额外的和自然的暴力影响。它带来的影响远非良性的，新千年话语的增加导致了青少年拘留体系中拘留率的上升，致使许多有色女孩面临严厉的惩罚（Males，2010）。

随着更多的媒体和博客成员关注底特律震动队的主教练比尔·兰姆比尔（Bill Laimbeer）和助理教练里克·马洪在 20 世纪 80 年代作为前 NBA 球员时的情况，我们所强调的第二个火花队与震动队的打斗叙事揭示了更多的、复杂的、性别的、阶级的、种族的意义。对那些不了解他们运动生涯的人来说，这个叙事提醒人们，他们都是 20 世纪 80 年代底特律活塞队的队员，这支队伍曾由于他们的身体和令人畏惧的打球风格被冠以“坏男孩”的绰号。活塞队因他们与芝加哥公牛队和洛杉矶湖人队的对垒而闻名。2008 年的争吵正具有底特律和洛杉矶球队的特色，洛杉矶是 NBA 在 20 世纪 80 年代的重要比赛场地之一，这一点对于解说员来说印象过于深刻。然而，媒体和博客的叙事将黑人马洪、白人兰比尔建构为暴徒和抢劫犯（Parker，2008，第 1 段）、“笨蛋”（Boswell，2008，第 2 段）和“执法者”（“Cat Fight Ends”，2008，第 2 段）。为了公平起见，媒体话语关于马洪的评价不一。马洪曾涉及与火花队丽萨·莱斯利的推搡事件，他随后声明他自己尝试着结束争斗，他宣称："我尝试着保护整个比赛，保护比赛的完整性。"（引自"WNBA Reviewing"，2008，第13段）洛杉矶队主教练库珀和底特律队主教练兰姆比尔都认为马洪是个和事佬（"WNBA Reviewing"，2008）。

由此，尽管有这样的框架，重要的是要注意到种族化语言表达——博客最常使用此类言语，其中同兰姆比尔相比，关于马洪的特征描述，即"非常恐怖"（Basketbawful，2008，第3段）、"街头恶棍"以及"荒谬的人"给了联盟"一双黑色的眼睛"（Parker，2008，第3段）。有人认为马洪不仅推搡了莱斯利，而且看上去像是在说"里克会给一个婊子一巴掌吗？婊子最好还我的钱！'"（"Ed Hearts"，2008，第4~5段）。该博主继续提到，"里克·马洪以前绝对是个皮条客"（"Ed Hearts"，2008，第7段）。另一位评论员也提出了类似的分析，马洪"如同皮条客一般推开莱斯利"（Daul-erio，2008，第2段）。而另一个博主则把这次事件讽刺地指为"一次对莱斯利的恶性抢劫"（O Kadah，2008，第7段）。

这种对黑人男性刻板印象的、种族化定义如"皮条客"和"暴徒"在本质上是暴力和犯罪。重要的是，正如先前谈论过的巴内特-维瑟尔（Banet-Weiser，1999）所阐明的，WNBA和NBA之间的联系表明WNBA种族和性别政治话语不仅仅反对黑人和白人女性刻板印象定义的再现，也涉及与NBA主导观念的关系。"NBA的媒体将黑人球员描述为潜在危险和威胁因素，允许WNBA积极进行自身建构，反对种族政治。"（Banet-Weiser，1999，p. 405）因此，从历史和当代层面来看，经济、性别、性和种族主义政权融合到WNBA中，该联盟与NBA的"坏男孩"和种族主义形象形成了鲜明的对比。

在性别、阶级和种族方面，WNBA和NBA之间的联系也很明显。比如这次的事件就好像是"原版奥本山宫殿"的翻版。考虑到这些框架——发生在奥本山宫殿的板凳席空空的争斗来形容这次事件，就足够准确了。底特律球场是一处发生过"骚乱事件"的臭名昭著的地方，包括在2004年11月，底特律活塞队对印第安纳步行者队的一场NBA常规赛中，一位球迷用一杯冰击中罗恩·阿泰斯特，后者迅速冲进看台与球迷发生冲突，最终导致了一场斗殴事件。很多人在谈论WNBA的这次混战时都会联系到NBA，一位特殊的权威人士将步行者队和活塞队之间的这次斗殴描述为"NBA历史上最臭名昭著的暴力篇章……大卫·斯特恩最糟糕的噩梦"（Tolomeo，

2008，第3段）。

正如那位学者（特别见 Leonard，2006）所揭示的那样，步行者队—活塞队—球迷之间的 NBA 混战展现了黑人行为不良的负面形象，那种城市黑人不受控制的形象通过身兼篮球运动员和说唱歌手身份的罗恩·阿泰斯特的身体展示了出来。重要的是，很多有关 2008 年火花队和震动队斗殴事件的框架重复地唤起了性别和种族歧视的意象。也许有人会认为，考虑到是 NBA 帮助建立了 WNBA，所以这些叙事的重点都是不可避免的，底特律的品牌在两次事件中都被卷入，里克·马洪在两个事件中都扮演了同样的角色（跑上看台试图将罗恩·阿泰斯特和球迷分开以及尝试控制丽萨·莱斯利）。当然，这些相似的地方提供了连接点。然而，巴内特-维瑟尔（Banet-Weiser，1999）关于相互构成的性别和种族政治更广泛的分析显示，WNBA 和 NBA 的关系很明显，暗示了另一个重要的，理解火花队和震动队打斗事件的分析框架。类似"骚乱""暴徒"和"怪物"这样的词汇，在历史上被白人用于针对黑人，来证明对他们的不公正待遇是合理的。因为历史建构，WNBA 作为 NBA 在种族化道德上的对立面，允许这些特殊的单词继续在流行文化中流通。具有讽刺意味的是，通过这一事件，从表面上看性别政治似乎与女性的身体有关，不过它也同样以一种方式传媒化，以使白人的权力具体化，从而形成对黑人男性身体的主导性理解。

结　论

我们在本章中讨论了发生在 2008 赛季洛杉矶火花队与底特律震动队之间的打斗事件，这有助于激发新的并且重振业已存在的叙事——转移和连接到与性别、种族和阶级话语相关联的历史建构。正如女性主义社会学家和犯罪学家所解释的那样，媒体以危言耸听的方式炒作女性的武断、侵略性和暴力。流行的再现帮助塑造公众的理解，反过来也推动了新的政策干预，用于进一步监管个人的行为，并且将一些比较特别的个体带入惩罚产业。

注意火花队和震动队争斗的报道中更宽松的再现政策是重要的。在这种情况下，这个事件使联盟展现出了它理想化和后女性主义形象之外的那一面。传媒叙事映射了新千年来关于坏女孩的建构和黑人男性不当行为的种族主义特性。我们希望这份研究能够产生的是重新构想发生在底特律震动队与洛杉矶火花队之间冲突的新思路，特别是考虑到交叉性的运作方式和型构事件主导性框架的叙事力量。从这个角度进行解读，本章提出我们需要产生新的反霸权主义叙事——这种叙事方式能对制定以及再现暴力和侵略性行为的方式提出质疑。这包括历史和当代关于暴力的想象以及紧接着发生的关于这些想象的后果，包括占主导地位的权力关系和社会不平等结构形式的再生产。

参考文献

Associated Press.（2008，August 6）. WNBA hands down suspensions for Shock-Sparks skirmish. ESPN. com. Retrieved from http://sports. espn. go. com/wnba/news/story? id =3503435.

Banet-Weiser，S.（1999）. Hoop dreams：Professional basketball and the politics of race and gender. *Journal of Sport & Social Issues*，23（4），403 –420.

Basketbawful.（2008，July 23）. Malice at the Palace part 2：Girl fight! Basketbawful. Retrieved from http://basketbawful. blogspot. com/2008/07/malice – at – palace – part – 2 – girl – fight. html.

Berg，A.，Schaeffer，J.（1997）. *The Summer of George*（Television series episode）. In Seinfeld. Los Angeles，CA：Shapiro/West Productions，Castle Rock Entertainment. Retrieved from http://www. seinfeldscripts. com/The Summerof George. htm（no longer accessible）.

Boswell，J.（2008，August 1）. Sports Q & A：WNBA fighting：Rumble pie. Sports Central. Retrieved from http://www. sports – central. org/sports/2008/08/01/sports_ qa_ wnba_ fighting_ rumble_ pie. php.

Carrera，K.（2008，July 24）. WNBA brawl grabs Mystics' attention. *The Washington Post*. Retrieved from http://www. washingtonpost. com/wp-dyn/content/article/2008/07/23/AR2008072302112. html.

Cat fight ends in brawl in WNBA.（2008，July 23）. Chicago Funnies. Retrieved fromhttp://chicagofunnies. blogspot. com/2008/07/cat – fight – ends – in – brawl – in – wnba. html

Chesney – Lind，M.，Irwin，K.（2008）. *beyond bad girls：Gender，Violence and Hype*. New York，NY：Routledge.

Chesney-Lind，M.，Jones，N.（2010）. *Fighting for Girls：New Perspectives on Gender and Violence*. New York，NY：SUNY Press.

Collins，P. H.（2004）. *Black Sexual Politics：African Americans，Gender，and the New Racism*. New York，NY：Routledge.

Cooky，C.（2010）. Do girls rule?：Understanding popular culture images of 'girl power!' and sport. In S. Spickard Prettyman & B. Lampman (Eds.), *Learning Culture Through Sports: Perspectives on Society and Organized Sports* (2nd ed., pp. 210 - 225). Lanham, MD: Rowman & Littlefield.

Daulerio, A. J. (2008, July 23). Rick Mahorn still can't figure out how to talk to girls. Deadspin. Retrieved from http://deadspin.com/5028089/rick - mahorn - still - cant - figure - out - how - totalk - to - girls.

Douglas, S. (1995). *Where the Girls are: Growing up Female With the Mass media.* New York, NY: Random House.

Ed hearts the WNBA!! (2008, July 23). Ed the sports fan. Retrieved from http://www.edthesportsfan.com/2008_ 07_ 01_ archive.html.

Elliott, H. (2008, July 24). All of a sudden, WNBA has a fighting chance. *Los Angeles Times*. Retrieved from http://articles.latimes.com/2008/jul/24/sports/sp - elliott24.

Fratto, M. (2008, July 25). For all the wrong reasons: Shock-Sparks brawl boosts national attention on WNBA. *The Washington Times*. Retrieved from http://goliath.ecnext.com/coms2/gi_ 0199 - 8137249/For - all - the - wrong - reasons.html.

Friday, B. (2008, July, 24). Malice at the Palace—2: The Sparks and Shock brawl. BrooWaha.com. Retrieved from http://www.broowaha.com/articles/3871/malice - at - the-palace - 2 - the - sparksshock - brawl (no longer accessible).

Gabarino, J. (2006). *See Jane Hit: Why Girls are Growing More Violent and What We can do About it*. NewYork, NY: Penguin Press.

Hill, J. (2008, July 25). In real life, female athletes lose their temper, too. ESPN.com. Retrieved from http://sports.espn.go.com/espn/page2/story?page = hill/080723。

Horn, B. (2008, July 26). Hot air: WNBA brawl attracts attention, but what about viewers? The Dallas Morning News. Retrieved from http://www.allbusiness.com/humanities - socialscience/visual - performing - arts/15469999 - 1.html。

Leonard, D. (2006). The real color of money: Controlling black bodies in the NBA. *Journal of Sport and Social Issues*, 30 (2), 158 - 179.

Males, M. (2010). Have "girls gone wild"? In M. Chesney-Lind & N. Jones (Eds.), *Fighting for Girls: New Perspectives on Gender and Violence* (pp. 13 - 32) New York, NY: SUNY Press.

McDonald, M. G. (2000). The marketing of the Women's National Basketball Association and the making of postfeminism. *International Review for the Sociology of Sport*, 35 (1), 35 - 47.

McDonald, M. G., Birrell, S. (1999). Reading sport critically: A methodology for interrogating power. *Sociology of Sport Journal*, 16 (4), 283 - 300.

Michaelson, L. (2009, June 3). A (flagrant) case for women's basketball. Women's Hoops. Retrieved from http://wbb.scout.com/2/869478.html.

O' Kadah, D. (2008, July 23). Bad boy? SportsDOK. Retrieved from http://sportsdok.com/2008/07/23/bad-boy.aspx (no longer accessible).

Parker, B. (2008, July 23). Malice in the Palace part II: Detroit Shock mug L. A. Sparks star Candace Parker. *Bleacher Report*. Retrieved from http://bleacherreport.com/articles/40268-malice-in-the-palace-part-ii-detroit-shock-mug-la-sparks-star-candace-parker.

Taft, J. K. (2004). Girl power politics: Pop-culture barriers and organizational resistance. In A. Harris (Ed.), *All About the Girl: Culture, Power, and Identity* (pp. 69-78). New York, NY: Routledge.

Tanenbaum, L. (2002). *Catfight: Women and Competition*. New York, NY: Seven Stories Press.

Tolomeo, N. (2008, November 17). NBA violence. *Doc's Sports Service*. Retrieved from http://www.docsports.com/2008/nba-violence-330.html.

Voepel, M. (2008, July 23). 'Bad girls' mind-set, Pierson and Parker a volatile mix. ESPN.com. Retrieved from http://sports.espn.go.com/wnba/columns/story?columnist=voepel_mechelle&id=3502251.

WNBA reviewing Sparks-Shock skirmish in entirety. (2008, July 23). ESPN.com. Retrieved from http://sports.espn.go.com/wnba/news/story?id=3501654。

Wood, S. (2008, June 19). Sparks star rookie Candace Parker seeks "magic". *USA Today*. Retrieved from http://www.usatoday.com/sports/basketball/wnba/sparks/2008-06-19-parker_N.htm (no longer accessible).

第 16 章　流动的贝克汉姆：接种一个坠落的明星

奥利弗·里克[①]　迈克尔·L. 西尔克　大卫·L. 安德鲁斯

贝克汉姆，足球运动员，男人，都市型男，丈夫。维多利亚，歌手，时尚达人，设计师，妻子，母亲。贝克汉姆，品牌。大卫·贝克汉姆被称为是“被挑中的那一个，体育的救世主，企业和商业旗手”，这已经成为一种无处不在的“全球现象”（Cashmore & Parker, 2003, p. 215）。带着四个孩子[布鲁克林·约瑟夫（Brooklyn Joseph），罗密欧·詹姆斯（Romeo James），克鲁兹·大卫（Cruz David），哈珀·小七（Harper Seven）]一起，贝克汉姆品牌也许是当代名流文化的体现：好莱坞的生活方式；游艇的最好朋友；婚礼上“凯特与威廉”[②]的嘉宾阵容；标有设计师姓名的商标；富有魅力的形象建构；在《OK!》杂志上独家发表的婚礼照片；无耻的炫耀性消费展示；自恋；自我贬低……奇怪的、难以捉摸的、飘忽不定的、无根的、不受约束的能指，使得其依附到了一系列的话语元素、形态及产品之上（Whannel, 2002）。在这一章里，我们把焦点集中到大卫·贝克汉姆身上（值得注意的是，在许多营销和文化语境中，他的形象认同是跟他的妻子一起被精心绑定的。他的妻子维多利亚，是流行乐团辣妹组合的前成员，还是一个表面上看起来持续渴望公众知名度的名流形象），在两个不同的场所

① 奥利弗·里克（马里兰大学博士生），在学校运动学系学习体育学课程。他已经发表了几篇体育名流、全球化和国际运动员的论文。E-mail：orick@ umd. edu。

迈克尔·L. 西尔克（新西兰奥塔戈大学博士），英国巴斯大学人文与社会科学系讲席。他已经在多个国际重要期刊发表论文，他的研究领域包括城市空间的生产和消费、展演性政治认同等。Email：m. silk@ bath. ac. uk。

大卫·L. 安德鲁斯（伊利诺伊大学博士），马里兰大学运动学系身体文化研究学教授。他已经出版了数十本著作，发表重要论文过百篇，他的研究横跨社会学和文化研究领域。E-mail：dla@ umd. edu。

② 译者注：指英国威廉王子和凯特王妃。

(英国和美国) 里对比贝克汉姆品牌的轮廓、制造和协商。在这个讨论中，我们将贝克汉姆现象特别地聚焦在用于制造其上升的机制，以及在不同国家语境中贝克汉姆品牌严重坠落的机制。

名流语料库的公司章程：贝克汉姆团队

拉什和路里 (Lash & Lury, 2007) 认为，“文化客体无处不在，如同信息、传播、品牌产品、金融服务、传媒产品、交通和休闲服务。文化实体不再是例外，它们就是规则” (p. 4)。我们应该将这部分增加到整体上，因为作为文化客体而言，它为市场的展示和表现提供了一个物质性/物理的实体——也就是，毫不夸张地说，晚期资本主义能指的化身是装饰的、展示的、表演的、悬挂的、雕刻的、镂空的、陈旧的和附着的。当代名流文化与消费资本主义之间本质的联系最能体现在名流的双重角色中，一方面是产品(被名流驱动的传媒和商品的优势)，另一方面是过程 (名流代言的卓越性)，主导性地、符号性地推动了资本积累的政权，为后期资本主义经济奠定了基础 (Jameson, 1991; Marshall, 1997)。

尽管在某一个时间段里面，名流人物的出现是一个偶然的和任意的发现之旅，但是今天，这个过程在关注名流的培养和管理方面更加积极主动。诚然，名流产业 (由负责制造名流认同的个人以及机构组成) 已经发展成为一个多层面的、整合的和高度合理化的现象。通过名流产业，“人可以被制造为，以及市场化为任何领域的名流” (Rein, Kotler & Stoller, 1997, p. 5)。

根据马绍尔 (Marshall, 1997) 的观点，当代名流是具有后现代性的一对孪生话语的高端呈现：新自由主义民主和消费资本主义。诚然，西方的自由民主代表了一种政治系统，专注于“个人的、私密的以及个体的” (Marshall, 1997, p. xiii)。它包含了一个与消费资本主义同样的对于经济(再) 生产的唯我论体制。两者都为超级个体化 (商业电视) 的超高技术所培育。从商业媒体的描述来看，我们被布劳迪 (Braudy, 1997, p. 550) 称为“名流的仲裁者”，至少从表面上看，我们掌握了丰富的信息，这些信息鼓励我们发展了一种对名流人物的熟悉、好奇以及偶尔的痴迷。虽然名流对人们来说通常是一个完全陌生的人，但在名流和受众之间所形成的虚拟的亲密关系却能非常真实地影响到个体如何去协商和经历他们的日常生活。因此，除了在后期资本主义者、西方、自由经济中扮演着一种相应的力量之外，名流还是一种重要的公众实体，负责建构意义、具体化意识形态以及个体在为当代的生存条件导航时为他们提供周遭环境背景的地形图（Marshall，1997）。

对于任何文化产品而言，谁都无法保证名流按照那些精心策划和设计了整个过程的人的意愿一样被消费。受众远不是同质的实体，消费者基于不同的文化的、政治的以及经济的突发事件对名流花钱这件事情习惯性地表现出对比鲜明的反应（Hall，1980；Johnson，1987）。考虑到他们竞争的天性，那些身处名流产业中的人一直想方设法制造能被承认的名流身份认同，还试图融入受众质疑的感知到的情感。有鉴于此，名流被语境化地精心设计为文化协商的敏感点，处于那些控制文化生产的主要模式和机制中的人，以及他们对于受众文化接受度的实践的感知。因此，名流变成了一个潜在的、有说服力的“有代表性的主体性”（文化认同的来源），隶属于“集体配置”（社会阶级、性别、性取向、种族、民族、年龄、国籍）。通过这些，个体塑造了他们的存在（Marshall，1997，pp. xi，xii）。

为了理解作为普遍存在的全球文化产业一部分的合成名流语料库产生的结果，我们需要考虑消费、社会认同、文化产品的流通和转换，以及那些参与符号性产品的创造性生产过程的组织和机构的操作（例如，Elliot & Davies，2006；Lash & Lury，2007）。我们特别感兴趣的是文化中介（Bourdieu，1984；Cronin，2004）在建造名流认同时调和反对力量所采用的策略。为了完全理解贝克汉姆品牌，需要了解在地方习俗和规范中跨国创意生产的一种解读，这种习俗和规范影响了多义（multivocal）和多义的（polysemic）话语阐释（Negus，2002；Soar，2000）。

毫无疑问，就文化以及经济术语而言，大卫·贝克汉姆是近年来全球最大的体育明星之一（Smart，2005）。这种被提升的地位在很大程度上可以被归因为促销团队的阴谋诡计，他们负责贝克汉姆品牌在全球的“按摩”“美甲”和“操控”（Milligan，2004）。具体来说，西蒙·福勒（Simon Fuller）以及他的19娱乐公司和更近期的母公司CKX［《美国偶像》（*American Idol*）和《舞林争霸》（*So You Think You Can Dance*）电视特许权的拥有者，以及许多高调名流的代表］已经被证明对于贝克汉姆品牌的构建、传播和多样化是有帮助的。比如，福勒曾经给贝克汉姆介绍了他后来的妻子（维多利亚），他还在很大程度上影响了贝克汉姆去美国职业英式足球大联盟（MLS）的决定，理由是“现在正是（把品牌）搬去美国的好时机”

（Chadwick & Burton，2008，p. 308）。此外，通过福勒——一个有天赋的文化中介，他“有技巧地将相矛盾的多重品牌个性和认同精心策划到多个市场中去”（Vincent，Hill，& Lee，2009，p. 179）——贝克汉姆管理“经营他的体育声望，很少有人之前这样做过”。福勒一直负责贝克汉姆品牌的全球流通。他意识到产品不再像以前一样是以固定的、静态的以及离散的身份流通，而是脱离了生产者的控制，当它们移动到不同疆域时会发生移位、翻译和形变（Lash & Lury，2007）。因此，福勒精心设计了一个无处不在但却多声部的品牌——就像拟态章鱼为了对抗捕食者而改变形状和颜色一样——一个能根据特定市场问题的逻辑重塑自身的企业化的变色龙。

我们因此理解了贝克汉姆品牌的流动和他在日益合理化的名流文化中持久的、“真实的”本性。根据鲍曼（Bauman，2000）的描述，贝克汉姆品牌形象的流动性变成了全球自然增长资本的核心工具。贝克汉姆品牌的构建是不断演变的，它不断地发现世界上新的消费者市场——找到新的地方和剥削消费者更多利益的时刻（Bryant，2007）。贝克汉姆品牌不断寻找新领域的统治权，跟资本主义本身一起，是“不会拘泥于任何一个地方的”（Jay，2010，p. 97），任何持久性都只是被分配到了短暂的状态（Bryant，2007）。如此一来，为了本章的平衡，我们在特定的场所内探寻贝克汉姆品牌从商业上激发的流动性，在这些场所里，他变色龙一般的语料库试图介入其中。我们专注于英国和美国两个重复点，但全球范围内无处不在的贝克汉姆品牌绝不仅仅局限于这些区域。他的名流语料库将颜料涂到了意大利、西班牙、日本以及韩国的画布上，这些市场为未来的研究和人们理解他的流动性提供了一片肥沃的土壤。

贝克汉姆品牌在英国：真正的名流时代的建立和崛起

在推崇技巧的时代，很多足球运动员缺乏技巧。当很多人宣布退役的时候，贝克汉姆对于圣乔治风铃的承诺真正的原因是更容易与那些遵循国家体育的人打交道（Winter，2010）。

知情的足球解说员对于年轻的大卫·贝克汉姆在曼彻斯特联队人才输送带上平稳的进步了如指掌。在他被租借到普雷斯顿俱乐部[1]青年队时，他就

① 译者注：英格兰兰开夏郡的一支足球俱乐部。

有了令人印象深刻的表现。在早期步入成年队以后他完成了逆袭，在万众期待中成了曼联一线队的常规球员。尽管如此，对于那些不怎么关注足球的观众来说，贝克汉姆似乎是在国家电视台转播的1996—1997赛季英超联赛首场对阵温布尔登的比赛中，以一脚自中线附近的进球开始进入主流意识的。从那一刻开始，贝克汉姆就被推入了当代名流时代的漩涡之中——跨名流，有时是反名流，总之是营销漩涡（Wernick，1991）。通过这些，英国民众赋予其定义。当然，从早期的痕迹来看，贝克汉姆的名流身份是与他的女朋友不断变化的交往关系而被定义的，这个女朋友，维多利亚·亚当斯，又名辣妹，后来成了他的妻子。因此，鲍曼指出：

> 对一个名流的崇拜并不排除更不禁止带入他的随从。所有的组合都是被允许的也一定是受欢迎的，因为他们之中的任何一个，尤其是他们的慷慨，提升了像这样的名流崇拜的诱惑力。（Bauman，2005，p. 50）

诚然，贝克汉姆与妻子的关系为他作为名流的人物角色的本质和接受提供了重要的线索。从最早期的建构贝克汉姆品牌的策略开始，这个过程中一个核心的元素就是贝克汉姆作为一个真实的、脚踏实地的普通英国人在进步（Milligan，2004），尽管他具有非典型的体育天赋、身体属性以及随之而来的财富。因此，至少贝克汉姆品牌有一部分是聚焦于把他打造成一个真实的名流（Tolson，2001），一个自省的以及真实的贝克汉姆，与为他的企业赞助商和商业伙伴所打造的营销形象相距不远的贝克汉姆。也许具有讽刺意味的是，贝克汉姆的真实性是通过他自身和他妻子表现出来的超不真实性之间的对比来实现的。

商业媒体的宣传背景之下，大卫·贝克汉姆已经能够同时被塑造成一个名流和一个看似真正的人物角色，前者能够存在是对后者展出的确认。当然，正如万内尔（Whannel，2002，p. 51）所指出的，创造名流间"形象和现实的区隔……当我们在处理一层又一层的调解时变得不确定"。这是对现实的认知——真实性——起作用的。在贝克汉姆的例子中，当名流贝克汉姆和真实的贝克汉姆被一同制造出来的时候，真实性的等级以及由真实的贝克汉姆产生出来的公众的接受度，为他的声望如何能经受协同攻击提供了一些解释。尽管他大肆宣扬的在场上和在场外发生的失误和不检点，他仍然是处于核心地位的体面而真实的"家伙"（bloke）。

名流贝克汉姆与真实贝克汉姆之间产生分裂，一部分是由于精心策划的他的媒体形象和表现的发布，展示了他非常平凡的一面以及对他作为一个普通英国人的形象的支持。跟老虎伍兹（Cole & Andrews，2000）相似的是，关于年轻的贝克汉姆对体育运动的忠诚的叙事建构表现为不断地重放年轻时候的他参加的一些电视节目，节目展示了他少年老成的足球技巧。通常，对于年轻的贝克汉姆的这种呈（再）现伴随着事后把他当作“出身于工人阶级”的褒扬（Rahman，2004，p. 220）。

真实的贝克汉姆进一步体现在他高调的媒体亮相中，其中最有名的莫过于贝克汉姆夫妇（大卫和维多利亚）出现在《阿里·G 秀》（*The Ali G Show*）的一个片段上。为了 2001 年的喜剧救济广播[①]，萨沙·巴隆·科恩（Sasha Baron Cohen，扮演阿里·G）采用了他习惯性的极度折磨人的“采访”风格，公开地嘲笑了贝克汉姆夫妇的性生活，尤其是大卫的愚蠢。贝克汉姆夫妇非常清楚他们的形象会在公众面前被羞辱——事实上，他们似乎很享受这种过程——这种甘愿自嘲的精神是成为一个英国“普通人”的必要条件。

贝克汉姆在另一个高调的平台也展示了他的基本人性，这次是于 2002 年在曼彻斯特举行的英联邦运动会开幕式上。作为英格兰足球队的队长以及这个国家最杰出的足球偶像，贝克汉姆帮助科斯蒂·霍华德（Kirsty Howard，一个身患绝症的六岁女孩，以她的勇敢和为慈善捐款做出的努力而闻名）把开幕式的火炬传递给了英国女王伊丽莎白二世。正如一位评论员提到的那样，“贝克汉姆受到的来自 38 000 人的欢呼声比女王受到的还要高”（Dougherty，2002）。更重要的是，贝克汉姆对待女孩的那种轻松自然和微妙的感情与女王冷淡的态度形成了鲜明的对比——“女王只是浅浅地一笑，她并没有和科斯蒂聊上几句，而是直接转身离开了”（Fitzmaurice，2002）——这似乎证明了公众所相信的：大卫·贝克汉姆是一个有爱心的、真实的以及脚踏实地的人民英雄。显然，媒体是如此报道他的。

也许更重要的是贝克汉姆通过为英格兰队立下的汗马功劳让他准确无误地被定位为爱国者，强调他在 2010 年世界杯中球队教练组成员的地位（因

① 译者注：“喜剧救济”是一项英国慈善活动，由喜剧编剧李察·寇蒂斯和喜剧演员连尼·亨利创立于 1985 年，旨在帮助埃塞俄比亚的饥荒。“喜剧救济”的一个基础原则是，捐赠的每一英镑都会花在慈善项目上。项目运营费，比如员工工资，用赞助和捐助的利息支付。

伤不能出场），他作为2012年申办奥运会的形象大使（已经成功）以及2018年世界杯的申办大使（未成功）。作为有价值的国家符号，贝克汉姆的地位在他被选中去“惊喜地”探望驻扎在阿富汗的英国军队以提高他们的士气时，得到了进一步的证实。他接地气的真实形象在那里被生动地描绘，他亲身参与地面部队的日常练习，“把自己的手都弄脏了”。此时，英国的政客们正在喀布尔召开会议（BBC，2010）。

这样的行为不做作，也不是为了推广促销，而更多偶然的机会为贝克汉姆的光环锦上添花，最近的一篇报道就提到了贝克汉姆帮助一个汽车坏在路边的司机。在讨论这种最平凡的事件时，利维（Levy，2011）认为“贝克汉姆距离骑士又近了一步”，当他“把体育放到星期三的一边，所有都是以成为一个好撒玛利亚人[①]的名义”。

愤怒地坠落

在英国名流经济特定的文化逻辑中，为了让贝克汉姆达到一个公众能接受的新高度，广泛传播的贝克汉姆真实的人物形象也使他的形象认同在国家的、标志性的地位的不断挑战中存活了下来，这些地位来源于各种恶行发生的时刻。在英国发生的两件比较重要的以及潜在的不可逆转的事件，使得大卫·贝克汉姆的形象掉下神坛。第一件事，“受到英国小报添油加醋的报道，贝克汉姆在1998年世界杯之后从英雄变成了恶棍”（Whitmire，2007）。致使贝克汉姆坠落的催化剂是他在对阵阿根廷的比赛中毫无必要地被驱逐出场（以一个任性的行为报复了令他苦恼的对手）。这场比赛，就像任何与阿根廷的比赛一样，被附加了额外的重要性，因为在1982年福克兰群岛/马尔维纳斯群岛的冲突使两个国家之间产生了旷日持久的敌意（Barnes，2005）。贝克汉姆的红牌被证实是导致英格兰队最终败北的重要原因。因此，贝克汉姆面临了“媒体的严厉攻击，被倒挂在肖像上并且受到了死亡威胁”（Haydon，2009）。

贝克汉姆在场上的不慎重所导致的公众的恶毒反应被证明是相当短命的，他在曼联队和英格兰队的表现促成了他形象身份的复苏，这个过程在2001年得到了令人信服的确认。他在2002年世界杯预选赛对阵希腊的比赛

① 译者注：指厚道的人。

中最后一分钟打进一球，确保了英格兰队晋级世界杯决赛阶段。这个进球标志着“国家放弃”的一个时刻，以及一个民族英雄的救赎（Kuper，2004）。

贝克汉姆第二件著名的坠落事件（这件事情他恢复得更快）是关于贝克汉姆和他以前的私人助理丽贝卡·卢斯（Rebecca Loos）之间私通的指控（Mock & Wang，2011）。这个被大量报道的所谓的外遇事件几乎没有怎么影响到贝克汉姆品牌的形象（Milligan，2004），如果不是完全出人意料的话，这也是一个很有趣的事件转机。一个可能的解释就是团队在框架建构贝克汉姆为“溺爱孩子的父亲”（Rahman，2004，p. 220）时采用的营销叙事取得了成功，这种叙事使得人们推断在名流身份背后，真实的贝克汉姆是一个模范的顾家男人，因此关于他不忠的指控被有说服力地反驳了。

在英国的语境中，在过去的15年里，这些负责建设和巩固贝克汉姆品牌的市场和管理顾问（Milligan，2004）已经有意识地将提升名流贝克汉姆的形象认同与内在的、真实的贝克汉姆联系在一起。作为体现名流真实性的赞歌（Tolson，2001），贝克汉姆品牌在各种罪恶的时刻中相对毫发无损地出现，这样的他在分崩离析的英国足球世界里已经占据了前所未有的民众接受的高度。英国“普通人”叙事的建构，为巩固贝克汉姆的形象提供了坚实的后盾。由这个有情有义的具备符号意义的核心推动着，贝克汉姆“已经超越了他的考验和磨难——2006年世界杯决赛阶段糟糕的表现以及驱使小报添油加醋地报道数月的卧室的启示——仍然一如既往地受到民众喜爱”（Eason，2007）。

贝克汉姆品牌在美国：MLS的救世主？

“他带来的是卓越的足球技巧、巨大的市场潜力和好莱坞猛男般的美貌的有力集合。但谁是大卫·贝克汉姆？”（Whitmire，2007）

2007年，贝克汉姆与洛杉矶银河队签订合约，这让他成了美国职业足球大联盟（MLS）中薪酬最高的球员。这与他的妻子急于拓展美国市场的商业不无关系（Meyers，2010），贝克汉姆加盟MLS无疑证实他渴望将自己形象化和商业化的认同更加积极地全球化。就其本身而言，贝克汉姆例证了鲍曼（Bauman，2000）关于流动性的解读。鲍曼认为，这种流动性是成为后现代名流品牌的核心工具和方法，这些后现代名流品牌存在的理由是资本的获利。用萨巴格（Sabbagh，2006）的术语来说，“贝克汉姆和他的代理商19

娱乐，在过去的两年中将一系列长期的全球交易作为一个屏障，来抵挡在他的祖国对他品牌形象的损害”。在英国，贝克汉姆的形象无处不在，与此形成对比的是在美国的语境中，他的形象可能就是特定的全球品牌的面孔而已。不同的是，在美国，贝克汉姆的形象是依托他的商业关系建立的，而不是任何体育身份认同或是恶名。在英国，关于贝克汉姆的叙事有很多视角，这些视角能确保他作为真实的名流，而这恰恰又与大众的体验和意识形成了共鸣；与之不同的是，在美国这些微妙的文化能指与贝克汉姆的人物形象没有关联。这就意味着在美国的语境中，贝克汉姆的形象被有效地合理化了，没有掺杂任何有特色的本土出处，贝克汉姆品牌的流动性与公认的全球名流时代结合在一起，被渲染为肤浅的（盎格鲁）差异性的一个符号。

贝克汉姆被框架建构为挣扎中的 MLS 的潜在救世主，可以结合他的体育影响和积累起来的名流价值，将 MLS 从体育和财政的麻木中拯救出来。就前者而言，贝克汉姆表示，“人们期待着我能够拿出高水平的表现，我做到了”（引自 Goff，2007）。至于后者，正如赫施霍恩（Hirschhorn，2007）指出的，贝克汉姆去美国的举动是“终极的名人套利”，因为“没有人能像大卫 · 贝克汉姆一样精通名流的艺术”。当然，在2007年的洛杉矶，贝克汉姆进入美国体育文化的主菜变成了迎接他名流身份的豪华汽车，伴随着精心安排的他的到来以及公众亮相，他表现出了“摇滚明星元素”（Lemke，2009）。短时期内，对贝克汉姆的大肆炒作似乎取得了成功，他在纽约地区巨人体育场的首秀吸引了大约66 000人到场，大约是平日入场人数的5倍，“23号贝克汉姆”的T恤也在2007年卖出了超过30万件（Schwartz & Badenhausen，2008）。然而，正如朗文（Longman，2007）所推测的，“问题在于贝克汉姆的在场是否是像流星划过天际一样华丽但是很快就消逝，像贝利20世纪70年代在北美足球联盟的路径一样”。

关于贝克汉姆是否能跟他融入美国文化景观一样快地流出去，有很多质疑的声音。这样的警告是精明的，因为在短时间内，贝克汉姆已经重蹈了很多前辈名流的覆辙，他过往的“票房巨大诱惑力”的身份已经不再（Witz，2010）。诚然，在经历了于几个 MLS 赛季中被租借到欧洲豪门俱乐部之后，贝克汉姆在2010年的回归“不是‘扑通’一声落地……而几乎没有荡起什么涟漪”（Witz，2010）。

在美国语境中，贝克汉姆失去关注度，进而失去魅力的原因是复杂的。其中不少都可以归因于贝克汉姆在美国所表现出的相当肤浅的、没有深度的、做作的名流状态和形象，这与他在英国分叉的真实和名流形象形成了鲜明的对比。在美国，贝克汉姆被推介、卷入，最终被评估为全球名流。他的足球表现经常受他名流光环的影响被贬低了。无数的伤病、在场上冷漠的表现以及无力独自掌控比赛（这是对关于环球足球名流的期望）等问题加在一起暴露了贝克汉姆的基本缺陷，表明在足球场上他无法做到之前被炒作的那样。虽然他的踢球技巧在他于美国的名流人物角色中只是一个部分，但这仍然是关键。在美国，他继续以一个“明星”的形态存在着，因为他的名流身份和声望仍然“源于‘天赋’而不是仅仅作为媒体机器打造出来的形象的结果”（Meyers，2010，p. 320）。

也许不是玩笑话，贝克汉姆的名流身份随着他日益减少的足球影响力（这是他成功的基石）而明显地黯淡了（Oates & Polumbaum，2004）。当他还足够适合参加比赛时，他对洛杉矶银河队的影响在很大程度上被忽视了，因为满怀期待的球迷更加展望这位假定的足球救世主表现出更宏大的姿态和结果。显然，美国足球民众的期待并没有得到适当的满足：即使队中有贝克汉姆，“洛杉矶银河队不会赢得每一场比赛，贝克汉姆也不会一场比赛进五个球”。不像“巴西球星罗纳尔迪尼奥（Ronaldinho），贝克汉姆不可能靠迷人的创造力引起球迷的惊叹”（Longman，2007）。

贝克汉姆的人气并没有因他在一个 MLS 赛季中被租借到了意甲豪门 AC 米兰队而有所帮助，也没有因为他成为英格兰国家队的声音而得到改变。最严重的是，他经常质疑给他带来合同的 MLS 的质量。这使得一些人开始质疑他的美国足球冒险行程（Pilbeam，2009）和他对球迷的承诺。随后而来的对贝克汉姆的谴责揭示了人们“对他的敌意和冷漠”的程度正在提升（Wahl，2009）。也许关于贝克汉姆名流形象的坠落最有说服力的不是他激起了愤怒和愤慨，而是他的功绩和人物形象根本提不起大家的兴趣。在美国的语境中，似乎属于贝克汉姆的时刻已经明确地成了过去。

在英国，贝克汉姆在场上（以及场下）的失落和困难都会被他持久的“普通人”的真实性所反驳，但在美国，他名气和地位不得不在很大程度上靠他的名流身份来得到提升。正如罗伯茨（Roberts，2006）所指出的，贝克汉姆名流的光芒正逐渐暗淡，因为他不再能展示出他“欧洲大牌”的足球天赋，同时，作为一个高价的天才，他也不能将自己与工资很低的 MLS 队友等量齐观。事实上对于一些人来说，贝克汉姆已经成为一个邪恶的角色，因为他没有办法达到公众对他的预期：他无法将他的名流身份与当地市场的气氛相匹配，这是不可能通过任何努力来克服的。对于很多人来说，贝克汉姆被加倍地诋毁了，因为他与对本地民众承诺的形象根本不符：他仅仅是一个被过度炒作、报酬付得过多的足球雇佣兵，辜负了他被夸大的账单。在鲍曼（Bauman，2000）的术语中，跟他在英国的形象不同，贝克汉姆在美国的形象缺乏对本土身份认同和根深蒂固的黏合度。

结 论

我们试图对比贝克汉姆在英国和美国的形象，是为了论证他的商业语料库的流动性。为了达到这个目的，我们指向了流动名流的建构以及在这些企业化的和有形的建构之中固有的缺陷。在全球范围内，由西蒙·福勒所组织和经营的、贝克汉姆作为晚期资本主义商品化身的时刻，一直是相当精确而完整的。当贝克汉姆品牌在全世界漫游，寻找新的和相对未开发的消费市场时，它建立起与当地形式最相关的牢固性时刻。这导致贝克汉姆品牌从国产的“参与国家队比赛的国民英雄”（Grainger，Newman & Andrews，2005）变成了进口的好莱坞明星和美国足球潜在的救世主。在我们关注的他被构建起来的形象之外，关于贝克汉姆品牌有很多其他不一样的建构。这些建构进一步地建立起了他的全球恶名、作为时尚达人的地位以及一个无拘无束的超级名流（一个没有什么物质基础的文化产品的缩影）。通常，这些活动都是他的雇主（英国的曼联队和西班牙的皇家马德里队）促成的，在某种程度上，他在2002年韩日世界杯上的亮相，为其品牌形象在日益富庶的东南亚区域寻求市场提供了一个很好的机会（Cashmore & Parker，2003）。在这些语境中，贝克汉姆的名流形象几乎都是基于他的外表、穿衣风格以及风度，几乎没有什么人明显地关注他的足球实力（不同于承认他拥有实力）。从这个意义上说，通过美学驱使的、推广的叙事，贝克汉姆变成了被捏造出来的形象，这个形象是为了迎合那些更关注和满足于他的发型是什么样子的插话受众，而不是为了迎合关注他参与比赛的结果的受众（Joanilho，2002）。

各种形式的邪恶伴随着英雄明星地位的时刻产生了。在这些国家语境中，贝克汉姆明星特质的发展和对他在形象背后的真实性分化的信仰，使得他能够从坠落中存活下来（或者无法）。尽管是精心策划管理的（形象），但是有时候最精心策划的反而会对贝克汉姆的形象造成无法预期的影响，这种影响是深远的、流动的、持续和混乱的。在积累全球资本的时候，贝克汉姆品牌流动得很迅速，经常性地变形和被扭曲。据布莱恩特观察，对于贝克汉姆品牌而言，永恒的性质只是变化无常（Bryant，2007）。当他不断地依据参与的不一样的市场逻辑而变形时（无论多么肤浅），他的运动实力、表现、真实性被认为是时而有关（在他 2008 年和 2010 年被租借到 AC 米兰队时），时而无关的。从这个意义上说，贝克汉姆品牌体现了一个理想化但却只有短暂可靠性的本土形象或话语——在后现代名流形象构建的水池里，这种形象可以不断地被重造、型构和固定。

参考文献

Barnes, S. (2005, October 25). Beckham's inner idiot comes back to haunt him. *Independent. ie.* Retrieved from http://www.independent.ie/sport/soccer/beckhams - inner - idiot - comes - back - to - haunt - him - 237105.html.

Bauman, Z. (2000). *Liquid Modernity*. Malden, MA: Polity Press.

Bauman, Z. (2005). *Liquid Life*. Malden, MA: Polity Press.

BBC. (2010, May 22). David Beckham visits British troops in Afghanistan. Retrieved from http://news.bbc.co.uk/2/hi/8697996.stm.

Bourdieu, P. (1984). *Distinction: A Social Critique of the Judgement of Taste* (Repr.). New York, NY: Routledge.

Braudy, L. (1997). *The Frenzy of Renown: Fame and Its History*. New York, NY: Vintage Books.

Bryant, A. (2007). Liquid modernity, complexity and turbulence. *Theory, Culture & Society*. 24 (1), 127 - 135.

Cashmore, E., Parker, A. (2003). One David Beckham? Celebrity, masculinity, and the soccerati. *Sociology of Sport Journal*, 20 (3), 214 - 231.

Chadwick, S., Burton, N. (2008). From Beckham to Ronaldo—Assessing the nature of football player brands. *Journal of Sponsorship*, 1 (4), 307 - 317.

Cole, C. L., Andrews, D. L. (2000). America's new son: Tiger Woods and America's multiculturalism. In N. K. Denzin (Ed.), *Cultural Studies: A Research Volume* (pp. 109 - 124). Stamford, CT: JAI Press.

Cronin, A. (2004). Regimes of mediation: Advertising practitioners as cultural intermediaries? Consumption, *Markets and Culture*, 7 (4), 349 - 369.

Dougherty, H. (2002). Beckham and his tracksuit upstage the games ceremony. *London Evening Standard*. p. 3.

Eason, K. (2007, January 11). Brand plays on never mind the global icon's destination. *The*

Times (London), p. 71.

Elliott, R., Davies, A. (2006). Symbolic brands and authenticity of identity performance. In J. Schroeder & M. Salzer-Mörling (Eds.), *Brand culture* (pp. 138 - 152). London, UK: Routledge.

Fitzmaurice, E. (2002). Brave Kirsty unfazed by royal 'snub': Commonwealth Games. *The Sun Herald* (Sydney, Australia), p. 11.

Goff, S. (2007, August 8). Beckham 'doubtful' for United match; Ankle still bothers Galaxy's superstar. *The Washington Post*, p. E03.

Grainger, A. D., Newman, J. I., Andrews, D. L. (2005). Global Adidas: Sport, celebrity and the marketing of difference. In J. Amis & T. B. Cornwell (Eds.), *Global sport sponsorship* (pp. 89 -105). Oxford, UK: Berg.

Hall, S. (1980). Encoding/decoding. In S. Hall (Ed.), *Culture, Media, Language: Working Papers in Cultural Studies*, 1972 - 1979 (pp. 128 - 138). London, UK: Hutchinson.

Haydon, J. (2009, March 14). Kicked into the spotlight: Beckham hoopla brings worldwide attention to MLS. *The Washington Times*, p. B02.

Hirschhorn, M. (2007). Will America buy David Beckham? Details. com. Retrieved fromwww. details. com/celebrities - entertainment/cover - stars/200702/socce3r - star - david-beckham - invades - america.

Jameson, F. (1991). *Postmodernism, or, the Cultural Logic of Late Capitalism.* Chapel Hill, NC: Duke University Press.

Jay, M. (2010). Liquidity crisis: Zygmunt Bauman and the incredible lightness of modernity. *Theory, Culture and Society*, 27 (6), 95 -106.

Joanilho, M. (2002, June 3). Beckham's winning streak gels with supporters. *South China Morning Post* (Hong Kong), p. 2.

Johnson, R. (1987). What is cultural studies anyway? *Social Text*, 16, 38 -79.

Kuper, S. (2004, January 27). Beckham—From derision to adulation. Fifa. com. Retrieved from http://www. fifa. com/theclub/news/newsid =90593/index. html.

Lash, S., Lury, C. (2007). *Global Culture Industry: The Mediation of Things.* Cambridge, UK: Polity Press.

Lemke, T. (2009, February 11). Nearly out of this Galaxy; Beckham's possible move is "disappointment". *The Washington Times*, p. C01.

Levy, G. (2011, February 10). Soccer star, model, mechanic? David Beckham helps stranded motorist. Retrieved from http://newsfeed. time. com/2011/02/10/soccer - star - rolemodel -

mechanic – david – beckham – helps – stranded – motorist/.

Longman, J. (2007, July 8). Beckham arrives to find a sport thriving in its own way. *The New York Times*. Retrieved from http://www. nytimes. com/2007/07/08/ sports/soccer/08sports/soccer/08beckham. html.

Marshall, P. D. (1997). *Celebrity and Power: Fame in Contemporary Culture*. Minneapolis, MN: University of Minnesota Press.

Meyers, E. (2010). Reality television and the hypertrophic celebrity in Victoria Beckham: Coming to America. *Celebrity Studies*, 1 (3), 319 – 333.

Milligan, A. (2004). *Brand It like Beckham: The Story of How Brand Beckham was Built*. London, UK: Cyan Books.

Mock, J., Wang, J. (Eds.). (2011). *David Beckham: Biography*. Retrieved from http://www. people. com/people/david_ beckham/biography/0,,20010351,00. html.

Negus, K. (2002). The work of cultural intermediaries and the enduring distance between production and consumption. *Cultural Studies*, 16 (4), 501 – 515.

Oates T. P., Polumbaum, J. (2004). Agile big man: The flexible marketing of Yao Ming. *Pacific Affairs*, 77 (2), 187 – 210.

Pilbeam, L. (2009). Becks gets shirty: (Again) star confronts fan in England kit over Posh abuse. *The Mirror*, p. 17.

Rahman, M. (2004). Beckham as a historical moment in the representation of masculinity. *Labour History Review*, 69 (2), 219 – 233.

Rein, I., Kotler, P., Stoller, M. (1997). *High Visibility: The Making and Marketing of Professionals into Celebrities*. Chicago, IL: NTC Business Books.

Roberts, S. (2006, November 15). Bending the rules to tempt Beckham. *The New York Times*, p. D1.

Sabbagh, D. (2006, July 4). Beckham's image is still football's most valuable. The Times (London). Retrieved from http://business. timesonline. co. uk/tol/business/industry_ sectors/media/article682516. ece.

Schwartz, P. J., Badenhausen, K. (2008, September 9). Major League Soccer's most valuableteams. Forbes. com. Retrieved from http://www. forbes. com/2008/09/09/mls – soccer – beckham – biz – sports – cz_ kb_ 0909mlsvalues. html.

Smart, B. (2005). *The Sport Star: Modern Sport and The Cultural Economy of Sporting Celebrity*. London, UK: Sage.

Smith, B. (2010, May 14). David Beckham presents England's 2018 World Cup bid to FIFA. *The Sunday Times* (London). Retrieved from http://www. timesonline. co. uk/tol/sport/

football/international/article7126138. ece.

Soar, M. (2000). Encoding advertisements: Ideology and meaning in advertising production. *Mass Communication and Society*, 3 (4), 415 - 437.

Tolson, A. (2001). 'Being yourself' —The pursuit of authentic celebrity. *Discourse Studies*, 3 (4), 443 - 457.

Vincent, J., Hill, J. S., Lee, J. W. (2009). The multiple brand personalities of David Beckham: A case study of the Beckham brand. *Sport Marketing Quarterly*, 18 (3), 173 - 180.

Wahl, G. (2009, October 14). Broken like Beckham—How the American dream turned into a nightmare for the world's most famous sports star. *Alpha Magazine*, 48.

Wernick, A. (1991). *Promotional Culture: Advertising, Ideology, and Symbolic Expression*. London, UK: Sage.

Whannel, G. (2001). Punishment, redemption and celebration in the popular press: The case of David Beckham. In D. L. Andrews & S. J. Jackson (Eds.), *Sport Stars: The Cultural Politics of Sporting Celebrity* (pp. 138 - 150). London, UK: Routledge.

Whannel, G. (2002). *Media Sport Stars: Masculinities and Moralities*. London, UK: Routledge.

Whitmire, K. (2007, July 29). Beckham: Staff writer Keith Whitmire explains how the English star brings more than great soccer skills to the U. S. *The Dallas Morning News*, p. 13C.

Winter, H. (2010, August 13). Lionhearted luminary's patriotism will always be cherished, but English football's favourite son was past international sell-by date. *The Daily Telegraph*, pp. 2 - 3.

Witz, B. (2010, September 10). Beckham returns, without the pomp. *The New York Times*. Retrieved from http://www. nytimes. com/2010/09/11/sports/soccer/11beckham. html.

第 17 章　没有插科打诨的事件：中后卫约翰·特里从年度爸爸到（所谓的）放荡

比尔·格兰萨姆[1]

隶属于这个可见领域并且意识到这一点的人承担起实施权力压制的责任。他使这种压制自动地施加于自己身上。他在权力关系中同时扮演两个角色，从而把这种权力关系铭刻在自己身上，他成为征服自己的本原。（Foucault，1995，pp. 202 - 203）

道德改革—健康保护—行业朝气蓬勃—指令下达—公共压力减轻。（Bentham，1787/1995，p. 31）

2 月，当布里奇在纽伦卡尔征战足总杯受伤时，经理是第一个到医院去看望他的人。他在各方面都令布里奇消除了疑虑。我们其余的人则制订了一个轮值表，这样就可以确保每天都会有人来看望他。我们互相支持，守望相助。我想这就是为什么其他球员看到我们在这里建立起的一切时会产生一丝嫉妒之情。（Terry，2005，p. 22）

在网上看起来数不尽的带标题的对阿道夫·希特勒（Adolf Hitler）彻底垮台的拙劣模仿中，以电影《帝国的毁灭》（*Der Untergang*）中饰演希特勒的布鲁诺·冈茨（Bruno Ganz）的表现最为出彩，他表演的希特勒对自己的妻子大发雷霆，因为她勾搭上了英国著名足球运动员约翰·特里（“Mrs.

---

① 比尔·格兰萨姆（英国桑德兰大学博士，加州大学伯克利分校法学博士），洛杉矶的一位独立学者和律师。他在全球化的电影电视产业的文化、政策和法律问题方面著述丰富。E-mail：grantham. bill@ gmail. com。

Hitler”，2010）。在足球世界里，比赛会被历史所铭记（Goldblatt，2006）[①]。特里——前英格兰足球队队长，豪门职业球队切尔西俱乐部的核心球员——他的名气已经足够让互联网上关于他的各种调侃沸腾一阵了。特里失去了他的英格兰队长袖标，在公众的谴责声中引起轩然大波，他曾尝试向法院提请禁止媒体就他与他前队友韦恩·布里奇（Wayne Bridge）已经分居的妻子有染发表意见，但是他失败了。尽管最后特里重新夺回了英格兰队队长袖标，并且继续为切尔西效力，但是，布拉奇妻丑闻——无论是否真的发生过（仍旧议论纷纷）——都导致特里从一位由球迷选出的年度父亲（“Soccer Star Terry Voted Top Father”，2009）变成无数恶意笑话的来源（Masters，2010）以及粗俗的“新闻”故事的笑柄，比如有人声称他很像一个手术前的苏格兰变性人（“John Terry’s tranny”，2009）。想要弄清楚这一切是如何以及为何发生的，我们就必须开始一段英国足球运作的社会和工业环境之旅。

约翰·特里故事的语境

社会语境

虽然，足球早期的法典编纂与推广来自于私立学校和大学的努力，但是至少从19世纪70年代开始，英格兰足球就主要是一项工人阶层的运动。强队——大部分是职业球队，因为工人既没有资金也没有闲暇让自己去全身心地参与到业余运动中去——最初主要位于工业、制造业和采矿业相对比较发达的英格兰北部和中部，然后逐渐蔓延到伦敦和南部的工人阶级社区（Walvin，2010，pp. 52－71）。球员绝大部分也是来自工人阶级，但是由于球队拥有强行添加的工资帽，他们很少有人可以因此成为富人。未婚的球员往往蜗居在出租屋内，然后和来观看他们比赛的球迷搭乘同一班公交车上班。

① 专业术语注释：准确地说，在1864年英格兰足球协会把规则编成法典之后，这项运动就应当被称为“协会足球”（Association Football，Goldblatt，2006）。Soccer是这个词的幼儿体，协会（Association），或者是它的缩列语Assoc.，与其他被称为“牛津人”Oxford-‘er’和“橄榄球人”（rugger）以及其他形式的足球人（footer）类似（Partridge，1984）。尽管soccer一词在很多国家和语言中是可以与football通用的，但在有些地区的使用——比如美国、澳大利亚和爱尔兰——是与竞技类的当地体育符号有区别的。本章使用的词语football是在全球范围内的使用中占优势地位的词语一致的，即fútbol，футбол，*voetbal*，等等。

票价有效地分割了球场，那些工人阶级的支持者往往只能站在球门后面的阶梯上，形成厚厚的人墙，而比较富裕的则可以坐在视野开阔的座位上。阶级意识带来了阶级划分，下面我们来看一些有关20世纪20年代，英国足球步入职业化之后的描述：

> 真相是，职业足球在诞生伊始就是畸形的。比赛从来不是高贵的、体面的、理性的和公正的。阶级是职业足球所有罪恶的根源：那些人为了钱而踢球，那些吸引球迷目光的英雄来自工人阶级，那些掌控球场的人，比如董事和足球俱乐部的股东，曾经是他们那个时代最好的球员。比利·梅雷迪斯（Billy Meredith）轻蔑地说："那些小老板掌握着我们的命运。"（Dunphy，2007，pp. 27－28）

此外，由于直到20世纪末，英格兰的人口才趋于均衡，所以足球运动一直被白人所把持。在第一次世界大战和第二次世界大战之间，似乎只有一个黑人——一个名叫杰克·莱斯利（Jack Leslie）的黑人前锋在职业足球联赛（当时的顶级职业足球比赛）中踢球，虽然他也入选过英格兰国家队，但是在知道"他的肤色"之后，他也被迅速撤销了资格（"An England Dream"，2004）。英格兰国家队直到1978年才有了第一个黑人球员的加入——韦弗·安德森（Viv Anderson），一个后卫，虽然拥有十分成功的职业生涯，但也被一些邪恶的谩骂和恶意行为弄得伤痕累累。譬如通常会有种族主义观众向他投掷香蕉（Wheeler，2010）。在安德森的处子秀之后有大约60名黑人球员陆续为英格兰队效力，大约占了后续球员数量的1/4（"England's Black Players"，2011）。在20世纪70年代到80年代，极右种族主义的政治团体试图通过足球俱乐部来拉拢更多的支持者，约翰·特里效力的切尔西俱乐部就是一个特别突出的例子，他们支持白人至上主义的理论（Glanvill，2005，pp. 301－308；Walvin，2010，pp. 194－195）。虽然很多因素——包括组织的、由反种族主义者主导的政治逆推，体育馆逐渐变为全部带有座位（这一因素也推高了票价）——结合在一起减少了英格兰足坛公开的种族敌对情况，但是公开的种族主义团体依旧积极寻求工人阶级的支持：在地方选举中，一些法西斯政党例如英国捍卫联盟（EDL）和英国国家党（BNP）一度获得了超过30%的选票，就在2010年，EDL的官员们还在呼吁球迷积极加入一个反伊斯兰性质的"街道军"（Lowles，2010）。在伦敦东部，巴金（Barking）和达根汉姆（Dagenham）就有一个BNP的据点，那里也是特里成长的地方。在 2006 年 BNP 曾经获得了那个地区近 1/4 的选票，虽然在四年后又全部失去（Travers，2010）。

很多关于特里的传记第一章都叫作“犬吠的小伙子”（Derbyshire，2010，p. 1）。一旦你意识到这个单词描述的是地方而不是一个动作时，“Barking”这一部分是直截了当的：特里来自这里，20 世纪 50 年代，伦敦东部的很多家庭在第二次世界大战期间因为家园遭到轰炸摧毁而不得不背井离乡，飞地就是从那时候逐渐从一个小街区发展起来。从很大程度上来说，这些家庭在寻找房子和工作的途中发现了巴金和达根汉姆：据奥利弗·德比希尔（Oliver Derbyshire）所说，特里的父亲曾经有一份每周工作 60 小时的叉车操作员的工作，但在 2010 年他因为贩卖可卡因而被起诉时，却被描述为失业（“John Terry Dad SparedJail”，2010）。就在 2011 年，特里曾经就读过的中学里仍旧有 40% 的学生在享受免费食物——这是贫穷的标准，尽管这一标准往往还是会低估当地被剥夺的真实水平（Campbell，2011；Lawton，2006；Rogers，2009）。2009 年，特里的母亲和岳母承认在家附近的超市行窃（Hale，2009）。

“犬吠中的小伙子”中的“小伙子”部分就更复杂了，因为在英语中，它有性别、阶级和情感等多重内涵义：“男孩、青年、年轻人……同事、酒伴、一个出身和地位卑微的人、家仆、劳动者……意气风发或者调皮捣蛋的男人或男孩、冒失鬼。”（Trumble，Stevenson & Brown，2002）在具体的类别词条上，谷歌可以搜索出 160 000 个有关“工人阶级小伙子”（working class lad）的结果，其中不乏转变的伤感叙事——卑微出身的人变身为位高权重的内阁部长、体育推广人、小说家、剧作家、建筑师、歌剧男高音、摇滚乐手，当然也有很多足球运动员。单词相应的语义有着极为复杂的组合，他们骄傲和谦虚的返祖式内涵在永恒的冲突中共存着，也永恒地矛盾着。

工业语境

足球事业总是赚钱的，因为它总是吸引着观众：在第二次世界大战结束后的短短 6 个赛季里，就有近 2.4 亿名球迷付钱到现场观看英格兰职业足球比赛（Walvin，2010）。从 1901 年开始实施的工资帽制度帮助球队老板通过足球俱乐部获得更大的收益，球员的周薪直到 1958 年都只有可怜的 20 英镑（到了夏季休赛季更是只有 17 英镑）：对于那些蜂拥而至前来看球的球迷来说，球员的工资已经足够体面，但是在当时，他们的工资相对来说只有一个普通牙科医生的一半。只有非常顶级的球员才能通过其他方式挣得更多（Taylor，2001，pp. 109－111）。工资问题从20世纪60年代开始显得格外引人注目。但是英格兰足球的工资问题真正出现转机，还是要到电视转播权的价格开始节节攀升之时。1992年，在鲁佩特·默多克（Rupert Murdoch）的天空卫星电视系统提供的为期3年、总值3.04亿英镑的转播合同的推动下，顶级俱乐部从低排位的球队联盟中脱离出来，组建了英格兰足球超级联赛，这笔费用在当时是前所未有的天文数字。到2010年，仅仅是英国之外的转播权价值就已经上升到14亿英镑（Harris，2010），这笔巨大的财产将均分给英超仅有的20支球队。

俱乐部和球员之间的利益分成和实行工资帽制度期间比起来显得更加平等，尽管球员工资的大幅增长（并不是唯一的因素）与同样疯长的票价基本成正比。到2007年，英国球星大卫·贝克汉姆在5年的时间里得到的代言和赞助合同就至少价值2.5亿美元（Bose，2007）。据报道，2009年约翰·特里的周薪已经高达135 000英镑，是他的前辈们在1958年所获周薪的6 500倍（Hale，2009）。

然而，只有极少数的英格兰球员能够像贝克汉姆和特里那样成为赏金的获得者。特里的崛起恰逢英国体育媒体因之近乎恐慌的外籍球员潮大量涌入英超联赛。1994年欧洲法院出台了一项具有划时代意义的决议：取消长期以来对每队外籍球员数量的限制，欧盟将支持劳动力自由流动的原则，现在已经有27个国家开始实施这项举措［1995年的比利时足球协会ASBL对阵让－马克·博斯曼（Jean-Marc Bosman）］。博斯曼法则将英格兰足球联赛长期由英格兰本土球员及其邻近讲英语地区的球员主导的局面（尤其是苏格兰，从19世纪80年代以来输送了大量天赋极佳的球员加入英国职业足球联赛）改变为一个拥有来自欧洲各地球员的大熔炉。得益于更为宽松的移民政策，也有越来越多的南美洲、非洲和亚洲球员开始加入英超联赛。这一翻天覆地变化的最大受益者应当是英格兰出身的球员，现在他们可以自由地为意大利、西班牙、德国的顶级俱乐部效力。但是事实上，只有极少数人——大卫·贝克汉姆是个例外——可以抓住这些机会。英国球员的臭脾气闻名于“大陆”，坊间流传着大量关于他们难以适应异国文化习俗和生活方式的故事。一个20世纪80年代的威尔士球员从拥有在英格兰的明星地位，沦落到在意大利度过了一个孤单、痛苦的赛季，被宣称他说过，他在海边的临时住所“看起来就像国外乡下”（他否认了这一点，为了避免他受到更多的非议，我们决定在这里不公开他的姓名）。在2005年，一支位于伦敦的足球俱乐部，阿森纳队，从1992年超级联赛成立以来曾三次夺得冠军的球队阵中没有一名英格兰本土球员。对这一现象，媒体的反应无一不是痛心疾首（“Wenger Backs Non-English Line-Up”，2005）。

不像在美国的大多数团队运动，涉及国家队的比赛是足球运动如此普及的关键因素：四年一度的世界杯是世界上最大的电视事件之一，长达两年的资格赛从200多支球队中筛选出32支参加决赛阶段的球队。对于欧洲、亚洲和美洲的球队和观众来说，间质性的区域比赛同样重要。在大多数国家，国家足球队的成功与心理上的集体存在感是密切相关的。在英国，英格兰国家队球员的健康问题看起来往往比球迷自己的生命更加重要。英格兰队（在没有俄罗斯人、美国人、加拿大人、法国人或是两极人的帮助下）在1966年赢得唯一的一次世界杯，在第二次世界大战结束接近20年之后又一次击败西德（在此期间他们失去了自己“日不落帝国”的地位）之后，看起来主场作战的英国不管怎么说依旧是世界上的顶级国家。英格兰过去整整半个世纪未能再次捧起世界杯的惨痛经历一直在提醒着英国人：作为帝国的足球场上阿尔比恩[①]伟大的自我形象就是一种幻觉，它坚定地活在过去。

当然，国家队的实力取决于国家队的球员们。一些比较小的国家，例如爱尔兰，就在全球范围内筛选出与他们祖国只有些许血缘关系的球员，来组成国家队征战国际赛事。但是诸如英国这样的大国，更愿意看到他们土生土长的约翰牛穿上白色战袍。如果职业联赛里充斥着来自世界各地的优秀球员，与此同时本国土生土长的球员开始拒绝与他们一同参加比赛，很明显，这些球员加入本地俱乐部的可能性会不可避免地相应减少。

模范的责任

在这两种语境的共同作用下，约翰·特里在20世纪90年代开始走红时也许象征了太多东西。他是英格兰人，在英格兰需要足球运动员的时候，他出现了。他是个白人，而赛场上充斥着更多不同肤色的运动员。他来自工人阶级，经济转型正推动着体育走向中产阶级化。他变得富有，当所有的球员开始获得比历史上任何时候都要丰厚的薪水时。并且，他只是一个接受了基础教育的、十几岁的少年——在欧洲，职业运动员往往不会通过大学体育来

① 译者注：指英格兰。

选拔（尽管美国建立起了大学生运动员教育福利系统，当然竞争很激烈）。

仿佛为了承认这些差异，特里的成名之路十分坎坷，并不顺利。他 14 岁时与切尔西俱乐部签约，在一线队初次亮相时年仅 17 岁，22 岁就被选入国家队为国征战，并且在年仅 25 岁时被任命为国家队队长。他在 19 岁时就被选为年度最佳青年球员，24 岁时获得年度最佳职业球员称号。但是在 2001 年，为了悼念“9·11”事件中的死难者，职业联赛停赛一天，当时 20 岁的特里却在西伦敦不少地方与队友饮酒狂欢，包括在希斯罗机场附近的一家旅馆——很多美国人滞留于此，焦急地通过电视新闻来了解祖国的情况。当电视画面播放到消防员搜索坍塌的废墟画面时，狂欢者们在酒吧里肆无忌惮投掷着食物（Rousewell，2001）不到 3 个月后，特里被指控在伦敦一家夜总会参与打架斗殴，最高可能面临无期徒刑，虽然他最后被宣判为无罪释放。在夜总会滋事之后仅仅一个月，特里被闭路电视拍到他在另外一家酒吧里向啤酒杯撒尿（Derbyshire，2010，pp. 116 - 118；Thompson，2002）。切尔西队球员向来有嗜酒如命的传统，但是特里的行为——尤其是 2001 年 9 月的行为——实在是太过分了。即使是阿兰·哈德森（Alan Hudson），这位前切尔西队球星和英格兰球星，曾经在一次澳大利亚的巡回赛中因为赛后饮酒过度被遣散回国，他也忍不住如此评价特里和他的朋友们：“这些所谓的职业球员应该获得最严厉的惩罚，因为他们没有显示出对于美国死难者的哪怕一点儿尊重。”（Hudson，2001，p. 11）

特里的麻烦远不止这些，从豪饮开始延伸到了其他具有新闻价值的恶习，比如性和赌博。在韦恩·布里奇事件之前，特里就多次被指责对他当时的女友、后来成为他妻子的托尼·普尔（Toni Poole）不忠，英国的小报也披露了无数耸人听闻的细节（Hartley & Bonnici，2005）。2004 年，特里和布里奇被爆料每周花费 40 000 英镑用于赌马。2008 年，特里的豪华宾利车被发现停在了比萨店外的残疾人专用道上。2009 年，他被指控收取游客（其实是由记者乔装的）10 000 英镑并把他带到切尔西训练场（“The Top 10 John Terry Scandals”，2010）。他看起来总是在给自己招惹各种各样的麻烦。

但是这些庸俗的新闻无法抹去特里的魅力，他依旧是伟大的白人希望。在 2010—2011 赛季行将结束时，年仅 30 岁的特里已经为切尔西出场 504 次，攻入 42 球（对于一个后卫来说已经很多了），68 次代表英格兰队，其中 30 次是以队长身份参赛。在他效力于切尔西的岁月里，切尔西三夺联赛冠军，四次捧起足总杯，五次被选入世界最佳 11 人阵容，并且他三次被选为欧洲最佳后卫。他富有并且成功，他依旧在前进，撇开丑闻的影响，他依旧是一个称职的父亲、一个合格的丈夫以及一个模范代表。然后……

在公共场合保留隐私

球员和太太团

在特里公开的性生活中，总有一些事情与性无关。在这方面，他与英格兰队队友大卫·贝克汉姆不一样，后者似乎一直被公共领域的、有关性事（指男女两方面之间的那种赫拉克利特式的流变）方面的新闻缠身（Fowler, 2006; Miller, 2001, pp. 8 -9; Rahman, 2004）。相比之下，尽管名流特里也经常因出轨行为见诸报端，但大家并不认为其中洋溢着性魅力，反而发现其性吸引力在某种程度上都被其同伴遮盖了。在英格兰，作为明星球员伴侣附属品的女人们已经被制度化、商品化和传媒化了。她们永远是女人——在英国，只有一个顶尖职业足球运动员贾斯丁·法沙努（Justin Fashanu）曾经公开过自己的同性恋身份。8 年后他自杀身亡，法医认为法沙努的死与他的性认同带给他的压力不无关系（"Suicide Verdict on Footballer Fashanu", 1998）。

这些附属品有一个名字：2002 年，位于迪拜的奢华的朱美拉海滩俱乐部（Jumeirah Beach Club）的工作人员，款待了 23 名英格兰国家队队员和他们的伴侣，并创造了"太太团"这个词——来称呼"妻子和女友"——以确定足球运动员的配偶，并沿用至今（Amoore, 2002）。著名的太太团成员有：维多利亚·贝克汉姆，在她的演唱生涯中她被人们称作辣妹；歌手谢莉尔·科尔（Cheryl Cole），娃特维迪（Tweedy）；还有简单来说，模特凯迪·普莱斯（Katie Price），当然她的艺名乔丹更为人们所熟知，曾经与英格兰球员泰迪·谢林汉姆（Teddy Sheringham）和德怀特·约克（Dwight Yorke）约会。事实上，太太团中包含了女子组合中的歌手、内衣模特以及偶尔出现的脱衣舞娘和女服务生中不成比例的成员［当然这并不意味着其他品质的女性缺席：克劳丁（Claudine），爱尔兰国脚罗比·基恩（Robbie Keane）的妻子，就获得过经济学和金融学的一流荣誉学位。她也是一名内衣模特］。一些太太团的成员——例如维多利亚和谢莉尔——在成为球星的妻子之前就已经是名流，在结婚之后也继续着她们的事业。而其他人，例如特里的妻子，仅仅因为与一名球员的亲密关系变得名声大噪。

显然，运动员与太太团的关系是一种公开的关系——否则很难解释它的存在。从某种意义上来说，也是媒体的创造物——尽管是通过信源与消息之间的实质性合作来促进的——在这个主题上的主要影响是将他们的私生活完全公开：从本质上讲，对球员和太太团的定义也就是确证他们在公共场合、在镜头前、在酒吧、在夜总会、在度假村、在沙滩上的行为关系的事实。但经过精雕细琢和严格计算，这方面的公共形象的私生活总是容易受到虚拟现实的影响：换句话说，容易受到实际生活的不满，譬如不和谐和不忠。如果事实是——也就是诡计——足球运动员和太太团这个组合体本质上就是为了公众展示，它总是容易被解构的事实干扰，在其他场合，那些事情应该是在私下解决的。

运用法律来保护公众人物的隐私

据说我们的隐私正在受到现代性的攻击——在泄露或侵入性技术和忏悔或偷窥的时代精神的结合下，一些迄今为止仍有权隐藏的秘密被暴露在阳光下。但从另一个角度看，隐私又是现代性的产物，至少在工业资本主义阶段的早期现代化阶段才会出现。从一个每个人都知道对方的一切的小社区搬离，来到一个新的城镇和城市隐姓埋名、关门闭户，最终就像埃德加·艾伦·坡（Edgar Allan Poe）所注意到的人类“每晚都有人死在床上……而那些不为人知的秘密再也不会被人们所知晓”（Poe，1840/1912，p. 101）。随着新闻技术和生活方式的进步，其中一个结果就是临时的早期现代潮流开始退潮。在这个意义上来说，当隐私问题回归到一个更为古老的规范上，那么我们可以说隐私其实几乎不存在。

2010 年 1 月 18 日和 19 日，法国内衣和泳衣模特瓦内莎·佩隆塞尔（Vanessa Perroncel）接到某人的电话——这从来没有被公开证实——她已经卷入了某个纠纷之中。电话称英国媒体手上有她与约翰·特里的照片，他们认为她和特里有“相关性”的关系。1 月 20 日和 21 日，特里和他的商业伙伴开始收到一些电话，电话称有关他和佩隆塞尔之间所谓的关系的谣言已经满天飞，《世界新闻报》（*News of the World*），一份流通量巨大、著名的周末小报，将在 1 月 24 日发布这个故事。

1 月 22 日，周五下午 2 点 45 分，特里的律师向伦敦的最高法院提交申请，希望法院下发禁令，禁止发布有关所谓的不良关系的报道。在两个小时的听证会后（没有媒体代表出席，因为他们没有接到通知），法官图根达特（Tugendhat）同意了他们的请求。因此，《世界新闻报》只有将报道从周日的版面上撤下，什么都没有出现。

在美国，所谓的预先制约行为——国家本身或者说代表公民个人的行为，在消息公开之前不允许任何媒体报道不受欢迎的或是敏感的信息——已经施行近80年（Near v. Minnesota，1931）。但是在其他国家，预先制约好像很少被执行。例如在欧洲，法院寻求两组不同权力间的平衡，这也体现在《欧洲人权公约》中（ECHR），在包含英国的大部分欧洲国家中实行。《欧洲人权公约》第八条：人人享有“使自己的私人和家庭生活得到尊重的权利”；第十条：人人享有“表达自由的权利……在不受公共机构的干预下，接受和告知信息和思想的自由”。换句话说，保护新闻自由的第十条可能会被保护个人隐私的第八条平衡——或者说被抵消。

《欧洲人权公约》在英国实施之前，英国法院往往倾向于保护个人权利而不是媒体的。甚至在实施之后，有些人认为应该在第十条和第八条之间进行一个平衡测试，法官应该掌控平衡。对约翰·特里和瓦内莎·佩隆塞尔来说，不幸的是当他们到达法院时，天平并没有向他们倾斜。图根达特法官，这位通过了限制包括《世界新闻报》在内的所有媒体发布指控的禁令的法官，似乎意识到他在特里的律师面前表现得像个挨打的沙袋：在禁令实施一周后，1月29日，他废除了它，解释说对报纸诉讼的合理通知还没有发出，他本来希望反对这一通知。还不清楚特里是否能够接受出版物已经成为公众兴趣的这一事实，关于特里的行为是“全面而坦诚”地证据也存疑。基于禁令的解除，媒体可以发布这个故事（*John Terry v. Persons Unknown*，2010）。

因为禁令是在周五被解除的，所以《世界新闻报》这个只在周日出版的报纸（报纸现在已经倒闭）错过了该事件的抢先发布时机。竞争对手们在1月30日周六就将此事刊载在报纸版面上。《每日邮报》称特里让佩隆塞尔怀孕，特里为让她流产支付了一笔费用（Perthen，Gallagher，Chapman & Millbank 2010）。在接下去的几周里，各种疯狂的攻击接踵而至。《卫报》记者尼克·戴维斯（Nick Davies）称，佩隆塞尔“成了记者影射经典的刻板印象的虚构目标：美丽的女人正‘被插科打诨’……‘无耻’、一个‘食人族’、一个‘足球追星族’……她是‘极度渴望金钱’的‘淘金者’，为了男人的金钱而勾引他们”（Davies，2010）。《世界新闻报》的日常版，《太阳报》则声称佩隆塞尔同时与五个不同的切尔西球员厮混在一起（Sullivan, Syson, & Crick, 2010）。事情的受害者，当然是特里的老朋友，韦恩·布里奇——被冠以“Bridgey”——被自己最好的朋友和一个放荡的妓女背叛，一个对《圣经》的背叛。然而，就在仅仅四个月之后，《世界新闻报》和《每日邮报》就承认，一月份发布的所谓消息“都是私密的以及……在任何情况下都不属实的”。

结　论

特里和英国媒体在场上踢着一场名誉之战。特里越来越富有和成功——主要是因为他在足球方面的天赋，当然，也因为他可以随心所欲地在多个传媒化角色之间转换的能力：犬吠的小伙子、伟大的白人希望以及太太团的管理人。媒体不仅会努力合作，也会在英雄坠落时品头论足。特里的伤也许是自找的，但是也与他的名气和将信息传播给受众并且相互依存的合谋者有关。在媒体的幻想中，他们可能相信自己有纠错功能，他们是可以不停调查普通人、删除他们隐私、洞悉一切的监视者，就好像杰雷米·边沁（Jeremy Bentham）所构想的“圆形监狱”——囚犯永远没法逃脱监视者的凝视——是一个可以将所有的社会弊端置于永久的监控之下的地方——道德改革—保持健康—工业发达—指令扩散迅速—社会压力减轻，正如他所描述的一样。当然，福柯指出，这种假定存在中的观察者与被观察者之间的正相关关系其实是另一种幻想，因为其中“一种真正的臣服从机械的虚构关系里诞生了”。从某种程度上来说，特里从佩隆塞尔事件中恢复了过来：他继续着他的足球生涯，重新夺回了英格兰队长的袖标，并且与他的妻子和好。似乎并非巧合，这时候媒体也开始谈论每个运动员有一天都必须面对的那些事情。他在变老；他变得越来越慢；他在场上犯错误；他受到细致审查不再受到欢迎；他依旧著名，但不再星光熠熠——他只不过是个凡人，像其他人一样。

参考文献

Amoore, T. (2002, May 19). Footballers' wives. *The Telegraph*. Retrieved from http://www.telegraph.co.uk/news/uknews/1394667/Footballers-wives.html.

Bentham, J. (1995). Panopticon, or, the inspection-house. In M. Božovi? (Ed.), *The Panopticon Writings* (pp. 29-95). London, UK: Verso Books.

Bose, M. (2007, January 11). The 275 million dollar man. *BBC Sport*. Retrieved from http://news. bbc. co. uk/sport2/hi/football/6253829. stm.

Campbell, A. (2011, July 12). The press furore won't swing an election, but it will change the nature of the debate to Labour's benefit. Retrieved from http://www. alastaircampbell. org/blog/2011/07/12/the - press - furore - wont - swing - an - election - but - it - will - change-the - natureof - the - debate - to - labours - benefit/.

Davies, N. (2010, April 9). Vanessa Perroncel: 'The stories are untrue. Who are they to do this?' *The Guardian*. Retrieved from http://www. guardian. co. uk/media/2010/apr/10/vanessaperroncel - interview.

Derbyshire, O. (2010). *JT—Captain, Leader, Legend: The Biography of John Terry*. London, UK: John Blake.

Dunphy, E. (2007). *A Strange Kind of Glory: Sir Matt Busby & Manchester United* (Updated ed.). London, UK: Aurum Press.

An England dream. (2004, September 27). *BBC*, *Inside Out—South West*. Retrieved from http://www. bbc. co. uk/insideout/southwest/series6/jack_ leslie. shtml.

England's Black players. (2011, June 4). *England Football Online*. Retrieved from http://www. englandfootballonline. com/TeamBlack/Black. html.

Foucault, M. (1995). *Discipline and Punish: The Birth of the Prison* (A. Sheridan, Trans.). New York, NY: Vintage Books.

Fowler, C. (2006). Spending time with (a) celebrity: Sam Taylor-Wood's video portrait of David Beckham. In S. Holmes & S. Redmond (Eds.), *Framing Celebrity: New Directions in Celebrity Culture* (pp. 241 - 252). London, UK: Routledge.

Glanvill, R. (2005). *Chelsea FC: The Official Biography: The Definitive Story of the First 100 Years*. London, UK: Headline.

Goldblatt, D. (2006). *The Ball is Round: A Global History of Soccer*. New York, NY: Riverhead Books.

Hale, B. (2009, March 27). England captain John Terry's mother 'shoplifted flip - flops, a tracksuit, leggings and pet food'. *Daily Mail Online*. Retrieved from http://www. dailymail. co. uk/news/article - 1165218/England - captain - John - Terrys - mother - shoplifted - flip-flopstracksuit - leggings - pet - food. html.

Harris, N. (2010). Premier League nets 1. 4bn TV rights bonanza. *The Independent*. Retrieved from http://www. independent. co. uk/sport/football/premier - league/premier - league - nets - 16314bn - tv - rights - bonanza - 1925462. html.

Hartley, C., & Bonnici, T. (2005, November 11). Cheat Terry at it again. *The Sun*.

Retrieved from http://www. thesun. co. uk/sol/homepage/news/191301/Cheat – Terry – at-it-again. html.

Hudson, A. (2001, September 30). Breaking all the rules: Shamed Chelsea stars are a disgrace, says the man who knew when to party. *The Sentinel* (Stoke). Retrieved January 20, 2012 at http://0 – www. lexisnexis. com. linus. lmu. edu/hottopics/lnacademic/.

John Terry dad spared jail after NoW 'entrapment.' (2010, June 1). *Press Gazette*. Retrieved from http://www. pressgazette. co. uk/story. asp?storycode = 45525.

John Terry's tranny lookalike shock. (2009, February 4). *Inside World Soccer*. Retrieved from http://www. insideworldsoccer. com/2009/02/john – terrys – tranny – lookalike – shock. html.

John Terry v. Persons Unknown, EWHC 119 (QB) (2010).

Lawton, J. (2006, August 19). John Terry: Defender of the faith. *The Independent*. Retrieved from http://www. independent. co. uk/news/people/profiles/john – terry – defender – of – the – faith – 412513. html.

Lowles, N. (2010). The growing Islamophobic international. *Searchlight*. Retrieved from http://www. searchlightmagazine. com/index. php?link = template&story = 334.

Masters, D. (2010, February 3). Fans take aim at love-rat John Terry with gags galore. *The Sun*. Retrieved from http://www. thesun. co. uk/sol/homepage/features/2836377/Fans – jokesput – boot – into – love – rat – John – Terry. html.

Miller, T. (2001). Sportsex. Philadelphia: Temple UP. Mrs. Hitler has an affair with John Terry. (2010). Video retrieved from http://www. youtube. com/watch? v = fS5h – dYTZdkNearv. Minnesota, 283 U. S. 697 (1931).

Partridge, E. (1984). *A Dictionary of Slang and Unconventional English* (8th ed.). London, UK: Routledge.

Perthen, A., Gallagher, I., Chapman, A., Millbank, J. (2010, January 30). John Terry made Wayne Bridge's girlfriend Vanessa Perroncel pregnant—and England captain then arranged for abortion. *Daily Mail Online*. Retrieved from http://www. dailymail. co. uk/sport/football/article – 1247408/John – Terry – Wayne – Bridges – girlfriend – Vanessa – Perroncel – pregnant—England – captain – arranged – abortion. html.

Poe, E. A. (1840/1912). *The Man of the Crowd. In Tales of Mystery and Imagination* (pp. 101 – 109). London, UK: J. M. Dent.

Rahman, M. (2004, November). Is straight the new queer?: David Beckham and the dialectics of celebrity. *M/C Journal*, 7 (5). Retrieved from http://journal. media – culture. org. au/0411/15 – rahman. php.

Rogers, S. (2009, March 9). Free school meals compared to local children in poverty. *The*

Guardian. Retrieved from http://www. guardian. co. uk/news/datablog/2009/mar/01/poverty – schoolmeals.

Rousewell, D. (2001, September 23). Drunk football aces jeered at N. Y. Terror; They joked and threw food around as families wept over the tragedy. *The People* (London). Retrieved from http://www. thefreelibrary. com/DRUNK + FOOTBALL + ACES + JEERED + AT + N. Y. + TERROR%3B + They + joked + and + threw + food . . . – a078515726.

Soccer star Terry voted top father. (2009). *PA Regional Newswire of English Regions*. Retrieved from http://www. nexis. com.

Suicide verdict on footballer Fashanu. (1998, September 9). *BBC News*. Retrieved from http://news. bbc. co. uk/2/hi/uk_ news/167715. stm.

Sullivan, M., Syson, N., Crick, A. (2010, February 3). JT girl's flings with 5 Chelsea stars. *The Sun*. Retrieved from http://www. thesun. co. uk/sol/homepage/news/2836871/Wayne – Bridges – ex – Vanessa – Perroncel – scored – with – five – Chelsea – stars. html.

Taylor, M. (2001). Beyond the maximum wage: The earnings of football professionals in England, 1900 – 39. Soccer and Society, 2 (3), 101 – 118.

Terry, J. (2005). *My Winning Season*. London, UK: HarperSport.

Thompson, P. (2002, March 2). Terry's night club shame. *The Sun*. Retrieved from http://www. thesun. co. uk/sol/homepage/news/146797/Terrys – night – club – shame. html.

The top 10 John Terry scandals. (2010, January 29). *Daily Mirror*. Retrieved from http://www. mirror. co. uk/news/top – stories/2010/01/29/john – terry – faces – private – lifeallegations – after – lifting – of – injunction – 115875 – 22004507/. Updated version (October 26, 2011) retrieved from http://www. mirror. co. uk/news/top – stories/2010/01/29/john – terryfaces – private – life – allegations – after – lifting – of – injunction – 115875 – 22004507/.

Travers, T. (2010, May 8). Local elections: Labour's overlooked boost. *The Guardian*. Retrieved from http://www. guardian. co. uk/commentisfree/2010/may/08/local – elections-labour?INTCMP = SRCH.

Trumble, W. R., Stevenson, A., Brown, L. (Eds.). (2002). *Shorter Oxford English Dictionary on Historical Principles* (5th ed.). Oxford, UK: Oxford University Press.

Union Royale Belge des Sociétés de Football Association ASBL v. Jean-Marc Bosman, No. C – 415/93 (European Court of Justice, 1995).

Walvin, J. (2010). *The People's Game: The History of Football Revisited* (2nd ed.). Edinburgh, Scotland: Mainstream.

Wenger backs non-English line-up. (2005, February 15). *BBC Sport*. Retrieved from http://news. bbc. co. uk/go/pr/fr/ – /sport2/hi/football/teams/a/arsenal/4266443. stm.

Wheeler, C. (2010, April 28). Viv Anderson exclusive: Racists were raining down fruit. Brian Clough just said 'get me two pears and a banana,. *Daily Mail Online*. Retrieved from http://www.dailymail.co.uk/sport/football/article-1269285/Viv-Anderson-Exclusive-Racists-raining-fruit-Brian-Clough-just-said-pears-banana.html.

第18章　韦恩的世界：媒体叙事中澳大利亚橄榄球“国王”韦恩·卡雷的坠落和救赎

吉姆·马凯[①]　卡伦·布鲁克斯

韦恩·卡雷是那种教练、球迷和赞助者都梦寐以求的橄榄球运动员，他相貌英俊，是魁梧的乡下男孩儿，他跟他十几岁时交往的女友结婚，作为队长带领他的队伍在澳大利亚橄榄球联盟（AFL）比赛中获得两次全国冠军。他的绰号是“国王”，他成为澳大利亚最被认可和市场价值最大的体育明星和名流之一。但是，他著名的15年运动生涯结束后却出现了一系列赛场外的丑闻，包括备受关注的婚外恋、非礼、所谓的家庭暴力、在两个国家与警察发生肢体冲突、酒精和药物滥用等行为，导致他必须接受治疗以及公开承认他的违法行为。在澳大利亚近代历史上，卡雷的灭亡和试图救赎是被最广泛报道的传媒事件。一位记者称，关于卡雷与他朋友同时也是球队副队长的夫人在厕所幽会的报道，是“澳大利亚体育界最淫荡的丑闻”（Le Grand，2002）。一家墨尔本小报对此事的报道量甚至超过了对美国“9·11”恐怖袭击的报道（Rowe，2010）。卡雷忏悔的自传在发行后仅几天就登上畅销榜史上前十位。我们没有对令人枯燥的故事进行详尽概述，而是主题性地分析了主流媒体围绕卡雷的坠落和试图救赎的叙事。体育明星往往被认为虚有其表。这让他们比其他社会名流在“庆典、违法、惩戒和救赎的大众媒体周期中”显得更加弱势（Turner，2004，p. 106）。在卡雷的案例中，他不仅不太容易受到这种话语周期的损害，而且他还能利用这个周期来实现他的个人和职业“救赎”。

---

① 吉姆·马凯（澳大利亚国家大学博士），澳大利亚昆士兰大学批判与文化研究中心研究学者。他是前任《国际体育社会学评论》编辑。他的研究包含性别、种族、体育、全球化、传媒和社会不公平等领域。E-mail：jmckay2704@yahoo.com。

卡伦·布鲁克斯（澳大利亚伍伦贡大学博士），昆士兰大学批判与文化研究中心研究学者。他是昆士兰地区的主要报纸《快递邮件报》的专栏作者，曾出版过8本专著。她的研究主要在青年、性问题、传媒和大众文化领域。E-mail：brookssk@bigpond.com。

就文化产业来讲，橄榄球和名流勾结起来掩盖、证实和制造围绕卡雷的冲突。此后，他们帮助型构卡雷起落沉浮时的公众反应。杰雷米·特纳（Graeme Turner）指出，那些受制于名流制度再现的人往往都被其再生和再造了。想要融入制度再现中——被“‘名流化’——改变了你被消费的方式和你的意义”（Turner，2010，p. 13）。对卡雷的球迷和一般公众而言，他作为“伟大的”橄榄球运动员和名誉扫地的英雄这两个身份持续融合在一起，之后为了维持和保护形塑他的这个产业又进行区隔，着眼于他的终极救赎和随之而来的商业价值。特纳（Turner，2010，p. 13）认为名流是可以被定义的，他们可以“作为再现、作为话语、作为一种产业或是一种文化模式”来为人们所认识。因此我们认为，卡雷的坠落是由名流文化的递归结构、商品性、个人主义、体育中性别和权力的顽固关系、被丑闻驱动的媒体以及淫荡的受众造成的。

卡雷的职业生涯应该被放在澳大利亚橄榄球联盟（也被称作“澳大利亚规则橄榄球”或简称为“澳规橄榄球”）这项澳大利亚最受欢迎也是盈利最多的体育组织的语境中来理解。澳大利亚橄榄球并不是私有的，俱乐部能吸引到资金雄厚的本地赞助商的支持［“部落”（tribal）这个词常常被用来描述球迷的忠诚］。一场年度冠军赛往往能吸引 90 000 名观众到现场观看，同时这也是澳大利亚电视台收视率最高的节目。澳大利亚橄榄球联盟在全国共有 17 支队伍，但核心地带始终是维多利亚省，尤其是省府所在地墨尔本市，在这里体育与另外两个男性统治的领域——商务和政治紧密纠缠在一起。然而，澳大利亚橄榄球联盟和他的竞争对手全国橄榄球联盟（NRL），都被卷入了集体中毒、使用提升成绩和休闲类的药物、种族诽谤以及针对妇女的暴力行为等一系列丑闻事件。2004 年，澳大利亚橄榄球联盟和全国橄榄球联盟的部分赞助商对这些表现不满，他们成立了一个叫作橄榄球球迷反对性骚扰（FFASA，2005）的组织，一个草根的游说团体旨在阻止性暴力（http://www.purplearmband.org/ffasa.htm）。卡雷的坠落发生在丑闻缠身的背景下，同时与另外三位天赋极高的运动员加里·阿布赖特（Gary Ablett）、本·考辛斯（Ben Cousins）和布伦丹·费沃拉（Brendan Fevola）的坠落很相似。2001 年，曾经被称为“上帝”的已退役运动员阿布赖特和他非常有天赋的被称为“上帝之子”的儿子小加里，在涉及一位年轻女球迷在其宾馆房间内因吸毒过量而死亡的案件中承认有罪，并被罚款 1 500 澳元。如同卡雷一样，考辛斯和费沃拉公开承认他们试图从“成瘾”中复原——前一

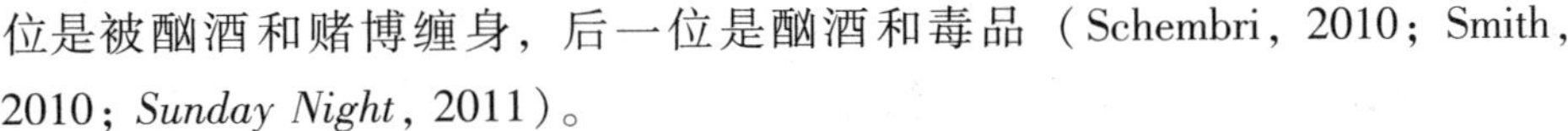

位是被酗酒和赌博缠身，后一位是酗酒和毒品（Schembri，2010；Smith，2010；*Sunday Night*，2011）。

从“国王”到“贱民卡雷”

卡雷的第一次被公开的重大犯罪事件发生在1996年，当他在跟北墨尔本袋鼠队队友于墨尔本一家夜总会豪饮之后，袭击了一位女士的胸部，并对那位女士说：“你为什么不弄个大一点儿的乳头？”随后他承认猥亵罪的罪名，并在这场民事诉讼中与对方达成庭外和解。他的公开声明的一部分是这样的：“如果我伤害了任何人”——这样的说辞被人们称作“卡雷式道歉”，通常用来贬低那些被认为不真诚的人。2000年，卡雷为一位黑帮人员提供人格担保，随后这名黑帮人员在墨尔本一场臭名昭著的黑帮火拼中被杀害。两年后，卡雷意外地提交了从北墨尔本袋鼠队辞职的报告，他被本队队员谴责和排斥，因为他和另一名队友同时也是他的好朋友安东尼（Anthony）的妻子凯莉·史蒂文斯（Kelli Stevens）偷情已经几个月了。他自己的妻子莎莉（Sally）因此在医院住了三天，还被打了轻微的镇静剂，只有她母亲陪在身侧。凯莉也因此事被媒体围攻，卡雷却和他的哥哥以及一个朋友在拉斯维加斯度假。缺席一个赛季的澳大利亚橄榄球联盟比赛以后，卡雷和阿德莱德乌鸦队签约，和老婆莎莉重修旧好，看起来像是有了一个新的开始，但在一场球员聚会上，他开场却以一个和凯莉相关的不当“玩笑”引发了200名宾客的愤怒。结果，跨国企业耐克和奥克利并没有跟他续约。2004年卡雷和莎莉在拉斯维加斯度假时，因为殴打的轻微罪名被拘留一夜，随后检察官没有起诉这个案件，他被释放。他在赛季中期因为与椎间盘相关的颈部受伤选择退役。

在接下来的两年中，卡雷是两支AFL俱乐部的兼职教练。尽管作为一个球员他公开鄙视媒体，但他仍然在福克斯电视台担任橄榄球解说员和主持人。他宣布为了一位名叫凯特·尼尔森（Kate Neilson）的模特要离开自己已经怀孕的妻子莎莉，之后又在凯特为他生下他们的第一个孩子埃拉（Ella）六周后跟凯特分居，这也让他有了一个“爱情老鼠”的恶名（Kogoy，2006）。据媒体报道，凯特·尼尔森曾向警方举报卡雷对她实行家暴，但随后她和卡雷都否认了这个报道。截至2007年，卡雷是第9电视网的橄榄球评论员，同时兼任墨尔本3AW频率的广播解说员。据称卡雷在佛罗里达度假时曾“杯砸”尼尔森，警察接警后来到他们宾馆房间，据说卡雷随即又袭击了一名警官。卡雷对袭警罪的指控认罪，他被判50个小时的社区服务，参加有关酒精和情绪控制的课程，并捐助500美元给迈阿密警察慈善基金会。此外他还被判处两年缓刑。

澳大利亚警察局对发生在卡雷家里的一场闹剧表示，在卡雷据称袭击警官的行为之后，他们在抓捕时对他喷射了辣椒喷雾，并考虑对卡雷提起诉讼。第9电视网和3AW频率决定在合约到期后不再续聘卡雷。如今，当年的“国王”已经沦落为“贱民卡雷”（Rule, 2008b）。2008年，卡雷和尼尔森据说花费18万澳元参加了一次澳大利亚流行女性杂志《新思维》（*New Idea*）的采访，在采访中，他们都承认有嗑药行为。他们分分合合的关系在2009年终于告一段落，尼尔森将卡雷家中价值300万澳元的混凝土护栏弄坏（被称为“韦恩的世界”和一份“爱垫”），只因怀疑他与另外一位女性有染，这一次卡雷叫来了警察（Bedo, 2009）。

媒体对卡雷堕落的叙述方式

媒体在卡雷的堕落叙事中扮演了一个矛盾的角色。一方面，人们通常的看法是“男孩子难免要淘气”，这样的看法使他部分得到赦免。一位前AFL的“坏男孩”球员被采访时表示“卡雷只是在某些场合时表现愚蠢”（Hinds, 2008）。他的坠落也被部分归结于朋友未能及时纠正他的行为。

墨尔本橄榄球队代表人物同时也是前政治家菲儿·克雷利（Phil Cleary）认为，卡雷的困境（增加强调）是对橄榄球文化的一种控诉，因为文化也没能让冠军运动员变得有责任感。“他身边的人——他的橄榄球解说员或者他的队友没能帮助他，这实在令人遗憾。”橄榄俱乐部文化有这个责任，在一个家伙做错的时候，告诉他这是错的（Stewart, 2008）。

卡雷同时被建构为被饥渴的女性欺骗的“种马”运动员。根据记者梅丽萨·肯特（Melissa Kent, 2008）的报道：

> 女性愿意不计代价地用性去诱惑橄榄球运动员已经成为AFL文化的一部分……尼尔森也许要权衡她要不要为了更安静的生活离开卡雷，或者为了她的WAG（妻子和女朋友）身份继续忍受家庭暴力。

此外，卡雷传奇般的体育成就和他的公开认罪没法将他从日益扩散的谴责声中救出来。事实上，这样极端地谴责男性体育明星在这样一个国家可以说是前所未有的，因为从传统来讲，这个国家对男性运动员往往是尊敬的（McKay & Roderick，2010），甚至就连醉酒的男性运动员也受到大家的崇拜（McKay，Emmison & Mikosza，2009；Rowe & Gilmour，2009）。造成这种转变的主要原因是，男性和女性运动明星越来越多地融合到名流文化中，意味着现今记者更广泛地报道体育名流"有价值的丑闻"（全球范围内对高尔夫超级巨星老虎伍兹的婚外情丑闻叙事就是这种进程的典型案例），对体育明星生活的挖掘是被更大范围的受众所消费的。的确，不同媒体表达出的价值矛盾——从体育版到女性杂志——对于卡雷能否被接纳来说至关重要。根据媒体类型和目标受众的不同，卡雷被策略性地建构为不同的身份认同。无论如何，卡雷被认为违反了男性运动明星通常被给予的权利。因此当肯特（Kent，2008）将卡雷描述为WAG的目标时，她写道："做一个'恶棍'是一回事，做一名强制性的花花公子［例如超级板球明星沙恩·沃尼（Shane Warne）］还可以被最好地描述出来，又或者像考辛斯那样在派对上吸食毒品也还行。但打老婆就是另外一回事了。"因此体育记者痛斥卡雷是一名被宠坏的运动员，而不是一个好的角色模板。例如丽贝卡·维尔森（Rebecca Wilson，2010）就抱怨电视网要卡雷重回他其中的一档节目的通告：

> 为什么我们这么重视对韦恩·卡雷的提携？他违反了社会上太多的规则以至于不值得成为一个高调的角色……澳大利亚对待橄榄球运动员的方式不可思议。如同巴西和英国对待足球明星一样，墨尔本队的澳大利亚规则橄榄球球员和悉尼的联盟明星都会被当成皇家成员来对待……卡雷就是这样的人。没有比这更好的例子了，鹊起的体育名声比有缺陷的性格更加糟糕……人们准备好宽恕橄榄球的超级巨星，更有天赋的球员……在赛场上，更可能避免对于他们成年生活的细致审查。人们本就不认为他们会跟社会中的其他人遵循一样的规则……不管是不是冠军，卡雷的所作所为绝不是一个现代橄榄球运动员该有的表现。

前任NRL教练和专栏作家罗伊·马斯特斯（Roy Masters，2004）同样认为，卡雷是AFL明星中过着好莱坞式生活的典型例子：

> 很多俱乐部的管理层就像电影工作室的老板一样，无力满足娇

生惯养的明星全方位的需求……过去20年最好的AFL明星在他的房间中被发现与另一名女子一道过量吸食毒品（吉隆冠军加里·阿布赖特），或者跟队友的女朋友在浴室里（韦恩·卡雷）。

因此人们已经感知到卡雷滥用了他的地位：

> 不断粉饰卡雷恶习的模式让他青少年时的坏习惯在接下来十年中变为成年人的恶习。只有一个人在卡雷的橄榄球生涯中对他说过“不”，这个人就是他的私人教练韦恩·施梅尔布什（Wayne Schimmelbusch）。他回忆起卡雷和另外一名队员……违反了球队的规定因此被开除了。袋鼠队输掉了比赛，过了没多久施梅尔布什丢掉了他的教练饭碗。在那以后，卡雷就认为做任何事都不会错，“他一再违反规定而不被处罚，他的侥幸心理也就越来越重，认为自己绝不会受到处罚”，施梅尔布什自言自语道，“他犯的错绝不会有任何后果”，往往都有专门的“看守者”来为卡雷收拾残局。(Rule，2008a)

如此明显的一种合谋关系无疑是商品化和名流文化的产物。例如，理查德·辛茨（Richard Hinds，2008）把卡雷的状况比作股票市场：

> 像玛丽安·琼斯、本·考辛斯和其他人一样，卡雷不仅仅是一个坠落的明星，也是一次失败的投资。球迷们、教练、俱乐部、经纪人和媒体都在蓝筹码的卡雷股票身上投入大量资金，他们在20世纪90年代这只股票的巅峰时期都获得了丰厚的回报……对类似的股票打击沉重——然而当我们对一名球星投资以后，我们便无视最悲观的市场预期，在低谷之后仍然继续投资。不是出于任何意义的怜悯或是人类善良的天性，只是因为你自己愿意。我们持续对一位坠落的球星进行投资是因为我们无法承受损失……名望？恶行？其实都是一样的，我们不得不在卡雷的投资失败后得到某种程度上的盈利。

在批评漩涡中，卡雷呈螺旋状飞快而准确地向下盘旋，他似乎注定和其他大量的天才男性运动员一样，最终变得狂妄自大——如乔治·贝斯特

(George Best)[①]、阿历克斯·希金斯(Alex Higgins)[②]、米基·曼特尔(Mickey Mantle)[③]这些运动员一样，直到他开始走上“表现性忏悔”的名流公式化道路(Hyde, 2009)。

为了使自己的悔恨收到成效，体育明星或名流必须运用他或她自己的私人生活去恢复一种被理查德·戴尔(Richard Dyer)描述为“真实自我”的状况(引自 Turner, Bonner & Marshall, 2000, p. 12)。特纳、邦纳和马绍尔(Turner, Bonner & Marshall, 2000)认为，这种“启示”的效果是将名流转变为商品(p. 12)，他们可以成为特纳(Turner, 2010)描述的那种“并不只是被促销、宣传和媒体产业制造、市场化和交易的商品……他们同时也可能对投资、发展、战略性策划和多元化的产品有相应的回报”(p. 14)。表现性忏悔同样可以将名流商品放置于不同的市场上，因此可以通过建立新的商业化和文化的身份来将投资的利益最大化，这经常是高度矛盾的，正如特纳等人(Turner, Bonner & Marshall, 2000)认为的那样。

国王归来?

卡雷以公开承认自己的犯罪事实作为自己悔悟的第一步，最重要的是接受一位令人尊敬的电视节目主持人安德鲁·丹顿(Andrew Denton)的审讯采访(*Enough Rope*, 2008)。这次采访与他备受期待的自传《痛苦的真相》(*The Truth Hurts*, Carey, 2009)的发行时间撞车。卡雷有一个虐待他的父亲，这一点为他博得一些同情，记者杰西卡·哈罗兰(Jessica Halloran, 2008)甚至在卡雷电视节目播出后请求大家谅解卡雷:

> 剩余决赛门票让我为韦恩·卡雷感到遗憾，还未被使用的票，那些已经卖出去的票，事实上前 AFL 冠军队长的爸爸之前看过他

① 译者注：北爱尔兰历史上最伟大的足球运动员，作为红魔曼联历史上最伟大的 7 号球员之一，他曾经带队获得两届英甲冠军和一次欧洲冠军杯冠军。但令他难以自拔的酗酒毁掉了他的职业生涯，同时与无数佳丽错综复杂的情感也让他毁誉参半。

② 译者注：北爱尔兰历史上最伟大的斯诺克运动员，曾经四次进入世界斯诺克锦标赛决赛并于 1972 年和 1982 年两次夺冠。希金斯脾气异常火爆，不仅经常酗酒还时常出言不逊。他曾经在英锦赛中头顶裁判，也曾在世锦赛失利后拳打工作人员。

③ 译者注：美国职业棒球大联盟历史上伟大的球星，带领纽约洋基队 12 次进入 MLB 世界系列赛，7 次夺冠，3 次获得 MVP 称号并 16 次进入全明星阵容。但在退役之后，他却屡屡在生意场上碰壁，成为众多明星的笑柄。

> 儿子的一场比赛。这周有媒体爆出当卡雷还是球场的宠儿时，他作为一名成年人仍然拼命努力想得到父母的认同，借此能看得出他的难过。我自己第一次觉得，卡雷是一个真实的人。在所有这一切之前，对我来说他只是一个“国王”，一个不负责任的前橄榄球运动员，一个据说用瓶子扔模特女朋友的花花公子，一个酗酒的人，一个和他最好的队友老婆偷情的人，一个袭警之后希望通过吸食可卡因来逃避问题的人……也许不仅仅是卡雷这个案例，一般来说，我们对橄榄球运动员的要求过于严苛了。特别是那些超级明星们。作为社会来讲，我们需要表现出更多的共鸣，因为在那个时候我们已经要求得太多了。

另外的一些评论员则持怀疑论，他们认为卡雷只是在逃避问题（Dunn，2008），丹顿随后声明卡雷是在“抵赖”（AAP，2008）。《痛苦的真相》记录了卡雷在童年时期被虐待的往事以及他大量吸食毒品并酗酒、尝试自杀、接受治疗等情况，还有女儿对他的极端重要性（这本书献给埃拉，她是我的救世主，也许她自己都不知道——这也是我写这本书的理由）。这本书里面有一张他和埃拉在她两岁时的合照，合照的标题是“我的未来”。这本书同样也为他得到了一些同情分，特别是人们对于埃拉的尊重成为对他的救赎，但就像那次电视采访一样，这些也引发了嘲讽和蔑视：

> 韦恩·卡雷的新书试图重振他的威望，但唯一重振的却是另一个他伤害别人名声的故事——首先是背叛他们，然后靠讲如何背叛而挣钱。胜利，赢了是卡雷的；失败，输了是他的受害者们的。（Morrell，2009）
>
> 韦恩·卡雷已经完成了写作，本·考辛斯用拍摄来记录，安德鲁·阿加西正准备发行。体育明星正排队准备告诉我们他们有缺陷的性格，他们就像其他软弱的人一样会屈服。最有意思的事情就是此时此刻这些运动员假定认为我们对此很感兴趣。这些跟他们其实没有什么关系，他们现在都在使劲告诉我们他们的个人信息，那些之前他们说我们是没资格去了解的信息……卡雷和考辛斯……看上去对他们自己感到抱歉，但也就没别的了。（Smith，2009）

此外，他在《告诉一切》（tell-all）的书中每一个“我的过失”（mea culpa，“I've only got myself to blame”，Carey，2009，p. 113）都被辩解抵消

（“There was no escaping the DNA I inherited”，p. 69）或表达为无法解释的事件［“I was also drawn towards（Kelli Stevens）in a way that I really can't explain”，p. 203］和 AFL 自恋、厌恶、幼稚和充满酗酒的文化的生动范例：

北墨尔本队通过将朱迪·弗朗西斯（Judy Francis）送来以实现拯救的目的，一位长期服务的志愿者……朱迪愿意来我身边做饭……我们……家里有很多女孩儿进进出出，脏盘子到处都是，地板上脏乱得很。（pp. 80 - 81）

我们成功的一大秘诀就是啤酒……酒精在我们的社交生活中扮演了极其重要的角色，在周五晚上比赛结束后我们中的一些人会喝 20 到 30 瓶啤酒，看上去挺壮观的……只要我们赢得比赛，不要做得太过分……袋鼠队的管理层就对此睁只眼闭只眼。（p. 101）

我现在已经是，只要我愿意，我可以跟两名、三名甚至四名女士一起共度良宵。有时候是女人追求我，她们在追求时有时像猎杀者在追捕自己的猎物一般。（p. 191）

一方面，卡雷很清楚橄榄球文化与他在场下行为之间的联系，认为两者不可分割（他时常提及他的橄榄球队友、教练和朋友是“家人”）。另一方面，通过强调他的行为不是犯罪行为，他试图辩解他并非不负责任，而是因为这些行为是橄榄球运动员不可避免的“正常”生活。对于消费大众而言，这种公开认罪的态度和对于橄榄球运动员反社会文化的漫不经心之间的张力逐渐破坏了卡雷所述的意图——他真诚地忏悔并决心弥补——并将重点从“悔悟”转移到“表现”上去了。

大量评论主要聚焦于卡雷（进一步延伸到橄榄球文化中其他的男性运动员）应该怎样表现，在法律前提下他个人和职业方面适合的结局是什么等问题。因此，卡雷的行为和他的悔悟激发了大量关于男性运动员在赛场内外应当如何表现的讨论。

尽管像维尔森和史密斯这样的记者对他不屑一顾，AFL 兄弟对他的态度更多的则是原谅（作为一个精英团队，橄榄球允许坠落的英雄继续保持他无与伦比的地位）。2008 年，卡雷在一本 AFL 为庆祝澳式规则橄榄球诞生 150 周年出版的书里被评为最伟大的橄榄球运动员。接下来那年他先是做了不合“身份”的事，随后被选入 AFL 名人堂。2011 年，卡雷被同辈人投票选为现代运动员中最伟大的球员，他在一场“传奇”比赛中宣布了他的回归，以及可能会当教练或在一支地区队打球的计划。根据他在这场传奇之战中的表现媒体有如下描述：

> “国王”让观众狂喜：每一个人都想目睹韦恩·卡雷的表现，但是“国王”太过安静……卡雷在异性中仍然是一大热门人物，年轻的女士因为他健硕的身体而着迷（Confidential Reporters，2011）。

但是，对于卡雷回归橄榄球界人们也有着复杂的反应，博客中就有这样的帖子：

> 我无法想象会有人想追随这样的人，他也许拥有橄榄球运动的头脑，但教练是需要得到尊重的。卡雷根本不懂一个队伍的意义是什么，他和史蒂文斯的老婆偷情毁掉了一支队伍。他不再是领袖了。
>
> 昨天的比赛已经抛弃了他。在任何俱乐部里，自我和酒精都不是好的搭配，像费沃拉一样，没人愿意与他为伍。
>
> 也许他应该先组织一支女子球队，然后看看会发生些什么。
>
> 注意把你们的老婆看好。（Sheahan，2011）

鉴于这样的回应，很难看到卡雷将他的体育资本连本带利地作注，换来场外的实际救赎，不管他最终在当教练还是球员能取得好的成绩。缺乏参与的行为被视为真正利他的——例如模仿伊安·波萨姆（Ian Botham）爵士，后者在为慈善组织捐助数百万之后，为他颇富争议的职业板球生涯赢得了广泛的赞誉——有趣的是，卡雷的名流商品地位超过了他的体育英雄身份。所以，当公众仍然认可他是一名优秀的橄榄球运动员时，他作为一个曾吸毒和酗酒、有着暴力对待女性的历史（卡雷在他的自传中反复否认这一事情）的人，作为一名个人能力突出但团队合作能力差的橄榄球运动员，这些最能引起人们共鸣。对卡雷来说，救赎只可能在文化形成之内，也就是令他崛起的橄榄球运动，持续建构他为一个可被接受的身份，则公众则可以通过消费来记住他。

原谅他们：他们并不知道自己在做什么

1990 年，AFL 自成立起就成为强大的工业合作社，进一步筹划全球性的扩张（Gullan，2011；Kelly & Hickey，2010）。但是，在对 AFL 商标做品牌营销时，运营官太倚重明星，但体育明星跟大多数名流一样，他们一天 24 小时一周 7 天都被丑闻驱使的媒体及其同谋，即有窥淫欲的观众（席卷新闻集团的手机黑客丑闻成了体现生产和消费关系的缩影），检查是否有违法行为。回到特纳的有关名流再现和话语层面的概念，卡雷的丑闻让一些 AFL 的球星反省自己的反社会行为。以下报告的结论与近期《澳大利亚人》（*Being Australian*）的研究结果一致：

> 参与者们表达了对体育明星恶劣行径的厌恶，这些明星仅仅因为他们的体育成就和英雄地位就在澳大利亚被忽视或者名流化。澳大利亚人也许因为肖恩·瓦伦（Shane Waren）的板球天分、布伦丹·费沃拉或本·考辛斯的橄榄球能力来认可他们，但却不愿意给予他们任何的尊重。（West，2011）

然而，阿布赖特、卡雷、考辛斯和费沃拉带来的怨恨和妖魔化很可能转化为对 AFL 的实质性威胁，这种威胁既可以是一种产业，也可以是一种男性中心主义的文化模式。相反，尽管丑闻频出，但 AFL 仍然是一个受欢迎且有利可图的商品（Hooton，2011；Stevenson，2010）。因为丑闻是由道德的二元化来驱动的，丑闻自从黄金年代（其实从来没有存在过）就有保守的趋势，体育运动是特别成熟的一种怀旧的冲动（Howell，1991）。例如，结构性的暗示（例如卡雷的看守者和对他唯唯诺诺的人）是对卡雷的报道的强大主旋律，跟阿布赖特、考辛斯和费沃拉一样，期待运动员能做起到更好的角色模板的作用。就连写深入报道的体育记者帕特里克·史密斯（Patrick Smith，2009）也说："当卡雷状态糟糕的时候（增加强调），他自己都说自己不是一个角色模板。"

这个简单化和个性化的故事情节与和其他澳大利亚橄榄球运动员相关的性丑闻研究是一致的。厌恶女性和对女性施暴被框架建构为男性个体的一种异常举动，而不是男性与女性体育的制度化权力之间"合乎逻辑"的结果（Mewett & Toffoletti，2008；Philadelphoff-Puren，2004；Rowe，2010；Toffoletti，2007；Waterhouse-Watson，2007，2009）。另一个保守的叙事是卡雷、考辛斯和费沃拉在为多种"成瘾"寻求解决方案的偏见，也支持媒体对老虎伍兹和足球明星瑞恩·吉格斯（Ryan Giggs）丑闻的叙事（Furedi，2011；Hyde，2010；Wente，2010）。弗雷迪认为，一般来说成瘾是一种"文化恋物癖"：

> 西方社会对成瘾已经着迷了，因为很难想象人们可以成为自己命运的作者，因此就指向了人类行为的宿命论阐释。那些认为“人们不能控制”或是“受情绪影响”是对责任标准的一种抛弃……道德独立的想法在贬值，对坏习惯的医疗化能降低人类的自决能力。

另外，丑闻是转瞬即逝的现象，所以违法行为在体育荣耀面前可以轻易被抹去（McKay, Hutchins & Mikosza, 2000; Rowe & McKay, 2011）。亨斯·杜贝基（Hence Dubecki, 2008）提到“原谅并遗忘”的文化，并不只是针对 AFL，也在总体上针对所有澳大利亚的体育运动。

结　论

体育一直都是冷酷无情的、有弹性的、男性的、同性社交的文化形式（McKay, Emmison & Mikosza, 2009; Rowe & McKay, 2003）。例如，AFL 已经在制订旨在培养球员尊重女性的计划，并试图招募更多的女性高管。然而，这种举措却与 AFL 的形象萨姆·纽曼（Sam Newman）在《橄榄球秀》上公然表现出的厌恶女性、惧怕同性恋和种族愚蠢的行为并存（Brooks, 2000）。最近的一个丑闻是关于只穿着内衣的模特卡洛琳·维尔森（Caroline Wilson）的，墨尔本《时代报》（*The Age*）的首席橄榄球记者（Deveny, 2007; Hutchison, 2008; Lane, Perkins & Blake, 2008）。皮特·科斯特罗（Peter Costello），前保守党的联邦财长、墨尔本艾森顿俱乐部的支持者，最近在一份主流的墨尔本日报中写道：“任何头脑正常的父母在听到橄榄球员要去他们女儿的学校做一个小小的动员时都会恐慌。”（Costello, 2011a）在回应接二连三的强烈批评时，科斯特罗（Costello, 2011b）不思悔改地谴责 AFL 的选手经理里奇·尼克松（Ricky Nixon），他穿着内裤与一名 17 岁女孩在酒店开房的情形被拍下来了（Stuchbery, 2011）。科斯特罗强调，“有一些选手在经历过尼克松事件之后情况稳定下来，而后又出现毒品问题——本·考辛斯、韦恩·卡雷和加里·阿布赖特都是如此”。

对体育明星在赛场内外表现的详细审查意味着他们名流商品的地位只会不断增长，并有了更多庆祝和推销自我的机会。这些沆瀣一气的体育明星们意识到大众传媒圈的规律，以庆祝开始，以救赎结束，会拓展新路来确保他们的文化、媒体和商业关联性，运用各种工具在赛场内外表演——从蔑视到忏悔——以维持他们的可见性和文化购买力（Turner, 2007, p. 197）。最好的证明就是卡雷在《痛苦的真相》一书中的致谢，他感谢了尼克松和他的前任经纪人，称安东尼·麦克康维尔（Anthony McConville）“管理我的事务，有时，管理我的人生”。这恰如其分地概括了将坠落的体育明星坚决地退回到同性社交模式之内以促进和保护他们之前的投资，来实现名流商品化的重复和持续不断的庆祝与救赎圈。

参考文献

AAP. (2008, March 28). Wayne Carey is in denial, Denton says. Retrieved from http://news. ninemsn. com. au/national/418770/wayne - carey - is - in - denial - denton - says.

Bedo, S. (2009, September 19). Wayne has ex climbing the wall. *Gold Coast Bulletin*. Retrieved from http://www. goldcoast. com. au/article/2009/09/19/138975_ gold - coast - news. html.

Brooks, K. (2000). "More than a game": The Footy Show, fandom and the construction of football celebrities. *Football Studies*, 3 (1), 27 - 48.

Carey, W. (2009). *The truth hurts*. Sydney, Australia: Pan Macmillan.

Confidential Reporters. (2011, July 6). Victoria pip All-Stars in E. J. Whitten Legends match. *Herald Sun*. Retrieved from http://www. heraldsun. com. au/sport/afl/vics - pip - all-stars - in - ejwhitten - legends - match/story - e6frf9jf - 1226088441095.

Costello, P. (2011a, February 16) Hard to be charitable about sports stars' philanthropy. *The Age*. Retrieved from http://www. theage. com. au/opinion/society - and - culture/hard - to-becharitable - about - sports - stars - philanthropy - 20110215 - 1av1r. html # ixzz1RNOgLdtS.

Costello, P. (2011b, March 2). Big men fly into a fury at those who dare question the AFL. *The Age*. Retrieved from http://www. theage. com. au/opinion/society - and - culture/big - men - flyinto - a - fury - at - those - who - dare - question - the - afl - 20110301 - 1bd44. html.

Deveny, C. (2007, June 16). Bankrupt orgy of male chauvinism. *The Age*. Retrieved from http://www. theage. com. au/news/tv—radio/bankrupt - orgy - of - male - chauvinism/ 2007/06/14/1181414462054. html.

Dubecki, L. (2008, February 2). Carey and the forgive-and-forget culture. *The Age*. Retrieved from http://www. theage. com. au/news/opinion/carey - and - the - forgiveandforget - culture/

2008/02/01/1201801032986. html.

Dunn, E. (2008, March 28). Carey ducks, weaves in Denton interview. *The Sydney Morning Herald*. Retrieved from http://www. smh. com. au/articles/2008/03/27/1206207302482. html.

Enough Rope. (2008, March 31). Wayne Carey. Retrieved from http://www. abc. net. au/tv/enoughrope/transcripts/s2201719. html.

Football Fans Against Sexual Assault (FFASA). (2005, February). *Towards Champions: A Better Culture, A Better Game*. Submission to Australian Football League and National Rugby League. Retrieved from http://fulltext. ausport. gov. au/fulltext/2005/ffasa/Towards%20Champions - summary. pdf.

Furedi, F. (2011, June 22). Is Ryan Giggs a Lothario or a sick man in need of help? *Spiked*. Retrieved from http://www. spiked - online. com/index. php/site/article/10628/.

Gullan, S. (2011, July 7). Aussie rules dreams of going global. *The Courier-Mail*. Retrieved from http://www. couriermail. com. au/ipad/aussie - rules - dreams - of - going - global/story - fn6ck6f9 - 1226089200681.

Halloran, J. (2008, April 5). Worlds should not collide when stars fall from grace. *The Sydney Morning Herald*. Retrieved from http://www. smh. com. au/news/sport/worlds - should - notcollide - when - stars - fall - from - grace/2008/04/04/1207249454736. html.

Hinds, R. (2008, February 2). Wayne's World won't go into receivership. *The Sydney Morning Herald*. Retrieved from http://www. smh. com. au/news/sport/waynes - world - wont - go - intoreceivership/2008/02/01/1201801033719. html?page = fullpage.

Hooton, A. (2011, March 21). Andrew Demetriou: the goal-kicker. *Brisbane Times*. Retrieved from http://www. brisbanetimes. com. au/afl/afl - news/andrew - demetriou - the-goalkicker - 20110321 - 1c34a. html.

Howell, J. (1991). 'A revolution in motion': advertising and the politics of nostalgia. *Sociology of Sport Journal*, 8 (3), 258 - 271.

Hutchison, T. (2008, May 3). Boys will be boys is not good enough. *The Age*. Retrieved from http://www. theage. com. au/news/opinion/boys - will - be - boys - is - not - good - enough/2008/05/02/1209235151933. html.

Hyde, M. (2009, December 11). Forget moralising golf nuts. Silence is Tiger's most exciting statement yet. *The Guardian*. Retrieved from http://www. guardian. co. uk/commentisfree/cifamerica/2009/dec/11/silence - tigers - most - exciting - statement.

Hyde, M. (2010, February 24). Will Tiger be on his game after rehab? *The Guardian*. Retrieved from http://www. guardian. co. uk/sport/blog/2010/feb/25/tiger - woods - sex.

Kelly, P., Hickey, C. (2010). Professional identity in the global sports entertainment industry: Regulating the body, mind and soul of Australian Football League footballers. *Journal of Sociology*, 46 (1), 27 - 44.

Kent, M. (2008, February 3). Men behaving badly. *The Age*. Retrieved from http://www.theage.com.au/articles/2008/02/02/1201801098929.html.

Kogoy, P. (2006, February 24). Love-rat Carey splits from patient wife. *The Australian*, p. 5.

Lane, S., Perkins, M., Blake, M. (2008, May 1). Nine deaf to AFL's most powerful women over *Footy Show* sex code. *The Age*. Retrieved from http://www.attitude.com.au/attitudearticles/2008/5/1/nine - deaf - to - afls - most - powerful - women - over - footy - show - sex - code/.

Le Grand, C. (2002, March 16). Cost of life in Wayne's world. *The Australian*, pp. 1, 6.

Masters, R. (2004, March 24). A tough ask, juggling egos and economics. *The Sydney Morning Herald*. Retrieved from http://www.smh.com.au/articles/2004/03/23/1079939649814.html.

McGrath, N. (2010, October 12). Boy George: 'Jail's like school but you can' t leave.' *The Guardian*. Retrieved from http://www.guardian.co.uk/music/2010/oct/12/boy-georgeinterview.

McKay, J., Emmison, M., Mikosza, J. (2009) Lads, larrikins and mates: Hegemonic masculinities in Australian beer advertisements. In L. A. Wenner & S. J. Jackson (Eds.), *Sport, Beer, and Gender: Promotional Culture and Contemporary Social Life* (pp. 163 - 180). New York, NY: Peter Lang.

McKay, J., Hutchins, B., Mikosza, J. (2000). 'Shame and scandal in the family': Australian media narratives of the IOC/SOCOG scandal spiral. *Olympika: The International Journal of Olympic Studies*, *IX*, 25 - 48.

McKay, J., Roderick, M. (2010). "Lay down Sally": Media narratives of failure in Australian sport. *Journal of Australian Studies*, 34 (3), 295 - 315.

Mewett, P., Toffoletti, K. (2008). Rogue men and predatory women. Female fans' perceptions of Australian footballers' sexual conduct. *International Review for the Sociology of Sport*, 43 (2), 165 - 180.

Morrell, S. (2009, October 26). Carey book just adds to the pain. *Herald - Sun*. Retrieved from http://www.news.com.au/opinion/carey - book - just - adds - to - the - pain/story - e6frfs99 - 1225791172346.

Philadelphoff-Puren, N. (2004). Dereliction: Women, rape and football. *Australian Feminist Law Journal*, 21, 35 - 51.

Rowe, D. (2010). Attention la femme! Intimate relationships and male sports performance. In

L. K. Fuller (Ed.), *Sexual Sports Rhetoric: Global and Universal Contexts* (pp. 69 – 81). New York, NY: Peter Lang.

Rowe, D., Gilmour, C. (2009). Lubrication and domination: Beer, sport, masculinity, and the Australian gender order. In L. A. Wenner & S. J. Jackson (Eds.), *Sport, Beer, and Gender: Promotional Culture and Contemporary Social Life* (pp. 203 – 221). New York, NY: Peter Lang.

Rowe, D., McKay, J. (2003). A man's game: sport and masculinities. In M. Donaldson & S. Tomsen (Eds.), *Male Trouble: Looking at Australian Masculinities* (pp. 200 – 216). Melbourne, Australia: Pluto Press.

Rowe, D., McKay, J. (2011). Torchlight temptations: Hosting the Olympics and the global gaze. In J. Sugden & A. Tomlinson (Eds.), *Watching the Olympics: Politics, Power and Representation* (pp. 122 – 137). London, UK: Routledge.

Rule, A. (2008a, February 3). Dark side of the hoon they called the King. *The Age*. Retrieved from http://www.theage.com.au/news/national/dark – side – of – the – hoon – they – called – the – king/2008/02/02/1201801098872.html.

Rule, A. (2008b, February 3). Pariah Carey—a life of near hits and many misses. *The Age*. Retrieved from http://www.theage.com.au/news/national/pariah – carey—a – life – of – near – hitsand – many – misses/2008/02/02/1201801098833.html.

Schembri, J. (2010, August 23). Ben Cousins doco a warning to the young. *The Sydney Morning Herald*. Retrieved from http://www.smh.com.au/entertainment/blogs/cinetopia/bencousins – doco – a – warning – to – the – young – 20100823 – 13ief.html.

Sheahan, M. (2011, June 23). Wayne Carey declares his hand for coaching. *Herald Sun*, Retrieved from http://www.heraldsun.com.au/sport/afl/wayne – carey – declares – his – hand – forcoaching/story – fn8ymmuy – 1226080923087.

Smith, P. (2009, October 29). Addiction to spilling one's guts. *The Australian*. Retrieved from http://www.theaustralian.news.com.au/story/0,25197,26273797 – 21147,00.html.

Smith, P. (2010, March 13). Find a cure for the Fevola virus. *The Australian*. Retrieved from http://www.theaustralian.com.au/news/opinion/find – a – cure – for – the – fevola – virus/storye6frg6zo – 1225840222026.

Stevenson, A. (2010, July 10). If only we played the same code. *The Sydney Morning Herald*. Retrieved from http://www.smh.com.au/world – cup – 2010/world – cup – news/if-only – we – playedthe – same – code – 20100709 – 103z1.html.

Stewart, C. (2008, January 31). King Carey falls back to earth. *The Australian*. Retrieved from http://www.theaustralian.news.com.au/story/0, 25197, 23135648 – 5012432, 00.

html.

Stuchbery, M. (2011, June 9). Addicted to cheap, sordid scandals. *The Drum*. Retrieved from http://www. abc. net. au/unleashed/2752644. html.

Sunday Night. (2011, May 1). Fallen star transcript. Retrieved from http://au. tv. yahoo. com/sunday - night/transcripts/article/ - /9306077/fallen - star - transcript/.

Toffoletti, K. (2007). How is gender-based violence covered in the sporting news? An account of the Australian Football League sex scandal. *Women's Studies International Forum*, 30 (5), 427 - 438.

Turner, G. (2004). *Understanding Celebrity*. London, UK: Sage.

Turner, G. (2007). The economy of celebrity. In S. Redmond & S. Holmes (Eds), *Stardom and celebrity: A reader* (pp. 193 - 205). London, UK: Sage.

Turner, G. (2010). Approaching celebrity studies. *Celebrity Studies*, 1 (1), 11 - 20.

Turner, G., Bonner, F., Marshall, P. D. (2000). *Fame Games: The Production of Celebrity in Australia*. Cambridge, UK: Cambridge University Press.

Waterhouse-Watson, D. (2007). All women are sluts: Australian rules football and representations of the feminine. *Australian Feminist Law Journal*, 27, 155 - 162.

Waterhouse-Watson, D. (2009). Playing defence in sexual assault 'trial by media': The male footballer's imaginary body. *Australian Feminist Law Journal*, 30, 109 - 129.

Wente, M. (2010, February 19). The road to redemption goes through rehab. *The Globe and Mail*. Retrieved from http://www. theglobeandmail. com/news/opinions/the-road-toredemption-goes-through-rehab/article1475137/.

West, A. (2011, June 25). Who do you think you are? *The Sydney Morning Herald*. Retrieved from http://www. smh. com. au/opinion/society - and - culture/who - do - you - think - you-are - 20110624 - 1gjjh. html.

Wilson, R. (2010, April 3). Sinners are grinners. *The Daily Telegraph*. Retrieved from http://www. dailytelegraph. com. au/sport/sinners - are - grinners/story - e6freyar - 1225849030608.

第19章　旋转失控：哈巴杨·辛格，后殖民时期的板球名流与“复仇叙事”

大卫·洛弗[1]

要实现坠落，体育英雄当然必须先攀上巅峰。但这并不总是简单的上升与坠落的契约问题。在部分演员和观众的眼中是耻辱分明的事情，别人看来也许就是胜利，至少在公平的前提下是情有可原的状况。这是重要的，就像在所有情况下的阐释与判断，都要在违法和潜在冲突的前提下来进行解读。同样重要的是需要承认人们受尊重的程度并不是不可动摇的——举例来说，救赎的想法已经深深地印刻在传媒体育丑闻的自然历史上（Rowe，1994，1997）。这个过程不仅可以在个人主体中找到，同时也可以在更广阔的社会领域中找到。例如，斯坦利·科恩（Stanley Cohen，1973）在他著名的、影响力巨大的著作《民间鬼怪与道德恐慌》（*Folk Devils and Moral Panics*）中描述了社会问题（例如亚文化暴力和吸毒）是如何被社会反应“放大”（通过媒体、警察、司法、政客和各种“道德企业家”来分节）从而产生“道德恐慌”，创造必须在社会秩序下来处理的“民间鬼怪”的（也见 Critcher，2003；Thompson，1998）。在大多数情况下，科恩所提到的（pp. 202 - 203）道德恐慌失去动力（危机不能持续升级）和民间鬼怪的威胁性随着时间和成熟度的提升而变小，导致了他所谓的“衰减”（deamplification）[尽管据推测，可能是“再放大”（reamplification）的潜意识主题] 的过程。

一个类似的过程可能发生在放大或衰减的体育名流的媒体丑闻中，当突然高涨的恶名制造了必要的民间鬼怪和道德恐慌的时候。例如，老虎伍兹“事件”（在本书前述部分已有讨论）不仅没有在媒体和公众话语中被广泛

---

① 大卫·洛弗（英国埃塞克斯大学博士），西悉尼大学文化与社会研究所教授。他已经发表了百余篇重要期刊论文，出版过10余部体育传媒方面的著述，其中有两本已经在中国出版。他的研究横跨传播学、社会学和文化研究领域。E-mail：d. rowe@ uws. edu. au。

地谴责，同时还提供了一个全球范围内在更广泛的性别秩序中解决运动员道德危机的机会（Rowe，2011a）。但是，激增的庞大数量的媒体报道，导致伍兹对他的系列性不忠事件的公开道歉成为国家电视台新闻简报在8月的主要内容，国家广播机构譬如BBC（Thomas，2010）就不能把2010年2月的新闻无限期地持续下去。

虽然不是相同的全球秩序，这一章的主题也是关于媒体叙事，关于印度板球队员哈巴杨·辛格在2008年年初获得的大量的媒体报道，特别是在印度和澳大利亚。这是在演讲中经常提到的球场内事件（最臭名昭著的例子是齐达内与马特拉齐在2006年FIFA德国世界杯决赛中的冲突），材料是否属实是有争议的。但简而言之，在悉尼进行的新年板球测试赛的印度队与澳大利亚的比赛中，据说辛格称呼一名出生在英国，拥有澳大利亚国籍并具有加勒比非洲裔和白人血统的板球队员安德鲁·西蒙兹（Andrew Symonds）为“猴子”（Rowe，2011b）。如果事情属实，那么这是一起恶劣的种族侮辱事件（西蒙兹声称他已经接受了这一称呼，在稍早前去印度的途中，辛格和另外一些观众就这么叫过），板球界权威要求执行纪律处罚。澳大利亚队长里奇·庞汀（Ricky Ponting）提出了针对辛格的正式投诉，辛格被指控犯了“根据一个人的种族、宗教、性别、肤色、血统或国家或民族起源，使用语言或手势，冒犯、辱骂、侮辱、恐吓、威胁、贬低或诽谤他人”的罪行。需要特别注意的是，这是所谓的不同肤色的板球手之间的种族侮辱，并不像早期澳大利亚板球手达伦·莱赫曼（Darren Lehmann）和斯里兰卡队之间的种族诽谤丑闻（Knox，2003）。辛格最初被判有罪并被禁赛三场——尽管这并不是故事的结局。但在继续阅读哈巴杨·辛格与“猴子”之间的丑闻之前，有必要向那些并不熟悉他的人介绍他的板球名流身份，描述他的背景和促进板球运动知名度提升的功绩。

印式炸菜饼的崛起

1980年出生在旁遮普邦一个中产阶级家庭的哈巴杨·辛格是家里唯一的男孩儿，他还有5个姐妹（Coomber，2008；“The Renaissance of Harbhajan”，2001）。人们都期待他长大后能接手家族生意，一个球轴承和阀门厂。尽管如此，在印度板球的文化魅力非同小可（Majumdar，2004），他受到父亲的鼓励，追求他对板球的浓厚兴趣（Mukhopadhyay，2010），他们一度希望他能成为国际板球手。

> 我从小就对板球充满热情。我父亲的梦想就是我应该打板球。实际上，他对我参与任何体育项目都非常热情。
>
> 父亲希望我表现优异让他和全家族都为我骄傲，他希望我让旁遮普邦和整个国家都感到骄傲。神眷顾并赋予我做好一些原本想都不敢想的事情所带来的狂喜。(Nagpal，2007)

这篇通俗的媒体文章具有讽刺意义，这是规规矩矩的兴高采烈的"正面报道"类型的声明，"辛格坚信一个人应该为他的目标而努力奋斗。神也在测试人们，但一个人应该在生活中有耐心，最终一定会有回报的"(Nagpal，2007)。关于辛格回应这场测试的耐心程度表现如下：

最初，辛格在他的第一个教练查兰吉特·辛格·布拉（Charanjit Singh Bullar）的带领下作为击球手进行训练，教练去世后由达文德·阿洛拉（Davinder Arora）继任，辛格开始作为旋转投球手培养并成名。1998 年，年仅 17 岁的辛格在班加罗尔的一场与澳大利亚的测试赛中首次登场亮相（"Harbhajan Singh：Timeline"，日期不详），但由于打法与球队不一致和伤病原因在几年内都未能成为主力球员。他从 2007 年年末到 2010 年才逐渐成为国家队主力球员和旋转投手，但自那时起球队的选拔却比较失常。早期态度和行为上的困难符号会在紧张的比赛中影响他的选择。2000 年他在班加罗尔的国家板球学院受训，后来因为拒绝会见学院的人以及逃避身体锻炼等纪律原因被开除（"Harbhajan's List of Controversies"，2009）。然而，辛格[在队友、本地媒体和球迷中的绰号是"炸菜饼"（Bhajji）]声称他是因为认为学院提供的食物缺乏营养和质量，于是他把学院的饮食图撕掉以示抗议(Gupta，2010)。随后，（毫无因果联系）辛格的父亲去世，他只有 20 岁就要负担家庭的责任（Mukhopadhyay，2010），想过放弃自己的运动生涯，甚至准备移民北美去追求一份卑微工作或体力劳动，返回来供养自己在贾朗达尔（Jalandhar）的家。但在一年之内，在得到队长苏拉夫·甘谷利（Sourav Ganguly）的公开支持后，他被召回国家队成为旋转投手阿尼尔·昆布雷（Anil Kumble）的替代者（Gupta，2010）。由于辛格的火爆脾气，在 1998 年的处子秀对阵澳大利亚队的一日系列赛时，他与澳大利亚队长里奇·庞汀在一场口舌之战后，被罚款和责难声镇压（"Harbhajan's List of Controversies"，2009）。

作为一名锡克教徒，哈巴杨·辛格的身份认同和印度教在这个国家占据的统治地位，令他的体育英雄身份复杂化，尤其是考虑到典型的锡克教徒经常容易愤怒和具有侵略性。因此，他被部分媒体类型化为“鲁莽的板球运动员——因违纪行为被国际板球理事会罚款六次，还被板球专栏作家皮特·罗埃巴克（Peter Roebuck）描述为暴躁的锡克族勇士”（Ray，2008），反映出锡克教徒在印度的文化定位中“局外人”的地位。这不仅是一种刻板印象，同时也体现了近年来深刻的政治问题，特别是1984年锡克教分裂分子利用阿姆利则[①]（Amritsar）的金色庙宇存储武器，印度军队袭击了庙宇并杀害了数百位平民。随后锡克教人暗杀了时任总理英迪拉·甘地（Indira Gandhi），行凶者正是她身旁的保镖，随后发生了数以百计的针对锡克教徒的仇杀，并摧毁了他们的聚居地（Khullar，2009）。这些可怕的事件在表面上仍然维持印度教和锡克教的亲近关系（在印度，印度教人口是锡克教人口的50倍），在印度的锡克教徒（和他们的移民社区）目前仍然以否认公平的名义在联合国人权委员会请愿（Singh，2011）。

同时，哈巴杨·辛格被要求和锡克教的敏感分子谈判，比如当他在2006年为代言一个威士忌品牌制作的广告中没有戴头巾而引发宗教攻击（“Harbhajan in ‘Hair’ Controversy”，2006）。尽管如此，他的次级少数民族的身份还是被他在印度职业板球界的特别名流身份压倒［更别说他同时为印度板球超级联赛（IPL）最有价值球员，成为世界上被奖励数额最多的运动员］，而这通常是与他们实际的板球比赛能力不相符的（Marqusee，2008；Rowe & Gilmour，2009；Srinivasa-Raghavan，2010）。辛格的出色但多变的表现令人印象深刻，不过，这与他活跃的声望是匹配的。

“锡克族勇士”的形象特别适合当前的印度板球时代，摆脱了帝国统治的束缚，自誉为游戏的主导力量（Appadurai，1996；Majumdar，2004，2007；Williams，2001）。几十年来，国际板球理事会（ICC）都是由白种人中的英格兰的王权和前殖民地澳大利亚、南非和新西兰的白种盎格鲁定居者统治的（见Wagg，2008）。然而，20世纪后半叶印度在经济和政治领域的“亚洲崛起”同样在其板球事业中体现出来。新兴媒体板球市场利用自身的优势（通常是无情的）与次大陆同伴（巴基斯坦、斯里兰卡和孟加拉国）以及西印度群岛一道，与白种人王权中心最显著的标志、板球法则的“监护人”

---

① 译者注：印度北方城市，锡克教的圣地。

马利勒伯恩板球俱乐部（MCC）展开了争夺控制权的斗争（Mehta，Gemmell & Malcolm，2009）。

出于印度在政治和经济力量方面的期望，在球场上，他们的板球运动员应该更加自信和具有侵略性，而不是像他们的前辈一样恭敬和被动。澳大利亚队应该是印度队近年来竞争对抗最激烈的球队。澳大利亚板球极具侵略性，特别是在队长史蒂芬·瓦格（Stephen Waugh）的带领下，他们的团队寻求“精神崩溃”的对手（Rowe，2011b）。因此，辛格倾向于以粗暴的风格和敌对行为（有时会招致纪律处分）来对抗澳大利亚队（以及其他球队，例如南非队）一直是他体育名流身份的一个重要元素。在这里我所说的“后殖民复仇叙事”将哈巴杨·辛格定位为“坏男孩”，他帮助印度板球在其次级历史和当今的霸权之间实现一种突破。因此，2008 年当他在主场比赛中卷入与澳大利亚板球运动员的冲突招致官方处罚时，他在印度被广泛认为既是英雄也是受害者。具有讽刺意味的是，当辛格被西方板球媒体谴责为顽固的、粗鲁的种族主义者时，他在自己祖国媒体中的知名度却大大提升。就如同下面论述的一般，他的名流地位在不同地点和时间各有上升和下降。

“裹头巾者”的暂时堕落

“猴子”事件引发了印度和澳大利亚两国媒体和体育界之间的“外交事件”，澳大利亚的多名运动员和他们的媒体表达了愤怒。印度媒体和板球运动的领军人物，前任印度队队长和时任国际板球理事会板球委员会主席的桑尼尔·加瓦斯卡（Sunil Gavaskar），提出了以“裹头巾者”（主要是西方记者使用的绰号）相应的防御办法。加瓦斯卡在《印度斯坦时报》（*Hindustan Times*）中写道：“数以百万计的印度人想知道这是否是一个‘白人’使用的针对‘棕色人种’的‘白人词汇’。”（引自 Brown，2008；“Gavaskar Denies Racism”，2008）伴随着对辛格带有种族歧视的断言，加瓦斯卡然后提出了一个明确的论点赞成世界板球的后殖民主义新秩序：

> 英格兰和澳大利亚两国在国际板球比赛中独大的日子一去不复返了。尽管恐龙还没有睁开眼睛来看看这现实。板球世界发现印度不再是不同的声音，而是越来越有自信，知道什么对板球运动更好并将努力实现它。（Gavaskar，as quoted in“Gavaskar Slams Anglo-Australian”，2008）

国际板球理事会申诉专员、大法官约翰·汉森（John Hansen）支持上诉反对种族主义和制裁辛格（指控降为使用“侮辱性语言”），随后出台一篇针对幕后的妥协报告。由于“烟枪”证据的缺席，以及在猴子在印度的有象征意义地位这种文化差异的背景下仔细思忖，譬如，猴子在印度象征猴神哈努曼（Hanuman），同时也有一种说法是，如同齐达内一般是听错了，辛格冲着西蒙兹叫“teri maki”（印度语中的“mother fucker”），后者听起来可能像“大猴子”（big monkey，Pierik，2008）。仅仅用猥亵性语言指涉另一位球员乱伦，可能还不会被看作更严重的侵犯。汉森指出，西蒙兹的攻击行为导致了争议，具有讽刺意味的是，西蒙兹没有考虑到辛格之前在《行为规范》方面的违规行为，这意味着西蒙兹只是应该被罚款而不是被禁赛，他应该受到的是国际板球理事会更轻一些的处罚。印度板球管理委员会（BCCI）一行人暂停了行程，并威胁要全队飞回印度是很明确地在体育领域里展示强硬态度的做法，这也影响了最后的结果。

哈巴杨·辛格因此在这场危机中成了一名胜利者，他在西方媒体中受到谴责（例如，见 Booth，2008；Coomber，2008）代表着褪色的白人政权下印度媒体对印第安人的历史偏见（例如，见 Robinson，2008）。只有很小一部分印度记者对这一结果持保留意见：

> 在悉尼，一股民族主义热情的浪潮被错误地释放了。哈巴杨是在澳大利亚系列赛中印度队里表现最糟糕的且有严重管理问题的球员，他配不上“受伤的烈士”的称号。印度委员会在压力下展开的调查未能找到他对安德鲁·西蒙兹实施种族诽谤的证据。但众所周知，澳大利亚板球队已经嘱咐自己的球员不要再展现更多的好战的姿态。如果印度弃赛将会失去5 000万澳元的收入，这意味着所有对种族主义的零容忍政策的讨论仍然只是说说而已。
>
> 部分媒体和球迷把哈巴杨视为巴加特·辛格（Bhagat Singh，1931年被绞死的自由斗士和革命者），这是非常令人沮丧的，他不过是一位脾气暴躁的表现不佳的，并胡乱问候同行的母亲或称呼别人为猴子的板球球员。（Premachandran，2008）

相应的，一些西方记者发现澳大利亚球员因为“粗糙的正义”接受一点他们给予其他人的对待方式（Roebuck，2008），虽然有一些人可能无情地认为他们是“西方人”而不是澳大利亚人（例如，见 Hopps，2008）。

不过辛格的坠落不是来自于国际对手的对抗，而是之后跟一位印度队队友同时也是 IPL 的对手之间的对抗。悉尼与西蒙兹的冲突发生不到 4 个月，在 2008 年 4 月底的印度板球超级联赛中，他所在的孟买印度人队和旁遮普国王 11 队之间比赛的最后阶段，作为场上队长的辛格在两队握手时掌掴了他的国家队队友和 IPL 对手山塔库拉兰·斯里山特（Shanthakumaran Sreesanth），致使其当场落泪（“Bhajji ‘Slaps’ Sreesanth”，2008）。辛格被禁止参加赛季剩余的所有比赛，合同工资的一部分款项被扣留，并被 BCCI 处以最大限度的禁赛五场单日国际赛的惩罚。辛格还被警告，鉴于他的不良纪律记录，将来任何不当行为都将导致 BCCI 对他实行终身禁赛（Lalor，2008）。尽管斯里山特在比赛中也表现得很有侵略性，但没有任何媒体或球员组织支持辛格。激发了大众一丝同情的抵抗后殖民动力，甚至之前在澳大利亚人面前（他们以前也被英国殖民统治）的辩护也随之消散——对抗外人的“战争”很快就变成了“国内”冲突，民族英雄气概衰减到自私任性的程度。

在随后的采访中，辛格只提供了一个针对他混乱的职业生涯中各种行为来说刚刚及格的道歉。举例如下：

> 发生在悉尼的事件只是聚沙成塔的一个例子，他们不喜欢人们议论队员，但当人们议论其他队员时他们的表现是最恶劣的。我不喜欢那些听到这种暴行却仍然保持沉默的人。我是来打球的，不是来受气的。如果他们用暴力对待我，我亦会如此对待他们……首先，他们的言谈很正常，但当谈话私密化以后，我也会变得个性化，但我从来没有说过他们诟病我的那些话。（引自 Gupta，2010）

在承认对澳大利亚队员说过令人不愉快的话语之后，辛格标出了他个人方式和行为上的区别，前几代的印度板球运动员没人这么“反击过他们”。就像印度记者哈沙·伯格勒（Harsha Bhogle）所描述的：

> 当我还是个孩子的时候，我由来已久的记忆是来访印度的记者和板球运动员都会拿我们开玩笑。
>
> 我们是一个正在发展中的国家，我们缺乏自信，我们的内心不甘但也接受了。新一代的印度人可不接受这一切，他们更加自豪，更加自信，也会更加成功。（Bhogle，2008）

辛格显然没有“内心不甘”，他必须“承受暴力再保持沉默”。后殖民主义复仇叙事从来不被允许在这之中采用，尤其考虑到殖民统治者“分而治之”的策略。这内外的二元结构清晰地勾勒了辛格对与斯里山特发生肢体冲突后的反应：

> 我跟他打了一架。不管怎么说我做的都不对。但是教练跟我谈话，他说我只希望你忘记刚发生的，我们必须确保大家都开心——你开心，队伍也开心，斯里山特也开心。我们就像一家人一样，肯定也会有争吵。我们需要像加里·基尔斯滕[①]（Gary Kirsten）那样的人，能明白我们不光只是打球，还得像一个家庭一样。（引自Gupta，2010）

这里当然能听出一个反讽来。一个南非白人（基尔斯滕）通过舒缓内部冲突来维护“家庭”，而另一个［普罗科特（Procter）］在外部压力的前提下让一切都过去了，用上述的加瓦斯卡的话来说，含蓄地“用白人的话来对付‘棕色人种’”。“在悉尼，不同肤色的人种（西蒙兹）并不是这样被看待的”，一位跟印度板球队关系亲密的助手说。“对印度人来说他并不是黑人，他只是个澳大利亚人。”（引自Coomber，2008）西蒙兹身上的澳大利亚特质掩盖了他与辛格和其他印度队员之间潜在的亲密关系。辛格持续地蔑视（符合客观标准的时候）印度爱国者对他的支持。当他被非印度人谴责为可耻的时候，他更习惯（或更舒服）于顺从的印度人而不是不妥协的印度人。印度可以借此事件的契机提醒人们传统权力的衰败，尤其是通过符号性的奖励来表达这一点。当辛格在莫哈里（Mohali）掌掴斯里山特的时候，将弹药交到了敌人手里，他的叛逆行为不可能不被爱国者们惩罚。

结论：坠落之后的回归

哈巴杨·辛格很快“重返”印度板球界。尽管他也许拥有国际板球历史上最糟糕的纪律记录（有些被光荣地记录在“Harbhajan's List of Controversies”，2009），他作为投球手和击球手的才能以及在国际板球界的认知度，使其在仅仅几个月之后就重返赛场。他因为开着自己黑色悍马车却没有正确展示车牌被罚款而再次受到关注（“Bhajji's Hummer Enters Police

---

① 译者注：南非功勋板球运动员，退役后于2008—2011年执教印度国家板球队，把印度队很好地团结在一起。2011年后被南非国家队聘为主教练。

Records”, 2009)，因未支付 IPL 的特许经营销售收益的税款被中央消费税部门发出缴税通知（“Bhajii Evades Tax”, 2011)，这都是板球名流的常态表现。尽管如此，在他持续至今的职业生涯中，“炸菜饼”和“裹头巾者”的绰号让他在世界板球界名声大噪。在“解读”一个全新的国际板球秩序的背景时，如果不用比较的方式敏锐地意识到辛格的存在，我们是不可能分析性地阐释出他的辛勤工作在社会文化意义上的重要性的。

这一章开始就提到科恩（Cohen, 1973）有意义的著作《民间鬼怪与道德恐慌》，提出了一种解读名流传媒体育丑闻解剖结构和节奏的方式，这种方式在显著的道德焦虑的社会中（确实产物）表现为文化的犯罪者。丑闻一旦扩散，其他感兴趣的机构会有相关的话语干预。经过一段时间的关于名流坠落高强度的传媒关注以及公众对他们的影响或符号共鸣的关注，通常会有由疲惫引发的一段关注度的去放大化，尽管有在新形势下存在复苏的可能性。当被指控种族主义和不妥当行为时，哈巴杨·辛格变成了，简单地说，就是西方关注板球运动媒体的一个民间魔鬼（并不局限于体育版面）。在这些话语的建构之下，当那些下层意识到他们新得到的统治力时，在后殖民主义之下他就开始象征“殖民卫队”的负面结果（Bale & Cronin, 2003; Malcolm, Gemmell & Mehta, 2010; Rumford, 2007)。但在非西方的媒体和公众领域里，民间魔鬼更接近于民间英雄——也许有缺陷但是很管用。

在这一点上，另一位顶尖的社会学家的理论也被用于框架理论，他就是皮埃尔·布尔迪厄（Pierre Bourdieu)。在他的各种研究中，包括他最享有盛誉的《区隔》（Bourdieu, 1984)，布尔迪厄描述和分析了体现性情的社会演员（很大程度上是无意识的）承担的方式与结构化他们生活元素的相关性（Tomlinson, 2004)。他称这个为惯习（habitus)，可以合理地认为辛格是其中的代表，在他的体育场域表现中，一个印度板球运动员不同的“新”的惯习通过惊人的自谦和相对被动的态度体现出来，板球的时代的确是由白人、帝国中心和殖民地的白人定居者来统治的。换句话说，辛格激烈的、挑衅的和表面上具有侵略性的打板球的方式开始呈现——至少是在炙热的澳大利亚板球场域上会表现得很有意义——板球界的新秩序，次大陆并不会为了展示和运用政治和经济实力而道歉（Gupta, 2004)。

估计全世界实际上 80% 左右的板球收入都来自印度，甜蜜的后殖民复仇能够被（a）以漫不经心的态度嘲笑曾经统治板球的势力，（b）通过取消利润丰厚的行程来展示打破与相关机构合作的意愿，（c）以前所未有的报酬来引诱对手最具实力的队员，高度戏剧化、快餐式的版本打破西方发明的板球项目——由 20 支球队参加的 IPL（Haigh, 2010; Rowe, 2011a）。板球所表现出来的并不是那么吸引人，但是它新获得的权力却赤裸裸地展现出来。哈巴杨·辛格首次在逆境中爆发出实力而上升，但又很快地坠落，因为他让人们明白了世事无绝对，是可以自相矛盾的。在他被惩罚刚刚三个月后，他重获新生，尽管如果他再次掌掴队友或冒犯后殖民主义复仇叙事中掌管当代板球名流沉浮的规则中的任意一条，他会就面临达摩克勒斯之剑（Sword of Damocles）——被处以终身禁赛的惩罚。

致　谢

作者想要感谢韦巴·巴塔莱·乌帕蒂埃（Vibha Bhattarai Upadhyay）为本章的撰写提供的协助。

参考文献

Appadurai, A. (1996). *Modernity at large: Cultural dimensions of globalization*. Minneapolis, MN: University of Minnesota Press.

Bale, J., Cronin, M. (Eds.). (2003). *Sport and postcolonialism*. Oxford, UK: Berg.

Bhajii evades tax; Central Excise and Taxation Department issues notice. (2011, May 13). *The Economic Times*. Retrieved from http://articles.economictimes.indiatimes.com/2011-05-13/news/29540219_1_central-excise-service-tax-punjab-cricketer (no longer accessible).

Bhajji 'slaps' Sreesanth, makes him cry. (2008, April 26). *The Times of India*. Retrieved from http://timesofindia.indiatimes.com/NEWS/India/Bhajji-slaps-Sreesanth-makes-him-cry/articleshow/2983882.cms.

Bhajji's Hummer enters police records. (2009, September 2). *The Times of India*. Retrieved from http://timesofindia.indiatimes.com/sports/cricket/top-stories/Bhajjis-Hummer-enterspolice-records/articleshow/4961693.cms.

Bhogle, H. (2008, January 31). Why India tired of being little brother. *The Sydney Morning Herald*. Retrieved from http://www.smh.com.au/news/cricket/bharsha-bhogleb/2008/01/30/1201369227877.html?page=fullpage#contentSwap1.

Booth, L. (2008, January 7). India choose the wrong time to flex their muscles. *The Guardian*. Retrieved from http://blogs.guardian.co.uk/sport/2008/01/07/india_choose_

the_ wrong_ time_ to. html.

Bourdieu, P. (1984). *Distinction: A Social Critique of the Judgement of Taste*. London, UK: Routledge & Kegan Paul.

Brown, A. (2008, January 14). Sunny slams ref, Aussie motives. *The Sydney Morning Herald*. http://www. smh. com. au/news/cricket/sunny - slams - ref - aussie - motives/2008/01/14/1200159286472. html.

Cohen, S. (1973). *Folk Devils and Moral Panics: The Creation of the Mods and Rockers*. London, UK: Paladin.

Coomber, J. (2008, January 8). Turbanator's history with Aussies. *Fox News*. Retrieved from http://www. foxsports. com. au/breaking - news/turbanators - history - with - aussies/storye6frf33c - 1111115273134.

Critcher, C. (2003). *Moral Panics and the Media*. Buckingham, UK: Open University Press.

Gavaskar denies racism claim against Procter. (2008, January 17). *The Sydney Morning Herald*. Retrieved from http://www. smh. com. au/news/cricket/gavaskar - denies - racism-claimagainst - procter/2008/01/16/1200419885452. html.

Gavaskar slams Anglo-Australian 'dinosaurs.' (2008, March 24). *ESPN Cricinfo*. Retrieved from http://content - ind. cricinfo. com/ci - icc/content/story/343691. html.

Gupta, A. (2004). The globalization of cricket: The rise of the Non-West. *International Journal of the History of Sport*, 21 (2), 257 - 276.

Gupta, S. (2010, September 14). "Chappell was a disaster. He was after Sachin. He wanted Sachin to retire". *Indian Express*. Retrieved from http://www. indianexpress. com/news/chappell - was - a - disaster. - he - was - after - sachin. - he - wanted - sachin - to - retire/681255/0.

Haigh, G. (2010). *Sphere of Influence: Writings on Cricket and Its Discontents*. Melbourne, Australia: Victory Books.

Harbhajan in 'hair' controversy. (2006, October 7). *The Times of India*. Retrieved from http://timesofindia. indiatimes. com/articleshow/2115208. cms.

Harbhajan Singh: Timeline. (n. d.). *ESPN Cricinfo*. Retrieved from http://www. espncricinfo. com/india/content/player/29264. html?index = timeline

Harbhajan's list of controversies. (2009, September 9). *Hindustan Times*. Retrieved fromhttp://www. hindustantimes. com/Harbhajan - s - list - of - controversies/Article1 - 451911. aspx#.

Hopps, D. (2008, January 7). Bowler found guilty but Australia stand condemned. *The Guardian*. Retrieved from http://sport. guardian. co. uk/cricket/story/0, ,2236970,00. html.

Khullar, M. (2009, October 28). India's 1984 anti - Sikh riots: Waiting for justice. *Time*.

Retrieved from http://www. time. com/time/world/article/0,8599,1931635 - 1,00. html.

Knox, M. (2003, January 27). Lehmann reveals the unwitting racism that infuses Australia. *The Age*. Retrieved from http://www. theage. com. au/articles/2003/01/26/1043533952023. html.

Lalor, P. (2008, May 15). BCCI gives Harbhajan Singh final warning. *The Australian*. Retrieved from http://www. theaustralian. com. au/news/harbhajan - facing - life - ban/story-e6frg7mo - 1111116343808

Majumdar, B. (2004). *Twenty-two Yards to Freedom: A Social History of Indian Cricket*. New Delhi, India: Penguin.

Majumdar, B. (2007). Nationalist romance to postcolonial sport: Cricket in 2006 India. *Sport in Society*, 10 (1), 88 - 100.

Malcolm, D., Gemmell, J., Mehta, N. (Eds.). (2010). *The Changing Face of Cricket: From Imperial to Global Game*. London, UK: Routledge.

Marqusee, M. (2008, March 9). Cashing in on cricket. *The Hindu*. Retrieved from http://www. hindu. com/mag/2008/03/09/stories/2008030950020100. htm.

Mehta, N., Gemmell, J., Malcolm, D. (2009). "Bombay sport exchange": Cricket, globalization and the future. *Sport in Society*, 12 (4 - 5), 694 - 707.

Mukhopadhyay, A. (2010, November 8). This century is for my dad, says ecstatic Harbhajan. *Hindustan Times*. Retrieved from http://www. hindustantimes. com/This - century - is - for-mydad - says - ecstatic - Harbhajan/Article1 - 623669. aspx#.

Nagpal, S. (2007, November 12). Cricketer Harbhajan Singh loves the spins of his life. *Top News*. Retrieved from http://www. topnews. in/cricketer - harbhajan - singh - loves - spins-his - life - 25779

Pierik, J. (2008, January 30). Judge says Andrew Symonds to blame in cricket race row. *The Courier Mail* (Brisbane, Australia). Retrieved from http://www. news. com. au/couriermail/story/0,23739,23134165 - 10389,00. html.

Premachandran, D. (2008, April 30). Thuggery is no way to cricket paradise. *The Guardian*. Retrieved from http://blogs. guardian. co. uk/sport/2008/04/30/thuggery_ is_ no_ way_ to_ cricket. html.

Ray, S. G. (2008, May 10). Slap and tickle match. *Tehelka: India's Independent Magazine*, 5 (18). Retrieved from http://www. tehelka. com/story_ main39. asp? filename = hub100508 slap_ and. asp.

The renaissance of Harbhajan. (2001, November 5). *BBC Sport*. Retrieved from http://news. bbc. co. uk/sport2/hi/cricket/1638947. stm.

Robinson, S. (2008, January 7). Race row threatens cricket world. *Time*. Retrieved from http://www.time.com/time/world/article/0,8599,1700917,00.html.

Roebuck, P. (2008, January 8). Arrogant Ponting must be fired. *The Sydney Morning Herald*. Retrieved from http://www.smh.com.au/news/cricket/arrogant-ponting-must-be-firedroebuck/2008/01/07/1199554571883.html.

Rowe, D. (1994). Accommodating bodies: Celebrity, sexuality and "tragic Magic". *Journal of Sport & Social Issues*, 18 (1), 6-26.

Rowe, D. (1997). Apollo undone: The sports scandal. In J. Lull & S. Hinerman (Eds.), *Media Scandals: Morality and Desire in the Popular Culture Marketplace* (pp. 203-221). Cambridge, UK: Polity Press.

Rowe, D. (2011a). *Global Media Sport: Flows, Forms and Futures*. London, UK: Bloomsbury Academic.

Rowe, D. (2011b). The televised sport "monkey trial": "Race" and the politics of post-colonial cricket. *Sport in Society*, 14 (6), 792-804.

Rowe, D., Gilmour, C. (2009). Global sport: Where Wembley Way meets Bollywood Boulevard. *Continuum*, 23 (2), 171-182.

Rumford, C. (2007). More than a game: Globalization and the post-Westernization of world cricket. *Global Networks*, 7 (2), 202-214.

Singh, I. P. (2011, June 28). Sikh bodies to approach UNHRC. *The Times of India*. Retrieved from http://timesofindia.indiatimes.com/india/Sikh-bodies-to-approach-UNHRC/articleshow/9021171.cms.

Srinivasa-Raghavan, T. C. A. (2010, April 17). Economics of honey, flies and IPL. *Business Line*. Retrieved from http://www.thehindubusinessline.com/2010/04/17/stories/2010041750480800.htm (no longer accessible).

Thomas, L. (2010, February 25). BBC's news coverage of Tiger Woods' apology sparks 'dumbing down' backlash. *Mail Online*. Retrieved from http://www.dailymail.co.uk/news/article-1253598/BBCs-news-coverage-Tiger-Woods-apology-sparks-dumbing-backlash.html#ixzz0jRxYpheR.

Thompson, K. (1998). *Moral Panics*. London, UK: Routledge.

Tomlinson, A. (2004). Pierre Bourdieu and the sociological study of sport: Habitus, Capital and Field. In R. Giulianotti (Ed.), *Sport and Modern Social Theorists* (pp. 161-172). Basingstoke, UK: Palgrave Macmillan.

Wagg, S. (Ed.). (2008). *Cricket and National Identity in the Postcolonial Age: Following on*. London, UK: Routledge.

Williams, J. (2001). *Cricket and Race*. Oxford, UK: Berg.

第四部分
坠落的边线体育名流

第20章 “仗势欺人者”和“想做就做的女孩”：两位女子大学篮球教练间的新同性恋恐惧症

玛丽·哈丁[①] 尼寇·M. 拉沃依

2007年3月，在丑闻疑云下，两位美国大学体育协会（NCAA）女子篮球比赛的教练高调辞职，这件事情引发了诸如娱乐与体育节目电视网（ESPN）和《纽约时报》等多家媒体的报道。辞职的原因是：两位教练均被指控在处理与球员的关系时有不当行为。其中一位先被队员起诉，之后又因为歧视学生而遭到学校的制裁；另一位因为不正当性关系要面对大学官员的指控。

雷内·波特兰（Rene Portland）和波姬·查特曼（Pokey Chatman）案例之中的相似之处正在进一步扩展。围绕着两位教练所受指控的道德故事——他们随后都从自己职业生涯的巅峰坠落——同时挑战和提升了女子体育的异质性价值。我们将从新同性恋恐惧症的视角来探索查特曼和波特兰兴衰的故事情节。我们将用一个术语来描述一种同性恋恐惧症，例如“新种族主义”，将歧视仅归咎于个人，而对其所体现的系统和制度性歧视熟视无睹，这种系统和制度性的歧视是为了保护体育群体中的不公平竞争，挑战根深蒂固的文化等级制度（Hardin，Kuehn，Jones，Genovese & Balaji，2009）。

---

① 玛丽·哈丁（佐治亚大学博士），宾夕法尼亚州立大学传播学院副院长。她已经在多部体育传播论文集和重要期刊上发表论文。她的研究集中在体育传媒和体育传播领域。E-mail：mch208@psu.edu。

尼寇·M. 拉沃依（明尼苏达大学博士），明尼苏达大学运动学学院女子研究中心副主任。她已经发表了多篇重要期刊论文，她的研究兴趣在于女性运动员和教练员的传媒再现。E-mail：nmlavoi@umn.edu。

体育报道中的新同性恋恐惧症

研究表明，性别角色的霸权意识形态支撑着体育报道；强化性别规范可能是最为强大的（无处不在且显而易见的）美国文化中的传媒化受众体育功能。男性和女性的传统观念假定异性恋是正常的，因此，异性恋的展示一直是体育性别调解中的重要组成部分（Baird，2002）。对异性恋的强调（将其立为“规范”，其他的性取向就成为离经叛道）表现在对运动员本身的再现中。例如，那些高调运动员的（异性恋）罗曼史会在流行文化中得到大家的颂扬，女性运动员常常在展示中强调她们对男性的吸引力（例如 *Sports Illustrated's Swimsuit Issue*）。

与此同时，毫无疑问，美国文化中大众对于另一种性取向的接受程度正在增加；公众对于同性婚姻的态度已经演进到在有些州同性婚姻业已合法化（Confessore & Barbaro，2011）。社会在不断地发展，人们关于性取向和性身份这个议题也越来越开放，公开的同性恋也越来越不足为奇，也同样可以说是个人的或是公众的关于人权运动提出的直接的种族主义的表达（Hardin，et al.，2009）。当公众人物发表种族主义的观点时，公众的谴责会马上跟进；电台节目主持人唐·伊姆斯（Don Imus）因为2007年臭名昭著的对女子篮球运动员的评论被炒鱿鱼——他将她们称为“卷发妓女”——这是一个社会已经无法容忍的种族主义表达的案例。

我们认为——就像很多研究者认为的那样——种族主义和同性恋恐惧症仍然是制度和政策实践中的一部分，包括那些很受观众欢迎的体育赛事（Sage，2000）。学者们创造了更微妙、更新的自由主义和更强大的歧视的表现方式——在他们压迫他人的时候又否认压迫——统称为“新种族主义”（Augoustinos，Tuffin & Every，2005）。费伯（Ferber，2007）指出，在新的种族主义的形式下，有关黑人运动员的传媒化建构往往被视为阈限的和潜在危险的，学者们批判NBA为处在上升状态的黑人运动员的负面刻板印象而出台的着装符号，联盟就将黑人运动员视作不负责任的和潜在的罪犯（Bandsuch，2009）。

检查有关男同性恋和女同性恋运动员研究的框架结构，我们可以发现异性恋主义在加强，同时又在否定异性恋主义的存在。例如，有一项研究通过检查一位专栏作家在前NBA球员约翰·阿米奇（John Amaechi）宣布出柜之后的调查报告，发现他不仅嘲笑那些持有恐同性恋观点的球员，将阿米奇排除在合法球员之外，而且也没有深入研究 NBA 制度化的同性恋恐惧症（Hardin, et al., 2009）。也有学者直接把矛头指向了体育联盟提升异性恋主义的做法，女子职业高尔夫球选手协会（LPGA）招聘"为高尔夫球手在巡回赛期间促进异性恋中的女性魅力的时尚顾问"（Burns-Ardolino, 2007, p. 38）以及 WNBA 强调球员要统一风格（"她们应该穿什么衣服？束腰外衣搭配短裤？"）就是两个例证（Baroffio-Bota & Banet-Weiser, 2006, p. 491）。只是直到最近，主流媒体才开始思考同性恋恐惧症。一篇 2011 年的文章讨论了"负面招聘"的做法——使用同性恋恐惧症来提高吸引力——在女子篮球界。文章得出结论，这种做法"毫无疑问在最高级别的女子大学体育界制造了有毒的氛围"（Cyphers & Fagan, 2011, 第 8 段）。

框架建构波特兰和查特曼

2007 年，雷内·波特兰和波姬·查特曼辞去教练职务时，对于任何一个女子大学篮球的球迷来说，他们的名字都很熟悉。波特兰执教的时间比查特曼长得多——但是查特曼作为路易斯安那州立大学这个高排位球队的主教练，已经达到了波特兰同样的精英成就，后者几乎在宾夕法尼亚州立大学队度过了自己全部的 31 年执教生涯（"Rene Portland Biography", 2007）。

波特兰

雷内·波特兰，以率领宾夕法尼亚州立大学女子篮球队在 27 个赛季里共获得 600 多场胜利的骄人战绩结束了自己的执教生涯（她是历史上第 9 位取得这一成就的女教练）。20 世纪 70 年代，她在圣约瑟开始自己的职业生涯，之后转战科罗拉多并且在那儿待了两年，随后成为伊马库拉塔学院的一名球员（"Rene Portland Biography", 2007）。宾州州立大学队在她的带领下 21 次征战 NCAA 锦标赛，并且在 2000 年杀进终极 4 强。波特兰率队总共 10 次夺得大十联盟（Big Ten）冠军，两夺分区锦标赛冠军。

虽然波特兰因为骄人战绩为人们熟知，但是在她执教生涯的早期却因为奉行"谢绝女同性恋"政策而备受争议。这在校际排名赛、宾州州立大学社区或是媒体看来早已不是什么秘密（Newhall & Buzuvis, 2008）。詹妮弗·哈里斯（Jennifer Harris），一个被波特兰开除出队的球员，向法院提起诉讼，起诉波特兰对她的歧视，因为她认为波特兰这么做，完全是因为她怀疑自己是同性恋。在哈里斯与学校达成某种秘密协议之后，波特兰选择辞职（Newhall & Buzuvis，2008）。

查特曼

波姬·查特曼，曾经是效力于路易斯安那州立大学的全美最佳控球后卫，之后她回到母校以学生助理身份开始她的教练生涯。在她执教的第13个赛季，她接过了前主教练苏·刚特（Sue Gunter）的帅印。作为路易斯安那州立大学的主教练，在2004—2007年间，查特曼连续三年率领球队杀入NCAA终极4强［查特曼在2007年NCAA锦标赛开始前辞职，临时主教练鲍勃·斯塔基（Bob Starkey）带领球队杀进终极4强，所以这支球队的佳绩也可以说是查特曼的］。在查特曼的任期内，球队创造了90胜14负的骄人纪录，这为她赢得了多个地区和全国教练奖（“Pokey Chatman”，2007）。

查特曼在2007年3月7日辞去路易斯安那州立大学主教练一职。因为她被指控在执教时与一名前球员发生了不正当关系。在离开路易斯安那州立大学之后，2007年8月，查特曼签约成为莫斯科斯巴达克队的助理教练。2010年，查特曼被任命为WNBA芝加哥天空队的总经理和主教练（“Pokey Chatman”，2011）。

研究策略

我们的目标是要评估经过挑选的有关波特兰和查特曼教练生涯的新闻报道，来了解在故事情节中，异性恋主义和新自由主义意识形态是如何展现的。我们不会试图分析所有有关这些教练的报道，而是会选择性地分析一些主流新闻媒体的报道，如ESPN、《纽约时报》和其他有影响力的或者流传度比较高的信源，以及来自他们执教过的大学的信息。我们总共阅读了45篇有关查特曼和50篇有关波特兰的故事，因为波特兰的职业生涯比查特曼更长。

我们使用的方法是十分普遍的重复法。也就是说，我们进入这个项目的研究，期待可以在查特曼和波特兰的叙事中寻找到有关新同性恋恐惧症的蛛丝马迹，尽管表现各不相同（Potter，1996）。我们运用文本分析法来解读故事，这种方法将有助于我们理解文本（包括新闻故事）是“有说服力的……在面对竞争的版本时创立一个世界的版本”（Gill，2007，p. 59）。我们将使用一些观察技巧来记录主题，比如主题思想的重复；使用隐喻和类比，建立故事之间的联系，以确定主题（Bernard & Ryan，2009）。

波特兰的故事

教练改革者的崛起

雷内·波特兰于1980年来到宾夕法尼亚州立大学——作为一名体育指导员，短期受雇于传奇橄榄球教练乔·帕特莫（Joe Paterno）——她带领宾夕法尼亚州立大学女子篮球队，从她所谓的“黑暗时代”走向成功，成为闻名全国的球队，这也是波特兰几个关键逸事中的一件（Anderson，1994；Henderson，1992；Hubbard，1991，第29段）。这件在多年内被反复提及的逸事，强调她是一个“改革者”，她拥护女子运动，并且努力去“获得这一切”（Anderson，1994，第21段）：丈夫、孩子和事业。从受聘宾州州立大学开始，她就公开与大学的官员们抗争，以获得更好的训练设施。基于她的执教策略，她被人们再三地称为“斗士”；人们经常看到报道将波特兰称为“改革者”“凶猛的竞争者”，或者称其处于“战斗之中”（Anderson，1994；Henderson，1992；Hubbard，1991；Longman，1991）。这篇写于1991年的关于波特兰的报道，可以说就是她执教生涯的写照：

> 想要打架吗？雷内·波特兰将会成全你。尝试一切挑衅，甚至含糊地称她的队伍被视为二等公民，她会像盖帽一样在你脸上来一下。如果你对她的球员有丝毫配不上她们荣誉的不尊重，那么她一定会有办法让你改变态度的。（Longman，1991，第1段）

这里有一件关于波特兰执教时发生的逸事（她一开始拒绝了这份工作，但是在听说帕特诺提出了一系列要求之后心软了），她关于她球员的长篇大论以及她在因为男队需要球馆，而使女队被迫远离主场来出战NCAA锦标赛时（抗议活动也随后在男队比赛时进行）的反应被反复提及，这加深了波特兰作为“改革者”的框架形象。波特兰的宗教信仰的决定性作用——她是一个天主教徒，每天都要做弥撒——也被提及（Anderson，1994；Klein，2000；McGeachy，2000；Patrick，1997）。

强调家庭

在关于波特兰的故事中，很多都会提及她的家庭，提供一些和她住在一起的孩子、丈夫和母亲的相关细节（Henderson，1992；McGeachy，2000；Voepel，2000）。作为母亲和妻子角色的波特兰是田园式的，“他们有一个完美的幸福家庭，完美得就像生活在欢乐谷中一样，”一个记者在波特兰生下她的第三个孩子后这样写道（Henderson，1992，第20段）。

波特兰——以及那些报道过她的人——所展现出来的家庭状况不仅是她成功的证明，也是她为了女性而战的理由。例如有一个故事就详细地展示了波特兰的丈夫约翰（John）如何陪伴她去参加比赛，然后引用她的话说：

> 我拥有我想要的一切。我有丈夫，我有3个孩子，我有漂亮的房子，我开着一辆好车。我有一份很棒的工作。你问我为什么要一直战斗？嗯，不得不持续战斗，因为我希望我的女儿能够有这些保证，不必为了这些去战斗。并且我也想让我的队员们意识到她们可以真正拥有这一切。这不是男人的世界，也不是女人的世界。世界只有一个。（Anderson，1994，第21~23段）

女子冠军

波特兰呈现了她自己——以及那些不加批判地插入到记者叙事中的故事情节——作为一个不知疲倦地拥护女性运动员的形象。那些有关她来到宾州州立大学之后提出的要求以及她对媒体的批判、学校对她的球队的漠不关心的逸闻趣事都是很好的证明（Anderson，1994；Henderson，1992；Hubbard，1991；Longman，1991）。一个故事将她描述为“大胆的、傲慢的，在常常由沙文主义和男性主导的体育世界里刺耳地为女性争取权力”（Hubbard，1991，第3段）。另一位作家暗示“雷内的愤怒”（Hubbard，1991，第2段）由来已久，而且不符合 Title IX[①] 的规定。

“一起事故”

波特兰作为她的队员们“角色模板”的角色形象，通过她招募球员和

---

① 译者注：1972年通过的美国教育修正法案，主张不同性别的人拥有平等的教育权力。

执教以及引用那些她现役的或是前任球员的话等种种逸事得到了提升。然而，她歧视那些她认为是同性恋的球员也在20世纪80年代中期成为共识——并且在早期的几篇文章中被提到，但是到了20世纪90年代中期几乎全部消失，直到2005年她遭到起诉（Voepel，2006）。波特兰的“谢绝女同性恋”政策在1991年受到了（尽管是短暂的）广泛的关注，当时《费城问询报》（*Philadelphia Inquirer*）有报道来进行探讨（Longman，1991）。必须承认，这个政策是广为人知的。故事继续引用那些球员的说法——但只是那些“支持波特兰立场”的人。因为她是，用她的话说，“试图抹去那些刻板印象（认为女运动员都是同性恋）的人”（第52，56段）。

一般来说，记者，例如哈巴德（Hubbard，1991），认为波特兰的歧视其实是“让人好奇的”（第38段），背离了她更多地为了女性权力而进行的改革运动，并且指出“这是一个她承认的斗争，如果只是公开的话”（第41段）。另一位记者暗示波特兰也是一个受害者——她被“攻击了”，他写道——因为她的立场（Henderson，1992）。1994年的故事着重叙述了她职业生涯的亮点，她的政策则被视为“一次事故”——一个她倡导的女性权力的长长的榜单中微不足道的昙花一现（Anderson，1994，第40段）。

“仗势欺人教练”的坠落

波特兰的坠落——2005年围绕着她的一名前队员对她的诉讼的一系列公众丑闻以及她随后从宾州州立大学队辞职（Associated Press，2007a）——以那些在她的上升过程中互补和对比使用的故事情节形成报道。波特兰不仅仍旧由她的家庭关系定义，仍旧是女子篮球的先锋，而且还受到了同性恋恐惧症的传染而变得好斗——一个需要被驱逐的孤独的“坏演员”。她曾经的雇主，宾州州立大学，也被指出容忍她的同性恋恐惧症。即便如此，女性体育界的同性恋恐惧症问题依旧处于边缘化的地位。

好的、坏的和丑陋的

下面是有关前球队头号得分手珍·哈里斯的故事，她在2005年提起诉讼，官司一直延续到2006年才结束。故事着眼于波特兰将自己视为一个女子体育的先驱者，却因为一个众所周知的缺陷伤害了几个球员。她使用一些例如“改革”或是“运动”的字眼来表达自己的同性恋恐惧症——这暗示着她以一种道德或正义（然而是误导）来支撑着它（Hohler，2006，第1段；

Voepel, 2005, 第7段)。她的婚姻和家庭有时依旧会在一些描述细节中被提及，来证明她的身份与本案有关（Lieber, 2006;“Rene Portland Biography”, 2007;“Rene Portland Resigns”, 2007; Voepel, 2006)。

波特兰在伊玛库拉塔的球员背景和她在“女子篮球发展中极其重要的地位”（Voepel, 2006, 第7段）被写进了她冗长的故事里（Hohler, 2006)。著名女子篮球作家米歇尔·沃埃佩尔（Mechelle Voepel）为ESPN提供了大量评论，指出波特兰作为女性体育倡导者的背景（Voepel, 2005, 2006, 2007a, 2007c)。她的背景通常被用来说明她的定位“十分复杂”（Voepel, 2007c, 第26段）——换句话说，她为了女子体育运动所做的一切都让你难以去谴责她（Hohler, 2006)。

在有些故事中，波特兰并没有被描述为富有同情心的，相反，作者详细地描述了她咄咄逼人的、好斗的性格（Hays, 2006; Voepel, 2006)。一位记者写道："如果你受到了波特兰的批评或是讽刺，你可能会发现自己要被碎尸万段了。"（Voepel, 2005, 第18段）

对单一教练的苛责，对单一机构的宽容

虽然在一些故事中，作者暗示同性恋恐惧症的问题超出了宾州州立大学的范畴（Hohler, 2006)，但人们普遍将这个问题定位为一个局部问题，波特兰和她的雇主可以得到公正的指责。波特兰被描述为“粗鲁的”（Brennan, 2006, 第12段）、一个“偏执狂”（Hays, 2006, 第6段）和一个“仗势欺人者”（Voepel, 2007a, 第21段）。大部分关于宾州州立大学的故事，都将其视作波特兰反女同性恋的同党（Brennan, 2006; Hays, 2006; Voepel, 2006, 2007a, 2007c)。波特兰的同性恋恐惧症是作为一个个人缺陷被框架建构的，但是她却受到一个无情的、贪婪的或不称职的机构重用。

沃埃佩尔，ESPN关于这个事件最突出的发声者，在2007年发表了一个名为“女子篮球课程”的专栏（Voepel, 2007a, 第23段)，但没有人被提及与同性恋恐惧症相关。相反，课程更加侧重于管理教练、球员和大学管理者之间的关系。其他的一些故事直接将同性恋恐惧症的影响最小化，例如，一篇名为《校园反应不温不火》（Benjamin, 2006）的报道总结:“虽然问题挥之不去。但是除了几个LGBT团体[1]仍旧在追问此事的进展之外，宾州州

[1] 译者注：指同性恋社群团体。

立大学的校园仍旧继续着他们的日常生活。”（第 14 段）

这并不意味着，在波特兰的传奇中，所有的记者都将同性恋恐惧症淡化为女性运动员的问题，而不仅仅归咎于宾州州立大学。一个值得注意的尝试出现在了鲍勃·霍赫勒（Bob Hohler）为《波士顿环球报》（*Boston Globe*）所写的一篇文章中，作者将波特兰事件描述为“一场旷日持久的斗争中的分水岭，这场数十年的斗争力图消除一直溃烂在体育中的偏见”（Hohler, 2006, 第 3 段）。

然而，一般来说，同性恋恐惧症在女性体育中并不作为一个问题出现。就好像一个作家所说的，恰恰相反：“同性恋是女子篮球的一部分”——“多元化和开放的思想”，并不是在欢乐谷，而在超越宾州州立大学之上的形式中（Hays, 2006, 第 11, 14 段）。

查特曼的故事

路易斯安那州立大学“无期徒刑犯”的崛起

查特曼的全部、创纪录的大学生涯都是在路易斯安那州立大学度过的。一位记者写道，“‘无期徒刑犯’这个词”可以印在她的额头上（Merrill, 2007, 第 1 段）。基于她的辉煌历史和受保护的地位，查特曼被认为是“天然的”接过名人堂主教练苏·冈特班的人选（LSUsports. net, 2004）。她面临着从助理教练变为主教练的艰难过程——角色、责任和压力都戏剧性地改变——加之冈特的伤病和卡特里娜飓风，查特曼由于展现出处理过渡期的能力而受到称赞（DeShazier, 2006）。

根据她同行的评论，记者强调，团队掌握在查特曼的“妙手”之下（DeShazier, 2006; Patrick, 2005）。查特曼被描述为一个可以提供“平静的影响力，平稳地过渡，一个可以维持并改善提升状况的‘家庭’成员”（DeShazier, 2006）。斯基普·博特曼（Skip Bertman），路易斯安那州立大学运动主任，声称“波姬是接替苏的完美人选，看上去天衣无缝”（Patrick, 2005）。

她执教的第一年，球队就打出 15 胜 5 负的创纪录战绩，在 SEC 赛区[①]

① 译者注：NCAA 四大一级联盟中的东南区联盟。

保持不败，第一次杀进终极4强让查特曼在教练排行榜上的排名提升。在她刚刚接任主教练的两年时间里，她就获得了众多的教练奖项（LSUsports.net，2005）。她的团队的高水准帮她在业界赢得了认可，并帮助记者构建起了一个赛场内外都是诚信和公信力的形象。

“小”包装，大个性

为了展现对查特曼的信任，学校提供了一份为期四年的续约合同。在路易斯州立大学有关续约问题的新闻稿中，博特曼指出她的领导能力使其“无论是在场内还是场外，她与她招募的天才们一起，将继续使路易斯安那州立大学队成为国内的顶尖球队之一”（LSUsports. net，2005）。

在她的上升期，记者通过同事和队员的评价来强调这位“小的”或者“品脱大小的”女人所拥有的大气个性——这个女人懂得比赛，是一个好斗的战士，职业地打理自己，影响她的球员，会骑着哈雷·戴维森摩托车来放松（DeShazier，2006；Kalec，2005；Merrill，2007；NPR，2006；Patrick，2005）。在国家公共广播为2006年NCAA终极4强战制作的一个预告片片段中，记者坦德拉亚·维尔德（Tandelaya Wilder）将查特曼描述为一个谜：

> 她有一个十分可爱的名字——波姬·查特曼，但是这肯定不符合她在场上的表现，波姬·查特曼是路易斯安那州立大学老虎队中的老虎。她既是教练又是吉祥物。她很热情，她很聪明。看着她在边线附近一边踱步一边评论判罚真是一种乐趣（NPR，2006）。

记者引用了其他教练的话，包括田纳西大学的传奇教练帕特·萨米特（Pat Summitt）、康涅狄格大学教练盖诺·奥里恩马（Geno Auriemma）的观点，他们都表达了对查特曼执教技巧和所创纪录的赞扬（DeShazier，2006；Kalec，2005）。从球员中得到的信息也显示查特曼是受尊敬和喜欢的。例如，两届路易斯安那州立全美最佳运动员塞蒙尼·奥古斯塔斯（Seimone Augustus）这样评价查特曼：

> 人们在第一次见到波姬时很容易对她产生误会。你会说：“哦，看哪，她很漂亮。哦，看哪，她很娇小。”但是教练的性格是十分热烈的。她知道她想要什么样的团队，她也会利用自己的强度去得到它。她总是这样（Kalec，2005）。

在她的上升期中，她展现出了自己有能力的、受人钦佩的与和蔼可亲的一面，但是查特曼从未定义或描述自己与家人的关系，是否处在一段浪漫的关系中，甚至是有关她最好的朋友。记者唯一提到的和她家庭有关的消息是她的母亲卡洛琳·菲菲埃（Carolyn Fiffie）。

冉冉升起的明星“令人震惊的”坠落

基于与自己前队员之间“错误”和“不当”关系的指控，源于路易斯安那州立大学同事卡拉·巴里（Carla Barry）的一份报告，查特曼在NCAA锦标赛开始前提交了辞职申请，这一举动得到了美国全国范围内的关注（Longman，2007；Lyons，2007；Merrill，2007；Varney & Kleinpeter，2007）。记者认为查特曼的辞职行为是“令人震惊的”（Varney & Kleinpeter，2007）——换句话说，她作为一个值得信赖的冉冉升起的明星，我们必须弄明白这件事情已然如此，全面抨击的意义是什么。故事从出现到消失，只用了短短几天。

有记者将查特曼的坠落构建为辜负信任、一系列的“坏决定”和在处理教练与球员的关系时滥用权力（Associated Press，2007b；Longman，2007；Merrill，2007）。斯基普·博特曼，这位经常被媒体引用的路易斯安那州立大学运动主任，其观点首次被新奥尔良的《时代花絮》（*The Times-Picayune*）杂志援引：“那个女孩儿做了她想做的，路易斯安那州立大学并没有加以控制。”（Associated Press，2007b；Longman，2007；Voepel，2007b）

这一声明——他认为路易斯安那州立大学并没有任何过错——很快就被其他媒体迅速转载，坏决策所带来的负面情绪被不断重复。例如，就像ESPN. com的一个故事，她的前队友说：“思考与否，是你每天都要面临的选择，有时你做出正确的选择，有时你做出错误的选择。”（Merrill，2007）在一片有关“坏决定”的猜测和谣言中，查特曼在故事中并没有选择提出走正当程序。

在保密和神秘的笼罩下

当一位珍贵的校友和全国知名的教练辞职的消息突然传来时，路易斯安那州立大学运动主任博特曼解释说，这是因为她想要追求自己的未知的“职业机会”（Associated Press，2007b；Longman，2007）——这也被视为明显的为了掩盖丑闻而迅速做出的努力。博特曼承认此事还没有被正式调查，但是一个非正式的调查“可能会进行”（Associated Press，2007b）。

在新闻报道中，没有任何证据、没有经过任何正当的程序就被迫辞职的查特曼却极少发表公开声明，也从未提到过她所受的不公正待遇。在一个故事中，她的话是这样被引用的：“我在路易斯安那州立大学度过了 20 年职业生涯，但是那并没有授权我讲 20 分钟。”她把她的沉默解释为选择不去“和泥地里的猪摔角”（Lyons，2007）。随后，她的律师玛丽·奥利弗·皮尔森（Mary Olive Pierson）透露，路易斯安那州立大学并没有相关政策来管理老师和学生、教练和运动员之间的关系。辞职之后，查特曼就从公众的视野中消失了。

曾获怜爱，如今遁形

在报道中，只有少数前任和现役球员站出来为查特曼辩护，当这样做了之后，她们给出了同一风格的像是颂文的评论——她们纷纷赞美决定她们命运的教练。引用一些球员的话，比如路易斯安那州立大学全美最佳中锋西尔维娅·弗雷斯（Sylvia Fowles）所说：“波姬一直是一个伟大的人……不管别人怎么说，我都不会改变我的看法。”（Associated Press，2007b）

具有讽刺意味的是，在采访中为数不多的几个为查特曼辩护的同事并没有任何损失。名人堂成员谢瑞尔·斯沃普斯（Sheryl Swoopes）虽已退役但仍旧被认为是最好的球员之一，在近两年公开出柜，她称颂道：

> 波姬是很多那样的女孩儿以及很多已经成为主教练的女人的角色模板。无论真假与否，我仍然认为她所做的一切为我们留下了宝贵的财富。她已经明确了她要离开，不仅是离开 LSU，而是所有女子篮球比赛（Associated Press，2007b）。

在查特曼辞职后、NCAA 锦标赛开赛前，在刊登在 ESPN. com 的一篇文章中，一位不愿意透露姓名的教练接受了采访（Merrill，2007）。这位教练直言不讳地说出了有些人为什么要保持匿名或者不愿意谈论查特曼：

> 在我们的比赛中已有十分重大的同性恋因素。人们不愿意在媒体前提起这件事是因为这不仅仅关系到运动员与教练员之间的关系，这与同性恋问题有关。对我们这些重视自己工作，并且重视我们在女性事业中的地位的人来说意味着很多。我们的名誉都维系在那里。（Merrill，2007）

随着故事渐渐沉寂，一篇《纽约时报》关于 NCAA 终极 4 强的报道，援引美国著名教练奥里恩马和萨米特等关于查特曼的坠落最终会带来的影响的说法：这会给今后招募队员带来负面影响——过热的同性恋恐惧症，受惊吓的运动员父母，并且提升女同性恋者是性关系中奴役他人者这样的刻板印象（Longman，2007）。

最终还是有关于查特曼坠落的叙事呈现，至少有一名记者发表了对查特曼赛场外生活的推断。一个引用了查特曼前队友话语的文章称，“她认为在查特曼突然退出时，她正在巴吞鲁日[①]（Baton Rouge）与一名男性厨师在约会”（Merrill，2007，第 14 ~ 15 段）：

> 据我们所知，波姬是粉红俱乐部（粉红俱乐部是用来描述那些正在与男人约会的女士）的一员。我们谈论男人们，并且谈论他们之间的那些趣事。我们与男人们出去玩，开派对，找乐子，跳舞并且享受那些时光。

讨论和结论

有关波特兰和查特曼的报道有着惊人的相似和不同之处，最后由她们性认同的认知联系在一起。在她们成名的过程中，她们都被描述为在富有挑战性的环境中茁壮成长的没有废话的教练和女性体育的角色模板。与此同时，她们也以不同的形式被框架建构：波特兰的认同与她作为妻子和母亲的身份相关，查特曼的身份则与她过去的机构（LSU）相连。波特兰的认同使她在职业生涯早期免受各种传媒批判，查特曼的认同并没有帮她获得公正的对待，这一境况几乎覆盖了她整个大学教练生涯。

新同性恋恐惧症体现在有关这两个女人的叙事中的很多关键点上，特别体现在什么是缺失的或是隐匿的。在波特兰的上升期，她的歧视在批判性的传媒叙事中是缺失的。更复杂的是在查特曼的坠落期，“正当程序”的故事情节和有关她被解雇的报道。绝大多数时候，新自由主义理论也在报道中用于解释波特兰和查特曼的坠落。对两者来说，错都在于她们个人，在波特兰的案例中，也在于一个个体的大学。两个教练都做出了错误的决定——独立于她们的工作环境——这一想法也可以让人轻易地加以指责并且用来简单地

① 译者注：路易斯安那州州府。

讲一个故事。相较那些缺失的或是隐匿的，新同性恋恐惧症也体现在包括两个女人在内的叙事中。在波特兰的兴衰过程中，她的故事，包括她的家人和孩子在内是丰满的；在查特曼的故事中，家庭和私人关系几乎不存在。那些被包含的和被排斥的允许同时建构和否定异性恋主义和同性恋恐惧症。

然而，每一个案例都提出了——为了那些愿意去看到它们——更广范围内的体育机构的问题。例如，是什么样的女子大学体育环境，可以允许波特兰——一个已知的憎恶同性恋的人可以在顶尖的联盟中工作长达 20 年——去生存甚至扬名？相反的，又是一个什么样的系统使得另一个教练，她的性取向通过关于与球员的不正当关系的控告而被揭露，几乎在一天之内完成了逮捕、审讯和判决，而且没有任何抗议？

记者没有提出这些问题。相反，他们关注于性格而隐匿了故事背后的故事。记者这样做，实际上减少了有关个人和机构的问题。记者也未能解决这两起女子篮球事件中所体现出来的不公平现象，只能视其为制度化（校际化）体育绝对核心的意识形态结果。

从表面上看，波特兰的事例似乎可以给新同性恋恐惧症患者好好地上一课，无论是正面的或者是负面的报道；我们几乎可以说正是媒体与她串通一气，使她可以虐待她的球员们长达 20 年。但是查特曼的事例也许更让人不安，它提及了在女子校际体育文化中弥漫着对同性恋恐惧极为浓重的情绪。为什么她的故事如岩浆喷射般迅速爆出，然后立刻销声匿迹？为什么几乎没有人站出来为她说话？一位接受采访的教授坦诚的说，查特曼的性问题就是谈话的禁忌。站出来为查特曼说话或者对正当程序提出质疑都意味着要卷入有关性问题或者同性恋恐惧症的争论之中。对记者来说，做任何的深度报道都意味着承认一个高水平教练有可能是女同性恋。相反，查特曼的悼词早就被写好了，她通过离开公众的视野消失——我们迅速地将她遗忘。体育界有关女同性恋“奴役她人者”的刻板印象非但没有受到挑战，反而很不幸地得到加强了。

新的叙事，更加真实的故事

新同性恋恐惧症作为一种文化实践是阴险的，因为它允许少数性取向不同的人的价值观、信仰和实践从边缘化走向繁荣。新同性恋恐惧症也作为策略让我们难以厘清对于性的文化理解的真相。然而，据实以告是一个民主制度中新闻建构的临界值。我们希望通过研究，告诉记者多涉及体育、性别和权力的关键报道，我们可以鼓励媒体制造更具批判性的、更深思熟虑的、更勇敢的故事报道方式。只有这样，我们才能明确地提出体育界长久以来不断提升的同性恋恐惧症“有毒环境”的不公正境况（Cyphers & Fagan, 2011）。

参考文献

Anderson, S. (1994, February 13). Portland and PSU women's team have come a long way. *Pittsburgh Post-Gazette*, p. D5.

Associated Press. (2007a, March 25). Penn State's Portland makes "difficult" decision to quit. ESPN. com. Retrieved from http://sports. espn. go. com/ncw/news/story? id =2808075.

Associated Press. (2007b, May 4). Swoopes: Chatman effect will be difficult to quantify. ESPN. com. Retrieved from http://sports. espn. go. com/espn/print? id = 2860786&type = story.

Augoustinos, M., Tuffin, K., Every, D. (2005). New racism, meritocracy and individualism: Constraining affirmative action in education. *Discourse & Society*, 16 (3), 315 - 340. doi: 10.1177/0957926505051168.

Baird, J. A. (2002). Playing it straight: An analysis of current legal protections to combat homophobia and sexual orientation discrimination in intercollegiate athletics. *Berkeley Women's Law Journal*, 17, 31 - 67.

Bandsuch, M. (2009). The NBA dress code and other fashion faux pas under Title VII. *Villanova Sports & Entertainment Law Journal*, 16 (1), 1 - 48.

Baroffio-Bota, D., Banet-Weiser, S. (2006). Women, team sports, and the WNBA: Playing like a girl. In A. A. Raney & J. Bryant (Eds.), *Handbook of Sports and Media* (pp. 485 - 500). Mahwah, NJ: Lawrence Erlbaum.

Benjamin, A. (2006, March 26). Campus reaction is tepid. *The Boston Globe*, p. D13.

Bernard, H. R., Ryan, G. W. (2009). *Analyzing Qualitative Data: Systematic Approaches.* Los Angeles, CA: Sage.

Brennan, C. (2006, April 20). Penn State didn't learn from Duke. *USA Today*, p. C2.

Burns-Ardolino, W. (2007). *Jiggle: (Re) Shaping American Women.* Lanham, MD: Lexington Books.

Confessore, N., Barbaro, M. (2011, June 24). New York allows same-sex marriage, becoming largest state to pass law. *The New York Times*. Retrieved from http://www. nytimes. com/2011/06/25/nyregion/gay-marriage-approved-by-new-york-senate. html.

Cyphers, L., Fagan, K. (2011, January 26). On homophobia and recruiting. ESPN. com.

Retreived from http://sports. espn. go. com/ncw/news/story?id = 6060641.

DeShazier, J. (2006, April 2). In good hands; Pokey Chatman and Gail Goestenkors have distinctly shaped their teams and gotten excellent results. *Times-Picayune* (New Orleans, LA), p. D19.

Ferber, A. (2007). The construction of Black masculinity: White supremacy now and then. *Journal of Sport & Social Issues*, 31 (1), 11 - 24.

Gill, R. (2007). *Gender and the Media*. Cambridge, UK: Polity Press.

Hardin, M., Kuehn, K., Jones, H., Genovese, J., Balaji, M. (2009). 'Have you got game?' Hegemonic masculinity and neo-homophobia in U. S. newspaper sports columns. *Communication, Culture & Critique*, 2 (2), 182 - 200.

Hays, G. (2006, April 19). Penn St. coach should be packing. ESPN. com. Retrieved from http://sports. espn. go. com/espn/page2/story?page = hays/060419.

Henderson, J. (1992, March 22). Portland no powder puff at Penn State. *The Denver Post*, p. 7B.

Hohler, B. (2006, March 26). When the fouls get very personal. *The Boston Globe*, p. D1.

Hubbard, S. (1991, November 26). *Penn State's Portland fights for right*. The Pittsburgh Press, p. C1.

Kalec, W. (2005, February 10). Uneasy rider; LSU's Pokey Chatman is off to the fastest start of any first-year women's basketball coach in the SEC, and she knows the road only gets tougher, starting tonight with No. 5 Tennessee. *Times-Picayune*, p. D1.

Klein, M. (2000, March 25). Sisters on their side: Penn State has a prayer—lots, in fact. *The Philadelphia Inquirer*. Retrieved from http://articles. philly. com/2000 - 03 - 25/news/25604667_ 1_ nuns - sisters - penn - state.

Lieber, J. (2006, May 26). Portland vigorously defends her integrity and Penn State program. *USA Today*, p. C3.

Longman, J. (1991, March 10). Lions women's basketball coach is used to fighting and winning: Rene Portland has strong views on women's rights, lesbian players and large margins of victory. *The Philadelphia Inquirer*, p. G1.

Longman, J. (2007, April 19). Chatman case raises mistrust during recruiting season. *The New York Times*, p. D1.

LSUSports. net. (2004, April 26). Gunter retires, Chatman named head coach. Retrieved from http://www. lsusports. net.

LSUSports. net. (2005, July 7). Chatman receives new four-year contract. Retrieved from http://www. lsusports. net.

Lyons, L. (2007, August 4). Chatman at home back on the court; Embattled ex-LSU coach resurfaces, says exit wasn't voluntary. *Times-Picayune* (New Orleans, LA), p. D1.

Mandell, N. (2011, May 23). Suns guard Steve Nash appears in video spot advocating for legalizing gay marriage in New York. *New York Daily News*. Retrieved from http://www.nydailynews.com/ny_local/2011/05/23/2011-05-23_suns_guard_steve_nash_appears_in_video_spot_advocating_for_legalizing_gay_marria.html, and http://articles.nydailynews.com/2011-05-23/local/29595600_1_gay-marriage-lesbian-couples-gayslurs.

McGeachy, A. (2000, March 19). Coach gives care to her no. 1 fan: Penn State's Portland has a second job: Looking after her mother. *The Philadelphia Inquirer*. Retrieved from http://articles.philly.com/2000-03-19/sports/25604618_1_granny-state-coach-reneportland-retirement-community/4.

Merrill, E. (2007, March 31). Chatman mystery continues as LSU rolls into Cleveland. ESPN.com. Retrieved from http://sports.espn.go.com/ncw/ncaatourney07/news/story?id=2818123.

National Public Radio. (NPR). (2006, April 2). Women's Final Four. *All Things Considered*. Retrieved from http://www.npr.org/series/ncaa-tournament/.

Newhall, K., Buzuvis, E. (2008). (e) Racing Jennifer Harris: Sexuality and race, law and discourse in Harris v. Portland. *Journal of Sport and Social Issues*, 32 (4), 345-368.

Patrick, D. (1997, March 10). Women's game owes a lot to Immaculata power of early 70s. *USA Today*, p. 12E.

Patrick, D. (2005, March 18). Rookie coach wears legends mantle. *USA Today*, p. C1.

Pokey Chatman bio. (2007, May 16). Retrieved from http://www.lsusports.net/ViewArticle.dbml?DB_OEM_ID=5200&ATCLID=174129.

Pokey Chatman bio. (2011). Retrieved from http://www.wnba.com/coachfile/pokey_chatman/index.html.

Potter, W. J. (1996). *An Analysis of Thinking and Research about Qualitative Methods*. Mahwah, NJ: Lawrence Erlbaum.

Rene Portland biography. (2007). GoPSUSports.com. Retrieved from http://www.gopsusports.com/sports/w-baskbl/mtt/portland_rene00.html.

Rene Portland's 'hectic life' leads to Final Four. (2000, March 1). Hays Daily News. Retrieved from http://haysdailynews.newspaperarchive.com/Default.aspx.

Rene Portland resigns as Penn State women's basketball coach [Press release]. (2007, March 22). Retrieved from http://live.psu.edu/story/23062.

Sage, G. H. (2000). Racial inequality and sport. In D. S. Eitzen (Ed.), *Sport in Contemporary Society: An Anthology* (6th ed.), pp. 275 - 291. New York, NY: Macmillan.

Varney, J., Kleinpeter, J. (2007, March 9). Chatman to leave LSU immediately. *Times-Picayune* (New Orleans, LA). Retrieved from http://web.lexis - nexis.com/universe.

Voepel, M. (2000, March 28). Long wait ends for Penn State's coach. *The Kansas City Star*, p. C1.

Voepel, M. (2005, December 9). Presenting facts ... still seeking answers. ESPN.com. Retrieved from http://sports.espn.go.com/ncw/columns/story?columnist = voepel_mechelle&id = 2253956.

Voepel, M. (2006, April 18). Step in right direction, but so much further to go. ESPN.com. Retrieved from http://sports.espn.go.com/ncw/columns/story?columnist = voepel_mechelle&id = 2413326.

Voepel, M. (2007a, February 6). Penn State settlement leaves unsettling feeling. ESPN.com. Retreived from http://sports.espn.go.com/ncw/columns/story?columnist = voepel_mechelle&id = 2755832.

Voepel, M. (2007b, March 9.) LSU bungles Chatman saga. ESPN.com. Retrieved from http://sports.espn.go.com/ncw/columns/story?columnist = voepel_mechelle&id = 2792714.

Voepel, M. (2007c, March 22). Resignation should spark time of healing for PSU. ESPN.com. Retrieved from http://sports.espn.go.com/ncw/columns/story?columnist = voepel_mechelle&id = 2808469.

第 21 章　狂野的教练：媒体、男性气概及大时代大学橄榄球的道德观

迈克尔·L. 巴特沃斯[①]

> 对我而言，在建立男性气概的过程中，教练这个职业是最高尚以及影响最为深远的……公平……公正地处理……在思想上诚实，在处理问题上公正……不忍受个人的恶意，对对手不怀恶意……永远是运动员和绅士……这些应该是教练的理想。（Amos Alonzo Stagg，引自 Telander，1996，p. 81）

在体育界，很少有像教练一样理想化的角色。在美国文化中，教练被视为完美的领导、男性的楷模以及成功的典范。尤其在大学体育中，他们被赋予一种权威，同时也能被描述为父亲形象和首席执行官的混合体。体育媒体从教练的行话中获取吸引人的引用语，他们雇用老教练为专家评论员，提升高价合同、球鞋和书的销量。例如，快速地回顾一下由大学橄榄球教练们“授权创作”的东西，也许就能揭示教练们在美学、商业、育儿、政治以及宗教方面有着独特的艺术天赋。标题中通常会使用诸如“冠军”“运动人生”“获胜”的术语（Bowden & Schlabach，2010；Carroll，Roth & Garin，2010；Holtz，1998；Saban & Curtis，2005；Tressel & Fabry，2008）。单是图书出版行业似乎就证实了我们最大的希望：塑造明日的年轻领袖就是让他们成为永远善良博爱的橄榄球教练。

由他们在高等学府中的地位可以看出，大学橄榄球教练拥有很大的自主权，大概是因为“运动能力的培养是从生活、领导能力的训练以及团队中的工作能力、竞争力、自控和自律中学来的”（Shulman & Bowen，2001，

---

① 迈克尔·L. 巴特沃斯（印第安纳大学博士），Bowling Gree 立大学传媒与传播学院传播系主任，国际传播与体育协会执委。他已经出版了多本著作并发表数十篇核心期刊论文，他的研究横跨体育的修辞理论、民主政治和经济领域。E-mail：mbutter@ bgsu. edu。

p. 3)。然而，在之前我引用的那些书的教练作者们——波比·鲍登（Bobby Bowden)、皮特·卡罗尔（Pete Carroll)、卢·霍尔茨（Lou Holtz)、尼克·萨班（Nick Saban）以及吉姆·特雷塞尔（Jim Tressel）——尽管他们都具有传说中的道德优越感和备有证明文件的赛场上的成功，但是他们都被指控违反全国大学体育协会（NCAA）的规则或是各自大学的指导方针。因此，这些教练揭示了当代体育越来越普遍的一个悖论：当他们成功时会被体育媒体创造为崇拜的对象；当他们深陷丑闻时又会被标记为谴责的对象。我们应该明智地考虑体育媒体报道所揭示的文化趋势，而不是将这些叙事仅仅当作变幻无常的大众传媒市场的产品。用文内尔（Whannel，2002）的话来说，“当体育传媒报道的强度越来越大，当体育明星系统成为媒体体育产业核心的时候，体育明星的形象就变成关于道德和男子气概的社会焦虑的聚合点”(p. 1)。尽管文内尔的关注点在名流运动员，但是当名流教练们看上去越过了精力充沛的男性气概领导权的正常界限时，同样的焦虑也会发生。

2009年年末，三位主教练——堪萨斯大学的马克·曼吉诺（Mark Mangino)、德州理工大学的麦克·里奇（Mike Leach）和南佛罗里达大学的吉姆·莱维特（Jim Leavitt)，都因在精神上或者身体上虐待球员而被终止合约。曼吉诺面临着很多指控：口头训斥他的球员，尤其是嘲笑非洲裔美国球员的文化和身份认同。里奇则面临着他的一名球员的指控——亚当·詹姆斯（Adam James)，一名预备队员，他的父亲克雷格·詹姆斯（Craig James）是20世纪80年代南卫理公会大学的明星跑卫——在一次训练中詹姆斯被关在一个电气衣柜里。莱维特是在一场比赛的中场休息时掌掴了一名队员而被指控，这种行为大概是在乏善可陈的上半场后，他激励球队的一种方式。

反思这些教练的命运时，体育记者埃里克·布雷迪（Brady，2010）叹息道，“很久以前，教练们都是受人尊重的，他们被视为社群的支柱。他们最佳的体育形象就是被视为永不退缩的船长——透着坚毅的眼神，虽然严厉但却公平。你可以信任你的孩子们跟他们在一起”(第1段)。布雷迪的感悟被体育媒体广泛共享，很多媒体都惊讶地发现身为美德和领袖名流典范的教练们显然滥用了权威职权。然而，正如我在本章中所探讨的，曼吉诺、里奇和莱维特并不应被视为异象；相反，他们是已经建立起来的大学橄榄球文化的逻辑产物，他们将继续制定出白人男性气概领导权的神话标准。

这种神话不仅仅是严苛的训练和鼓动性演讲的产物，而且是在体育媒体中持续实践的产物，这种实践不仅颂扬了男子气概的权威，也诬蔑了那些没有达到这种权威界限的人。为了厘清这种悖论，我首先将展开一个把霸权男性气概作为理论概念的讨论，把着眼点放在作为“男性气概性格的文化理想化形式”（Connell，1990，p. 83）的教练身上。接下来，我探寻了主流体育媒体如何构建曼吉诺、里奇和莱维特为霸权男性气概的典范，以及评价相同的媒体无法合谋于每个教练的坠落。最后，伴随着一些关于霸权男性气概和美国体育媒体的细致观察，我得出结论。

霸权男性气概和教练的标准确定

大学橄榄球教练所呈现出的神话可以被准确地理论定义为霸权男性气概。康奈尔（Connell，1987）发展了这个观念，作为一种批判性别的主导性建构方式，这种建构束缚了异性恋的男性和从属的女性以及男同性恋者。符合霸权男性气概标准的男人展示出了力量、权力和控制；同时，那些不具有这些特点的男性则面临被社会边缘化的危险。当传媒学者致力于在诸如电影或者电视这些流行传媒中研究霸权男性气概的时候（Atkinson & Calafell，2009；Hanke，1990，1998；Vavrus，2002），康奈尔（Connell，1987）却认为“理想的男性气概形象通过竞技体育最能够被系统性地建构和推广”（pp. 84－85）。基于康奈尔的理论，特鲁吉罗（Trujillo，1991）关于棒球投手诺兰·瑞恩（Nolan Ryan）的研究勾勒了霸权男性气概的首要特征，尤其是当他们被体育传媒肖像化建构的时候——“（1）身体力量和控制，（2）职业成就，（3）家族的父权制，（4）拓荒者气质，（5）异性恋”（p. 291）。

除了这些特点，霸权男性气概也暗示了一种白人理想。传播与传媒学者越来越认知到包含在体育中的白种人身份认同的影响（Butterworth，2007；Grano & Zagacki，2011；Griffin & Calafell，2011；McDonald，2010）。正如我在其他地方提出的，对于诸如关于1998年在马克·马奎尔和山米·苏萨两位选手之间的本垒打较量的媒体报道的研究，揭示了“白人身份在关于种族和体育传媒是怎样生产和保持一种给予白人身份特权的话语讨论中，是一个理所当然的既有准则”（Butterworth，2007，p. 229）。格里芬和卡拉费尔（Griffin & Calafell）在批判NBA总裁大卫·斯特恩单方面地决定对他的联盟球员强加着装符号的文章中提到，他们辩称斯特恩背弃了一种基本规范，这使得白人文化又一次攫取到特权。尽管斯特恩试图解释说提出这种要求是基于迎合企业赞助商的需要，但是这种着装符号可以被理解为“根据白人的规范来控制和稀释黑人文化表达的一种欲望符号”（Griffin & Calafell，2011，p. 128）。

与总裁可以在他的联盟里控制球员一样，一个主教练也可以控制他的球员。事实上，橄榄球教练经常通过他们的行为表现出霸权男性气概的特点，无论是在比赛时站在边线边，还是在与媒体交流的时候，或者可能最重要的是在他们与球员的关系之中。大学和职业橄榄球历史上都充斥着这样的故事：教练把他们的球员推向情绪和身体的极限，所有都是以建立“性格”“纪律”和“团队合作”的名义。也许这种神话最有代表性的人物是保罗·“熊”·布莱恩特（Paul“Bear”Bryant），他因为长期担任亚拉巴马大学橄榄球队主教练而闻名。然而，在去塔斯卡卢萨[①]（Tuscaloosa）之前，他是德克萨斯农机大学橄榄球队的主教练，当时的他在《章克申男孩》（*The Junction Boys*）这本书中被曝让他的球员屈服于超过100华氏度（约38摄氏度）的高温，不给他们水喝，无视他们的受伤以及对个别球员进行身体攻击。尽管训练条件艰苦，一位前球员还是非常感激他的教练教给他“性格”，还称赞布莱恩特是他心目中的“英雄”（Dent，1999，p. xi）。

在大学橄榄球神话中，布莱恩特代表了一种普遍形象。尽管他强迫球员忍受的极端身体测试不再是惯例，但是在那些测试中展现出来的权威和纪律度仍然存在。事实上，正如文内尔（Whannel，2002）所说，人们普遍持有一种信念：当代文化过分地以道德相对主义作为特征，权威性的减少逼迫体育媒体叙事寻求“能够成为道德正确性缩影的人物形象”（p. 5）。然而体育记者和前西北大学球员里克·泰兰德（Rick Telander）质疑了我们文化中对于领袖榜样作用的赞美。他写道：

> 教练们根本不是在与球员交流，而往往是把球员塑造成在服从、道德和竞争方面具有反常观点的年轻男性，这种形象根本没有办法在真实的世界里发挥作用——也就是说，任何不以橄榄球为中心的世界里——直到他们学到行为和思想的新方法。（Telander，1996，p. 86）

他甚至暗示，那些乐于操纵他们球员的教练们“已经成为洗脑专家，让

---

① 译者注：亚拉巴马大学所在城市。

他们的球员浮在空中，对他们卑躬屈膝，对最简单的奖励都会感恩戴德”（p. 90）。

教练员对于球员的影响程度已经引起了一些严重的道德问题。如果教练理应体现霸权男性气概——以及激发他们的球员达到同样标准的话——那么，什么是划分强度和疯狂的界线呢？在1978年的一场碗赛[①]中，俄亥俄州立大学的教练伍迪·海耶斯（Woody Hayes）用拳头猛击了对方的一名运动员，他的这种攻击性行为被普遍理解为是极度过分的。但是当俄克拉荷马州立大学的教练麦克·甘迪（Mike Gundy）在2007年痛斥一位体育新闻记者道“我是一个男人!”时，他却引起了互联网的轰动，很多人看到他为支持他的球员而发表的长篇大论后都为他辩护。当然，甘迪的爆发有助于带来好的电视效果，这就提醒大家体育媒体经常把粗鲁的行为当作可以被接受的，只要它能娱乐大众。权威与尊重以及娱乐与滥用之间的界限也因为在大学橄榄球运动中表现出的鲜明的种族划分而进一步被模糊了。根据“多样性与道德研究所”最新的《体育种族和性别报告卡》（Lapchick，Hoff & Kaiser，2010），超过45%的一级联盟橄榄球运动员是非洲裔美国人。然而，只有5%左右的主教练是非洲裔美国人。因此，透过主流体育媒体的镜头表现出的大学橄榄球神话、霸权男性气概的文化规范以及白种人潜在的特权相结合，不可避免地导致了与马克·曼吉诺、麦克·里奇和吉姆·莱维特有关的各种争议。

崛起中的三位教练

根据最初的回顾，乍看起来，除了三个人都是大学橄榄球教练之外，似乎马克·曼吉诺、麦克·里奇和吉姆·莱维特之间没有什么相似之处。尤其是里奇，他被体育媒体视为一个古怪的人。他的经纪人这样形容他，“他跟其他任何橄榄球教练都不一样，很难理解他怎么能够是一个教练”（Lewis，2005，p. 3，第1段）。ESPN的马克·施拉巴赫（Schlabach，2008）指出，里奇在非法播音、艺术以及其他非橄榄球科目上的兴趣把他和其他教练区分开来，他不愿意把他整个生命奉献给教练生涯，表明他“跟大多数从事这

① 译者注：美国大学生橄榄球联赛争夺名次的系列赛，一般是一支球队赛季中的最后一场比赛。

份职业的同事不一样，通常这份职业是由百万富翁和工作狂们主导的”（第10段）。作为一个教练，他也是一位与其他人持相反意见者，他在分散进攻方面的创新使德克萨斯理工大学橄榄球队成了一支令人兴奋和突然间有竞争力的队伍。历史上，德克萨斯理工大学橄榄球队的表现一直乏善可陈。在里奇的带领下，这支球队在10个赛季里面9次打入季后赛的碗赛，在他最后的6个赛季里5次排名赛季前25强。当红色突击者队①在2008年客场横扫当时排名第一的德克萨斯长角牛队②取得常规赛季11胜1负的骄人战绩时，不难看出为什么里奇成为大学橄榄球界一颗冉冉升起的新星。他是不按常理出牌的、适于引用的和个人主义的，他的开放式进攻哲学建构了他的德州卢博克市老西部牛仔的完美形象。

1999年，马克·曼吉诺和麦克·里奇曾作为鲍勃·斯图普斯（Bob Stoops）教练团队的成员一起在俄克拉荷马大学执教。2002年，曼吉诺成为堪萨斯大学橄榄球队的主教练，在体育圈里这所学校的男子篮球更加有名，几乎妇孺皆知。在20世纪的后几十年，堪萨斯大学橄榄球队的表现羸弱，这一事实使曼吉诺的成功更加引人注目。在他头4个赛季里，他两次带领球队杀入季后赛。2007年，松鸦鹰队③以11胜1负的战绩结束了常规赛。曼吉诺赢得了多个国家年度教练的殊荣，堪萨斯队战胜了弗吉尼亚理工大学队，赢得柑橘碗从而结束整个赛季。当里奇教授他的球员非法播音并获得认可时（Lewis，2005），曼吉诺正在因发展了一个“性格构建计划”而受到称赞，这个计划包括了社区服务以及把重心放在将学生运动员培养为非职业运动员的准备上（Mitchell，2004，第9段）。因此，与大学橄榄球神话相符，曼吉诺的成功不仅仅是因为他打造了赛场上的胜利，而且因为他致力于开发年轻人的性格。

在加入俄克拉荷马大学的教练组之前，曼吉诺曾经是堪萨斯州立大学橄榄球队的一名助理教练。吉姆·莱维特也曾在这个教练组，他随后离开了，并在1996年也就是他们处子赛季的前一年成了南佛罗里达大学橄榄球队的主教练。从1997年到2009年，莱维特是南佛罗里达大学唯一的知名教练，这使得他的成就在这三位教练之中显得最引人注目。在12年间，莱维特把

① 译者注：德克萨斯理工大学队的队名。

② 译者注：德克萨斯大学奥斯丁分校队的队名。

③ 译者注：堪萨斯大学队的队名。

公牛队①从 I - AA 级（现在的橄榄球锦标赛的分区赛）带到了全美大联盟的 I - A 级（现在的橄榄球碗赛的分区赛），再带到大东联盟——六大具有资格自主参加碗赛锦标系列赛（BCS）的联盟之一。2007 年，南佛罗里达队带着 9 胜 3 负战绩排到全美第二。与在德州理工和堪萨斯大学的两位同仁一样，莱维特被认为是将一支处于低谷的球队——或者，在这个案例中是完全没有历史的队伍——变为一支常胜球队。此外，他臭名昭著地把自己的情绪穿到了他的袖子上。正如他在堪萨斯州立大学的前老板比尔·斯奈德（Bill Snyder）对他的评价，"他跟大多数人都不太一样，好比他把手指插在电灯插座上四处游走一样"（Auman, 2006, 第 11 段）。莱维特自己承认斯奈德在 20 世纪 90 年代把堪萨斯州立大学队从一个常年的失败者变为了一个年度的竞争者，这激励了他在南佛罗里达采用全攻全守打法。"斯奈德的整个世界就是那套战术，"莱维特说，"这就是我为什么会如此激动，这就是我生活的全部。我希望这套战术能被建立起来"。（Auman, 2006, 第 8 ~ 9 段）

虽然个性和环境各有不同，但里奇、曼吉诺和莱维特却分享着某些特质，这使得他们在体育的神话逻辑里都有了理想的成功故事。特别是，他们都是白种人和男性气概的模板，他们的性格和领袖能力使他们能够把之前无关的技战术变为可行的国家权力。这种叙事对于那些急于寻找在权威和纪律性日益衰退的年代里领袖能力的成功模板来说尤其具有吸引力（Whannel, 2002）。它也如此巧妙地阐述了典型的美国梦神话，这些教练的发迹似乎是好莱坞的发明。然而这些教练故事中的"努力工作就会成功"的社会思潮在体育世界里却司空见惯。正如尼克松（Nixon, 1984）所总结的，"体育是检验美国梦意识形态的恰当工具，因为体育机构合法化的信仰映射出了美国梦的基本原则。美国梦让人想起那些'白手起家'的成功故事，那些自力更生的人，那些由辛勤的工作和汗水作为相应奖励的良性的成就"（p. 25）。诚然，这些教练所表现出的控制力、成功以及个人主义使他们成了体育媒体名流，似乎也验证了霸权男性气概的传媒化建构。事实上，最新的关于支持教练作为人生模板的专著不是来自别人，正是麦克·里奇（Leach, 2011）的书《挥动你的剑：在橄榄球和人生中负责领导》（*Swing Your Sword: Leading the Charge in Football and Life*），这本书于 2011 年 7 月出版。

---

① 译者注：南佛罗里达大学队的队名。

三位发狂的教练

鉴于他们共同的成功，很难想象曼吉诺、里奇和莱维特在5周之内相继丢掉了饭碗。2009年12月3日，曼吉诺辞去了他在堪萨斯大学的工作，在大学调查了前球员对他的指控，即“声称他经常在别人面前，在比赛或者训练过程中对他们使用麻木不仁的、侮辱性的语言”（Berkowitz & Carey, 2009, 第4段）之后，他接受了300万美元的庭外和解条件。正是因为和解的达成，所以大学调查的细节没有被公开。然而，一些前球员在指控中公开表明曼吉诺有语言暴力的历史。ESPN的乔·沙德（Joe Schad）报道了一系列的评论，包括那些详细描述了曼吉诺有利用私人信息在队友面前侮辱球员的嗜好。一名父亲正努力摆脱酗酒这个毛病的球员被他责备道：“你是想当一名律师还是想成为像你爸爸那样的酒鬼?”（Schad, 2009, 第8段）另一条评论提到教练有“跑到球员旁边推他一下”的习惯（Schad, 2009, 第12段）。当然，这些激励球员的手段看起来好像与教练形象的神话是相当吻合的，所以不奇怪的是，有些人会认为球员的抱怨是被误导的。一个体育记者讽刺地调侃道，“曼吉诺是被迫辞职的，因为他——这看上去甚至很难量定——对一些球员，比如后卫，说了些‘伤人’的话”（Tucker, 2010, 第4段）。曼吉诺也得到了他的同事麦克·里奇的支持，里奇得出的结论是“没有人真正知道在堪萨斯发生了些什么。但我怀疑马克受到了政治迫害，这是不公平的”（Townsend, 2009, 第6段）。

如果仅仅基于上面提到的两个评论，也许里奇的辩护是合理的。但是关于对曼吉诺的指控尤其令人不安的是，他很显然利用了白人男性气概的权威去特别控制非洲裔美国运动员。一些球员指出教练曾威胁他们如果不遵守纪律的话，就要把他们送回自己的“老家”或“车篷里”。特别是一个球员，他的弟弟曾被子弹击中手臂，在一次接球落地后，他被告知“如果你不闭嘴的话，我就把你送回圣路易斯去，这样你就能跟你的家人们一起挨枪子了”（Schad, 2009, 第6段）。当这些指控被提出之后，大学迅速组织了调查，导致曼吉诺的辞职，并支付300万美元的和解费。尽管似乎证据确凿，曼吉诺还是为他的行为做出了辩护。在堪萨斯城体育广播“610”的一次访谈中，他解释道：

> 我们准备把孩子们送到准备好的世界里去。但是我不能帮父母

们完成这些工作，这是应该在（成为球员）见到我之前就做好的。这些球员中的一些人是充满仇恨的，这些指控都是关于那些仇恨的。有些东西已经发生了18年，我不可能在大学4年里面改变它们。我做不到。不能改变他们的行为，不能改变他们的态度。（“Mangino Defends”，2009，第3~4段）

这些话语反映了一种根深蒂固的观念：教练们是老师、导师甚至是父亲一样的形象。然而，曼吉诺的评论令人吃惊地几乎没有引起他的球员的共鸣，他们中的很多人确实来自弱势背景。因为使用去病态化的辞藻“车篷”以及对非洲裔美国人的文化表现出的鄙视，曼吉诺确实越过了纪律和违规之间的界线。

莱维特在南佛罗里达的坠落方式跟曼吉诺的比较类似。AOL Fanhouse.com最先报道了2009年11月，在对阵分区赛对手路易斯维尔队的比赛半场时，莱维特走进更衣室，然后突发狂躁，把替补队员乔尔·米勒（Joel Miller）的脖子抓住，两次击打了他的面部。在故事被爆出后，米勒否认他的教练打了他，坚持说教练只是抓住了他的肩膀。“我不认为他会出什么事，”他说，“我和教练莱维特都很好。人们可以说不同的事情，但是他只是抓住了我的肩垫来激励我，因为他是一个充满激情的人。”（Auman，2009，第3段）米勒为莱维特的辩护令人想起了泰兰德关于球员被教练影响太深的担忧。他解释说，“一个橄榄球运动员的成就感、阳刚之气和自尊与他在场上的表现和教练的接受度联系紧密，以至于他为了得到教练的认可愿意做任何事情，包括让自己受伤或是教练渴望的其他事情”（Telander，1996，p. 117）。

那么乔尔·米勒是为了保护一个他想讨好的教练而撒谎吗？跟曼吉诺的事件一样，莱维特与南佛罗里达大学达成了275万美元的庭外和解合约，但是阻止了任何关于路易斯维尔事件大学调查的结果的公开披露。根据官方陈述，保密条件不应该“不论什么都被建构为南佛罗里达大学或莱维特的责任，或不道德或非法行为”（Auman，2011，第13段）。然而，在最初的否认之后，米勒后来承认他为了保护教练“遮掩了一些事实”。他继续道：

无论是打橄榄球，还是成长，你都被告知说你的橄榄球教练就像是一个父亲的形象……当他那天走过来抓住我并打我……我不准备攻击我的橄榄球主教练。作为一个球员，你就是不会那样去做。

（Brady，2010，第 18 段）

与此同时，当地的体育媒体在莱维特的任期内报道他时，首先似乎并不对这样的指控感到惊讶。正如《圣彼得堡时报》（*St. Petersburg Times*）的记者约翰·罗马诺（Romano，2009）所总结的，“如果你曾见到过莱维特在边线附近像疯子一样时，你就不难想象他在更衣室里会失去控制了。在这个指控的每个夜晚，莱维特都会撞向戴头盔的球员，把自己弄得头破血流”（第 14 段）。突然间，那些使莱维特变成霸权男性气概模板的特质如今让他显得“有些精神错乱”（Romano，2009，第 15 段）。

如果说莱维特是因为那件特别的事使他在 2009 年形象破灭的话，那么麦克·里奇可能更像是一个许多人心目中的传统教练。霸权男性气概所坚持的是控制力，里奇对于使他丢掉工作的争议的反应表明了这一点对于他来说有多么重要。在法庭上，里奇的周围环境仍旧纠缠不清，但是故事的基本元素已经被广泛报道了。德克萨斯理工大学的教练被指控将一名球员亚当·詹姆斯单独关在一个电气衣柜里——也有说是设备棚里——詹姆斯由于持续性的脑震荡无法参加训练。詹姆斯的父亲，前明星跑卫克雷格·詹姆斯，对于里奇提出了直言不讳的批评，双方都指责对方有严重的性格缺陷。最后，德克萨斯理工大学官员在 2009 年 12 月 30 日解雇了里奇，声明道，“他同时发表的声明清楚地表明教练对于球员的举动是为了贬低、羞辱和惩罚球员，而不是为了团队的最佳利益。这个行为，连同他其他的不服从行为一道，导致了不能协调的差异，这使得我们不可能继续让里奇教练留在德克萨斯理工大学队里”（Evans & Thamel，2009，第 3 段）。

大量报道表明，里奇与德克萨斯理工大学管理层之间的关系较差，因此詹姆斯事件为学校提供了必要的理由来解雇他。真实的情况也许就是这样，但是让人感到奇怪的是学校却对男子篮球队教练鲍勃·奈特（Bob Knight）给予了支持，他在 2002 年曾因为自己臭名昭彰的坏脾气被印第安纳大学辞退（Weiss，2010）。当然，奈特也经常展示出与橄榄球教练类似的霸权男性气概：权威、控制力以及纪律。里奇也在对马克·曼吉诺事件发表意见时表现出了这些特性。正如他对于指控曼吉诺语言攻击的球员的态度，“上天禁止某人要求这个男人如此注意和关注此事，为了他的所有队友和教练以及其他所有人，关注。对了，有很多不同的方式要求一个男人那样去做，当你问他很多次后，有时候你就提高了标准”（Townsend，2009，第 25 段）。

这三个故事的同时（或相继）发展引发了许多关于大学橄榄球文化的

讨论。在三位教练被解雇后不久，许多教练聚集在奥兰多参加年度全美橄榄球教练大会。外向的主席迪克·托米（Dick Tomey）总结道，“我不认为你能用同一把刷子给每个人涂上颜色……这些事件是孤立的”（O'Toole，2010，第11段）。然而体育记者们却感知到了一个潜在的文化变革。例如，琼森（Jonsson，2010）指出，“一些大学对于常胜教练的快速解雇使大学体育成了引领美国体育文化方向的最新领头羊”（第1段）。汤森德（Townsend，2009）指出“运动员和运动员的父母远不能容忍曾经被接受的激励或纪律性的教练技战术”（第22段）。与此同时，蒙哥马利（Montgomery，2010）仅仅宣称解雇是“文化进步”（第7段）的产物。事实上，如果解雇曼吉诺、莱维特和里奇的决定象征了大学橄榄球文化变迁的话，那么也许就有一种让我们重新思考霸权男性气概的标准。然而，在我们得出教练都是厉行纪律的人已经属于过去的结论之前，通常关于争议的体育媒体报道所反映出来的东西值得思考。

结论：霸权男性气概和体育媒体仪式

尽管关于体育和体育媒体的学术研究表明霸权男性气概是普遍存在的，意识到什么可以被算作霸权男性气概是有潜力随着时间而改变的也是重要的。例如，米勒（Miller，2001）指出，传媒市场正在不断地塑造男运动员美的形象——大卫·贝克汉姆、汤姆·布拉迪[①]等——“这已经使霸权男性气概理论失去了稳定性”（p. 52）。然而，很显然关于霸权男性气概的标准仍然根深蒂固地存在于主流媒体的体育报道之中，尤其是当媒体倾向于培育英雄主义、领袖能力和男性气概的神话时（Butterworth，2007；Chidester，2009；Hardin，Kuehn，Jones，Genovese & Balaji，2009）。考虑到这种趋势，突出这些叙事的仪式性质是重要的。正如奥尔森（Olsen，2003）所指出的，体育媒体经常不成比例地强调创造“人物性格”和开发戏剧性的时刻。在麦克·里奇、吉姆·莱维特和马克·曼吉诺的案例中，可以清楚地看到作家和评论员们渴望将这些教练们提升为顽强的个人主义、激烈的竞争力和道德

---

① 译者注：帅气的布兰迪在大学阶段曾带领密歇根狼獾队队获得柑橘碗的胜利。后来加盟NFL新英格兰爱国者队成为明星四分卫，4次带队获得超级碗，2次获得亚军，3次获得超级碗最有价值球员称号。

勇气的范本。尤其是因为这些教练都曾有成功的经历以及可能有问题的行为，这使得他们反过来说精通于“特立独行”也表现出“强度”。伴随着球迷的支持和赛场上的成功，体育媒体将他们塑造为名流，赞扬他们为卓尔不凡的领袖，那么里奇、莱维特和曼吉诺把自身视为确定的权威形象有什么好奇怪的呢?

暗示体育媒体报道培养了霸权男性气概以及暗许这些教练的肮脏行为并不表明体育媒体引发了这些行为。相反地，它表明了传媒形象和再现在高度重视体育价值的文化中起了重要的修辞作用。换句话说，诸如“权威”“纪律”和“领袖能力”这种术语在体育媒体中的讨论方式显著地影响了我们对于这些术语更广义上的理解。为什么这么多教练，尤其是橄榄球教练，在出版了一本引导我们赢得《人生的比赛》的书之后还希望继续出书呢?因此，这个关于在里奇、莱维特和曼吉诺的报道中的霸权男性气概的分析提醒我们，在当代名流文化中，体育媒体对我们所认为的英雄主义和领袖能力的形象有着巨大的影响力。

正如媒体报道对里奇、莱维特和曼吉诺的赞扬一样，它们也迅速地因为他们的不当行为惩罚了他们。如此一来，体育运动中真正的道德权威仲裁者似乎是专栏作家和脱口秀主持人，他们能迅速地谴责那些曾经受到过称赞的名流教练们。这种习性为仪式提供了一些封闭，促成体育媒体从业者自己和他们建构的形象产生距离。然而，即使是那些表明大学橄榄球文化正在改变的专栏作家也未能承认自身在那种文化中的合谋地位。因此，只要体育媒体创造大学橄榄球教练名流以及认同他们这些人是独特的道德权威的神话，那么下一次沉浮的仪式的出现可能只是时间问题。

参考文献

Atkinson, J., Calafell, B. (2009). Darth Vader made me do it! Anakin Skywalker's avoidance of responsibility and the gray areas of hegemonic masculinity in the Star Wars universe. *Communication, Culture & Critique*, 2 (1), 1-20.

Auman, G. (2006, September 23). Today, Leavitt's past looms in distance. *St. Petersburg Times*. Retrieved from http://www.sptimes.com/2006/09/23/Sports/Today_ _ Leavitt_ s_past.shtml.

Auman, G. (2009, December 17). Player: Leavitt didn't hit me. *St. Petersburg Times*. Retrieved from http://web.lexis-nexis.com/universe.

Auman, G. (2011, January 12). Leavitt, USF cut a deal. *St. Petersburg Times*. Retrieved from http://web. lexis - nexis. com/universe

Berkowitz, S., Carey, J. (2009, December 17). Mangino gets $3 million settlement. *USA Today*. Retrieved from http://web. lexis - nexis. com/universe.

Bowden, B., Schlabach, M. (2010). *Called to Coach: Reflections on Life, Faith, and Football*. New York, NY: Howard Books.

Brady, E. (2010, January 20). College discredits adding up: Misconduct, mercenaries put coaching in dim light. *USA Today*. Retrieved from http://web. lexis - nexis. com/universe.

Butterworth, M. L. (2007). Race in 'the race': Mark McGwire, Sammy Sosa, and heroic constructions of whiteness. *Critical Studies in Media Communication*, 24 (3), 228 - 244.

Carroll, P., Roth, Y., Garin, K. (2010). *Win Forever: Live, Work, and Play Like a Champion*. New York, NY: Portfolio.

Chidester, P. J. (2009). 'The toy store of life': Myth, sport and the mediated reconstruction of the American hero in the shadow of the September 11th terrorist attacks. *Southern Communication Journal*, 74 (4), 352 - 372.

Connell, R. W. (1987). *Gender and Power: Society, the Person, and Sexual Politics.* Stanford, CA: Stanford University Press.

Connell, R. W. (1990). An iron man: The body and some contradictions of hegemonic masculinity. In M. A. Messner & D. F. Sabo (Eds.), *Sport, Men, and the Gender Order: Critical Feminist Perspectives* (pp. 83 - 95). Champaign, IL: Human Kinetics.

Dent, J. (1999). *The Junction Boys: How 10 Days in Hell with Bear Bryant Forged a Champion Team at Texas A&M.* New York, NY: Thomas Dunne Books.

Evans, T., Thamel, P. (2009, December 31). *New York Times.* Retrieved from http://lexis - nexis. com/universe.

Grano, D. A., Zagacki, K. S. (2011). Cleansing the superdome: The paradox of purity and post-Katrina guilt. *Quarterly Journal of Speech*, 97 (2), 201 - 223.

Griffin, R. A., Calafell, B. M. (2011). Control, discipline, and punish: Black masculinity and (in) visible whiteness in the NBA. In M. G. Lacy & K. A. Ono (Eds.), *Critical Rhetorics of Race* (pp. 117 - 136). New York, NY: New York University Press.

Hanke, R. (1990). Hegemonic masculinity in Thirtysomething. *Critical Studies in Mass Communication*, 7 (3), 231 - 248.

Hanke, R. (1998). The 'mock-macho' situation comedy: Hegemonic masculinity and its reiteration. Western Journal of Communication, 62 (1), 74 - 93.

Hardin, M., Kuehn, K. M., Jones, H., Genovese, J., Balaji, M. (2009). 'Have you got game?' Hegemonic masculinity and neo-homophobia in U. S. newspaper sports columns.

Communication, Culture & Critique, 2 (2), 182 - 200.

Holtz, L. (1998). *Winning Every Day: The Game Plan for Success*. New York, NY: HarperCollins.

Jonsson, P. (2010, January 8). Jim Leavitt fired: Is the era of the coach-king over? *Christian Science Monitor*. Retrieved from http://web. lexis - nexis. com/universe.

Lapchick, R., Hoff, B., Kaiser, C. (2010). The 2010 racial and gender report card: College sport. *The Institute for Diversity and Ethics in Sport*. Retrieved from http://www. bus. ucf. edu/documents/sport/2010 - college - rgrc. pdf.

Leach, M. (2011). *Swing Your Sword: Leading the Charge in Football and Life* (B. Feldman & S. Mahoney, Eds.). New York, NY: Diversion.

Lewis, M. (2005, December 4). Coach Leach goes deep, very deep. *The New York Times Magazine*. Retrieved from http://www. nytimes. com/2005/12/04/magazine/04coach. html? pagewanted = 3.

Mangino defends his tactics, program (2009, November 20). ESPN. com. Retrieved fromhttp://sports. espn. go. com/ncf/news/story?id = 4672600.

McDonald, M. G. (2010). The Whiteness of sport media/scholarship. In H. L. Hundley & A. C. Billings (Eds.), *Examining Identity in Sports Media* (pp. 153 - 172). Thousand Oaks, CA: Sage.

Miller, T. (2001). *Sportsex*. Philadelphia, PA: Temple University Press.

Mitchell, D. (2004, February 24). Mangino stresses character among football players. LJWorld. com. Retrieved from http://www2. ljworld. com/news/2004/feb/24/mangino _ stresses_ character/.

Montgomery, B. (2010, January 13). Football now faces a changing culture. *St. Petersburg Times*. Retrieved from http://web. lexis - nexis. com/universe.

Nixon, H. L. (1984). *Sport and the American Dream*. New York, NY: Leisure Press.

Olsen, R. (2003). Fifty-eight American dreams: The NBA draft as mediated ritual. In R. S. Brown & D. J. O'Rourke (Eds.), *Case Studies in Sport Communication* (pp. 171 - 200). Westport, CT: Praeger.

O'Toole, T. (2010, January 14). BCS coaches' year of living dangerously. *USA Today*. Retrieved from http://web. lexis - nexis. com/universe.

Romano, J. (2009, December 15). Fiery coach can learn from cautionary tale. *St. Petersburg Times*. Retrieved from http://web. lexis - nexis. com/universe.

Saban, N., Curtis, B. (2005). How good do you want to be? *A Champion's Tips on How to Lead and Succeed at Work and in Life*. New York, NY: Ballantine Books.

Schad, J. (2009, November 20). Ex-players: Coach said 'hurtful' things. ESPN. com. Retrieved from http://sports. espn. go. com/ncf/news/story?id = 4669621.

Schlabach, M. (2008, May 7). Eccentric Leach ready to lead Red Raiders to ultimate treasure.

ESPN. com. Retrieved from http://sports. espn. go. com/ncf/columns/story? columnist = schlabach_ mark&id = 3385098.

Shulman, J. L., Bowen, W. G. (2001). *The Game of Life: College Sports and Educational Values.* Princeton, NJ: Princeton University Press.

Telander, R. (1996). *The hundred yard lie: The Corruption of College Football and What We can Do to Stop It.* Urbana, IL: University of Illinois Press.

Townsend, B. (2009, December 31). Zero tolerance for tough coaches. *Dallas Morning News.* Retrieved from http://web. lexis - nexis. com/universe.

Tressel, J., Fabry, C. (2008). *The Winners Manual: For the Game of Life.* Carol Stream, IL: Tyndale.

Trujillo, N. (1991). Hegemonic masculinity on the mound: Media representations of Nolan Ryan and American sports culture. *Critical Studies in Media Communication*, 8 (3), 290 - 308.

Tucker, N. (2010, January 1). For crying out loud, what's with college football? The *Washington Post.* Retrieved from http://web. lexis - nexis. com/universe.

Vavrus, M. D. (2002). Domesticating patriarchy: Hegemonic masculinity and television's "Mr. Mom". *Critical Studies in Media Communication*, 19, 352 - 375.

Weiss, D. (2010, January 3). NCAA looking for kinder, gentler head coaches. *New York Daily News.* Retrieved from http://web. lexis - nexis. com/universe.

Whannel, G. (2002). *Media Sport Stars: Masculinities and Moralities.* London, UK: Routledge.

第22章　弄虚作假：深陷“吐血门”的迪恩·理查兹，橄榄球联盟和哈勒奎因队

凯文·杨①　迈克尔·阿特金森

2009年，英国橄榄球联盟发生的一起事件，让一个队员、一名教练以及体育界的公众形象顿失光泽。这件被媒体专家称为“吐血门”的丑闻象征了赛场上的欺骗已经成为英式橄榄球乃至全世界的精英体育运动中的制度化问题。本章利用英国媒体报道来理解“吐血门”是如何发生的，又是如何被话语框架建构的，那些参与者以及目睹丑闻被层层揭露的其他人的反应如何。利用《文明的历程》（*Civilizing Process*）和《掌控羞耻感》（*Master Emotion of Shame*）中的过程概念（Elias，1978；Kilminster，2007），本章论证了媒体如何认定“吐血门”的罪魁祸首是现代职业英式橄榄球的气质而不是某一个具体的个人本身。本章同时也考量了英式橄榄球联盟的结构价值和侧重点迈向一种制度化欺骗和腐败的文化形态的历史变迁。

吐血门：英式橄榄球丑闻剖析

2009年4月12日，在英式橄榄球联盟喜力杯哈勒奎因队（英国伦敦）与伦斯特队（爱尔兰）的1/4决赛中，哈勒奎因队的队员汤姆·威廉姆斯（Tom Williams）在比赛只有最后几分钟时口吐鲜血，似乎是受了伤。这起突发事件让哈勒奎因队可以“流血换人”，尼克·埃文斯（Nick Evans）上

① 凯文·杨（加拿大麦克马斯特大学博士），卡尔加里大学社会学教授。他已经出版（合著）十余本著作，发表论文数十篇。他的研究包含了桥梁犯罪学和体育社会学，尤其是奥林匹克研究。E-mail：kyoung@ ucalgary. ca。

迈克尔·阿特金森（卡尔加里大学博士），多伦多大学体育系副教授。他是《体育社会学学刊》的编辑，已经出版了多本著作，发表核心期刊论文数十篇。他的研究兴趣点在体育文化、暴力与犯罪的生命伦理学。E-mail：atkinson@ utoronto. ca。

场。比赛到了这个时候，正常来说哈勒奎因队已经不允许替换队员，“流血换人”是唯一能让埃文斯（久经沙场的攻击手，潜在的获胜武器）出场的一种方式。电视台摄像机捕捉到威廉姆斯在离开场地时朝他的队友害羞地眨了下眼睛，考虑到从他的口中喷出的一股不可思议的鲜血，欧洲橄榄球俱乐部（ERC）的官员几日后宣布他们会对这一事件展开调查。

2009 年 7 月 2 日，调查结果表明哈勒奎因队和威廉姆斯为了达到替换目的而诈伤。调查揭露威廉姆斯从他的袜子里拿出一个血袋，然后放入口中咬破，达到面部出血需要“换人”的目的。调查进一步发现，在队医温迪·查普曼（Wendy Chapman）的帮助下，比赛后为了掩盖真相，威廉姆斯割伤了自己的嘴唇。威廉姆斯被禁赛一年，哈勒奎因队被罚款 25 万欧元。哈勒奎因队的教练迪恩·理查兹、队医温迪·查普曼、球队理疗师斯蒂夫·布里南（Steph Brennan），最初都没有卷入这次丑闻。

然而，2009 年 8 月 17 日，威廉姆斯公开了之前隐瞒的信息，他的教练和球队医疗组卷入这次事件。随后，威廉姆斯的禁令被缩减至 4 个月，俱乐部的罚款提高到 30 万欧元。布里南被停职两年，迪恩·理查兹被禁止执教任何欧洲范围内的英式橄榄球比赛 3 年。媒体透露理查兹之前就曾卷入 4 次类似事件，然后对这些处罚进行了评估。威廉姆斯的证词将理查兹刻画成一位傲慢霸道的独裁者，他一手策划了诈伤和之后的掩盖真相。这名队员说他之所以同意这么做是出于对教练的恐惧。同时，理查兹抛开他的责任不谈，辩解说他作为一名教练面临压力和义务，坚持说欺骗（包括诈伤）在英式橄榄球中蔚然成风。

对“吐血门”参与人员的处罚被球迷广泛看作职业英式橄榄球史上最严厉的制裁。除了大量的媒体报道之外，ERC 的报道中公然传播“吐血门”阴谋，实际上表明了欺骗行为在体育界绝非罕见，本次事件涉及哈勒奎因队的队员、教练、医务人员和其他俱乐部。理查兹最终承认是自己策划了这一事件，但他依然认为他按照当时的比赛趋势做出的行为是合乎情理的。该丑闻还指向了在体育从业余过渡到超职业化文化形式的长期、过程化的发展背景下，来思考现代赛场上的异常表现的需求。

迪恩·理查兹：橄榄球偶像的兴衰

然而，究竟是谁因吐血门而倒下了？哪些所谓的英雄被强行剥夺了英式橄榄球的受尊敬和高声望的地位？吐血门的媒体报道远未明确谁是丑闻的受害者或是哪个恶棍造成这起丑闻。

或许丑闻中第一个被认为是“受害人”的就是汤姆·威廉姆斯本人，这位负责假装流血受伤的队员。人们普遍认为威廉姆斯处于他的俱乐部和他极其尊敬但又令他极其畏惧的教练迪恩·查理兹的完全操控下——这是教练虐待球员剧本中常见的一幕（Stirling & Kerr，2009）。结果，很多媒体机构的论调都把威廉姆斯假定为强制和专横教练的牺牲品。这些报道认为威廉姆斯只是简单地执行理查兹的命令，“代人受过”不公平，因为吐血门丑闻明显涉及很多各种层次的人员：

> 哈勒奎因队将支持威廉姆斯对他的一年禁赛期提出上诉，因为大家都认为这名边锋是受害者，是代替那些为了在精英比赛中赢得一席之地而精心策划诡计的资深俱乐部官员背了黑锅。威廉姆斯的证词可以表明他是受人指使才在袜子里藏了一小袋血。（Eason，2009）
>
> 威廉姆斯处于令人厌恶的境地。他当然既不能单独行事，出于现实，也不能拒绝咬破血袋的命令。ERC 的判决不能令人满意，不管怎样，不公正的审判已经发生了。（Souster，2009b）
>
> 达米安·霍普利（Damian Hopley），球员工会的执行官，说这件事证实队员容易受到不择手段的教练的伤害。威廉姆斯在揭露哈勒奎因队的欺骗文化的深层之前，迫于压力在最初才撒谎。（Kelso，2009b）

所以，人们的注意力转移到了迪恩·理查兹身上，认为他才是浮出水面的吐血门丑闻“坠落的英雄”。理查兹一落千丈，作为队员和担任教练的辉煌职业生涯将他抛到高空又重重跌落。很少有人能够达到他在俱乐部或国家比赛中的水平。实际上，理查兹在他职业生涯的顶峰期被公认为是世界上最好的球员（在他的这个位置）。在理查兹获得的大量荣誉中，他曾赢得加尔各答杯（1987），曾多次参加澳大利亚（1988）、罗马尼亚（1989）、阿根廷（1990）和加拿大（1992，1994）的国家队巡回赛并立下汗马功劳，此外，在欧洲五国杯（现被称为六国赛）获得多次成功。1996 年，理查兹彻底从橄榄球界退休，但是两年后，在莱斯特老虎队开始了他的橄榄球执教生涯。在此期间，他赢得 4 次超级联赛冠军，2 次获得喜力杯。2004 年，作为老虎队的主教练度过了几个成功的赛季后，理查兹因球队成绩大幅度下滑而被解雇。

尽管多次成功铸就了他在世界橄榄球界半人半神的地位，尤其是在英格兰中部地区城市莱斯特，但理查兹对争议或责难已经习以为常。他在赛场上取得的成就引来了一些来自权威的争吵。例如，在对阵苏格兰队赢得加尔各答杯后，他被看到与对手约翰·杰弗里（John Jeffrey）一起粗鲁地脚踢这个颇受尊敬的奖杯。尽管这名英格兰明星“被轻拍了一下手腕”[①]，被禁赛一场，但他的帮凶行为却被处以严厉的6个月禁赛。1995年，他是英式橄榄球联盟第一位因累计黄牌有关的一个新制定的“叠加”规则而被禁赛的队员。事实上，理查兹的球员生涯不断有暴力事件发生，如踩踏和击打他人。

因为这一切，尽管理查兹被公认为是吐血门的“主犯”，但各种各样的报道依然认为他是现代英式橄榄球这个更加苛刻和越发合理化的世界的“牺牲品”。如同威廉姆斯一样，大量的媒体评论员把他视为超职业化和消费主义而导致的体育界更多伦理问题和道德模糊感的替罪羊。大量媒体报道加入了更广泛的与教练文化相关的社会学中的“情境化因素”，对此，任何个体来承担责任都是不公平的。在很大程度上为威廉姆斯和理查兹免罪，媒体普遍批判了运动员和教练参加比赛和为获胜所承受的巨大压力：

> 首先说吐血门的细节，斯金纳（Skinner）声称他见过别的俱乐部使用血袋，因此对理查兹的处罚过于严重。(Peters，2010)
>
> 不能诽谤理查兹并把责任推到他的头上。理查兹是一位杰出的教练，他不是一股独特的力量，也不是一种独特的文化。问题是这场比赛，而不是这个男人，RFU的工作组必须着手修复它的道德界限。(Ruddock，2009)
>
> 迪恩·理查兹受制于他的运动项目才不得不作欺骗。(Pearson，2009)

在下文中，我们将回顾媒体如何将理查兹在英式橄榄球界的坠落框架建构为一种离经叛道，但或许可以理解为体育腐败职业化的衍生物。利用埃利亚斯的框架结构理论，我们研究了在吐血门发生之后接踵而至的辩论中理查兹和体育的共同主题的描述，分析这个事件何以呈现出一种新兴的道德恐

---

① 译者注：指从轻发落。

慌，以及一系列关于橄榄球腐败的深层原因经常相互矛盾的观点。

职业橄榄球迈向吐血门

现在是橄榄球联盟的艰难时期。比赛的形象遭到了前所未有的玷污。(Souster, 2009b)

围绕散落物的宣传已经严重地伤害了体育。(Rajan, 2009)

仅仅是改变规则并不能恢复体育的声誉，不能修复创伤的文化。(Ruddock, 2009)

为了理解媒体和那些职业橄榄球有关人员为什么对吐血门如此反应，我们应用了埃利亚斯（Elias, 1978）关于文明进程的概念。从这个角度看，为了理解当前的做法，如吐血门丑闻中的那些行为（以及传媒话语如何理解欺骗的肇事者，如何对其公开塑形），我们必须研究它们的历史呈现。特别是，为了清楚地理解媒体对吐血门丑闻的反应，理解业余橄榄球时代和当代职业比赛之间的历史断裂是重要的——换言之，理解体育如何经历了那个被过程主义者称之为原型的“体育化的过程”（Elias & Dunning, 1986; Dunning, 1999）。

在关于吐血门的所有报道中，在现代职业化时代与曾经支撑起比赛的业余思潮之间存在明显的区隔。在吐血门的媒体报道中，将职业化定义为具备不惜一切代价赢得比赛的心态，迷恋收入、商业化和形象。职业时代的这些特征被认为已经取代了业余，更“有绅士派头”，是长久以来界定比赛的思潮。正如我们下文所述，媒体在区分这两种版本的比赛时，形成了一种道德恐慌的形态，看起来似乎职业主义已经或基本上错在向橄榄球文化妥协，错在确定了欺骗和其他形式的异象是制度化的问题。

对于过程主义者来说，上述关于橄榄球道德伦理和实践崩塌的话语可以理解为长期的历史进程中的一部分。正如在体育社会学文献中已经提出的一样，在大不列颠的工业化时期，一项曾经难以驾驭的游戏转化为一个更加“文明化”的形态（Dunning & Sheard, 2005; Elias & Dunning, 1986），在此期间，业余思潮被织进了游戏的大网中。工业化发生巨大变革时，橄榄球至少从两层意义上来判断“变得更加‘文明化’：球员开始被要求提升自控能力，并摆脱一些更野蛮的特点，或采取更严格的控制”（Dunning & Sheard, 2005, p. 57）。根据埃利亚斯的观点（Elias, 1978），这样一种以模仿社会实践的形式激进地朝着自我控制的运动，是文明化进程的印记。这些特征是业余主义必不可少的，胆大妄为的不惜一切代价迫切想赢的愿望不是文化上“希冀的”（Atkinson & Young，2008）、合法的或受尊重的。在业余符码中，人们仅仅是为了情感的激动或参与的乐趣而比赛。

今天，随着媒体用一种浪漫的论调描述早期体育阶段和文化的价值观，如公平竞争、体育是为了内心的获得、运动员积极的人格特征的培养（如运动员精神、纪律和领袖能力）以及运动员具有高水准的自控能力等，对体育中的运动业余主义时代的认同常被视为一种怀旧情结（甚至是抑郁症）。可是，这样一种业余思潮带有偏见，与现今时代格格不入。职业化的形象——贪婪、漠视公平竞争、获胜高于一切的态度占主导地位，“在这样一个变化速度之快让人难以理解的世界里，我们每天都在怀旧，从对‘美好旧时光’的渴望到我们的不安全感”（Nauright & Chandler，1996，p. 227）。

怀旧也是媒体框架建构吐血门的一个关键元素。记者经常利用丑闻来犀利地对比历史上的业余道德和早期的职业化（解读为“文明的”）橄榄球与正在进行时的超职业主义时代橄榄球的“去文明化”。橄榄球及相关文化外部装饰在工业化时期从业余到职业精神的转变完美地说明“体育化”如何作为长期文明化趋势的一部分而发生（Dunning & Sheard，2005）。作为向超竞争的、有组织的以及职业的体育文化的“文明化”（或现代化）转变的一部分，意想不到的后果不可避免地会出现——包括职业竞争的衍生物，如欺骗。当英国或其他地方的橄榄球联盟文化日渐受到形式化、等级化组织以及超竞争的驱使时，体育“去文明化”的可能性就更大了。

已经明确了橄榄球和体育文化大体上的背景，我们现在就来回顾围绕吐血门的传媒话语中出现的几个主题。我们认为这些主题与更宽泛的公众和媒体评论有一定联系，都是关于体育中欺骗的扩散如何成为长期职业化进程中产生的意外的、去文明化的迸发。

正面凝视腐败：从丑闻到恐慌

在英国媒体对吐血门的报道中值得注意的是，媒体对最初事件有关“主犯”的框架架构方式。只是着眼于这样的情况很容易便宣称迪恩·理查兹和汤姆·威廉姆斯应当是为行为单独负责的个人，但是经过深思又会认为与道德行为和伦理领袖能力相关的更广泛的社会背景应当为此负责

（Sheridan, 2003）。评论员将重心从个体行为转移到职业的现代橄榄球文化，在这里这种“可耻的行为”似乎就无法避免了（Connor & Mazanov, 2010）：

> 橄榄球中的欺骗：迪恩·理查兹并不孤独。（Pearson, 2009）
>
> 现在，它是以一个重大影响的时刻出现的：以一个队员脸上的鲜血开始，却以橄榄球俱乐部及其教练组血的惩罚而终结。（Walsh, 2009）
>
> 哈勒奎因队事件揭露了队员面对达到目的而承受的压力，为教练或行政官的盈亏辩护。这进而揭示，只有当面对特许的物理治疗师从奇趣店蓄意购买假血这样一个滑稽的情况时，ERC 才想起去保护比赛（主办单位）的可信度。裁定以及施加的惩罚对阻止比赛中弥漫的真实的冷嘲热讽无能为力。欺诈、扭作一团、篡改出场队员、杀死这项球赛……一切仍在继续。（Pearson, 2009）

通过吐血门的报道，职业主义被片面地嘲笑为将获胜凌驾于一切。从这层意义上说，表现和结果是比赛道德秩序的核心，而且“竞争对手仅仅被视为要逾越的障碍，而不是参与者和个人”（Simon, 1991, p. 31）。媒体一有机会就强调胜利是职业橄榄球的终极目标，伴随着荣耀，当然还有物质上的成功。从功利主义的视角来看，欺骗，包括流血诈伤，是合理的，而且实际上按照传媒话语来说是“有意义的”：

> 还留有一个问题：职业主义不顾一切都要赢的心态会把我们带去哪里？这是令人头痛的事实，是最高水平的体育不得不面对的。威廉姆斯事件是这种倾向最近的和最严重的一次体现。问题是，这是一次性的，还是冰山的一角。（Souster, 2009b）

对威廉姆斯的回应更多地告诉我们职业时代橄榄球所谓的友爱的真实究竟有多少。当仲裁委员会的其中一员在理查兹结束他的职业生涯后的几个小时后对他表示了同情，那种精神于周二的凌晨在酒吧已经得到了证实——还有其他什么地方吗？律师不用一五一十地就可以表明这位前英格兰大师已经沉重地，或许不可挽回地损害了兄弟情义的可信度（Kelso, 2009a）。

所有关于职业主义对比赛影响的讨论的核心都是消费主义主题。因此吐血门成了创造利润和商业成功压力的代名词，尤其是通过赛场上的胜利。正如钱德勒和诺莱特（Chandler & Nauright, 1999, p. 166）提出的，“橄榄球联盟比赛从未经历过从业余主义到职业主义这样巨大的变化，但这却是从合作组织到商业企业的转变”。这样的观点在媒体报道中有所反映：

> 哈勒奎因队事件揭露了队员面对达到目的而承受的压力，为教练或行政长官的盈亏辩护。(Pearson, 2009)
>
> 对哈勒奎因队、迪恩·理查兹、汤姆·威廉姆斯以及斯蒂夫·布里南惩罚的严重程度并未超出保护比赛诚信的愿望，但是偏离了在买方市场中安抚赞助商的需求。(Pearson, 2009)
>
> 当然，那就是所有症结所在。钱、现金引起压力，造成规则的扭曲。竞争对手、观赛的大众，都已经对欺骗行为脱敏了。(Smith, 2009)

纵观媒体对橄榄球中消费主义伦理标准的评论，体育界蔓生着一种（道德）恐慌和危机感。大量的体育暴力文献提出（如 Hall, 1978; Young, 1986），媒体制造的道德恐慌可以说是一种“集体恐惧和焦虑的动员，通过媒体放大和引起轰动，聚焦于一种他者符号，一种民间鬼怪，最终通过监管集体道德边界服务于社会控制进程”（Cottle, 2006, p. 413）。英国和其他地方的体育记者都强调，是业余到职业思潮的转变，创造了一种不再被理解为公平与公正的比赛。吐血门丑闻完美地表达了这个问题。周期性的“道德恐慌”似乎有助于聚焦集体团结，常与历史改变的背景相悖，且与权力关系构造的社会场域有关（Cottle, 2006）。在这一案例中，有一种集体团结，反对吐血门丑闻中采取的行为（主要是理查兹的行为）。然而，媒体对欺骗制度化的描述，不惜一切代价要赢的心态以及体育界中现代消费主义的贪婪，使媒体将橄榄球本身描绘为终极的“民间鬼怪”：

> 保罗·阿克福特（Paul Ackford），前……橄榄球记者写道：“橄榄球‘道德破产’。”阿克福特不仅对伦斯特队比赛结束时的这次事件逐级升级为吐血门而义愤填膺，而且对一系列不相干的使这次比赛蒙羞的事件也愤慨激昂，如欺骗、性侵、规则修订到教练解雇。但他在闷闷不乐的结尾中补充说：橄榄球已经失去了它的道义界限。(Ruddock, 2009)
>
> 这铁的事实令人寒心，依然让人感到惊讶。欺骗已经成为体育的特产，甚至到了我们完全接受它各种形式的程度。(Smith, 2009)
>
> 这个事件——被称为“吐血门”——是一记警钟，提醒人们

> 在职业体育中胜利——任何职业体育——胜利是当下最重要的事。忘记运动员精神、公平竞争，甚至忘记只是普通的诚实，他们都是被遗忘的概念。（Gardner，2009）

所以，橄榄球欺骗事件突出的现实，特别是围绕吐血门的争辩由传媒引起的道德恐慌，就是卷入的个体参与者如何最终成为他们不道德行为的借口，把责任都推到深陷贪污困境的更广阔的体育文化上。

然而，在其他时候，吐血门的媒体报道也强调了队员和教练在欺骗过程中如何在没有中介的前提下就擅自行事，以及他们如何故意参与离经叛道的、非法的行为，完全明白可能出现的结果。这再次成为吐血门丑闻的一个关键元素——正如加了后缀“门”（意味着蓄谋），与传媒引导的丑闻标记相联系：

> 迪恩·理查兹，“吐血门”丑闻的“操纵者”。（“Dean Richards”，2009）
>
> 这位失宠的前英格兰英雄在策划了关键的喜力杯对伦斯特队的1/4 决赛流血诈伤后被踢出体育界。（Moore，2009）
>
> 哈勒奎因队事件是一个更令人担忧的趋势。它清晰地表明了俱乐部管理层的预谋。（Souster，2009b）
>
> 哈勒奎因队，一个著名俱乐部，受迪恩·理查兹，这位英国体育界的偶像，系统性地用可以想象到的最阴险、最愤世嫉俗的方式欺骗了他们的对手。（Kelso，2009a）

当教练和队员被说成同谋，更深层次的一个元素，即橄榄球表面上的去文明化浮现出来。争议较广的是，有了如查理兹教练的指示，队员就认为欺骗是常态化的。它成了亚文化的一部分，被简单地视为体育思潮的一部分。有一些事情，可以被理解也可以做，但是永远不会被公开承认或讨论。这就增加了媒体造成的道德恐慌感。欺骗被描述为普遍现象，根深蒂固地存在于体育文化之中，以致它成为不可避免的：

> 制度化欺骗的盖子被证明打开了，这就是哈勒奎因队队员和医疗组说的普遍存在于超级联赛的现象。（Ackford，2009）
>
> 比赛当权者无法假装吐血门是一次性的事件——欺骗和规则扭曲司空见惯。（Ruddock，2009）
>
> 哈勒奎因队的欺骗并非一个孤立事件，但是它被抓住不放，然

后被组织的掩盖弄得复杂。(Ruddock, 2009)

> 显然人们都会趁裁判不注意甚至不挥动拳头时欺骗、碰运气。我当然原谅这个队员，除了眨眼之外。我甚至对迪恩·理查兹所做的一切欺骗行为有几分同情。正如一句体育谚语所说，“如果你不欺骗，那你就没有尝试”。(Toland, 2009)

然而，复杂化的媒体关注投向了橄榄球中的职业主义与欺骗文化之间的假定联系，汤姆·威廉姆斯作为一个队员的表现经常与吐血门丑闻中欺骗本身的行为被分开考量。事实上，在很多方面，或许反思他过去的成就、荣誉和其他“清白的记录”，威廉姆斯得到了一张名副其实的“免费通行证”，免费进入大量接踵而至的媒体报道。“他有着不容置疑的运动员人格，”霍普利说，“他为哈勒奎因队的效力证明了他具有杰出的职业伦理，他的纪律记录——作为一个职业队员 7 年间只有一张因团队犯规而被罚的黄牌——说明了问题。”(Souster, 2009a)

随着矛盾证据的提出，很多记者开始抓住机会从橄榄球官员处理意外行为的处罚角度强调了职业中的矛盾与虚伪：

> 那么，有暴徒和小流氓。沙克·博格（Schalk Burger）“因接触”卢克·菲茨杰拉德（Luke Fitzgerald）的眼部被罚 8 周，威廉姆斯因错误行为和无意的眨眼而被罚 12 个月。这里，他的支持者会问，公平何在？(O'Brien, 2009)
>
> 无法反驳的逻辑：在比赛中因将他的手指插入一个对手的眼睛中而受到 8 周禁赛处罚，那么同意他的俱乐部请求/要求诈伤怎么能受到 12 个月的处罚呢？现在很明显，ERC 的纪律小组被哈勒奎因队拒绝承认结党来使诈激怒了，对威廉姆斯的处罚程度清晰地证实了这一点（Walsh, 2009）。

被牵涉的个人之中，威廉姆斯（队员）受到处罚，只是暂时失去了荣耀。理查兹（教练）作为事件的罪魁祸首出现于各个媒体报道中，最终甚至将最强大的橄榄球辩护专家引向认真思考比赛的道德状态。理查兹的人格和他在喜力杯丑闻中的重大影响，展现了现代体育中不仅教练和队员缺乏诚信，而且文化已被市场的力量、竞赛逻辑以及所谓的“职业性”完全玷污。

后果：吐血门的另一面

媒体报道往往自相矛盾，除了概括吐血门的受害者与罪魁祸首之外，都强调了迪恩·查理兹的失宠以及更大的丑闻结果。首先，尽管那些被认定卷入吐血门的人都受到了长期禁赛处罚和罚款，关于橄榄球联盟损害控制的评论强调，这次耻辱的事件最终惩罚的是这个队、队员，尤其是迪恩·查理兹。埃利亚斯（Elias, 1978）将羞耻描述为社会控制过程中的一个“主要情绪”。媒体对丑闻的描述将羞耻宣扬为对违规者的终极惩罚：

> 空气勉强干净，体育来了一次深呼吸，理查兹只能灰头土脸地退出这片舞台。（Eason, 2009）
>
> 理查兹，曾经因为他的职业精神受人尊敬，却在8月8日羞愧地辞职了。（Rajan, 2009）
>
> 迪恩·查理兹的名声已经在吐血门争议中烧成灰烬。（Jones, 2009）
>
> 迪恩·查理兹交出了他在橄榄球界的主教地位，成为了俱乐部“引以为豪”的高水准的一个笑柄。（Walsh, 2009）

显然，吐血门丑闻将橄榄球联盟中盛行的制度化的欺骗推至台前。尽管对任何这样的丑闻，都可能有些许积极的角度，但体育重新上路，职业橄榄球透明化的新时代成为媒体话语的结论主题之一。过程主义者可能提出，这样一种透明化，涵盖了将有关各种主体和背景再文明化的可能，“符合这些标准，从心理学上来说，是基于对萌发令人不快的关联，如羞耻的担忧……社会学认为恰当的行为以后会变成个体的无意识行为”（Kilminster, 2007, p. 89）。

很多媒体评论都重复了这一观点。通过论证丑闻多么让人羞耻，记者们提出对该事件的警示可以避免其他人再犯类似的错误：

吐血门事件让橄榄球重新振作起来。（Kitson, 2009）

> 汤姆·威廉姆斯的证词似乎已经触发了一股实话实说的共同感。它或许很长时间都会持续存在。（Kitson, 2009）
>
> 《体育电讯报》透露，RFU和国际橄榄球理事会现在已经在讨论一些准备采取的措施，阻止以后发生欺骗行为，包括引入独立的

医生或职业比赛委员会。(Kelso, 2009a)

在欺骗、诡计和陷害以取得比赛优势的头版头条故事中，其中关于这些丑闻的一个最有趣的主题是体育监管部门明显越来越承认一些不成文的举报政策。(Walters, 2010)

以一种非常公开的方式强调一件事，“吐血门”可以吓跑其他可能的欺骗。(Rajan, 2009)

结 论

体育社会事件的大众传媒化，如吐血门，并不具有从他们自身界定体育文化的性质、创造规范或永久改变比赛规则的权力。然而，这样的传媒化（我们必须牢记，永远都是成分混杂的而非统一的）表明了盛行的价值观以及人们焦虑和关注的话语。内部人员与局外人都明白，所谓的体育界“合意”形态的暴力、进攻甚至是“严重犯规”（Atkinson & Young, 2008）以及某一特定的体育运动内难以忍受的、带来羞耻的违规行为之间的相互作用。迪恩·理查兹在橄榄球界坠落的大众传媒化表明，现代接触性体育运动中最难做的营销就是找到文明的或拟态的暴力（Elias & Dunning, 1986）与社会对不合意的（去文明化的）“社会异常”形态的控制之间的平衡。实际上，类似橄榄球这样的运动现在难以在高度竞争或激进行为的比赛中，表现出从社会意义上来说令人激动的和具有重要意义的“文明”力量均衡——这样的实践或过程实际上就是队员越过“公平（拟态）竞争”的底线和不惜一切代价要赢的态度。

显然，超职业主义、消费伦理、欺骗的亚文化并非橄榄球所特有。在超男性气概的、职业的全球体育文化中，有一种无处不在的冒险和异常行为（比如欺骗）的意识形态，这是一种危险的但却被视为珍贵的、能获得奖励的阳刚行为（Atkinson & Young, 2008）。尽管很多媒体怀旧地悲叹了橄榄球之类体育中“绅士”荣誉符码和诚信的迷失，但是都把它的灭亡归因为超职业化的趋势。对我们来说更有意思的是，从社会学的角度来说，欺骗（和其他社会异常行为一样）因为属于一种可以接受的“阳刚”行为在运动员中是可以被原谅的。尽管理查兹，如威廉姆斯一样，在吐血门的传媒化描述上可能被刻画为流氓无赖，但是他的行为几乎一直都因是体育文化中的无意之举而被承认合理，在体育文化中，男人为了赢，必须简单地“做必须做的事”。这样，再一次自相矛盾，尽管理查兹“有罪”，应该感到羞耻，但他同时也被媒体描述为一个与去文明化努力做斗争的体育文化形象，在这里，旧符码和社会控制的传统机制（如羞耻）就不太有关联。

总之，媒体对吐血门的病因和结果的论述引起了我们对现代超职业体育中与腐败文化有关的多层次的、矛盾的作用力量的关注。过程社会学帮助我们理解理查德的行为如何成为包括商业化、职业化和全球化的体育界内外相互交织的、长期的历史进程的产物。在邓宁（Dunning，1999）和埃利亚斯与邓宁（Elias & Dunning，1986）的观点中，体育化进程永远不是一个“既成事实”（fait accompli）。体育化是一个正在进行的、多方向的进程，其中体育文化中的欺骗，其出现以及亚文化的常态化标志着一个重要的社会因素转变。吐血门，以及更广义地说，橄榄球运动，仅仅是全球体育文化的这些长期转变的一个范例，普遍以权力斗争和危机为特征，常在大众媒体中戏剧性地展现出来。

参考文献

Ackford，P.（2009，August 29）. Bloodgate：Scandal opens the doors to a world of sinister practice in rugby. *The Telegraph*. Retrieved from http://www.telegraph.co.uk/sport/rugbyunion/club/6106177/Bloodgate - scandal - opens - the - doors - to - a - world - of - sinister - practice - in - rugby.html.

Atkinson，M.，Young，K.（2008）. *Deviance and Social Control in Sport*. Champaign，IL：Human Kinetics.

Chandler，T.，Nauright，J.（Eds.）.（1999）. *Making the Rugby World：Race，Gender，Commerce*. London，UK：Frank Cass.

Connor，J. M.，Mazanov，J.（2010）. The inevitability of scandal：Lessons for sponsors and administrators. *International Journal of Sports Marketing and Sponsorship*，11（3），212 - 220.

Cottle，S.（2006）. Mediatized rituals：Beyond manufacturing consent. *Media，Culture and Society*，28（3），411 - 432.

Dean Richards the ‘central control’ of Bloodgate scandal，ECB [sic] appeal hearing notes reveal.（2009，September 2）. *Mirror*. Retrieved from http://www.mirror.co.uk/sport/rugby/2009/09/02/dean - richards - the - central - control - of - bloodgate - scandal - ecb - appeal - hearing - notes - reveal - 115875 - 21642417/.

Dunning，E.（1999）. *Sport Matters：Sociological Studies of Sport，Violence，and Civilization*. London，UK：Routledge.

Dunning, E., Sheard, K. (2005). *Barbarians, Gentlemen, and Players: A Sociological Study of the Development of Rugby Football.* London, UK: Routledge.

Eason, K. (2009, August 10). Dean Richards exit in 'bloodgate' scandal leaves a deep wound. *The Times.* Retrieved from http://www. timesonline. co. uk/tol/sport/rugby_ union/article6789254. ece.

Elias, N. (1978). *The Civilizing Process.* Oxford, UK: Basil Blackwell.

Elias, N., Dunning, E. (1986). *Quest for Excitement: Sport and Leisure in the Civilizing Process.* Oxford, UK: Basil Blackwell.

Gardner, P. (2009, August 20). 'Bloodgate' takes pro sports to new low. *Soccer America.* Retrieved from http://www. socceramerica. com/article/33742/bloodgate – takes – pro – sports – tonew – low. html.

Hall, S. (1978). The treatment of football hooliganism in the press. In R. Ingham (Ed.), *Football Hooliganism: The Wider Context.* London, UK: Inter – Action Inprint.

Jones, C. (2009, September 2). 'Bloodgate': The final damning of Dean Richards. *London Evening Standard.* Retrieved from http://www. thisislondon. co. uk/standard – sport/article – 23739236 – bloodgate – the – final – damning – of – dean – richards. do.

Kelso, P. (2009a, August 19). Bloodgate: Worst yet to come for Harlequins and Dean Richards. *The Telegraph.* Retrieved from http://www. telegraph. co. uk/sport/rugbyunion/club/6051364/Bloodgate – worst – yet – to – come – for – Harlequins – and – Dean – Richards. html.

Kelso, P. (2009b, September 2). Bloodgate: Dean Richards had 'central control', says judgment of ERC hearing. *The Telegraph.* Retrieved from http://www. telegraph. co. uk/sport/rugbyunion/club/6125863/Bloodgate – Dean – Richards – had – central – control – says-judgmentof – ERC – hearing. html.

Kilminster, R. (2007). *Norbert Elias: Post-philosophical Sociology.* London, UK: Routledge.

Kitson, R. (2009, September 9). The Bloodgate affair has led to a refreshing openness in rugby. *The Guardian.* Retrieved from http://www. guardian. co. uk/sport/blog/2009/sep/09/guinnesspremiership – bloodgate – harlequins

Moore, M. (2009, September 3). Bloody cheat: Dean Richards' career is on the scrapheap after he was exposed as the lying, cheating power behind the Bloodgate scandal. *The Sun.* Retrieved from http://www. thesun. co. uk/sol/homepage/sport/rugby _ union/2619567/Dean – Richardshas – been – exposed – as – the – dominant – personality – in – Bloodgate – scandal. html.

Nauright, J., Chandler, T. (Eds.). (1996). *Making Men: Rugby and Masculine Identity.*

London, UK: Frank Cass.

O'Brien, J. (2009, July 26). Williams takes hit for Harlequins' bloody mess. *Independent*. ie. Retrieved from http://www.independent.ie/sport/other - sports/williams - takes - hit - for - harlequinsbloody - mess - 1841507.html.

Pearson, C. (2009, September 2). Cheating in rugby: Dean Richards is not alone. *Eskimo Rugby*. Retrieved from http://eskimorugby.wordpress.com/2009/09/02/CHEATING - IN - RUGBYDEAN - RICHARDS - IS - NOT - ALONE/.

Peters, S. (2010, April 17). Skinner: Dean's bloody great. *News of the World*. Retrieved from http://www.newsoftheworld.co.uk/sport/786345/HARLEQUINS - skipper - Will - Skinnerinsists - disgraced - Bloodgate - coach - Dean - Richards - would - be - welcomed - back - into - rugby - withopen - arms.html (no longer accessible).

Rajan, A. (2009, August 28). The big question: how severely has rugby union been damaged by 'Bloodgate'? *The Independent*. Retrieved from http://www.independent.co.uk/sport/rugby/rugby - union/news - comment/the - big - question - how - severely - has - rugby - union - been - damaged - bybloodgate - 1778287.html.

Ruddock, A. (2009, August 30). Cheating heart of rugby has to change. *Independent*. ie. Retrieved from http://www.independent.ie/sport/rugby/cheating - heart - of - rugby - has-to - change - 1873288.html.

Sheridan, H. (2003). Conceptualizing 'fair play': A review of the literature. *European Physical Education Review*, 9 (2), 163 - 184.

Simon, R. L. (1991). *Fair Play: Sports, Values, and Society*. Oxford, UK: Westview Press.

Smith, J. (2009, September 29). Sporting scandals indicate cheating epidemic. The Sport Review. Retrieved from http://www.thesportreview.com/tsr/2009/09/sporting - scandals - indicatecheating - epidemic/.

Souster, M. (2009a, July 22). Players' union jumps to Tom Williams's defence. *The Times*. Retrieved from http://www.timesonline.co.uk/tol/sport/rugby_ union/article6722499.

Souster, M. (2009b, July 23). Rugby union on the slippery slope from moral high ground. *The Times*. Retrieved from http://www.timesonline.co.uk/tol/sport/rugby _ union/article6723992.

Stirling, A. E., Kerr, G. A. (2009). Abused athletes' perceptions of the coach - athlete relationship. *Sport in Society*, 12 (2), 227 - 239.

Toland, L. (2009, September 9). Medics worst offenders in Bloodgate scandal. *The Irish Times*. Retrieved from http://www.irishtimes.com/newspaper/sport/2009/0904/1224253821856.html.

Walsh, D. (2009, August 9). Dean Richards: Blood on the carpet. *The Times*. Retrieved from http://www.timesonline.co.uk/tol/sport/rugby_union/article6788768.ece.

Walters, J. (2010, March 10). Crashgate and Bloodgate: The rise of whistleblowing policies in sport? *Monday Business Briefing*. Retrieved from http://www.thefreelibrary.com/Crashgate+And+Bloodgate:+The+Rise+Of+Whistleblowing+Policies+In+Sport%3F-a0220789936 (no longer accessible).

Young, K. (1986). 'The killing field': Themes in mass media responses to the Heysel Stadium riot. *International Review for the Sociology of Sport*, 21 (2-3), 253-266.

第 23 章　现在该谁说抱歉？体育解说员不再优雅，只为挽回面子

希瑟尔·杭德利[①]

在体育赛事中，人们的注意力往往集中在运动员身上。他们跳得更高，跑得更快，展示出惊人的运动才能。事实上，这就是一场明星的表演。作为配角团队的成员，体育解说员传达信息，提供数据统计，描述动作细节，有助于巩固运动员的明星地位。与此同时，几乎每一个体育迷都认同，这些体育解说员在某种程度上也宣称拥有自己的权力。

例如，篮球迷们不仅仅只记得湖人队“天钩”贾巴尔（Kareem Abdul Jabbar）现象级的球员生涯，也记得解说员齐克·赫恩（Chick Hearn）伴随湖人球迷的 42 年。同样，棒球迷见证了卡尔·“铁人”·李普金（Cal “Iron Man” Ripkin）连续 2 632 场出赛的惊人纪录，但解说员文·斯库里（Vin Scully）骇人听闻的 62 个赛季道奇队解说经历同样令人震惊，这可是体育解说史上难以逾越的纪录。诚然，运动员和解说员之间没有什么可比性。随着年龄的冲击和残酷的日常力量训练，运动员的身体最终会让他们远离这个职业。但体育解说员就幸运多了，只要保持自己的智慧，看上去他们就能够无限期地延续自己的职业生涯。

跟运动员一样，体育解说员也不再优雅如初，他们也在沉沦。公众人物的失宠往往是因为他们的行为，但体育解说员的倒塌最有可能是因为他们的话语。这一点在过去 30 年里再明显不过了。传媒消费者一次又一次地目睹解说员们因为谈论体育和运动员的种族、性别和同性恋问题而倒下。虽然，出现这种状况的原因各异（提升的敏感度、政治上的正确性、过多的传媒

---

① 希瑟尔·杭德利（犹他大学博士），加州州立大学圣博纳迪诺分校传播学教授。她的研究方向是体育、传媒、法律和其他领域社会正义的批判研究，目前已经出版两本著作（编著）。E-mail：hhundley@ csusb. edu。

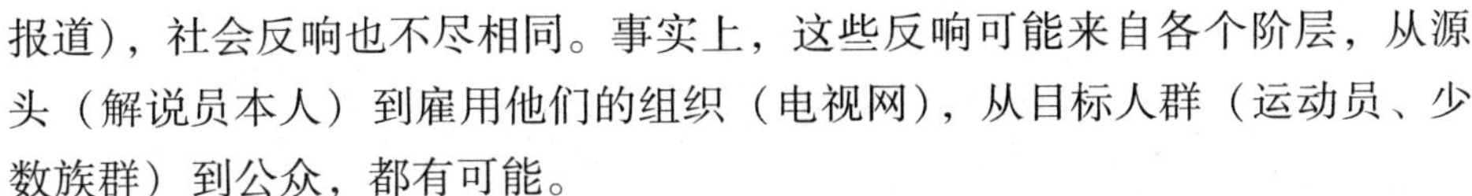

报道)，社会反响也不尽相同。事实上，这些反响可能来自各个阶层，从源头（解说员本人）到雇用他们的组织（电视网），从目标人群（运动员、少数族群）到公众，都有可能。

广播电视体育

在过去的30多年里，学者们对于体育给予了足够多的关注（比如Bryant, Comisky & Zillman, 1977; Hundley & Billings, 2010; Lapchick, 1996; Wenner, 1989)。具体在广播电视体育领域，学者们注意到多数体育解说员是男性白种人（Eastman & Billings, 2001; Messner, 2002)，可能只是异性恋者。研究的主题锁定在体育解说中的性别与种族偏见。近期的研究也开始引向同性恋人群（Hardin & Whiteside, 2010)。尽管在研究中得出了“体育是美国公众生活中对种族主义容忍度较高的”的结论（Reid, 2007, p.6)，还是有不少学者认为体育解说员含蓄地意指了种族主义和性别差异的刻板印象。

在体育解说中，种族主义是客观存在的（Denham, Billings & Halone, 2002)。同样存在于运动影像的拍摄（Goss, Tyler & Billings, 2010）和体育杂志（Byrd & Utsler, 2007）以及以运动员为特色的广告中（Dufur, 1998)。绝大部分研究对比了黑人和白人运动员。伊斯特曼和比林斯（Eastman & Billings, 2001）指出“在媒体，尤其是在体育记者和编辑里，负面的种族刻板印象是盛行的”（p. 184)。

在对体育解说中的性别主义实验中，结果没有什么差别。学者们一再声称女性运动员在与她们的男性同行中的比较中是微不足道的（Daddario, 1998; Shifflett & Revelle, 1996)。事实上，文献资料显示女性运动员和女性体育与男性运动员和男性体育的报道迥然不同。

这些文献集中在种族主义和性别主义的隐性表达形式，学术上还没有关注到种族主义、性别主义和同性恋的显性表达形式，这些形式歧视是让体育解说员丢面子的主要原因。因此，本章将通过分析体育解说员制造出的8个显著的事例，揭示出体育中的种族主义、性别主义和同性恋问题。

辩解书

当体育解说员说出了攻击性的话语时，他们通常会失去信任度和人们的尊重。这些品质对于解说员而言是有价值的商品。因此，他们必须试图恢复自己的形象和声誉。为了进行框架分析，我们对辩解书采取修辞建构。辩解书是特别适合的，因为它被定义为“一种反复出现的话语方式，专门用于在所谓的和涉嫌做错事之后找回面子、恢复形象或者声誉”（Benoit & Brinson，1994，p. 75）。从修辞学的角度来讲，辩解书是一种特殊的话语样态，它的特征是“紧随着道歉反复出现的罪状主题”，道歉其实是一种“言语上的自卫”（Ware & Linkugel，1973，pp. 274－275）。这种修辞形式可以是个体的（Theye，2008），可以是组织性的（Jerome & Rowland，2009）或者是国家建构的（Hatch，2006）。

这一领域的研究包括了先发制人的辩解书（Mueller，2004）、单一言语行为的辩解书（Ling，1970）、系列言语行为的辩解书（Kramer & Olson，2002）以及反辩解书——对辩解书的回应（Stein，2008）。因为体育主持人尤其是解说员，必须“告知和娱乐……当比赛就发生在他们面前……通常没有时间去细致地遴选词语”（Rada，1996，p. 232），先发制人的辩解书是不恰当的。事实上，本章着力于克拉默和奥尔森（Kramer & Olson，2002）建议的批评应当去探索“修辞指责和多重自卫性言语行为的演进”（p. 349），其中包含了辩解书。因此，将体育解说员的坠落作为一种叙事来看待（Theye，2008），各种辩解策略以及它们的相对成功，同反辩解书的反应等都得到检验。虽然目标人群的辩解反应不同，但资方的反应却是一致的。通过这些事例，体育解说员得到了二次机会。正如利普塞特（Lipsyte，1997，p. 13）所言，尽管“一名运动员的违法行为比充当比赛的（译者）更容易得到谅解……体育，毕竟是关于二次机会，从生活中坏的反弹中归来，从膝伤到强奸定罪”。

如同棍棒和石头，言语可以伤害

表 1 提供的是观众熟悉的体育解说员失宠状况的概述。例如，在达拉斯牛仔队与华盛顿红人队的比赛转播中，霍华德·科塞尔（Howard Cosell）惊

呼："那只小猴子放松了，不是吗？"当时红人队的外接手阿尔文·加雷特（Alvin Garrett）摆脱掉了牛仔队的乔·吉布斯（Joe Gibbs）。吉米·"希腊人"·斯奈德（Jimmy "The Greek" Snyder）的坠落发生于他在向地方电视台记者抛出自己的观点的时刻，"黑人一开始就是更好的运动员，因为他们就是按照那种方式来喂养的……这要追溯到南北战争时期，那时还有奴隶交易。奴隶主会与大个子黑女人交媾生出大个子的黑孩子"。本·怀特（Ben Wright）的坠落起源于他告诉《威尔明顿新闻周刊》（*Wilmington News Journal*）的记者，"现在让我们面对现实吧。同性恋伤害了女子高尔夫球运动。她们将比赛带入一场男性的游戏中，并且进一步毁掉这项运动的形象。女人们被她们的乳房阻碍了……她们的胸部是挺碍事的"。1997 年，马弗·阿尔伯特（Marv Albert）被指控强行鸡奸（重罪）、伤害和一系列指控（轻罪）。在为期 4 天的轻罪审判以后，他表示认罪从而坠落。在简短的审判期间，公众就得知了阿尔伯特的个人喜好，例如对 3 人性爱的癖好，喜欢与陌生人玩性虐游戏以及穿女人的内衣裤等。拉什·林堡（Rush Limbaugh）是在 ESPN《星期日 NFL 倒计时》（*Sunday NFL Countdown*）栏目中分享他对费城老鹰队的四分卫多诺万·麦克纳布（Donovan McNabb）的观点时坠落的，他认为后者被高估："我认为媒体一直很渴望看到一个黑人四分卫的成功。他们对黑人教练和黑人四分卫取得成功十分感兴趣。我对麦克纳布的期待不高，他在球队中的表现不配赢得他已经获得的荣誉。"福克斯（FOX）体育网的评论员史蒂夫·里昂斯（Steve Lyons）由于对洛杉矶道奇队的肖恩·格林（Shawn Green）的不当评论开始坠落，他认为后者不与约姆·基普尔（Yom Kippur）对垒的决定是错误的。"他不是一个虔诚的犹太人。他没有娶一个犹太女人为妻。从我理解的角度，他从未有过一个成人礼，因为很不幸他没有拿到钱。"10 年后他又取笑一名大都会队的球迷戴了矫正眼镜。接下来的一周他还在持续坠落，那时他与嘉宾评论员卢·皮尼埃亚（Lou Piniella）一起工作，后者只能说西班牙语，"卢在那儿说西班牙语呢，而我还在继续找我的钱包"。电台名嘴，唐·伊姆斯（Don Imus）因为与节目执行制片人谈到罗杰斯大学女子篮球队的一段对话而坠落，当时他说："那是从罗杰斯来的一群粗鲁的女孩儿。看啊，她们有文身。那儿还有卷发，我要跟你说说这些。"高尔夫频道的主播凯莉·蒂尔曼（Kelly Tilghman）在回应与她搭档的主播尼克·法尔多（Nick Faldo）对于击败泰戈尔·伍兹的唯一办法是"（跟伍兹）穿一会儿连裆裤"的玩笑评论时，她竟然说道，“在后巷将他处死”。

表 1　解说员坠落概述

解说员	日期	内容	传媒	道歉	结果
霍华德·科塞尔	1983 年 9 月 5 日	种族	ABC《星期一夜足球》	没有	当赛季以后合同结束
吉米·“希腊人”·斯奈德	1988 年 1 月 15 日	种族	对华盛顿特区 WRC-TV4 频道记者的谈话	第二天道歉	被炒
本·怀特	1995 年 5 月 12 日	性别歧视；同性恋	《威尔明顿新闻周刊》	3 年后道歉	被炒
马弗·阿尔伯特	1995 年，1997 年宣判	性别歧视	在麦迪逊广场花园电视网和 NBC 体育工作，公开审理案件	案件终结的两年后道歉	被 NBC 炒掉；辞去麦迪逊广场花园电视网职务，而后双双复职
拉什·林堡	2003 年 9 月 28 日	种族	ESPN《星期日 NFL 倒计时》	没有	辞职，回到国家广播网
史蒂夫·里昂斯	2006 年 10 月	种族	FOX 体育台	第二天道歉	被炒；复职
唐·伊姆斯	2007 年 4 月 4 日	种族；性别歧视	CBS 旗下 WFAN-AM 电台《早间伊姆斯》节目，在 MSNBC 同步播出	两天后道歉	被炒；复职
凯莉·蒂尔曼	2008 年 1 月 7 日	种族	高尔夫频道	第二天对伍兹道歉，4 天后向公众道歉	停职两周

在这 8 个例子当中，其中的 7 个主体是白人男性，剩下的一个是白人女性（见表 1）；其中的 5 个评论是完完全全的种族挑衅，一个是关于种族和性别，一个是关于性别和性取向问题，剩下的一个例子是关于性侵犯。在有关种族的例子中，6 名解说员中的 5 位直接指向黑人运动员，另一位含沙射影地指向墨西哥和犹太文化。有关性别的评论指向女运动员，性取向的评论

指向女同性恋者。

有时很难说对不起：辩解书的五种形式

正如哈奇（Hatch, 2006）所言，这个研究从修辞者的自身兴趣延伸到了辩解书的叙事，而不是考察传统的有关形象重塑的辩解话语，其中也包含了反辩解语言行为。在有些例子中攻击性的话语指向了个体，但更多的不是关于一个特殊的种族群体、性别和性取向。因此，道歉同时也是旨在恢复修辞者的形象，并从违法行为中拯救社群。在这一研究中，修辞辩解书的五种策略（Benoit, 1995）都是显著的。

否认

有3个案例的主体出现了否认的情况。例如，科塞尔在转播中指涉加雷特是一只“小猴子”之后说，“对于记者来说，他们被告知我把阿尔文·加雷特称为小猴子。这种称呼没有任何意义，你们都应该知道”（Shapiro, 1983a, p. D6）。尽管他予以否认，但《华盛顿邮报》录制了比赛录像并且验证了科塞尔的话语。

另外两个案例被否认呈现为私人事件。譬如，怀特的话是在一个没有被录制的一对一的面访中被引用的，因此他说的话是直接针对记者的话语。在见报后的第二天，他通过给杜邦乡村俱乐部（DuPont Country Club）更衣室传递小纸条的方式将信息发给了LPGA锦标赛的运动员们。在纸条上他指责报纸“针对我有一系列的谎言和对事实的歪曲”，并指控记者采用了“不诚实的手段”（“CBS President”, 1995, p. P）。此外，怀特表示“不准备飞”是他没有用过的词汇，而且他从来没有说过“乳房”这个词语（“CBS Announcer Denies”, 1995, p. F01）。

在第3个案例中，阿尔伯特声称原告编造了整个故事。代表阿尔伯特发言的律师说，据称受害者是一个“精神错乱的女人，她蔑视……喜欢收集名流……已经变得心态不平衡、有恶意（和）希望报复马弗·阿尔伯特”（Sisk, Galvin & Hester, 1997, p. 2）。

逃避责任

逃避责任是辩解书类型中同样重要的战术，有3名体育主播采用了这一战术。具体来说，里昂斯和蒂尔曼都宣称他们是专注于开玩笑。里昂斯抱怨说，“如果我伤害到了谁，我真诚地道歉。但是我对卢说拿走了我的钱包绝对是玩笑，完全没有出于种族动机”（Rubin，2006，p. 64）。

蒂尔曼开玩笑和嘲笑别人，当时与她合作的主持人是尼克·法尔多，她正在评论老虎伍兹。“我可以向你们保证我从来没有任何伤害别人的意图。对于任何误解我感到抱歉。”（McLeman，2008，p. 63）支持者们探究了她的借口并挖出她跟伍兹之间的友谊，试图强调她的言论就是在开玩笑。“她和伍兹已经彼此相识12年之久，最近伍兹还选择她作为自己加入他在佛罗里达家附近的一家新俱乐部亮相的主持人。”（Thompson，2008，p. 11）

林堡认为这不是一个笑话，他指出，“这就是小题大做。在这里根本就没有种族主义，没有任何种族歧视的意图”（Hiestand，2003，p. 1A）。他同样通过责怪媒体来逃避责任。“林堡说他的评论完全是媒体导演出来的，不带有任何种族动机。”（Shapiro，2003，p. A01）因此，这些主播表示他们不是种族主义者，而是他们的意图被误解了。

降低攻击性

科塞尔最初试图否认，虽然他声称自己不记得说过，他迅速改变了自己辩解书的修辞策略，通过删除种族意图来降低行为的攻击性。“昨晚在纽约他自己的电台节目中，科塞尔表示他经常用‘小猴子’来称呼他的孙子，这‘并不与种族主义有丝毫联系’。”（Shapiro，1983b，p. C1）

同样的，斯奈德也使用了这一策略，声称他并没有发表种族主义的言论。事实上，“希腊人（斯奈德）仍然坚持他没有任何错误”（Shapiro，1991，p. C3）。在事件发生3年后，斯奈德的律师表示，“在某种程度上，斯奈德先生所说的话可能会引起争议，这也许是对族群之间合法化的生理差异的不明智的解释，但却得到了科学数据、历史研究和医学观点的充分支持”（Shapiro，1991，p. C3）。“我认为我是有启发性的，”斯奈德试图解释他的意图（Solomon，1988，p. A1），但他却给自己挖了一个更深的坑：

> 如果我说过的话伤害了谁，我道歉。我没有觉得我说过的话是他们弄出来的那个意思。我试图强调那么多黑人运动员需要通过多么艰苦的训练才能比白人运动员做得更好。他们努力地工作是因为他们更加饥饿。多数黑人运动员比白人跑得更快、跳得更高就是一个事实（Shapiro，1988，p. A1）。

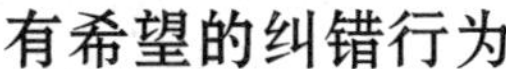

有希望的纠错行为

有希望的纠错行为是与辩解书的一种亚类型——赎罪密切相关的。赎罪是成功地通过“面对公众对自己的行为完全承担责任，并表达真诚的悔改，采取措施拯救已发生的违规行为，并通过公共行为表达出悔改是真诚的”(Jerome & Rowland, 2009, p. 396)。由于阿尔伯特的纠错行为主要是法庭的强制命令，伊姆斯的纠错行为看上去更加真实可信。

具体来说，阿尔伯特起初试图否认。然而，当证人用一个类似的故事向前一步时，他的修辞策略迅速调整。面对这样的情形，阿尔伯特承认了攻击和殴打行为。然后他开始寻求纠正行为，他进入了法庭指定的治疗中心接受检查。“为了得到别人的宽恕，你必须要承认错误。宽恕伴随着想改过自新的愿望。阿尔伯特随后道歉。他认罪。他接受治疗。他承认自己的痛苦。这是求得宽恕的第一步。”(Heller, 1998, p. E01)

伊姆斯同样通过与运动员见面并道歉的方式来纠错。罗杰斯大学校长对此印象极为深刻，因此伊姆斯在自己被炒掉后的第二天参加了一个私人性质的、历时3小时的与罗杰斯女子篮球队队员、教练员和运动员父母的聚会，“伊姆斯先生直接道歉并真诚对待教练员薇薇安·斯特林格(C. Vivian Stringer)、球队及其家庭成员，这是他自己的功劳”(Giordano, 2007, p. B01)。伊姆斯参加这次会面“不是作为一个权威人士，而是一个学习者和比他自身的责任更大的共同参与者的身份，以求得神的恩典和那些被冒犯的人的谅解”(Hatch, 2006, p. 203)。

羞愧

两位体育主播卷入了羞愧的辩解书策略。一个是在尝试否认后采取的，而另一个则是通过采取纠错行为的修辞策略展开联动。必须指出的是，怀特起初否认报纸上对他的归罪。3年之后真相大白，他承认了自己涉及性别歧视和同性恋歧视的话语。在这一点上来说，他的否认转化为羞愧。然而目前还不清楚的是，究竟他是因为发表了攻击性的评论还是因为被捉住而感到羞愧。

伊姆斯的羞愧看上去更加真实，因为他同时卷入了纠错行为。具体而言，在伊姆斯祸从口出，针对罗杰斯女子篮球队队员言论发出的翌日，他就对自己的不敏感做出了回应。他把这次事件称为“旨在娱乐的白痴言论”

(de Moraes, 2007, p. C01)。两天之后伊姆斯说，“我们想要抽出片刻来为我们那天针对罗杰斯大学女篮队所做的不敏感和考虑不周的言语表示道歉。这是完全不恰当的，我们可以理解为什么有人感到受伤害。我们的表述是欠考虑和愚蠢的”(de Moraes, 2007, p. C01)。而且，为了试图亲自给运动员和教练员道歉，伊姆斯还出现在了阿尔·夏普顿牧师（Reverend Al Sharpton）的电台节目中。在节目中他“表示他的表达没有真正的攻击意味”，他还说“我明白没有借口。我不会假装有借口。我希望我没有说过那些话”(Carter, Rich & Cathcart, 2007, p. C1)。

反辩解书：反应与回应

“反辩解书是重要的，因为正如在攻击中概述的具体观点都可能引发道歉的具体策略，道歉中的观点很可能会引发某种话语反应。”(Stein, 2008, p. 19) 这一部分会检验目标人（群）或者群体、传媒结构和公众整体的话语反应。而人们对于话语指向谁的反应是不同的（例如是否冒犯），雇主会简单地中止与主播之间的关系。非洲裔美国人社区在与其他公众群体的对比中展示出了最为轻蔑的态度。然而，随着时间的推移，主播会为他们的前后不一致得到谅解（但不会遗忘）。

受者反应

在这些案例中，主播们都宣称他们从来没有试图伤害任何人。然而，在其中5个案例中有个体受到伤害。斯奈德有关黑人是按照运动员来“喂养”的言论不仅仅伤害到黑人社群，甚至包括全美的许多民众。怀特在整体上伤害了LPGA的会员和整个女性高尔夫球界。类似劳拉·戴维斯（Laura Davis）和帕蒂·茜汉（Patty Sheehan）等女子职业高尔夫球协会（LPGA）球员都驳斥了他的言论，南希·洛佩斯（Nancy Lopez）提到怀特“如果他的感觉是这样就不应该来从事女子高尔夫球转播。他为什么不谈谈那些在巡回赛中欺骗他们老婆的男运动员？”(Brodeur, 1995, p. F01) 在阿尔伯特的案例中，他显然伤害了他搭讪的女人，因为后者提起了诉讼。当被问到是否被林堡的言论侮辱时，麦克纳布表示，“那会让我懊恼吗？是的。那令许多人都感到懊恼”(Shapiro, 2003, p. A01)。麦克纳布早前曾说“对于道歉来说已经太晚了”(Brookover, 2003, p. A01)。最终，许多人都被伊姆斯在电台里的嘲笑所侮辱，包括罗杰斯女子篮球队，她们的教练、学校和球员的家庭。

在剩下的3个案例中，贬义话语的受者都明确地宣称他们没有受到伤害或者没有一个平台来表达自己的感受。例如在谈到科塞尔时，加雷特说，“那没有伤害到我，因为霍华德总是口不择言。他有一半的时间都不知道自己在说什么。我认为他看上去像只猴子。我猜想如果我私下听到时会受到困扰，但那是霍华德”（Shapiro，1983a，p. D6）。

同样的，伍兹也没有感到被冒犯。他的经纪人作为代表回应了这一事件，“这不是一次事件。泰戈尔和凯莉是朋友，泰戈尔对凯莉十分尊重。无论用词如何选择，我们都明确地知道没有恶意”（Wickham，2008，p. 12A）。

虽然加雷特和伍兹并不介意这些话语，并宣称他们没有受到蔑视，然而里昂斯的境遇稍有不同。2004年，里昂斯不敏感的言论指向肖恩·格林，道奇队的发言人指出格林并没有受到伤害（Sandomir，2006）。2006年里昂斯的话语指向墨西哥文化而不是某个个体。那个社群没有人表达自己受到伤害。有意思的是，当斯奈德发表了针对非洲裔美国人的负面言论之后，社群中的大量成员都站了出来并且表达了对媒体的不满。然而，当刻板印象式的话语针对墨西哥和犹太文化时，没有人作为代表出来站台呛声。

媒体反应

机构同样关注他们自己的形象，并寻求维持公众信任、信心和尊重。“当说话的人是一个体育解说员时，当他是在电视网上发表言论时，我们只能匆匆赔罪、道歉、否认、停职或炒鱿鱼。”（Remnick，1983，p. B2）绝大多数媒体采取了行动，这同时让他们与事件保持距离。斯奈德、里昂斯、伊姆斯和阿尔伯特被炒掉；怀特最终没有辞职；蒂尔曼被暂停工作；林堡选择辞职；科塞尔在赛季结束后终止合同退休。

伤害的严重性与主播过往的纪录似乎型构着机构的反应。也就是说，斯奈德和伊姆斯的观点是如此怪异，看上去媒体能做的除了直接采取行动以外别无他法。例如，哥伦比亚电视网（CBS）体育台在斯奈德的采访播出后一小时就发布了一份公开道歉，“CBS体育为今天稍早之前由新闻记者采访的吉米·‘希腊人’·斯奈德的言论感到非常遗憾。他们觉得他们应当受到谴责。他们的做法不能代表CBS体育的观点”（Shapiro，1988，p. A1）。在为CBS体育的《今日NFL》效力12年，（每年）赚到40万到50万美元后，斯奈德在自己的过失发生后一天被炒掉（他的合同正好在此时到期）（Goodwin，1988，p. 1）。

伊姆斯在CBS的电台节目同时在MSNBC电视网上播出。电台发表了一份声明，“我们对伊姆斯本周稍早前的行为表示失望，我们认为这是完全失当的。我们完全同意之前做出的诚挚道歉”（Guthrie，2007，p. 3）。MSNBC回应道，“《伊姆斯早间》节目虽然在MSNBC同步播出，但它并不是有线电视网的产品……正如伊姆斯每天都清晰地表示，他的观点不代表MSNBC的观点。我们对他的言论在MSNBC播出表示遗憾，并对有攻击性的言论表示道歉”（de Moraes，2007，p. C01）。

在伊姆斯为期两周的暂停工作期间，8个赞助商和许多嘉宾拒绝继续支持他的节目，其中一名篮球运动员还提起了诉讼。“电视观众，尤其是体育迷已经展现出了对运动员和其他体育人物在赛场外滑稽行为的包容能力，但当赞助商花钱购买时间的节目受到污蔑时他们只能选择逃离。”（Bruton，1997，p. A01）CBS最终裁掉了伊姆斯，8个月以后他又重新回到了节目中。

阿尔伯特身为NBC的体育解说员和麦迪逊广场花园电视网解说员，年薪在160万到200万美元之间。在他承认了轻罪指控之后，NBC裁掉了他，阿尔伯特立即从麦迪逊广场花园电视网辞职。他与NBC的合同还有一年才到期，而他此时已经为麦迪逊广场电视网解说了30个赛季的比赛。10个月后，麦迪逊广场花园电视网重新聘用阿尔伯特，21个月以后NBC体育也重新聘用他。

CBS体育对于怀特错误行为的反应最初是不同的，但殊途同归。他们没有急忙进行判断，也没有刻意与他保持距离，而是将他调离第二天（星期五）的高尔夫巡回赛转播，并将其召回纽约进行调查。在一个长达5小时的会议后，电视网留住了怀特并发布了一份声明：“我相信怀特先生的言论没有贬低或者以其他方式冒犯LPGA当中的男性或女性同性恋者……（怀特先生和CBS体育台）……很不公平。”（Sandomir，1995，p. 25）星期六，怀特就重新投入到转播中。然而事情并没有终结。同年（1995年）12月之前，《体育画报》报道“怀特曾私下跟朋友说，他的确做了那样的评论……但他们却说没有记录”（Harig，1996，p. 1C）。随着事件的新发展，在怀特已为电视网工作23年的情况下，CBS体育台于1996年1月无限期地暂停了他的工作，让他的合同到期——不幸的是，之前的11月CBS刚刚决定将他的合同延长4年，并加薪30%。

蒂尔曼的状况截然不同。高尔夫频道没有炒掉她，而是表示，“虽然我们相信凯莉的用词是无意的，她没有有目的地用攻击性的方式来表达，然而这些话显然是具伤害性的和严重不当的。因此，我们决定暂停凯莉两周的工作，即刻开始执行”（Ferguson，2008，p. 11）。也许是她与伍兹的私交或者是伍兹对于她言论的不计较降低了事件的影响，然而，当蒂尔曼重返高尔夫频道时，观众还是目睹了她提前录制好的道歉声明。

ESPN 最初对林堡在电视上的言论予以了公开回应。在一份声明中，电视网宣布：“尽管林堡先生今天表示他的言论没有‘任何种族主义的意图’，但我们在与林堡先生沟通后认为他的言论是不敏感且失当的。在他的职业生涯中，他持续地被传媒报道的无数问题所批判。”（Shapiro，2003，p. A01）然而就在 ESPN 准备对林堡采取行动之前，他选择了辞职。ESPN 和 ABC 体育表示，“我们对围绕这一事件（林堡辞职）的局面感到遗憾。我们相信他对于尽快解决这个问题做出了正确的选择”（Shapiro，2003，p. A01）。从本质上来讲，林堡采取的迅速行动降低了电视网的公关危机。

在这一系列案例中，ABC 对于科塞尔的不当行为与其他电视网的选择不同，他们没有任何回应。这可能是因为科塞尔的“自由派声望”（Remnick，1983，p. B2）、意向坚定的立场以及 O. J. 辛普森、亚瑟·阿什和默罕默德·阿里对他的支持，或者是加雷特没有受到伤害的事实。在赛季结束时，科塞尔为期四年、价值 600 万美元的合同到期，他选择了退休。

桑德勒（Sandler，2003，p. S4）曾提出业界存在一种双重标准——那就是尽管运动员更加频繁地释放令人不快的言论，但被炒掉的却是解说员（然而，在大多数案例中，主播们在经历了一段“可以接受”的时间后又复职了）。看上去主播们比运动员们更值得消费，而不是囿于所谓的双重标准。

社群反应

反辩解书的另一层面是对辩解书的公众反应。在多数情况下公众看上去会比任何个人和机构更加失望，里昂斯和阿尔伯特的案例是例外。譬如，对于那些给予非洲裔美国人贬损评论的主播，公众的愤怒是显而易见的。此外，社区组织或领袖如国家有色人种协进会（NAACP）、全国妇女组织（the National Organization for Women）、女性传媒中心（the Women's Media Center）、杰西·杰克逊牧师（Reverend Jesse Jackson）和阿尔·夏普顿牧师就对主播的言论表达了不满。全国黑人记者协会（The National Association of Black Journalists）甚至威胁要纠察伊姆斯的雇主 CBS 电台和 MSNBC。政客们，“包括超过 20 名议员和至少两名总统候选人呼吁或者（曾经）写信给 ESPN，要求解雇林堡或让他辞职”（Moore，2003，p. A19）。尽管有科塞尔自由派的声望和科特·弗拉德（Curt Flood）、托米·史密斯（Tommie Smith）、约翰·卡洛斯（John Carlos）、穆罕默德·阿里、亚瑟·阿什、杰基·罗宾逊（Jackie Robinson）和南方基督教领袖协会（Southern Christian Leadership Conference）的支持，但科塞尔还是被要求道歉。事实上，当主播们针对非洲裔美国运动员说风凉话时，来自传媒的大量公众的反对之声是显而易见的。

当里昂斯有关墨西哥裔和犹太裔社群的种族主义言论发生时，传媒并没有报道任何人对此表示抗议——看上去 Fox 电视网在比赛结束后随即炒掉他的反应是如此之迅速，以至于没有来自更大规模民众的更多反应。多年后，他的复职也没有大张旗鼓或多少抗议之声。白人主播在对非洲裔美国人的刻板印象与西班牙语和犹太族群相比看上去存在一些差异。

在对女同性恋的负面言论发出以后，同性恋反诽谤联盟（the Gay & Lesbian Alliance Against Defamation）发表了一份声明：“女性的胸部并没有阻挡高尔夫运动的发展，恰恰是怀特先生的无知影响了体育转播的质量。怀特似乎生活在另一个时代——石器时代。如果没有美国女同性恋运动员，世界级的体育赛事根本不存在。”（Zavoral & Blount，1995，p. 1C）此外，女性体育基金会也谴责了怀特，“性倾向和性与作为运动员和任何行业内专业人士的个人表现毫无关联”（Sandomir，1995，p. 25）。

对于阿尔伯特的不当举止提出的公众反对之声更少。事实上，更多的是好奇、震惊和留恋。人们推测着阿尔伯特是有罪还是无罪，即使在案件宣判之后，也只有屈指可数的文章提到了阿尔伯特的罪行（Janofsky，1997，p. 2；“A Year After”，1998，p. 1C）。这些文章中包括来自全国妇女组织、国家反暴力运动员联盟（the National Coalition Against Violent Athletes）、原告的代理律师格罗里亚·奥雷德（Gloria Allred），他们齐声谴责阿尔伯特和媒体重新雇用他的行为。

尾声：二次机会

显然，美国文化，尤其是体育文化相信有二次机会。两个关键因素有利于宽恕：后悔和时间。只要主播们承认罪行并道歉，他们就可以被救赎。如果救赎行动和真实性都在场的情况下尤其如此。“底线就是我们都是人，有时候个体会忘记——或者他身边的人会忘记。促使人们原谅的是你也拥有那些不完美的所有权。”（Sweets，1997，p. 1C）

此外，遗憾是不能被孤立的，因为事件双方都必须介入到辩解书发布的过程中去。“很明确的是，对事件本身的道歉并没有带来社会救赎；相反，救赎是过错方与受害者携起手来面对道歉、宽恕以及更多。”（Hatch，2006，p. 192）这一点在伊姆斯案例中体现得尤为明显，女子篮球队队员通过接受他的道歉来展示自己的尊严和口才（Reid，2007，p. 6）。

另一个获得二次机会的主要因素是时间。“时间能够抚平所有创伤”，美国人并没有忘记这些令人难忘的错误，但他们显然原谅了主播们。在本研究提到的主播中，有 5 人在事后回到了转播间，两人已经故去，只有一人依然被处罚，这也许暗示着高尔夫球比美式足球、棒球和篮球更难得到宽容。“公众在让一个坠落的人物重返一线的宽容度超过了权力掮客。”（Heller，1998，p. E01）

尽管播出争议名嘴如拉什·林堡的节目或者转播唐·伊姆斯解说的比赛能够拉动收视率的提升，但电视网显然还是忌惮主播们的潜在影响，这种影响超越了体育和商业运作、年轻一代以及日常生活的作用（Eastman & Billings，2001）。“解说员们不能通过有时引用电视直播中疯子的节奏来为自己辩解。毕竟，这正是为什么他们能够赚得盆满钵满的原因。”（Hiestand，1996，p. 2C）

参考文献

A year after sex scandal, Albert will be back on air. （1998, July 16）. *St. Petersburg Times*, p. 1C.

Benoit, W. L. （1995）. Sears' repair of its auto service image: Image restoration discourse in the corporate sector. *Communication Studies*, 46 （1－2）, 89－105.

Benoit, W. L., Brinson, S. L. （1994）. AT&T: 'Apologies are not enough'. *Communication*

Quarterly, 42 (1), 75 -88.

Brodeur, J. (1995, May 13). Golf analyst under fire for making derogatory comments. *The Oregonian*, p. F01.

Brookover, B. (2003, October 2). Limbaugh quits ESPN job: Resignation follows comments on McNabb. *The Philadelphia Inquirer*, p. A01.

Bruton, M. (1997, September 26). Albert fired after pleading guilty: The NBC sportscaster accepted a charge of assault and battery, prosecutors dropped one of forcible sodomy. *The Philadelphia Inquirer*, p. A01.

Bryant, J., Comisky, P., Zillman, D. (1977). Drama in sports commentary. *Journal of Communication*, 27 (3), 140 -149.

Byrd, J., Utsler, M. (2007). Is stereotypical coverage of African-American athletes as 'dead as disco'? An analysis of NFL quarterbacks in the pages of *Sports Illustrated*. *Journal of Sports Media*, 2 (1), 1 -28.

Carter, B., Rich, M., Cathcart, R. (2007, April 10). Don Imus suspended from radio show over racial remarks. *The New York Times*, p. C1.

CBS announcer denies controversial comments about LPGA. (1995, May 13). *The Oregonian*, p. F01.

CBS president stands behind Wright. (1995, May 13). *The Charleston Gazette*, p. P.

Daddario, G. (1998). *Women's sport and spectacle: Gendered television coverage and the Olympic Games*. Westport, CT: Praeger.

de Moraes, L. (2007, April 7). Sorry excuses: MSNBC's form apology. *The Washington Post*, p. C01.

Denham, B. E., Billings, A. C., Halone, K. K. (2002). Differential accounts of race in broadcast commentary of the 2000 NCAA Men's and Women's Final Four basketball tournaments. *Sociology of Sport Journal*, 19 (3), 315 -332.

Dufur, M. (1998). Race logic and 'being like Mike': Representations of athletes in advertising, 1985 -1994. In G. A. Sailes (Ed.), *African Americans in sport: Contemporary themes* (pp. 67 -81). New Brunswick, NJ: Transaction.

Eastman, S. T., Billings, A. C. (2001). Biased voices of sports: Racial and gender stereotyping in college basketball announcing. *Howard Journal of Communications*, 12 (4), 183 -201.

Ferguson, D. (2008, January 11). Golf Channel view 'lynch him' jibe at Woods as foul play. *The Herald*, p. 11.

Giordano, R. (2007, April 14). Team accepts Imus' apology after long meeting with him. *The*

Philadelphia Inquirer, p. B01.

Goodwin, M. (1988, January 17). CBS dismisses Snyder. *The New York Times*, Sec. 1, p. 1.

Goss, B. D., Tyler, A. L., Billings, A. C. (2010). A content analysis of racial representations of NBA athletes on *Sports Illustrated* magazine covers, 1970 – 2003. In H. L. Hundley & A. C. Billings (Eds.), *Examining identity in sports media* (pp. 173 – 194). Thousand Oaks, CA: Sage.

Guthrie, M. (2007, April 7). Imus have been nuts: Radio jock Don Imus apologies for calling Rutgers women hoopsters 'nappy-headed hos'. *Daily News*, p. 3.

Hardin, M., Whiteside, E. (2010). The Rene Portland case: New homophobia and heterosexism in women's sports coverage. In H. L. Hundley & A. C. Billings (Eds.), *Examining identity in sports media* (pp. 17 – 36). Thousand Oaks, CA: Sage.

Harig, B. (1996, January 10). Wright dropped by CBS. *St. Petersburg Times*, p. 1C.

Hatch, J. B. (2006). Beyond apologia: Racial reconciliation and apologies for slavery. *Western Journal of Communication*, 70 (3), 186 – 211.

Heller, K. (1998, July 19). A nation's forgiveness: It depends/what you do seems to matter more than what you did. *The Philadelphia Inquirer*, p. E01.

Hiestand, M. (1996, March 4). 'Monkey' comment reverberates. *USA Today*, Sports, p. 2C.

Hiestand, M. (2003, October 2). McNabb: Limbaugh comments 'shocking'. *USA Today*, p. 1A.

Hundley, H., Billings, A. C. (2010). *Views from the Fairway: Media Explorations of Identity in Golf*. Cresskill, NJ: Hampton.

Janofsky, M. (1997, September 28). Marv Albert pleads guilty. *The New York Times*, Sec. 4, p. 2.

Jerome, A. M., Rowland, R. C. (2009). The rhetoric of interorganizational conflict: A subgenre of organizational apologia. *Western Journal of Communication*, 73 (4), 395 – 417.

Kramer, M. R., Olson, K. M. (2002). The strategic potential of sequencing apologia stases: President Clinton's self-defense in the Monica Lewinsky scandal. *Western Journal of Communication*, 66 (3), 347 – 368.

Lapchick, R. E. (Ed.). (1996). *Sport in Society: Equal Opportunity or Business as Usual?* Thousand Oaks, CA: Sage.

Ling, D. A. (1970). A pentadic analysis of Senator Edward Kennedy's address to the people of Massachusetts, July 25, 1969. *Communication Studies*, 21 (2), 81 – 86.

Lipsyte, R. (1997, October 19). Backtalk: Violence, redemption and the cost of sports. *The*

New York Times, Sec. 8, p. 13.

Lupica, M. (2007, April 13). 3 big words: Imus is fired: CBS quiets shock jock, but storm won't go away. *Daily News*, p. 82.

McLeman, N. (2008, January 10). Apology for Tiger 'lynching'. *The Mirror*, p. 63.

Messner, M. A. (2002). *Taking the Field: Women, Men, and Sports*. Minneapolis, MN: University of Minnesota Press.

Moore, A. (2003, October 3). Limbaugh offended America. *The Philadelphia Inquirer*, p. A19.

Mueller, A. G. (2004). Affirming denial through preemptive apologia: The case of the Armenian genocide resolution. *Western Journal of Communication*, 68 (1), 24 -44.

Rada, J. (1996). Color blind-sided: Racial bias in network television's coverage of professional football games. *Howard Journal of Communications*, 7 (3), 231 -240.

Reid, T. (2007, April 14). The fall of two American icons who pushed their luck too far. *The Times*, p. 6.

Remnick, D. (1983, December 26). Blunders that rebound on us all. *The Washington Post*, p. B2.

Rubin, R. (2006, October 15). Fox fires Lyons for remarks. *Daily News*, p. 64.

Sandler, J. (2003, October 3). Remarks follow time-honored sports tradition: Slurs 'commonplace': Athletes rarely suffer consequences; others, not so lucky. *National Post*, p. S4.

Sandomir, R. (1995, May 13). Golf: Golf reporter and CBS deny remarks on lesbianism. *The New York Times*, Sec. 1, p. 25.

Sandomir, R. (2006, October 14). Fox fires baseball analyst over ethnic comments. *The New York Times*. Retrieved from http://www. nytimes. com/2006/10/14/sports/baseball/15lyonscnd. html.

Shapiro, L. (1983a, September 6). Cosell's remark raises ire. *The Washington Post*, p. D6.

Shapiro, L. (1983b, September 7). Come on, Howard, say you're sorry. *The Washington Post*, p. C1.

Shapiro, L. (1988, January 16). 'Jimmy the Greek' says Blacks are 'bred' for sports: Television interview causes furor. *The Washington Post*, pp. A1, A10.

Shapiro, L. (1991, March 1). The Greek says he's not done, in search of redemption from CBS. *The Washington Post*, p. C3.

Shapiro, L. (2003, October 2). Limbaugh quits TV job under fire: Remarks on NFL's Donovan McNabb spark racial controversy. *The Washington Post*, p. A1.

Shifflett, B., Revelle, R. (1996). Gender equity in sports media coverage: A review of the *NCAA News*. In R. E. Lapchick (Ed.), *Sport in Society: Equal Opportunity or Business as*

Usual? (pp. 237 – 243). Thousand Oaks, CA: Sage.

Sisk, R., Galvin, T., Hester, J. (1997, September 23). Sordid tale of Marv's sex life: Called fan of three-way and lingerie. *Daily News*, p. 2.

Solomon, G. (1988, January 17). 'Jimmy the Greek' fired by CBS for his remarks. *The Washington Post*, p. A1.

Stein, K. A. (2008). Apologia, antapologia, and the 1960 Soviet U-2 incident. *Communication Studies*, 59 (1), 19 – 34.

Sweets, E. (1997, September 29). Falling from grace: Will the public forgive Marv Albert? It could happen. *The Dallas Morning News*, Today Section, p. 1C.

Theye, K. (2008). Shoot, I'm sorry: An examination of narrative functions and effectiveness within Dick Cheney's hunting accident apologia. *Southern Communication Journal*, 73 (2), 160 – 177.

Thompson, P. (2008, January 11). Presenter faces sack over 'lynch Tiger' jibe. *Daily Mail*, p. 11.

Tollefson, M. M. (2000). 'Anonymous' Joe Klein and *Newsweek*: Individual and corporate apologia. *Qualitative Research Reports in Communication*, 1 (3), 58 – 64.

Ware, B. L., Linkugel, W. A. (1973). They spoke in defense of themselves: On the generic criticism of apologia. *Quarterly Journal of Speech*, 59, 273 – 283.

Wenner, L. A. (1989). *Media, sports, & society*. Newbury Park, CA: Sage.

Wickham, D. (2008, January 15). Tiger was too quick to dismiss lynching comment. *USA Today*, p. 12A.

Zavoral, N., Blount, R. (1995, May 13). CBS defends Wright's comments on lesbians. *Star Tribune*, p. 1C.

第24章　唐·切里与洛肯·索肯民族主义的文化政治学：加拿大英雄-恶棍二元对立的复杂化

杰伊·谢雷尔[①]　丽莎·麦克德蒙特

> 千万别忘了唐·切里先生，我父亲笔下的一个深情的角色。他曾经是波士顿棕熊队的教练，现在是电视体育解说员。在加拿大他至少是以蛮横无理著称的，几乎永远穿着格子西装。用我父亲的话来讲，由于对冰球的国仇，他永远都在反对"渺小的外国赤党把属于我们自己的加拿大暴徒从冰球工作中带走"。用切里的话来说，这些来自欧洲的球员一直戴着面具来保护自己的牙齿，否则就延宕了这项赛事的优良传统。(Richler, 2002, p. xv)

在加拿大流行文化中，你很难想象出一个比加拿大广播公司（CBC）神秘的冰球解说员唐·切里更受欢迎同时也更两极分化的人物了。他受欢迎的程度可以由"加拿大新闻"（国家通讯社）每个星期六汇总记录的教练一角来证实，这个专栏将切里的争议语言出版发行（Burnside, 2009）。在2004年CBC的电视特别节目《伟大的加拿大人》（*The Greatest Canadian*）中，他排名第7，领先于约翰·A. 麦克唐纳爵士（Sir John A. Macdonald，加拿大首任总理）、亚历山大·格拉汉姆·贝尔（Alexander Graham Bell）和具有讽刺意味的冰球明星韦恩·格雷茨基（Wayne Gretzky）。2005年他作为公共知识分子，被右翼的《国家邮报》（*National Post*）评选为具有加拿大

---

① 杰伊·谢雷尔（新西兰奥塔戈大学博士），加拿大阿尔伯塔大学体育与休闲系副教授。他的研究领域主要在体育与大众文化的全球化问题和质性研究等。目前已出版5本著作（包括合著），在多个国际核心期刊中发表论文数十篇。E-mail：jay. scherer@ ualberta. ca。

丽莎·麦克德蒙特（英格兰利兹大都会大学博士），加拿大阿尔伯塔大学体育与休闲系副教授。她的研究领域主要在身体活动与健康的文化研究、体育与流行文化等。已在多个国际核心期刊中发表论文数十篇。E-mail：lisa. mcdermott@ ualberta. ca。

“最美丽心灵”。

切里的职业生涯并不伟大，作为一个冰球运动员，他只打过一场国家冰球联盟（NFL）的比赛。他堪称辉煌的教练生涯到1980年就宣告终结了。那时他被世界上历时最长的体育节目《加拿大冰球之夜（HNIC)》聘为演播室评论员和解说员。从1981年起，切里开始主持《教练角》（*Coach's Corner*）栏目。起初是与戴夫·霍奇（Dave Hodge）搭档，从1987年起搭档改为罗恩·麦克里恩（Ron MacLean)。切里在这个节目片段里的很多话语，现在看来都时常跳出了冰球的范畴，延伸至当代社会和文化事件，成为许多星期六晚上收看冰球比赛的“普通”加拿大球迷谈论的核心部分。

然而，引用诺阿·里奇勒［Noah Richler，加拿大颇富争议的名人作者莫德蔡·里奇勒（Mordecai Richler）的儿子］首先引用的话来讲，切里的解说在这个国家里为自己赢得的是类似“自以为是”“无耻的小丑”和“国耻”一般的声誉（Communication to the Office，2003，2010)。然而，也有不少支持者把这个时常身着艳丽服饰的解说员称为加拿大的标示，“他为那些忠于自己的感受和偏见的人代言”（Gruneau & Whitson，1993，p. 187)。对于很多人来说，也包括这位网络解说员：

> 他看上去像一个民族英雄，因为他本来就是。唐·切里是冰球媒体里最热门的话题……他从来没有坐在篱笆之上，用他那令人难以置信的权威来指点江山。他会以极端正确或极端错误的语言来结束解说，不过大多数时间他是对的……最好的也是最富争议的就是他民族主义的部分。他注册商标式的反俄咆哮多年来臭名昭著，多年来却也让他更受欢迎。不管怎样，他100%站在加拿大一边……我还可以继续说下去，包括他的时尚感，他对球队的支持，以及他对比赛规则变化的提议，等等。切里就是冰球世界里受人景仰的先生，爱他吧！（What Makes Don，2009)

通过这个帖子（对“是什么让唐·切里如此特别”这个问题的回应）让切里在加拿大国内的支持者们对于切里作为国家形象代表而提升的文化样态成为他的个人特征倍感欣慰：他倡导的以冰球的侵略性为特点的“加拿大”风格和大男子主义与民族主义的自我形象，他的“实话实说”的特征以及他对加拿大军队（CF）坚定不移的支持和尊重。作为著名的加拿大作家、记者和冰球爱好者，罗伊·麦克格雷格（MacGregor，1992a）曾经公开表达过对切里的支持，他认为切里有效地“成了周六晚间的总理……他是如此受欢迎，以至于冰球成为在这个时间段观众数量唯一得到提升的电视体育赛事”（p. A1）。

而今，切里已经年逾古稀，他却继续骄傲地以“全天候盎格鲁乡下人”的身份自居。（MacGregor，1993，引自 Gillett，White & Young，1996，p. 65）或者，正如诺尔斯（Knowles，1995）指出的那样，切里用引人入胜的表演性质的男性、类编码的口音来“代言（用切里自己的话说）会去教堂、自己付税、终日奔忙的工人阶级，他为从不发言的沉默的大多数发声”（Voisin，2010），他们被少数人践踏（MacGregor，1992b），这是一个由切里使用的不可避免的贬义词。然而，尽管切里自我定位为“大多数”“普通”的加拿大人发声，他还是不得不承认他难以覆盖部分人群，包括“许多不喜欢他每周说话的妈妈和女性”（Brunt，1987，p. C1），同时还有“教授们（阅读左翼作品）和那些只喝巴黎水和白葡萄酒（阅读女性杂志的男人）的人”（Maki，1992，p. F1）。

我们在本章中的兴趣点是考察切里如何运用 CBC 这个平台来代言一系列的传统价值观、新保守主义和民粹主义思想：现在右翼人士已经习惯于采用推广活动来彰显新自由主义时代里“真正的”加拿大人意味着什么的探讨。这发生在公共广播平台之上，是越来越多地映衬 CBC 总裁胡贝特·拉克瓦（Hubert LaCroix）宣称的“竭尽所能确保我们发布的信息是公正和没有偏见”的任务（Althia，2010），同时还有等同于 CBC 的具有左翼偏见常规识别的保守派。除此之外，切里沉重的传媒角色，随着冰球的日益普及，益发成为由保守党（CP）和其领导人史蒂芬·哈珀（Stephen Harper）总理推动的文化战争的关键点，他们的目的在于试图确定一个“正常的加拿大人”意味着什么和合法化的特殊文化值，而这恰好是从它的表征中散发出来的（Scherer & McDermott，2011）。

冰球与其加拿大主人之间的神话关系是如此的熟悉，以至于国家流行文化中的比赛场地和它所定义的一个想象的民族性格的能力经常被解读为加拿大人心理和景观的自然延伸。然而，与冰球和加拿大身份认同关联的意义需要作为一个更大范畴的斗争中的一部分被解读，来“定义所谓的‘国民共同感’，这不仅仅被民主和正义抽象化，同时也事关社会阶层、男性与女性、工作与休闲、禁欲主义与欢愉之间的日常关系”（Gruneau & Whitson，1993，pp. 252 -253）。为此，我们认为切里参与的周播节目《教练角》的片段功能，应该是用于（再）生产“一种围绕着一个普通的加拿大个体意味着什么的社会霸权。在文字上他教授我们身份认同”（Ani，2010）。他所评判的是基本的加拿大价值观，而切里则是典型地通过冰球来展现。显而易见，切里这个版本的加拿大性的持续表现是特征鲜明的新保守主义、个人主义、有其创业精神的新自由主义和高度男性化的性别歧视。这也是来源于诺尔斯（Knowles，1995）所指出的，一个“（定位于）加拿大小城镇的道德和政治中心，在这里男人就是男人，男孩儿就是男孩儿，冰球仍旧处于（白人）男性加拿大英语区工人阶级的领域”（p. 123）。

当然，这种意识形态层面上的意义不能被自动保证。此外，正是切里对文化价值观的极化方式和调和他的观点的反抗，能够解释他在加拿大人中激起的内脏反应。这是一个群体，麦克帕兰德（McParland，2010）曾经指出（尽管经过了舌部检查），这种区分已经越来越不针对法语区和英语区、东方人和西方人，也不针对反唐·切里还是支持唐·切里。麦克帕兰德在2010年年末切里在多伦多市新市长的就职演讲仪式上的演讲所引起的公众反映做出了这一评价。在那里他离题千里去挑高球针对“左翼杂志……骑自行车”（Don Cherry's Speech，2010）。

正是在这种分歧的背景之下，我们针对切里英雄－恶棍二元逻辑引出的不同加拿大选区的文化意义展开探讨。我们关注其中两个领域，就是切里反复提出的评论的两方面，均在加拿大社会政治景观之内，即国民中的法裔加拿大人和CF军事介入的状况。

法语关联

切里表达自己有关法语区加拿大人政治诉求的实例发生在1998年日本长野冬奥会俄罗斯队与捷克共和国队之间的冰球金牌争夺战中。正是在这个场合中，苏珊·特伦莱（Suzanne Tremblay），布洛克·魁北克省议会成员（布洛克·魁北克是一个联邦政党，其主要目标是推动魁北克省从加拿大分离）在抱怨加拿大馆中出现了太多加拿大国旗之后，彻底点燃了切里的怒火。

罗恩·麦克里恩（后缩写为RM）：来自里姆斯基的议员抱怨来自魁北克的运动员处在巨大的压力之下，因为到处都是加拿大国旗。

唐·切里（后缩写为DC）：好。他们是加拿大人吗？……是，他们是加拿大人。他们处在重压之下……因为出现了许多加拿大国旗。你怎么看？

RM：她的观点是所有这些舞动的旗帜会制造你原本期望为自己的国家带来的一种期待的感觉……

DC：你知道她说的是什么意思。他们（指魁北克人）不喜欢加拿大国旗。你知道这是件很有趣的事情。他们不想要加拿大国旗……但他们想要我们的钱。他们不在乎我们的钱。我们把他们保释出来。他们获得了加拿大国旗上的钱。在我的生命中从来没有看见过这样的人。首先我们开始……整个奥运会有一个非常恶劣的注释，因为在我们的聚会上缺乏足够多的法国元素。我们挑选了一个说法语的家伙（来执旗），一个没有人认识的滑雪运动员。

RM：不，让-吕克·布拉萨（Jean-Luc Brassard）是上一届奥运会的金牌获得者，但他确实说过他已经疏于训练了……

DC：他还抱怨他不愿意这么做。现在我们还接到了有关加拿大国旗太多的投诉。你知道，这些人就是哀诉者……他们如果想离开，为什么不呢？这就是有关这件事的评价。现在我们继续来谈谈这里优秀的加拿大人（切里和麦克里恩接下来介绍了获得银牌的女子冰球队的四名队员，他们特别强调这些都是讲英语的加拿大人）。

有关这个桥段的回应褒贬不一。CBC申诉专员办公室接到了两封支持切里言论的信件，但同时还有23封投诉信，投诉切里的评论是“种族主义的”“具攻击性的”和“无法容忍的”。其他投诉者指出他们缴纳的税金为切里的公共谩骂埋单的事实。正如卑诗省维多利亚市的一位投诉者是这样说的：

如同绝大多数加拿大人一样，我根本不在乎唐·切里以及他说了什么或者他信仰什么。然而，我所介意的是唐·切里把他的种族主义和攻击性的意见强加于我（作为公民、纳税人）。请让唐·切里道歉并让他回到他本应谈论的冰球当中去（不对吗?）。（“Communication to the Office”，1998b）

要厘清切里的言论和由此引发的各种反应，需要再进行三方面的语境阐释。首先，在1995年，魁北克省曾经进行了公投以决定是否从加拿大分离出来，建立一个独立的国家。在联邦主义者和主权主义者的激烈答辩之后，同意的占49.42%，反对者有50.58%，联邦主义者以极微弱的优势获胜。唐·切里的言论，实际上提供了一部分加拿大英语社会人群——尤其是西加拿大——针对法语分离主义者的愤怒指向。一般来说，根据省级之间的权力关系和平等化等政治诉求，收入会从相对富裕的省份流向贫瘠的省份，魁北克恰好处于接收的终端。

其次，切里的言论引发了不少法语体育作家对于加拿大奥委会（COA）对于法语区运动员受到的不公正待遇的抱怨。尤其是不少英语体育作家，时任外交部部长洛伊德·阿克斯沃西（Lloyd Axworthy）和文化部长谢拉·科普斯（Sheila Copps）对此同样提升了关注，更加证实了法语媒体对于两种官方语言缺乏平等表达的抱怨。对于这些意见，COA为法语的失声进行了公开道歉。

然而，从切里的角度来说，COA的反应如同“发声的少数人”击败“沉默的大多数人”的又一个生动的事例。切里有关官方语言平衡以及他对于英语应当成为加拿大唯一的“合法”官方语言的观点已经在先前的事件中为人所熟知。那时他称赞了苏圣·玛丽（Sault Ste. Marie，一个法语人口占统治地位的城市）的英语居民讲出了“好的语言”（“The Don Cherry Lexicon”，2011）。1997年，切里还公开将由联邦政府资助的阿尔伯塔法语运动会描述为不公正的运动会，这项运动员只邀请讲法语的民众参加（Dallaire & Denis，2000）。

最后，在1998年长野冬奥会上，切里还对当年雪上项目的卫冕者即上届冠军让-吕克·布拉萨展开评论。后者在奥运会上只获得第4名，他承认他为担任加拿大代表团旗手的任务感到后悔，因为这打乱了他关于比赛的正常备战。布拉萨还抨击COA用加拿大国旗和书写着“通过这扇门通向世界上最伟大的运动员”的旗帜来装点奥运村的加拿大区的做法，他认为这一做法“缺乏对日本文化的尊重”（Bazay，1998，p. 4）。具有讽刺意味的是，布拉萨关注的核心问题恰恰是切里对于法语区加拿大人的攻击点：怎样成为一个加拿大人。切里的版本包含了一种美国式的平民化的爱国主义，这一点表达得果断而坚定。布拉萨的解析提供了一个鲜明的对比：“我认为加拿大过去为人所熟知是因为这个国家的民众都非常谦虚，展现出了太多的谦卑。

到那里之后看到如此之多的旗帜深深地令我震惊。对此我不太习惯。”(Bazay, 1998, p. 6) 布拉萨的观点得到了不少加拿大人的响应，CBC 申诉专员大卫·巴扎伊（David Bazay）提供了这些证据：“他（布拉萨）以一种很传统和旧式的加拿大话语方式令我震惊：让我们不要以美国人的方式作为，让我们做回善良、有礼貌、谨慎和受人尊敬的身处国外的加拿大人，让我们在赛场中真正展现自己的风采。”（p. 5）

切里－布拉萨事件让试图理解加拿大身份认同的本质产生了困难。然而，切里言论的影响还是提升了“加拿大身份肖像的狭隘想象部分”(Dallaire & Denis, 2000, p. 420)，这引导加拿大英语区的大多数人对法语区人群在加拿大镶嵌图案之内的存在感和位置产生了负面影响。这些抨击远远超出了长野事件的范畴。切里关于法语区加拿大冰球运动员如同欧洲运动员一般“懦夫”和“没心没肺”的系列抨击导致了公众的强烈抗议。为此，CBC 不得不实施比赛的 7 秒延时播出，给制作人充足的时间来制止“不当的和应当受到谴责的个人”言论（“CBC Puts Cherry”, 2004）。切里的抨击还团结了美国式民粹主义的社会保守势力，他们“经常对内部差异不敏感”(Knowles, 1995, p. 124)。这股势力肇始于 20 世纪 80 年代的加拿大政坛，当时的改革党已经变成了今天的执政党。改革党广为人知的就是他们排斥官方双语，任何致力于魁北克在加拿大宪法中的特殊地位的行为，社会保守主义和旨在腐蚀下议院的经济保守主义。

切里清楚地意识到这种政治上的巨大发展，并有意识地提升这种价值观。正如切里于 20 年前，提出的观点“我看到中产阶级正在慢慢地右倾……人们已经受够了这种社会主义。我想我迎合了国内的右翼势力。我不喜欢外国冰球运动员，我只做出自己的选择。我可不愿意走中间路线”(Brunt, 1987, p. C1)。

但在 20 世纪 90 年代初期，这些新生的政治转变得到了进一步的巩固。正如麦克格里格尔（MacGregor, 1992a）指出的：

> 正如切里预言的那样，世界开始经历巨大的变革。他的观点听上去更像是改革党的政治哲学——或者更如同他所说的那样，是改革党开始追逐他的观点。(p. A1)

在当代加拿大社会里，这种保守的民粹主义品牌已经成为规范。理解了这样的文化和政治背景，切里关于“他们”的言论，关于出现在加拿大馆里的众多国旗以及加拿大运动员接待处法语的缺失、滑雪运动员让-吕克·布拉萨的言论，到目前为止都是良性的。而且，他们通过行使（或行使过）可见的社会和文化事务，用一批特殊的人群来寻找过去的“盎格鲁加拿大情绪掌控未经查验的社会政治景观”的证据（Elcombe，2010，p. 210）。

支持军队

切里在1998年冬奥会上的评论在另一个话题上也被提出，这是与《裁判角》的片段交织在一起的，也越来越多地跟加拿大的NHL交织在一起，即CF的军事介入。在加拿大与捷克队冰球比赛的第一次间歇期里，切里表达了对美国正在进行的对萨达姆·侯赛因军事行动的支持，他声明这会让很多冰球迷猝不及防，包括这封信的作者：

> 在CBC的电视节目中看到下意识的政治评论是令人震惊的，但更加令人不安的是我们居然是在一个毫不相干的场合，奥运会冰球比赛转播中看到的……切里……喷涌出一套完全可以预见到的有关强硬外交政策的长篇套词，来表现出知道他们需要美国的帮助和有美国人在他们身边保护他们远离邪恶有多么幸运，这一切对每个人来说是多么的令人生厌和危险：这是惯用的噱头。（Communication to the Office，1998a）

为了回应他有关即将展开的美国军事力量对于侵略伊拉克的公众言论，另一封信是这样抱怨的，“如果CBC在一场冰球比赛中给予唐·切里表达政治诉求的平台，那么CBC也应该给与其他人表达政治诉求的机会”（Bazay，1998，p. 6）。CBC专员大卫·巴扎伊对这一抱怨表示赞同：

> 正如CBC政策手册中提到的，在平衡这个部分，“CBC的节目在处理公共事件时必须具有不同看法的补充，与这一个观点对等的其他观点的待遇”。因此，CBC在将来应该采取必要的措施来保证体育节目的嘉宾评论员在处理公共事务时发表的观点应当尊重公司的政策，来表达“CBC关注的是确保观点的全方位展示，特别是当事件极具争议时”。（Bazay，1998，p. 6）

切里保守的民粹主义的核心一直是在军事上坚定不移的支持和对加拿大外交政策方面地缘政治上最亲密的盟友美国和英国的一个“回报”的版本。

就在最近，切里利用它的《教练角》平台来为不同的军事介入击节叫好，这其中包括了加拿大正在扮演的以美国为主导的“反恐战争”的角色——纪念在阿富汗牺牲的加拿大战士。对于一些加拿大人来说，包括接下来的这封“给编辑的信”的作者，切里作为英雄的加拿大军人的观点和他对更多展示肌肉的军事存在的支持导致了对他的个人崇拜：

> 我认为唐·切里在很多事情上都说得很对，其中之一是对逝去士兵的赞颂。很显然……他对于士兵们牺牲的悲伤情绪是真诚的，总体而言他对于我们的军队是感觉到骄傲的。如果在我们这个国家有更多的像唐·切里这样的人，那么我们将拥有更强大的军事力量，也将对我们的军事力量有更多的骄傲和尊重。让我们看到更多对军队和作为整体的军事力量的支持吧……这也是展示国家骄傲的一种渠道。(Cooper，2009)

然而，这种对切里将冰球军事化主张的赞赏是反对其他加拿大人，他们将这种行为视为提升这个国家特殊道德视野所做的加拿大军事力量开发的努力：

> 他向我们展示了一个“努力获胜”的军事版本，攻击敌人的面颊，在坎大哈省平原上将他们撵为沙砾，正如我们都立志成为典型的加拿大冰球运动员……切里并不尊重加拿大军事力量，通过捎带上他们的勇气来公开表明他的政治立场，来展示他所认知的所谓加拿大文化的实质（Ani，2010）。

更清晰的是，不管切里被视为英雄还是混蛋，他都是作为更大范围传媒化的“战争框架”的核心人物而存在的（Butler，2009），这一切通过加拿大在阿富汗分裂式的在场而得到道德彰显。尽管 CBC 巡查员十年如一日地谴责他利用公共广播来表达他的军事化的、亲美立场的不当角色的扮演，切里还是持续不断地利用这一平台来提供最近有关伊拉克战争和加拿大在阿富汗军事存在等政治议题的无可争议的阐释。2003 年 3 月 17 日，总理让·克雷蒂安（Jean Chrétien）宣布加拿大不参加在伊拉克的军事行动，这个决定遭到了切里的公开抨击。在 2003 年 3 月 22 日的《教练角》节目中，主持人罗恩·麦克里恩为加拿大不参战的行为辩护，他质问切里“如果伊拉克没有攻击你，你为什么攻击他们?”切里对麦克里恩（和有类似想法的加拿大人）予以斥责，指责他们“缺乏对美国朋友的支持”，同时感叹他是如何

"憎恨看到他们单打独斗"（"*Coach's Corner* on Iraq"，2003）。就在这一期节目中，切里还指出"魁北克那些性情古怪的人（蒙特利尔加拿大人队的球迷）"于之前一场在贝尔中心进行的加拿大人队与纽约流浪者队的比赛中在演奏美国国歌时嘘声四起。很重要的是要指出是美国主导了对伊拉克的侵略，而后是加拿大在阿富汗的存在，这些都在魁北克遭到了广泛的抨击。在历史上，法裔加拿大人将"加拿大人参与盎格鲁美利坚军事行动的行为"视为"帝国主义冒险"（Stein & Lang，2007，p. 71）。然而对于切里来说，那些球迷的行为是令人尴尬的无耻行为。在他看来，"多年来的骄傲顷刻间付之东流"（Dowbiggin，2008，p. 124 引用）。当然，人们同样会认为切里关于赤潮（加拿大人队球服颜色）球迷的评论不过是他鼓动的法语－英语区紧张情绪的又一例证。

紧随这一事件爆发之后，CBC 一共接到 1 500 个电话和电子邮件，还有对 CBC 专员的投诉，其中 60% 反对切里的观点（Christie，2003）。切里与麦克里恩的政治突袭被 CBC 电视网官员称为不知情和不相干。与此同时，官员再次强硬地提醒两人必须限制有关冰球的讨论。第二天，切里对《吉姆·罗姆秀》（*Jim Rome Show*）当中有关他的待遇大发雷霆：

> 你不得不意识到 CBC 是政府管控的……你不得不说政府是反对它（战争）的，我是赞成的，我就在政府的节目当中。我真得认为这会是终结。我们的媒体完全是左翼的。就是社会主义者、左翼分子、左倾分子和党员什么的……真正的加拿大人不会感受到魁北克人的那种方式的。相信我，绝大多数加拿大人热爱美国。我们知道你会去那里帮助我们，而且不会把我们想得太坏。（加拿大人对球迷）在魁北克嘘"星条旗"的行为太混蛋了。你不得不意识到，他们也就是魁北克和法裔加拿大人。（Dowbiggin，2008，pp. 125－126 引用）

接下来要展示的就是切里精炼的全部武器库，当代加拿大社会的二元分类：真正的盎格鲁－加拿大人对阵法裔加拿大人；沉默的大多数对阵发声的少数人；带有偏见的、社会主义（政府）媒体对阵"客观的"（私人）媒体。考虑到切里把加拿大媒体定义为"社会主义的"，那么我们只能假设加拿大媒体中主要队员的程度——媒体所有权的公司专注度是世界上最高之一——为他们全新的左翼身份所困惑。

近年来，随着这种类型的公开，切里的政治表态已经在某种程度上偃旗息鼓了，但他仍坚持将 CF 视为加拿大英雄，同时也促进了加拿大身份认同和公共文化的特殊视角的生成。加拿大读者会清晰地意识到《教练角》上图像的绝对量，推断出 CF 与冰球以及国家流行文化中的其他性别因素——在阿富汗的“普通”加拿大大兵玩冰球的图像（有时是与前 NHL 的球员），他们紧挨着斯坦利杯摆出各种造型，或者是欣赏 NHL 的比赛转播。通过这些熟悉的图像和爱国主义题材，CF 在阿富汗争议性的军事存在在道德上被部分规范化了，而且，实际上已经去政治化了。

然而，这些营销策略并不是完全没有异议的。最近，一个名叫“冰球迷为和平”（Hockey Fans for Peace）的团队就对切里有关 HNIC 军事化的言论做出了回应。团队中的一名成员表示，“《教练角》一直成为谈论战争问题的单边平台，只是一味地表达支持。当唐·切里先生在冰球转播中阐发政治观点时，他从来没有被挑战过……我认为他提出了一个非常具有偏见的观点，他在借助士兵们来推销战争”（“*Coach's Corner* Faces”，2011）。在这一点上，这些带有民族主义的影像精选了《教练角》这个栏目，并且将切里和保守派政治人物联系起来推到一个更广阔的政治话语空间，从而鼓励加拿大人毫无保留地“支持我们的军队”——将那些对加拿大外交政策和在阿富汗的军事介入提出强烈质疑的人的话语框架建构为非加拿大人和不支持军队和他们家庭的人（McQuaig，2007；Scherer & Koch，2010）。

对这些政治阴谋最直言不讳的媒体评论者是《环球邮报》（*The Globe and Mail*）的电视专栏作者约翰·多伊尔（John Doyle）。多伊尔长期在男性霸权、冰球、军事和加拿大身份认同之间寻找可能的联系，他持续不断地挑战切里和 CBC，也是为了找出新千年以来正在进行的加拿大社会的军事化和为推动振兴保守的政治议程的语境下几者的关系是如何被进一步自然化的。

> CBC 一直（与切里）串通一气，试图直接地转变加拿大生活中冰球的意义——从一个文化生存的象征变成军队的一个分支，这当中暗含了加拿大其实是一个尚武国家的意义。冰球是一项快速的、优美的和令人战栗的比赛。有人说冰球是加拿大文化命脉的一部分，因为它在直面永恒的敌人时不得不在坚硬的、无情的冰面等条件下幸存。现在是士兵、战争、勇士和在战争中对一个接着一个死亡的认同（Doyle，2010a，p. R3）。

可以预见到的是，CBC 当然否认这种意识形态的转变。CBC 体育导演针对多伊尔的批判做出了解释：“如果他认为我们坐下来思考这就是我们想要在节目中呈现的东西的话，我完全无语。怎么有人能想象到，那就是我们本来想做的事情。”（David Masse，Persnal Communication，2010）然而电视网的官员却将切里的价值观归结为提升公共传媒影响力的工具：

> 我认为当一个公共广播媒体停止提供可以听到不同意见的机会时，那么他们就没有相关性，就成了“米色”的媒体，就应当被关闭。我不是说我们赞成或者反对他的观点，我只是想说公共广播媒体应当留出角落，准备让大家听到声音。（David Masse，2010）

具有讽刺意味的是，CBC 将捍卫切里的军事言论，这基于在公共广播平台中提出不同意见的争论。这成了切里的非常地带，推而广之是 CBC 体育的，也是早在 10 年前就被 CBC 巡查员谴责的。此外，它依然是两个党派拒绝保证的非常地带：冰球迷为和平声称“要在《教练角》节目中允许成员之一与切里辩论”（*Coach's Corner Faces*，2011）的这个提议已经被 CBC 体育拒绝，原因是这不是一个适宜“展开这种辩论的论坛”（*Coach's Corner Faces*，2011）。除此之外，我们不得不质疑公共广播媒体的任务是否应当是“多彩的”和具有争议的——就像加拿大和美国的许多其他的私人广播电视网一样——或者是提供重要政治议题的信息化的、均衡的分析。然而，这些紧张的音量在某种程度上与 CBC 不得不依赖于切里的知名度和随后的收视率相联系，这些都在一个广泛的文化推广和数字广播电视景观的视域之内。

关于 157 位在阿富汗阵亡的加拿大士兵的内容当然通过了军队部门的审批，被常规性地列入了《教练角》栏目中。在这种情况下，切里通过庄重地提供一个简短的讣告来公开哀悼每一个阵亡士兵。譬如，如果他们是一个冰球运动员或者是某一支特定 NHL 球队的球迷。又比如，为了纪念 2010 年阵亡将士纪念日，切里播出了每一个加拿大阵亡士兵在阿富汗牺牲的画面，同时还有加拿大职业冰球运动员在其他战争中逝世的画面以及一小段 1941 年加拿大士兵在欧洲打冰球的图像。切里在播放画面时配音：“冰球运动员同军人是一样的……加拿大人就是加拿大人。”

就在这每一段纪念中，我们能够管窥切里二元式的认知模式，包括他长期以来有关法裔加拿大人是“非加拿大人”牢骚的内爆。在阿富汗服役的还有皇家第 22 军团的范·杜斯（Van Doos）兵团（军队中最著名的法裔兵团，集结于魁北克城外）。相当数量的范·杜斯成员由于兵力部署的原因牺牲。为了纪念每一个阵亡士兵，切里不得不承认了他们不可替代的地位——他长期以来对于法裔加拿大人的态度暴躁以及在阿富汗为了国家牺牲的法裔士兵。在切里看来，只有通过服兵役和阵亡才能让这些士兵重新获得自己隐喻的公民身份，进而得到全国范围内的哀悼。

结　论

在这一章当中，我们梳理了加拿大冰球解说员唐·切里如何将英雄-恶棍二元对立复杂化，时常用于厘清体育流行人物。毫无疑问，切里作为英雄而受到许多加拿大支持者的崇拜直接源于30多年以来CBC为他提供的公共神坛——《教练角》栏目，在这个平台上，切里获得并恣意拥抱属于自己的荣誉。然而，同样是在这个平台上，他被称为“一个大嘴偏执狂，利用自己的职位释放自己具有品牌效应的红颈邪恶，并把自己伪装成民族英雄”（“Communication to the Office”，2003）。

通过我们的探讨，我们简明地勾勒出在加拿大社会政治景观之内的，由切里引发的举国上下两种分裂的区域内，让他同时得到英雄崇拜和恶棍控诉的发自内心的反应：国民中法裔加拿大人和军队军事介入的状态。我们在这里讨论的切里的《教练角》栏目实际上起到了推广保守派价值观的作用，这一切是由保守党在积极推动的，旨在于一个更大范围内的文化冲突中，将加拿大人的社会和政治中心规范地向右推动。实际上，这在表面上通过切里每周一次的评论得到自我提升，他自嘲为“普通的工人阶级家伙”，但他在HNIC薪水却在80万加币以上（“Plenty of Cash”，2007），更别提他所拥有的其他有利可图的标签——由他倡导的一个英裔加拿大人的民族主义和军事爱国主义已经成为一个特定的品牌，为执政的右翼提供了大量的价值观来继续巩固他们的新自由主义议程，并且将一个“普通的”加拿大人意味着什么这样的议题自然化——以及在场的文化价值观如何从这样的想象中必要地发散开来（Scherer & McDermott，2011）。

然而我们最后想要强调的一点是，媒体的作用——在这个案例中，加拿大广播媒体——为切里提供了一个在全国范围内提升自己政治影响力的平台。多年来CBC放弃了自身的任务，不允许不同的观点在HNIC上得到表达，同样还有与切里的保守主义谩骂在语义上毫无关联的努力。比如，CBC

媒体关系主任杰夫·基埃（Jeff Keay）从公司的角度出发，认为切里“只是与《加拿大冰球之夜》存在合同关系，而并非 CBC 的全职职员。他的行为与 CBC 和《加拿大冰球之夜》毫无关联”（Doyle，2010b）。抛开这些敷衍的公共关系不谈，很重要的是要意识到，远离左翼偏见而亲市场的理论家如切里和保守党中掌管 CBC 的人，他们的行为（在这个案例中的不作为）和与切里政治活动的关联表明了在对国家的重新构想中，霸权主义的影响展示出了多么复杂的局面。或者，正如约翰·多伊尔（Doyle，2010b）曾经提出过的：“这并不只是一场游戏，任何超出冰球的部分却是游戏。这个国家正在兜售一种右翼版本的本身，这从这群可以恐吓精英和艺术界人士的人可以掌管 CBC 就可见一斑。这简直成了一个残忍的黑色幽默。”

参考文献

Althia, R.（2010, May 13）. CBC to study whether its news is biased. *Ottawa Sun*. Retrieved from http://www. ottawasun. com/news/canada/2010/05/13/13940056. html.

Ani, F.（2010, March 14）. The meaning of Don Cherry. *Poli-Text*. Retrieved from http://politext. wordpress. com/2010/03/14/the - meaning - of - don - cherry/.

Bazay, D.（1998, March 8）. The CBC ombudsman's review of complaints about Don Cherry's comments during the Olympics. *CBC-Radio Canada Office of the Ombudsman Annual Report*, 1997 - 1998.

Bazay, D.（2004）. *Office of the Ombudsman English Services Annual Report*, 2003 - 2004. Retrieved from http://www. cbc. ca/ombudsman/annual. html.

Brunt, S.（1987, January 17）. A hoser in paradise: Hockey's hardhat in a high collar, Grapes is exactly what he seems. *The Globe and Mail*, p. C1.

Burnside, S.（2009）. The biggest mouth in sports. *ESPN. com*. Retrieved from http://sports. espn. go. com/espn/eticket/story?page = doncherry.

Butler, J.（2009）. *Frames of war: When is life grievable*? London, UK: Verso.

CBC puts Cherry on 7-second delay.（2004, February 6）. *CBCNews*. Retrieved from http://www. cbc. ca/news/story/2004/02/06/cherry040206. html.

Christie, J.（2003, March 25）. Cherry, MacLean to face music over debate. *The Globe and Mail*, p. S1.

Coach's Corner faces heat for using platform to promote military stance.（2011, January 7）. *Ceasefire. ca*. Retrieved from http://www. ceasefire. ca/?p = 6747.

Coach's Corner on Iraq war riles viewers, CBC.（2003, April 1）. Retrieved from http://www.

cbc. ca/sports/story/2003/03/24/cherry030324. html.

Communication to the Office of the Ombudsman. (1998a, February 23). *Office of the Ombudsman annual report*, 1997 - 1998, *Vol.* 1.

Communication to the Office of the Ombudsman. (1998b, March 3). *Office of the Ombudsman annual report*, 1997 - 1998, *Vol.* 1.

Communication to the Office of the Ombudsman. (2003, March 25). Re: Don Cherry: Make him go away.

Communication to the Office of the Ombudsman. (2010, December 10). Re: Don Cherry.

Cooper, E. G. (2009, May 2). Two minutes in the box for Wakeham. *Letters to the Editor* (*The Telegram*). Retrieved from http://www. thetelegram. com/Opinion/Letters - to - the - editor/2009 - 05 - 02/article - 1458641/Two - minutes - in - the - box - for - Wakeham/1.

Dallaire, C., Denis, C. (2000). 'If you don't speak French, you're out': Don Cherry, the Alberta Francophone Games, and the discursive construction of Canada's francophones. *Canadian Journal of Sociology*, 25 (4), 415 - 440.

Don Cherry's speech at Rob Ford's inauguration. (2010, December 7). *NationalPost.* Retrieved from http://fullcomment. nationalpost. com/2010/12/07/don - cherrys - speech - at - rob - fords - inauguration/.

Dowbiggin, B. (2008). *The meaning of puck: How hockey explains modern Canada.* Toronto, Canada: Key Porter Books.

Doyle, J. (2010a, October 12). Zip your lips: The folly of disliking Don Cherry. *The Globe and Mail*, p. R3.

Doyle, J. (2010b, December 7). Don Cherry: It's loony-right night in Canada, brought to you by the CBC. *The Globe and Mail.* Retrieved from http://www. theglobeandmail. com/news/arts/television/john - doyle/don - cherry - its - loony - right - night - in - canada - brought - to - you - by - the - cbc/article1827207/.

Elcombe, T. (2010). The moral equivalent of 'Don Cherry.' *Journal of Canadian Studies*, 44 (2), 194 - 218.

Gillett, J., White, P., Young, K. (1996). The prime minister of Saturday night: Don Cherry, the CBC, and the cultural production of intolerance. In H. Holmes & D. Taras (Eds.), *Seeing Ourselves: Media Power and Policy in Canada*, (2nd ed., pp. 59 - 72). Toronto, Canada: Harcourt Brace.

Gruneau, R., Whitson, D. (1993). *Hockey night in Canada: Sport, identities, and cultural politics.* Toronto, Canada: Garamond Press.

Knowles, R. (1995). Post, 'Grapes', nuts and flakes: 'Coach's Corner' as post-colonial *performance*. *Modern Drama*, 38 (1), 123 - 130.

MacGregor, R. (1992a, March 14). Don Cherry: The prime minister of Saturday night. *The Ottawa Citizen*, p. A1.

MacGregor, R. (1992b, March 29). Grapes of wrath (or grapes of gaffe). *Calgary Herald*, p. F6.

Maki, A. (1992, November 11). No sour grapes. *Calgary Herald*, p. F1.

McParland, K. (2010, December 8). Canada's Don Cherry divide. *NationalPost*. Retrieved from http://fullcomment. nationalpost. com/2010/12/08/kelly - mcparland - canadas - don - cherry - divide/.

McQuaig, L. (2007). *Holding the bully's coat: Canada and the U. S. empire*. Toronto, Canada: Doubleday Canada.

Plenty of cash stashed in Coach's Corner. (2007, October 3). *The Edmonton Journal*. Retrieved from http://www. canada. com/edmontonjournal/news/sports/askmatty/story. html?id = e6a743d5 - 7d40 - 4fa8 - bf89 - 76a444c7ff9a.

Richler, N. (2002). Foreword. In M. Richler, *Dispatches from the Sporting Life* (pp. ix - xxii). Guilford, CT: Lyons Press.

Scherer, J., Koch, J. (2010). Living with war: Sport, citizenship, and the cultural politics of post - 9/11 Canadian identity. *Sociology of Sport Journal*, 27 (1), 1 - 29.

Scherer, J., McDermott, L. (2011). Playing promotional politics: Mythologizing hockey and manufacturing 'ordinary' Canadians. *International Journal of Canadian Studies*, 43, 107 - 134.

Stein, J., Lang, E. (2007). *The unexpected war: Canada in Kandahar*. Toronto, Canada: Viking Canada.

The Don Cherry lexicon. (2011). *CBC Sports*. Retrieved from http://www. cbc. ca/sports/indepth/doncherry/stories/lexicon. html.

Voisin, S. (2010, September 17). Don Cherry on being Canadian, the importance of honesty, and NHL's most passionate player. *Motivated Magazine*. Retrieved from http://motivatedonline. com/don - cherry - on - being - canadian - the - importance - of - honesty - and - nhl% E2%80%99s - most - passionate - player/.

What makes Don Cherry so special? (2009). Comment by Jason on: *Yahoo! Answers*. Retrieved from http://answers. yahoo. com/question/index?qid = 2010 0413203230AA0Qlr4.

What should CBC do with Don Cherry? (2004, February 15). *CBC Digital Archives*. Retrieved from http://archives. cbc. ca/sports/hockey/clips/9682/.

第五部分　后　记

第 25 章　坠落的体育英雄之上：我们是从哪里一起坠落的

斯科特·廷利[①]

> 只要我还能触地得分，我就是特殊的，但当这结束的时候，一切都结束了。（Gavin Grey in Frank Deford's（2004）*Everybody's All-American*）

坠落的体育英雄在自然世界里是一种不自然的事件。这种不规则发生的事件将运动员看上去完美的职业生涯的规则弧打乱，是体育消费者喜爱的愉快轨迹。当运动员的明星梦破碎，体育世界的自然规律是他们践踏了我们的理想主义梦想，这使人心烦意乱。

时光荏苒，体育英雄的故事通常是一个顽强个体的故事，一个美国历史上的基础叙事。体育英雄作为一种文化文物存在，由体育迷来分享他们存在的本质意义。我们成长以后，越来越接近男性、女性和他们的神话。体育英雄是一个传奇人物，经常有着神圣血统的精神力量，得到上帝的青睐。但也像我们看到的那样，当标志性人物失去个性——他们还原或转变成名流、伪类型，自身具有易犯错误的特性——这引发了文化历史性的深层分隔，构成了我们绝大部分的国家意识形态。

不到一代人之前，运动员英雄是被“设想为相对论的或理想型的时尚”（Harris，1994，p. 3）。然而，近年来，我们和运动员英雄之间的关系因为推特变成了一种暧昧的精神病。我们仍然形而上学地和语境化地被体育英雄们吸引着。当他们从高台坠落时，我们面临着波戈[②]（Pogo）自我反思的实

---

① 斯科特·廷利（克莱蒙特研究生大学博士），是两届铁人三项世界锦标赛冠军和圣迭戈州立大学运动员退役和转型研究所的创始人。他目前在加州大学圣马克斯分校教授体育人文学课程。他的著作包括《日落竞赛：一名运动员在体育运动之后的诉求》等。廷利对于坠落的体育明星的兴趣来源于自身从体育圈退出后在情绪上遭受的挫折。E-mail：scott@ scotttinley. com。

② 译者注：一种原地纵跳的极限运动，也指音乐中的朋克现场。

现：我们已经见过敌人，那个敌人就是我们自己。

巧妙融入这一部分文本的是有关英雄地位的伦理学讨论，人类的潜能在地下世界的关系能力被充分地挖掘出来。看上去没有失宠这一说，似乎超出了我们渴望对好的、坏的、丑陋的体育明星的曝光。道德判断和伦理考量的问题和我们的自我剖析与自尊是紧密相连的。“不可能谈论伦理”，克拉普（Klapp）认为，“还没有进入到这个社会产生英雄、恶棍和傻瓜形象的领域。”（1962，p. 17）感觉到与我们的死亡相关的是我们的体育明星错过了一个隐情、一次付款或者一次拯救地球的机会。

我们想问当代英雄是否能不再拯救我们存在的焦虑。但当我们寻求悲观的建议时——当代英雄都死了吗？希格斯（Higgs，1982）提到了体育种类。“体育世界掩饰了这样的主张，”他说，“在这里英雄活得好好的，不是什么是否的问题……但什么样的英雄受欢迎是在历史上任何特定时间都会有的问题。”（p. 137，增添强调）体育英雄——无论假冒的、堕落的还是脆弱的——都给了我们一个连接上帝与凡人的流行工具。他们提供了，正如维克托·布拉姆波特[①]（Victor Brambert）提出的“有限的偶然性与想象中的超自然真实之间的超链接”（Brambert，引自 McGinniss，1990，p. 141）。

始终维持可能发生状况的是使我们存在的体育英雄的范式。如果我们允许的话，死亡永远是人类和坠落明星提供的令人眼花缭乱的诚实参考。把坠落的英雄置于社会中来检验是为了将这个灯照向我们自己。“正如我们谈论英雄，”费什维克[②]（Fishwick）提到，“他们让我们认识到自己。”（1969，p. 1）明星运动员，哪怕他们年龄增长或坠落，有时会感觉他们无法比体育运动存活得更长。通过这一切，像伟大的 Oz 在体育生产和消费的幕布之后，我们对我们的产品、天才和预测感到困惑。我们见证了“懒惰关系”，像波德里亚（Baudrillard，1994）说的那样，现实需要图像和再现。在懒惰之中是恐惧和抵抗，不过我认为，我们仍然在精力充沛地寻找我们体育英雄的希望。

这一部分告诉我们的是，像佘利（Shelley）做的那样，尽管我们是体育英雄的创造者，他们其实是我们的主人。我记得小时候曾欣赏过伟大的旧

① 译者注：出生于法国的美国著名罗曼语族和比较文学学者。他先后长期任教于耶鲁大学和普林斯顿大学，总共有 15 本著作问世。

② 译者注：美国著名文化研究学者、作家、编辑，他是著名的学术期刊《国际流行文化》的创始人，流行文化学会的创始人之一，共出版过超过 40 部著作。

金山巨人队[1]中外野手威利·梅斯[2]（Willie Mays），我反思他最好和最差的年代，我不顾一切地试图将语境和含义分开。2011 年，当他都已经年满 80 岁时，我什么都不想回忆了。我不能接受的事实是，如果那个孩子都 80 岁了，那么我，呃……已经步入中年。

我觉得读者与这一部分的互动可以显示出我们和坠落的体育英雄之间的关系，这能够透露更多关于我们自己和我们的社会生活世界，而不是对单个天才的探究。“坠落”这个概念也许是检验如何以及为什么他们的叙事如此有力地共鸣的传媒化神话的最好方式。例如，为什么我们讨厌勒布朗·詹姆斯？难道他不是我们体育社会的产物？不是磨炼的伟大和填鸭式地被崇拜，直到他真正相信他是一个地球上的皇帝？但是现在，他依然坠落了，我们将我们自己投射进了他的皇室妄想，对他的不成熟的无趣讨好改变了我们的胃和我们的心。

体育和社会的十字路口被我们通过实证和流行方法来深入研究。我们生产出体育英雄，我们理想化并追求更高的自我。他们的艺术是我们的，仅仅是怀疑的程度不同。他们翱翔的灵魂是我们自己的。就像伊卡洛斯（Icarus）[3]，我们沿着他们令人难以置信的旅程，直到坠落迫在眉睫。然后我们寻找另外一位明星，蹒跚着进入我们的下一段旅程。

乡村歌手汤姆·霍尔（Tom T. Hall）有一首有深刻见解的关于艺术家和他们的拥趸之间的新手交流的歌曲——《最后的硬镇》（Last Hard Town）。“他们来见到人们，他们以为我们还是以前那样，从未改变想法”，然后直言“一个人选择对其他人做的事往往都是为自己而做的”（Hall，1973）。我们真的期望勒布朗、伍兹、邦兹和弗洛伊德·兰迪斯[4]（Floyd Landis）——四位启示录般的运动员——将他们巨大的才能用于利他主义领域？就像霍尔

---

① 译者注：一支 MLB 球队，纽约巨人队的前身。

② 译者注：1931 年出生于亚拉巴马州，威利·梅斯美国职业棒球史上杰出的球员，长期在纽约和旧金山巨人队效力，最终在纽约大都会队退役，两次获得最有价值球员称号，1979 年进入棒球名人堂。

③ 译者注：希腊神话中代达罗斯的儿子，他与父亲使用蜡和羽毛制成的翼来飞行，准备逃离克里特岛。结果伊卡洛斯过于骄傲，飞得太高，阳光融化了蜡，伊卡洛斯不幸坠海身亡。

④ 译者注：美国著名自行车运动员，曾获得 2006 年环法大赛冠军。2007 年环法大赛第 17 赛段之后，兰迪斯以比第二名快出 5 分多钟的成绩夺得赛段冠军，但在赛后的 A 瓶尿样检查中，睾酮比例过高。虽然他本人极力抗议，但 B 瓶尿样结果与 A 瓶一致，他所在的瑞士峰力听力系统车队随即将他开除，他被裁定禁赛两年并取消 2006 年环法大赛冠军称号。

穷困潦倒的追随者，他们无法理解“天使不会用呼吸来生产波旁威士忌”，体育迷对体育明星的期望与票价和体育催生的幻觉的夸张展示相关。我们面临很大的压力来改变我们心目中他们是谁（和什么）的认知，去接受他们代表什么只会更难。

被建构的体育英雄从工人阶级中的摇滚歌词和情景喜剧中崛起。我们被他们想象中的修养所吸引，无论是能够测量出的还是遥远的距离。我们负担不起为球员装备的运动服，我们对一个体育精英的神话只能付出口头上的服务。我们屈从于青年中心主义的专制，我们试图在时尚杂志或是提升生活品质公司[①]（*lifestyle-lift*）中找到更高端的自我。我们被年龄的自然主义霸权偷袭——我们不是他们，就算他们能让我们认为他们就是我们。

所以，在坠落的运动员人性最低点——一种“错误判断”的行为，或者是取消选择，或者其他一些终极生理反叛——我们发现我们与体育英雄之间的间隔既是矛盾的又充斥着言不由衷的伪善。坠落的体育英雄进入协商的地形，在这里鲜有追随者可以完全理解他们在坠落英雄生产、消费和处置弧中的角色。当我们反过来能够通过真实的记忆来控制自己的生活时，我们在短暂的历史中能够奢侈地忘记他们的存在。我们太过频繁地站在原因的边缘看着他们螺旋式地下降，却没法承认连接我们的内心和童年之心的极限。

当我们崇敬我们的体育英雄并与他们的失败协商时，我们必须独立地面对他们，而不是作为一个理想化的集体。这种现象在布顿（Bouton）、德里略（DeLillo）、埃克斯利（Exley）、哈里斯（Harris）、卡恩（Kahn）、马拉穆德（Malamud）、罗斯（Roth）、肖（Shaw）、西里托埃（Sillitoe）、沙拉（Shaara）、昂普代克（Updike）和其他人的小说里很容易理解，但每天的报道却在与意义挣扎。有巴辛格（Bissinger）、詹姆斯（C. L. R. James）、米奇内（Michener）、莫埃林格（Moehringer）和奥利亚德（Oriard）的点头同意，坠落英雄的虚构创作比新闻描写的联系更加强有力。这些最好的故事告诉我们珍禽过着体育英雄的生活，从高处坠落，在失败中挣扎。

很少有人完全理解这样一种拱形存在的巨大危险。很多已经放弃的体育英雄只是一味地追求尘世中的伟大，只在道德沦丧或体力下降到破坏程度之后才将自己暴露在公众毁灭的可怕过程中。他们有变成国王或者王后的机会，却非要在经历耻辱和笨拙之后回归伟大。但是，仍旧有多数人说他们丝

① 译者注：美国一家著名的面部整容机构。

毫不会改变。

浮士德式的主题与之产生了共鸣，因为我们同样是屈从于后果来做决定的人类，一如我们在电子表格和成本效益分析中流过的汗。当我们打开信封，我们知道可能会坠落。但是，我们知道没有人会在不早起的情况下获得成功。我们倾向于谨慎行事，运动员承担风险并坠落迷惑了我们。因为他们在巨大的舞台上冒险运动，在他们坠落时我们也许会欣喜。在失败时，体育英雄给了所有人巨大的喜悦，除了他们自己。

经受折磨的棒球伟人达里尔·斯特劳贝里①（Darryl Strawberry）曾经告诉一位记者，他从来没有击打上的问题，但他却有生活方面的问题。我们沉迷于他们的坠落，因为在他们的三合一（trinity）——破坏草皮的错误、我应负的责任和二次机会的来临——过程中我们看到了崛起、失败，并往复循环，必定具有人类条件和我们自己生活的特征。在那些当中，我们都在询问要怎样才能回归自我。

我们常常呼吁体育明星冲到顶峰，在“如果我们在成长中被困住，在一个缺乏抵抗力的位置拍照，或者单单失去我的运气该怎么办”的自我矛盾构造中拯救我们。失败的运动员往往年龄更大，这是我们自己梦里的倒霉版本。他们相信一个巨大的骗局，因为他们很特殊，可以冲到顶峰，但却被当场抓住。那些否认逻辑的老运动员标记了抵抗的边缘，从那时起一直在跟踪叙事弧直到现在。“我会一直打球，直到他们把球拍从我冰冷的死亡之手中夺走”，有人这样说过。但是当那些运动员真正坠落之后，我们会问，或者只是诱人的命运，幸运如他们在一个漫长的七月还能挤牛奶来享乐吗？

在坠落时我们才能真正衡量一个人。看着伍兹或是菲尔普斯或者马奎尔读着一份华而不实的道歉书，你能够看到彩排的痕迹却看不到悔恨之意，就像是在看一个麦片盒上印着的优雅的嘲笑。看着具体化的迈克尔·维克的言行和在球场上的表现，就像是重塑一个过去自我的加强版本，见证岁月的变迁。英雄如何展现他的人性比如何展示虔诚更有说服力。

看着那些伟人的坠落颇有一番可怜的偷窥。就让他们静静离去吧，你能最后再让我追一次白色野马么？伟人离去时总会带走一些东西。就像一位嘉

① 译者注：前美国职业棒球大联盟球员，1962 年出生于洛杉矶，1980 年以状元秀的身份被纽约大都会队选中。他曾于 1986 年获得全明星赛本垒打大赛冠军，同年带领大都会队夺得 MLB 世界系列赛总冠军。1990 年他与洛杉矶道奇队签订一份为期 5 年的合约，但由于伤病和滥用药物，他的水平每况愈下。他的儿子后来成为 NBA 菲尼克斯太阳队的队员。

宾离开一场聚会时，他们光合作用的性格在地板上舞蹈时并没有让人透气。我们同坠落的运动员的关系被定位于我们可塑性记忆的流动区域。当我们必要地问道怎样才能把他们的行为和他们的表现分开时，我们被告知："哦，这得看情况。"

当一名运动员已成传奇后多年，就像威利·梅斯（Willie Mays）、穆罕默德·阿里（Muhammad Ali）和里奇·亨德森[①]（Ricky Henderson）的情况，我们倾听他们才华横溢的青年时代，因为这展现出我们自己的青春和充满希望的未来。对于那些遭受不幸的卢·格里格[②]（Lou Gehrig）、罗伊·坎帕内拉斯[③]（Roy Campanellas）和亚瑟·阿什[④]（Arthur Ashes）——我们被迫进入格言设计——在那里只有神的恩典。然而，生理上的衰落必须和道德上的衰老区分开来。格里格并不是因为魅力或历史而衰败，巴里·邦兹则掉进了一个挂在壁橱里的骷髅装。汤娅·哈丁[⑤]（Tonya Harding）栽在了马戏团表演中，职业棒球小联盟的世界系列赛杰出人才、多米尼加出生的丹尼·

① 译者注：前美国职业棒球大联盟外野手，1958 年出生于芝加哥。在 25 年的时间里共效力过 9 支 MLB 球队，10 次入选全明星队，1989 年和 1993 年两次获得 MLB 世界系列赛总冠军。他被认为是史上最强的一棒选手，最终在奥克兰运动家队退役。2009 年他入选了棒球名人堂。

② 译者注：20 世纪 20 和 30 年代美国职棒大联盟纽约洋基队的传奇巨星，有"铁马"的美誉。出生于纽约城的他曾在哥伦比亚大学就读，曾 7 次入选全明星赛，作为队长 6 次率领洋基队夺得 MLB 世界系列赛总冠军。1939 年他被查出患有肌萎缩性侧索硬化不得不选择退役，这种疾病现在在北美被称为"卢·格里格疾病"，两年后他与世长辞。他的雕塑矗立在洋基体育场旁边。1999 年他入选 20 世纪 100 位最伟大的棒球运动员阵容。

③ 译者注：MLB 历史上公认的最伟大的接球手，布鲁克林道奇队的镇队之宝。1958 年他遭遇了一场车祸，之后就瘫痪在床。1969 年他入选了棒球名人堂。

④ 译者注：职业网球历史上第一位黑人单打冠军，1968 年他以业余球手的身份获得美网单打冠军，1970 年获得澳网单打冠军。1972 年他成为 ATP 的创始人之一，两年后担任 ATP 主席。1975 年他还获得了温网冠军头衔。1979 年他罹患心脏病被迫退出网坛，1985 年入选国际网球名人堂，1988 年他因为被误输染有 HIV 病毒的血液罹患艾滋病，1993 年去世。他终生致力于黑人民权和在体育界的权益，后期又关注艾滋病，在美国黑人心目中拥有极高的地位。美网的中心球场就是以他的名字命名的。

⑤ 译者注：美国著名的前花样滑冰运动员。1991 年全美女子单人滑冠军。她是世界上第二位、美国第一位可以使用阿克希尔三周跳的女子运动员。1994 年 1 月她与美国另一位选手、冬奥冠军大热门南希·克里根之间的恩怨成了世界体育史上令人震惊的事件。"据说"哈丁指使前夫和保镖袭击了克里根，导致后者因伤无缘奥运预选赛，东窗事发后她也被驱逐出奥运代表队，由华裔小将关颖珊入替。但哈丁直到现在仍然否然她是幕后主使。

阿尔蒙特·罗哈斯[①]（Danny Almonte Rojas）的坠落是因为他早出世了两年。

有些人坠落是被人推，有些人是自己往下跳，但大部分坠落的明星被注意到是因为他们古老的反射激起了即刻的情感。我们和坠落的体育明星之间的关系就像是文化意识形态中的流沙一般。我们记得阿里被剥夺了拳王头衔和他最好的时光，却点燃了亚特兰大奥运会的圣火；史密斯（Smith）和卡洛斯[②]（Carlos）在1968年墨西哥城奥运会之后从死亡威胁中逃走，母校为他们提供了荣誉博士学位；帕特·蒂尔曼[③]（Pat Tillman）的追悼会被美国陆军的公关机器利用，现在是正直的新偶像；大马克·马奎尔不想要谈论过去（就像历史没有重要意义一样），现在是圣路易斯的一名教练。有时在一个时代的跌倒会对另一个时代的崛起大有裨益。

我们要求我们坠落的体育明星为他们的失败负责是一种对傲慢的征服——那些基本特点有助于塑造他们的伟大——或者至少在足够的时间过去以后还有抛开一切的能力。我们是何等的自私，作为体育迷，要求一位做了前脑叶白质切除术的运动员授权煽风点火。我们的社会已经成为一个过时的计划和上瘾的消费主义的社会，变成了“个人授权、颠覆或抵抗”（Horne，2006）的方式。因此我们可能会疑惑我们是否在演本丢·彼拉多[④]（Pontius Pilate），在服用安眠药的夜晚之前先啜一口苏格兰威士忌和苏打水，然后在舆论法庭中宣判兰斯·阿姆斯特朗有罪。当我们需要运动胜利（以加强我们的国家意识形态），我们也呼吁不服用药物的体育比赛（如同我们呼吁治

---

① 译者注：目前是纽约城一个高中棒球队的助理教练。他出生于多米尼加共和国的莫卡，此前曾在棒球小联盟中担任投手。2001年在代表纽约布朗克斯队参加职业棒球小联盟比赛并获得第三名之后，他被包括ESPN在内的多家媒体调查，发现他的出生证明上的年份是1987年而不是1989年，因此他超龄两岁。但他的父母均否认这一事实，并表示在多米尼加有孩子出生前提前为他们准备出生证明的习俗。之后他曾先后加入美国大学队和半职业队，但从未入选过MLB球队。

② 译者注：托米·史密斯和约翰·卡洛斯是美国队参加1968年墨西哥城第19届夏季奥运会男子200米的两名黑人运动员，他们分别获得了金牌和铜牌。在颁奖仪式上，他们没有穿鞋而是穿上了黑色的袜子，在国歌奏响时低头挑衅地挥起了拳头。他们俩都是国际奥委会人权项目的成员，此举意在抗议种族偏见。在时任国际奥委会主席布伦戴奇的提议下，这两名选手立即被驱逐出美国代表团，这一事件成为墨西哥城奥运会的热点事件。

③ 译者注：1976年出生，曾是一名NFL职业美式橄榄球球员，2001年“9·11”事件后加入美国陆军，先后到伊拉克和阿富汗执行任务。2004年4月，他被传在阿富汗山区阵亡。美国陆军在报道中先声明蒂尔曼是死于基地组织的攻击，后来在媒体强大压力下，五角大楼告诉他的家人，蒂尔曼是死于友军的枪炮下。他的家人和媒体指责国防部将他的追悼会推迟数周是为了保存美国陆军的颜面。

④ 译者注：罗马帝国犹大行省的执政官（公元26—36年），根据新约所述，他曾多次审问耶稣。后来在犹太宗教领袖的强大压力下，判处耶稣被钉死在十字架上。

愈癌症一般）。在我们正好相反的要求下，我不禁想知道2024年奥运会金牌获得者是否已经在一个未公开的实验室的培养皿里进行训练。我们忘记了已经出现和产生影响的社会环境，如果不是神话，就在肉与骨头的结构中开始并结束。

在罕见的场合下，一位运动员走出窗台，被他们选中的电梯提升上去。《体育画报》杂志选出的第一位年度运动员（1954年）是罗杰·班尼斯特爵士[①]（Sir Roger Bannister），第一位在4分钟之内跑完一英里的人，他作为一名英国顶尖的神经学家对医学的贡献远远超过了他在1954年5月6日在易弗雷路（Iffley Road）跑道跑的4圈。他在径赛中有所突破50年后，在自传中坦白："永别了田径，但我仍会锻炼。"（Bannister，2004，p. 210）读者必然被这名运动员的优雅、自信和人性所征服，不过我们要问，"这些特质从哪里来，我们如何能具有这样的品质？"

坠落的运动员叙事引起共鸣，因为它综合了其他至关重要的比喻。出于同样的原因，流行的体育电影如《天赋》（*The Natural*）、《为了我深爱的运动》（*For the Love of the Game*）和《洛奇》（*Rocky*）系列电影取得了成功，非体育类电影如《狮子王》（*The Lion King*）和《星球大战》（*Star Wars*）也取得了成功：他们都平等地讲述英雄的旅程，年老的明星给年轻人让路，展现陈词滥调的生活圈。这些并不仅仅是感觉良好的电影，宗教图像让观众带着原罪经过天堂之门，在犯下一些真正的大错之后从体育场到了天堂。"正义之人虽跌倒七次，仍必升起，"圣经中箴言篇24:16告诉我们，"恶人却被祸患"。失败的另一面是制度化的救赎——《黄金岁月》（*The Best of Times*）里的罗宾·威廉姆斯（Robin Williams），《后备天王》（*The Replacements*）中的基努·里维斯（Keanu Reeves），《铁拳男人》（*Cinderella Man*）和《角斗士》（*Gladiator*）里的罗素·克劳（Russell Crowe），《江湖浪子》（*The Hustler*）里的保罗·纽曼（Paul Newman），《梦幻之地》（*Field of Dreams*）和《锡杯》（*Tin Cup*）里的凯文·科斯特纳（Kevin Costner），还有《大联盟》（*Major League*）里的所有人。别忘了，体育电影中的角色给我们提供了二次机会，因为其他的神把他们提供给我们。

---

① 译者注：大英帝国司令勋章，英国前著名田径运动员。在1952年赫尔辛基奥运会上，他打破了英国1500米纪录，但却没有获得金牌。1954年5月6日，在牛津的易弗雷路跑道他以3分59秒4如愿成为第一个在4分钟之内跑完1英里的运动员。之后他放弃运动生涯，成了牛津大学彭布洛克学院的知名学者。

在我刚刚成名的时候，我坐在一艘名为“女王玛丽号”的豪华船的大型舞厅的后排，这是一艘幸免被德国潜艇击沉的唯一的英国奢侈的交通工具。那是一年一度的铁人三项运动员的颁奖晚宴，我跟别人换了冠军的位置，与我的同事在大厅后面吞云吐雾并饮酒作乐。最后我才发现我朝正在熟睡的我们国际管理机构主席的脸上吐烟雾。我酗酒带来的傲慢很可能让我得到一份巨额罚款、一场停赛处罚或者一夜的牢狱之灾。但在一些简单的命运转折过后，除了令人瞠目结舌的震撼之外什么都没发生。我们国际管理机构的主席把最终的致谢演讲也睡过去了，在欧洲游时才醒来，我走掉了，并不是救赎，只是很幸运——在道德判断上坠落，但在 pre-drunkenathletes. com 的世界中崛起。幸运就是一种财富。

最终，我们在遗产的旗帜下与坠落的体育英雄联系起来。体育是一个量化数字的世界，它定义着职业生涯而不是个体。我们自己的慈善事业也是如此，依靠税收来运行但永远不会告诉我们可能在一个过于负面的世界里留下积极的记号。一位坠落的运动员可以只靠一个错误的决定毁掉自己一生的纪录，然后为此撒谎多年，一个男孩在草地上给自己挖一个更深的坟墓，他的事迹被赞扬，连我们都尊敬。本·约翰逊、O. J. 辛普森、玛丽安·琼斯，皮特·罗斯①（Pete Rose）还有弗洛伊德·兰迪斯……只要我们还渴望无所不在的体育叙事，这个名单就会越来越长。遗产很重要，因为这很可能是在坟墓之上真正可以在死后具有升值的文化价值的货币之一。罗伯托·克莱门特②万岁，萨尔瓦多村和波多黎各甘地（*Larga vida a Roberto Clemente*, *el salvador del pueblo y Gandhi de Puerto Rico*）。来自波多黎各的伟大人道主义者罗伯托·克莱门特从空中坠落，但他闪耀的星光持续提醒我们，他做了什么或没做什么来减轻遭受不幸的痛苦。

现代社会的结构一直是以这种方式得到根本性的改变，未来几代人将会

---

① 译者注：曾是 MLB 出色的球员，长期效力于辛辛那提红人队。他曾 17 次入选全明星赛，1975 年、1976 年和 1980 年 3 次获得 MLB 世界系列赛总冠军。1999 年他入选 20 世纪 100 位最伟大的棒球运动员阵容。他曾担任红人队教练，但由于多次在自己的球队身上下注，遭到大联盟揭发，直到目前他都无缘进入棒球名人堂。1990 年他还因两次逃税被判入狱 5 个月并罚款 5 万美元。1998 年，他开始出现在 WWE 职业摔角联盟中并很快成为重要角色，2004 年他成为 WWE 名人堂成员。

② 译者注：前 MLB 底特律海盗队的著名右外野手，为球队效力 18 个赛季之久。15 次入选全明星赛，1960 年和 1971 年两次获得 MLB 世界系列赛总冠军，他是第一个作为首发球员获得总冠军的拉美人。他一生致力于慈善事业，1972 年尼加拉瓜遭受大地震侵袭后，他第一时间赶去赈灾，但飞机不幸在波多黎各遭遇空难，享年 38 岁。

以不同方式来看待运动员，正如他们不会仰望神一般。但是，我们不会永远只看到我们堕落的明星卑鄙的行为，而是会在真实性的原则下寻找在这个拟像世界中人类的选择如何改变我们相互的追求。随着时间的推移，我们最好的年华束缚住了我们荣耀的体育明星，我们将努力从失败中崛起，找到体育和生活带给我们的最好的甜蜜和光明。这样，我们也是英雄。这就是我们一直以来想要的。

参考文献

Bannister, R. (2004). *The Four-Minute Mile* (50th anniversary ed.). Guilford, CT: Lyons Press.

Baudrillard, J. (1994). *Simulacra and Simulation*. Ann Arbor, MI: University of Michigan Press.

Deford, Frank. (2004). *Everybody's All - American*. Cambridge, MA: Da Capo Press.

Fishwick, M. (1969). *The Hero, American Style*. New York, NY: David McKay.

Hall, T. T. (1973). Last hard town. On *For the People in the Last Hard Town*. Mercury Records. Retrieved from http://www.metrolyrics.com/last - hard - town - lyrics - tom - t - hall.html.

Harris, J. C. (1994). *Athletes and the American Hero Dilemma*. Champaign, IL: Human Kinetics.

Higgs, R. J. (1982). *Sports: A Reference Guide*. Westport, CT: Greenwood Press.

Horne, J. (2006). *Sport in Consumer Culture*. London, UK: Palgrave Macmillan.

Klapp, O. E. (1962). *Heroes, Villains and Fools: The Changing American Character*. Englewood Cliffs, NJ: Prentice Hall.

McGinniss, J. (1990). *Heroes*. New York, NY: Simon & Schuster.

译后记

魏　伟

体育英雄的坠落是当代体育和流行文化中的一个独特现象。在体育越来越职业化和超商品化的今天，体育英雄日益成为一种特殊的符号。他们在平日里被体育迷们消费，在特定时间段（如奥运会和世界杯期间）会成为整个社会狂欢的缘由。但他们的人生起伏有时就在一夜之间。老虎·伍兹令人毛骨悚然的120个情妇事件就源于一场匪夷所思的凯迪拉克SUV事故；玛丽安·琼斯在被确认服用BALCO的PEDs之前一直享受的是媒体世界对女运动员的最高礼遇；大卫·贝克汉姆在高度商品化的体育世界和无数的诱惑面前一直是以完美先生的形象出现的，除了1998年世界杯上那张意外的红牌和那个若隐若现的丽贝卡·卢斯小姐；O. J. 辛普森和汤娅·哈丁肥皂剧般的反转故事是我每年在“体育新闻学概论”课程中都会喋喋不休的开场大戏。包括书中完全没有提及的“篮球之神”迈克尔·乔丹，集美丽、性感、力量和智慧于一身的网球天后玛利亚·莎拉波娃，有足坛“好孩子”之称、创下无数惊人纪录的里昂内尔·梅西，取代老虎·伍兹成为世界体坛“吸金王”的拳王弗洛伊德·梅威瑟，他们在各自领域里都是划时代的大人物，被媒体框架建构为几乎“完美无缺”的英雄，但他们或大或小或频繁或稀疏的坠落却被媒体有意无意地“抹去”了。因为在当代大众文化中，媒体产业与体育产业毫无疑问处于“共谋”关系。对一个具有符号意义的“偶像”的打压有时会对运动项目，当然也包括传媒带来不可估量的损失。因此，当我们读到本书中出现的20多个来自欧洲、美洲、非洲、亚洲和大洋洲的案例时，我们应该能够想象到，这些个案不过让他们成了那个领域里显性的“倒霉蛋”，使他们无法享受“免名”的特权。那些隐性的传媒“大事件”可能永远地烂在体育记者和编辑们笔记本电脑的键盘上了。由来只见组合轴，聚合轴上几家愁。这其实就是当代体育英雄们既崇敬又畏惧媒体的真实写照。

说来惭愧，这不过是我的第一本译作。翻译学是一门学科，翻译更是一门艺术。从进入大学第一天起，我们就被灌输“信达雅”的要求。虽然那只是一种理想状态，因为异质语言的分节不对称经常会导致意义的混淆，更不要说艾柯告诉我们“畸形解读是大众传播的基本法则”①。我想至少这本书还无力达到“信达雅”的要求，只是做一个简单的搭桥尝试。

赵毅衡先生的多次过问实在令我夜不能寐。我与先生一直有一个体育符号学的约定，博士毕业已经6年有余，尽管间或出台几篇拙文，但距离这个学科的构建还有很长的路要走。先生已经不知有多少次催促我尽快完成一本专著，甚至还亲奉自己的体育感悟。看着同仁宗争博士的《游戏符号学》业已出版，我委实自惭形秽。将这本书置于“符号学译丛”中难免引发异议，但撇开书中多次运用符号学和叙事学理论不谈，单是体育和传媒在当代流行文化中的特殊地位就决定了它的符号学意义。为此，先生的远见卓识令人钦佩。

在塔城攻读博士后期间，我曾通过国际馆际互借翻阅了世界范围内也屈指可数的几本体育符号论文集，英文、法文、德文、意大利文和西班牙文，加在一起也乏善可陈。直到今天体育符号学这个学科也没有搭建起来，甚至没有一本专著问世，这既是一种动力，更是一个沉甸甸的包袱。我想，就把这本译著当作一个开始的符号吧，进程中有哪些伴随文本，结果是否是一个反讽，连我自己都很好奇。

我必须要真诚地感谢劳伦斯·文内尔教授。作为“世界范围内体育传播领域的领军人物”，他带给我们的绝不仅仅是SSCI的几篇论文而已。到目前为止，他主编的《传媒、体育与社会》《传媒体育》等都是本学科研究的扛鼎之作。我庆幸自己有一个平台，可以让这位哲学家和思想家能够在中国也拥有更多的学术粉丝。他为我们的《现代体育传播》奉献的刊首论文是他数十年学术生涯的菁华之作。这本2013年付梓的《坠落的体育英雄、传媒与名流文化》再一次证明了他在这一学术领域的地位。正如劳伦斯所言，这本书“网罗了全球范围内有关体育、传媒与文化研究重要的学者团队”。他们不仅为我们带来了重要的理论武器——方法论，同时也提供了一个又一个鲜活的具有传奇色彩的明星叙事，这是本书特别具有可读性的重要依据。

---

① Umberto Eco. Towards a Semiotic Inquiry into the Television Message. Toby Miller (Ed). *Television: Critical Concepts in Media and Cultural Studies, Volume* 2. London: Routledge, 2003: 5.

在这批重要的学者团队中有我的几位好友，例如长期坚持用英国文化研究理论研究传媒体育和流行文化的澳洲学者大卫·洛弗教授，将质性与量化研究完美地结合在一起，目前已经成为国际体育传播学界顶级学者的安德鲁·比林斯教授，他们将是《现代体育传播》2015年和2016年“学界精英”的主角。他们同我的博士后导师阿瑟·雷尼教授以及劳伦斯都参与了我们的首届国际高端论坛。还有来自新西兰的斯蒂芬·杰克逊教授，曾经担任国际体育社会学学会主席的他成为第二届高端论坛的座上宾。迈克尔·巴特沃斯教授是目前我所在的国际传播与体育协会的主要召集人。我想，正是这些学者的存在，推动了一个交叉学科的发展，让这个看似边缘的学术领域研究正逐渐成为显学。我正在筹划一套体育传播学译丛，其中有一些作品就来自我的这群朋友，希望这套译丛能有益于这门学科在中国的发展。

这本译著的问世当然要感谢很多同仁的付出。主译之一、学友梅林无疑居功至伟。他承担了超过半数的初稿翻译工作。虽然他涉足学术时间不长，但对于这一研究领域的痴迷和他过人的悟性，让人不得不用体育界的陈词滥调“只有天空才是他的极限”来形容。在成都体育学院新闻系就读达七年之久的苏婷女士也承担了繁重的初稿翻译工作，她精益求精的态度同样令人印象深刻。此外，还要感谢严晟斐等同学的努力，他们的付出让这本书的后期校对工作相对容易。感谢这本书的英文编辑皮特·朗出版社的玛丽·萨维加尔女士。这本书还在创作之际她就给予了我大量的帮助，她的专业和高效令人难忘。感谢四川大学出版社陈蓉、宋颖等编辑的辛勤付出。

感谢我的家人对本书出版付出的努力。女儿星兰给予我不少精神层面的支持，每每我打断她的娱乐时段时，她总会适时地提醒我“去做科研吧！”感谢父母分担了我的后顾之忧，我成长的每一个阶段都有他们的默默奉献。感谢妻子任文教授对家庭的付出，让我有了更多精力投身科研。每当我徘徊踟蹰之时，总会看到前方还有一个标杆。

最后我想感谢自己。我有10多年的媒体从业经历和接近10年的研究历程，这几乎都与本书的体育传媒题材息息相关。我有多少潜力，究竟能背负多大的压力，可能连我自己也不清楚，但我一刻都没有停止努力。我深深懂得“笨鸟先飞”的道理。这本书的翻译和校对工作，我从中国做到美国，从比利时到斯洛文尼亚，从北京到海口；又经历了一个只休息了一天的寒假，这一点跟撰写博士论文的那一年何其相似。但我坚信，付出终有回报。

如果说这本书有什么遗憾，那就是在全球化的语境中缺少了中国元素。

在首届国际体育传播高端论坛中，我们发现与会的中国学者在议题上几乎无法与西方顶尖学者直接展开对话。到了第二届，形势已然有一些改观，这让我们对2015年10月的第三届论坛有了不少期许。在翻译本书的过程中，我经常会联想到诸多案例的中国版本。刘翔在中国媒体上呈现的故事可能比书中绝大多数明星的叙事表现得更加峰回路转；李娜的起落沉浮和对媒体的“两面三刀”绝不比西方体育明星更缺少符号价值；中国足球窝案的传媒报道可能是世界体育传播史上前所未有的经典案例。我想，有了这本书提供的多种方法论，我的中国同仁们可能已经摩拳擦掌、跃跃欲试。劳伦斯·文内尔教授在中文版序中的最后一句话令人鼓舞，他希望通过这本书让西方学者“与中国的同仁和学者们展开对话”。果真如此，翻译这本书的目的就完全达到了。

2015年2月于川大花园

对《坠落的体育英雄、传媒与名流文化》的褒扬之声

“体育明星已经成为公共话语中有关道德、生活方式和价值的指标。这部令人印象深刻的论文集，包含了多年来对这一领域进行研究的核心作者的成果，是当代文化中理解体育英雄被崇拜或被辱骂的角色不可替代的导引作品。”

——加里·万内尔，英国贝德福德大学传媒文化教授，传媒艺术与设计研究主任，《文化、政治与体育》的作者

“与其他文化领域的名流不同的是，运动员总是被期待为英雄和角色模板。这也增加了他们令体育迷失望进而令自己失去光环的可能性。这部论文集有不少展开深入研究的文章，剖析了他们崛起和没落过程的动力和结果，能够帮助我们更好地理解名流文化和体育在社会中的地位。”

——杰伊·科克利，美国科罗拉多大学名誉教授，《社会中的体育：事件与争议》的作者

“这些文章的广度、深度和全球视野迫使我们对这些坠落的英雄们说‘人民把愤世嫉俗和失望的眼光投向你们’。但他们也很清楚我们永远都处于制造新英雄的过程中，因为我们崇拜这个星球上最有权力的机构——体育。”

——玛丽·乔·凯恩，美国明尼苏达大学体育社会学教授，少女 & 妇女体育研究塔克中心主任

“这部论文集是有关许多世界上最知名的运动员成长，特别是关于他们衰落的幕后故事的一笔珍贵财富。一批活跃在不同研究领域的学者审视了体育名流的阴暗面，这些故事对我们而言使我们对明星的了解看上去‘比我

们想知道的更多’，因此不忍割舍。其结果是构建了一个能够更近距离理解体育的人间灾难和喜悦的花园。加油！”

——迈克尔·里尔，加拿大皇家路大学传播与文化教授，《超级媒体和探索传媒文化》的作者